प्रस्तावना

अर्थमिति द्वारा अर्थशास्त्र के क्षेत्र में संख्यात्मक मात्राओं का विवेचन करने और विभिन्न आर्थिक सिद्धांतों को सत्यापित करने का प्रयत्न किया जाता है। इसका आधार आर्थिक सिद्धांत का विकास और पर्यवेक्षण तथा उससे संबंधित उपयुक्त सांख्यिकीय अर्थमिति पद्धति है। हाल ही में यह देखा गया कि अर्थमिति विधियों का उपयोग विभिन्न क्षेत्रों में बढ़ता जा रहा है। अर्थमिति द्वारा विस्तृत और जटिल परिकलनों को किया जा सकता है।

जी.पी.एच. की पुस्तक "**अर्थमिति विधियाँ (एम.ई.सी.ई.-001)**" अर्थमिति विधियों के संबंध में है। इसमें सैद्धांतिक पक्ष पर अधिक बल दिया गया है, यद्यपि इसमें कई परिस्थितियों में सूत्र (नियम) के व्युत्पत्ति के विस्तार पर अधिक बल नहीं दिया गया है। इसका उद्देश्य यह है कि विद्यार्थियों को विश्लेषण के कुछ महत्त्वपूर्ण तकनीकों की जानकारी मिल सके और वे इनका उपयोग विभिन्न आर्थिक विषयों में कर सकें। विभिन्न स्थितियों में विधियों की व्याख्या काल्पनिक उदाहरणों द्वारा की गई है। यह पुस्तक विशेष रूप से प्रश्न पत्र की तैयारी के लिए सारगर्भित एवं परीक्षोपयोगी प्रश्नोत्तर के रूप में लिखी गई है। इसके अध्ययन से न केवल अल्प समयावधि में छात्रों को अपना पाठ्यक्रम पूर्ण कर पाने में मदद मिल सकेगी, बल्कि प्रश्नों के उत्तरों को हल करने में भी सरलता होगी।

इस पुस्तक की विषय-सामग्री के विस्तृत एवं जटिल उपबंधों को तर्कपूर्ण एवं संप्रभावी ढंग से संक्षेप में प्रस्तुत किया गया है। भाषा उपयुक्त, सरल एवं प्रवाहपूर्ण रखने का प्रयत्न किया गया है। प्रत्येक अध्याय के प्रारंभ में अध्याय की भूमिका दी गई है जिससे छात्रों को अध्याय को समझने में सरलता होगी।

हमारी पुस्तक की सबसे बड़ी और महत्त्वपूर्ण विशेषता यह है कि इसके अंतर्गत आपको गत वर्षों के प्रश्न पत्र हल सहित दिए जाते हैं, जो आपकी परीक्षा को न केवल सरल बनाते हैं अपितु आपको परीक्षा में अच्छे अंक प्राप्त करने में भी सहायक होते हैं। पुस्तक में प्रश्न पत्रों के प्रारूप को आपके सामने बिल्कुल उसी प्रकार प्रस्तुत किया गया है जैसा आपके सामने परीक्षा केंद्र में प्रस्तुत होता है, जो आपको अपने आप में एक अलग प्रकार का आत्मविश्वास बढ़ाने में सहायक होगा।

आगामी संस्करण में आपके सुझावों को यथास्थान साभार सम्मिलित किया जाएगा। अतः अपने सुझाव निःसंकोच हमें हमारी **Email : feedback@gullybaba.com** पर या सीधे प्रकाशन के पते पर लिखें और हमें अपने सुझावों से अनुग्रहित करें।

प्रकाशक (GPH) अपने कार्यरत सहायकों व लेखकों का सहृदय आभार प्रकट करता है, जिनके सहयोग और प्रयासों के कारण ही इस पुस्तक का प्रकाशन संभव हो पाया है।

हम आपकी सफलता की कामना करते हैं।

Topics Covered

अध्याय–1 मूल अर्थमिति सिद्धांत (Basic Econometric Theory)

1. अर्थमिति का परिचय
   (Introduction to Econometric)
2. द्विचर प्रतीपगमन प्रतिमान का आकलन
   (Estimation of Two-variable Regression Model)
3. सरल प्रतीपगमन प्रतिमानों में सांख्यिकीय निष्कर्ष
   (Statistical Inference in Simple Regression Model)
4. बहु–प्रतीपगमन प्रतिमान
   (Multiple Regression Model)
5. सामान्यीकृत न्यूनतम वर्ग
   (Generalised Least Squares)

अध्याय–2 आधारभूत मान्यताओं के उल्लंघन का प्रबंध (Treatment of Violations of Basic Assumptions)

6. बहुसंरेखता
   (Multicollinearity)
7. स्वसहसंबंध
   (Autocorrelation)
8. विषम विचालिता
   (Heteroscedasticity)
9. चरों में त्रुटियाँ
   (Errors in Variables)

अर्थमिति विधियाँ
Econometric Methods

(एम.ई.सी.ई.-01)

अर्थशास्त्र में एम.ए. हेतु
Master of Arts in Economics

Gullybaba.com Amazon.in GPHbook.com

Bestseller

विशेष विश्वविद्यालयों के लिए महत्वपूर्ण अध्ययन सामग्री

इंदिरा गाँधी राष्ट्रीय मुक्त विश्वविद्यालय (इग्नू), के.एस.ओ.यू. (कर्नाटका), बिहार विश्वविद्यालय (मुजफ्फरपुर), नालंदा विश्वविद्यालय, सेंटर फॉर डिस्टेंस एंड ओपन लर्निंग, जामिया मिलिया इस्लामिया, वर्धमान महावीर मुक्त विश्वविद्यालय (कोटा), उत्तराखंड मुक्त विश्वविद्यालय, कुरुक्षेत्र विश्वविद्यालय, सेवा सदन कॉलेज ऑफ एजुकेशन (महाराष्ट्र), मिथिला विश्वविद्यालय, आंध्रा विश्वविद्यालय, अन्नामलाई विश्वविद्यालय, बैंगलोर विश्वविद्यालय, भारतीयर विश्वविद्यालय, भारतीदशन विश्वविद्यालय, हिमाचल प्रदेश विश्वविद्यालय, काकाटिया विश्वविद्यालय (आंध्र प्रदेश), के.ओ.यू. (राजस्थान), एम.पी.बी.ओ.यू. (एम.पी.), एम.डी.यू. (हरियाणा), पंजाब विश्वविद्यालय, तमिलनाडु मुक्त विश्वविद्यालय, श्री पद्मावती महिला विश्वविद्यालयम् (आंध्र प्रदेश), जम्मू विश्वविद्यालय, वाई.सी.एम.ओ.यू., राजस्थान विश्वविद्यालय, उत्तर प्रदेश राजर्षि टण्डन मुक्त विश्वविद्यालय, कल्याणी विश्वविद्यालय, बनारस हिंदू विश्वविद्यालय (बी.एच.यू.), और अन्य भारतीय विश्वविद्यालय।

Closer to Nature We use Recycled Paper

GPH BOOK®

गुल्लीबाबा पब्लिशिंग हाउस प्रा. लि.

आई.एस.ओ. 9001 एवं आई.एस.ओ. 14001 प्रमाणित कं.

Published by:
GullyBaba Publishing House Pvt. Ltd.

Regd. Office:	Branch Office:
2525/193, 1st Floor, Onkar Nagar-A, Tri Nagar, Delhi-110035 (From Kanhaiya Nagar Metro Station Towards Old Bus Stand) Ph. 011-27387998, 27384836, 27385249 +919350849407	1A/2A, 20, Hari Sadan, Ansari Road, Daryaganj, New Delhi-110002 Ph. 011-23289034 011-45794768

E-mail: hello@gullybaba.com, **Website:**GullyBaba.com, GPHbook.com

New Edition

Price:

ISBN: 978-93-85533-10-5
Author: GullyBaba.Com Panel
Copyright© with Publisher
All rights are reserved. No part of this publication may be reproduced or stored in a retrieval system or transmitted in any form or by any means; electronic, mechanical, photocopying, recording or otherwise, without the written permission of the copyright holder.
Disclaimer: This book is based on IGNOU syllabus. This is only a sample. The book/author/publisher does not impose any guarantee or claim for full marks or to be passed in exam. You are advised only to understand the contents with the help of this book and answer in your words. Gullybaba Publishing House Pvt. Ltd. is not connected to any university/board/institution in any way.
All disputes with respect to this publication shall be subject to the jurisdiction of the Courts, Tribunals and Forums of New Delhi, India only.

Home Delivery of GPH Books

You can get GPH books by VPP/COD/Speed Post/Courier.
You can order books by Email/SMS/WhatsApp/Call.
For more details, visit gullybaba.com/faq-books.html
Our packaging department usually dispatches the books within 2 days after receiving your order and it takes nearly 5-6 days in postal/courier services to reach your destination.

Note : Selling this book on any online platform like Amazon, Flipkart, Shopclues, Rediff, etc. without prior written permission of the publisher is prohibited and hence any sales by the SELLER will be termed as ILLEGAL SALE of GPH Books which will attract strict legal action against the offender.

अध्याय–3 : प्रतीपगमन प्रतिमानों का विस्तार (Extensions of Regression Models)

10. आभासी चर प्रतिमान (Dummy Variable Models)
11. स्वप्रतीपगामी और वितरित पश्चता निदर्श (Autoregressive and Distributed Lag Models)
12. खंडित आश्रित चर प्रतिमान (Discrete Dependent Variable Models)

अध्याय–4 : युगपत समीकरण प्रतिमान (Simultaneous Equation Models)

13. युगपत समीकरण प्रतिमान का परिचय (Introduction to Simultaneous Equation Models)
14. अभिनिर्धारण समस्या (Identification Problem)
15. युगपत समीकरण प्रतिमान का आकलन (Estimation of Simultaneous Equation Models)

अध्याय–5 : बहुचर विश्लेषण (Multivariate Analysis)

16. बहुचर विश्लेषण की भूमिका (Introduction to Multivariate Analysis)
17. प्रमुख संघटक विश्लेषण (Principal Components Analysis)
18. कारक विश्लेषण (Factor Analysis)

विषय-सूची

1. मूल अर्थमिति सिद्धांत
   (Basic Econometric Theory) 1
2. आधारभूत मान्यताओं के उल्लंघन का प्रबंध
   (Treatment of Violations of Basic Assumptions) 67
3. प्रतीपगमन प्रतिमानों का विस्तार
   (Extensions of Regression Models) 109
4. युगपत समीकरण प्रतिमान
   (Simultaneous Equation Models) 143
5. बहुचर विश्लेषण
   (Multivariate Analysis) 173

प्रश्न पत्र

(1) दिसम्बर, 2013 (हल सहित) 207
(2) जून, 2014 (हल सहित) 211
(3) दिसम्बर, 2014 (हल सहित) 220
(4) जून, 2015 (हल सहित) 229
(5) दिसम्बर, 2015 (हल सहित) 236
(6) जून, 2016 (हल सहित) 243
(7) दिसम्बर, 2016 (हल सहित) 250
(8) जून, 2017 253
(9) दिसम्बर, 2017 260
(10) जून, 2018 (हल सहित) 267
(11) दिसम्बर, 2018 272
(12) जून, 2019 (हल सहित) 274
(13) दिसम्बर, 2019 (हल सहित) 279

1 मूल अर्थमिति सिद्धांत
(Basic Econometric Theory)

भूमिका

अर्थमिति अर्थशास्त्र की ऐसी विशिष्ट शाखा के रूप में उभरी है जो अधिकतर आर्थिक सिद्धांत के प्रयोगसिद्ध सत्यापन से संबंधित है। अर्थमिति के सैद्धांतिक और व्यावहारिक दोनों पक्ष हैं। सैद्धांतिक अर्थमिति में कई आकलन तकनीकें और परीक्षण परिगणक विकसित किए गए हैं। मूल अर्थमिति सिद्धांतों के अंतर्गत द्विचर प्रतीपगमन प्रतिमान, बहु–प्रतीपगमन प्रतिमान और सामान्यीकृत न्यूनतम वर्ग आते हैं। ऐसा समीकरण जिसमें दो चर होते हैं एक आश्रित चर और दूसरा स्वतंत्र चर, द्विचर प्रतिमान कहलाता है। जब किसी प्रतीपगमन प्रतिमान में तीन या तीन से अधिक चर होते हैं तो हम इसे बहुचर प्रतीपगमन प्रतिमान कहते हैं।

वास्तविक रूप में हम पाते हैं कि बहु–प्रतीपगमन प्रतिमानों के आकलन के लिए जो आर्थिक आँकड़े प्रयुक्त किए जाते हैं वे शास्त्रीय प्रतीपगमन प्रतिमान के अंतर्गत निर्मित कुछ मान्यताओं को पूरा नहीं करते हैं। अनभिनत और योग्य आकलनों को प्राप्त करने के लिए हम सामान्यीकृत न्यूनतम वर्ग विधि का उपयोग करते हैं।

प्रश्न 1. अर्थमिति से आप क्या समझते हैं? यह विज्ञान की अन्य शाखाओं से किस प्रकार भिन्न है?

उत्तर– अर्थमिति वह विज्ञान है, जो अर्थशास्त्र के क्षेत्र में संख्यात्मक मात्राओं का विवेचन करने और आर्थिक सिद्धांतों को सत्यापित करने का प्रयास करता है। इसका आधार आर्थिक सिद्धांत का विकास और पर्यवेक्षण तथा उससे संबद्ध उपयुक्त सांख्यिकीय अर्थमिति पद्धति है। अर्थमिति का उद्देश्य आर्थिक व्यवहार संबंधी प्रेक्ष्य चरों को सरल समीकरणों के फलनों के रूप में दर्शाना होता है और फिर गणितीय विधियों के आधार पर कलन करके उनके संबंध में किसी प्रकार की भविष्यवाणी करना या पूर्वानुमान लगाना होता है। अर्थमिति में मात्रिक प्रकथनों की व्याख्या बीजगणितीय संकेतों और चिह्नों के द्वारा की जाती है।

अर्थमिति अर्थशास्त्र की अन्य शाखाओं, जैसे–गणितीय अर्थशास्त्र अथवा आर्थिक सांख्यिकी से भिन्न है। गणितीय अर्थशास्त्र आर्थिक सिद्धांत को प्रायः गणितीय रूप में प्रस्तुत करता है। यह आर्थिक सिद्धांत के प्रयोगसिद्ध माप के संबंध में झंझट नहीं उठाता। दूसरी ओर, अर्थमिति मुख्य रूप से आर्थिक सिद्धांत के प्रयोगसिद्ध सत्यापन से संबंधित है। ऐसा करने में, अर्थमिति गणितीय अर्थशास्त्र में प्रस्तावित गणितीय समीकरणों का प्रयोग करती है। आर्थिक सांख्यिकी आँकड़ों के संग्रह, प्रसंस्करण और प्रस्तुतीकरण की व्याख्या से संबंधित है। सांख्यिकी कई सिद्धांतों को प्रस्तुत करती है जिनके आधार पर प्रयोगसिद्ध किए जा सकते हैं। उदाहरण के लिए, प्रायिकता नियमों और प्रतिचयन आबंटन परिकल्पना की जाँच में काफी महत्त्वपूर्ण हैं। इन नियमों को प्रयोगसिद्ध अन्वेषण के द्वारा आर्थिक सिद्धांत में लागू करना अर्थमिति का एक भाग है।

अर्थमिति का एक महत्त्वपूर्ण उपयोग अर्थमितीय प्रतिमानों के आधार पर भविष्यवाणी अथवा पूर्वानुमान करना है। वास्तविक आँकड़े का प्रयोग कर प्राचलों का आकलन कर उनके आधार पर ये हमें पूर्वानुमान तैयार करने में सहायता करती है। इस प्रकार, अर्थमिति नीति विश्लेषण में सहायक है जहाँ हम बाह्य चरों के विभिन्न मानों के सदृश्य अनुमान लगाकर अंतर्जात चरों (endogenous variables) पर उनके प्रभावों का पूर्वाकलन करते हैं।

प्रश्न 2. अर्थमिति अध्ययन के विभिन्न चरणों की व्याख्या कीजिए।

उत्तर– अर्थमिति अध्ययन के विभिन्न चरण निम्नलिखित हैं–

(1) अर्थमिति में प्रथम और सबसे प्रमुख प्रकरण परिकल्पना का निरूपण है। यह शोधकर्त्ता द्वारा गढ़े गए किसी तर्क या आर्थिक सिद्धांत पर आधारित होती है।

(2) दूसरा चरण परिकल्पना या गणितीय समीकरण (समीकरणों) में रूपांतरण है।

(3) तीसरा कदम अध्ययन के लिए आवश्यक वांछनीय आँकड़ों का संग्रह करना है। आँकड़े प्राथमिक (primary) या द्वितीयक स्रोतों (secondary sources) से हो सकते हैं।

(4) अगला कदम अर्थमितीय प्रतिमान के प्राचलों का आकलन है। इसे उपयुक्त आकलन विधि की आवश्यकता होती है।

(5) एक बार आकलन प्राप्त हो जाते हैं, तो अगला कार्य प्रथम चरण की परिकल्पना का परीक्षण होता है। मूल रूप में यह प्राचलों के आंकलित मानों के सांख्यिकीय महत्त्व का विश्लेषण होता है।

(6) अंत में, हमें परिणामों की व्याख्या की आवश्यकता है। परिकल्पना परीक्षण द्वारा निकाले गए अनुमानों के आधार पर, हम अर्थमितीय प्रतिमान के निहितार्थों का अन्वेषण करते हैं।

प्रश्न 3. यादृच्छिक चर से आप क्या समझते हैं?

उत्तर– यादृच्छिक चर, संयोगी प्रयोग के परिणामों से संबंधित है। ऐसे संयोगी प्रयोग को यादृच्छिक प्रयोग भी कहते हैं।

मान लीजिए हमने एक सिक्का उछाला। इसके दो संभावित परिणाम हैं–शीर्ष (Head) या पुच्छ (Tail)। इस प्रयोग की प्रतिदर्श समष्टि में शीर्ष और पुच्छ परिणाम शामिल हैं। यदि S, प्रतिदर्श समष्टि को व्यक्त करता है, तब S = (H, T)

इस प्रयोग में यह सुनिश्चित नहीं है कि परिणाम के रूप में शीर्ष आएगा या पुच्छ। यह संयोगी प्रयोग या यादृच्छिक प्रयोग का एक उदाहरण है। अब मान लीजिए, हम पुच्छ (T) घटित होने को 0 संख्या और शीर्ष (H) के घटित होने को 1 संख्या द्वारा अभिव्यक्त करते हैं। अगर हम X चर को परिभाषित करें जो किसी परिणाम के घटित होने को व्यक्त करता है, तब चर और इसके संभावित मान हैं–$X = (0, 1)$

लेकिन, इस चर और चर संबंधी हमारी सामान्य धारणा के बीच एक महत्त्वपूर्ण अंतर है। यहाँ यह निश्चय नहीं होता कि प्रयोग के परिणाम के रूप में क्या चर 0 मान धारण करेगा अथवा इसका मान 1 होगा। हम तो केवल इन मानों से कुछ प्रायिकताओं को जोड़ सकते हैं। ये प्रायिकताएँ, प्रयोग के विविध परिणामों के घटित होने के संयोग पर निर्भर करती हैं। मान लीजिए कि सिक्का अनभिनत है, तब पुच्छ आने की प्रायिकता $\frac{1}{2}$ है और शीर्ष के लिए भी प्रायिकता $\frac{1}{2}$ है (क्योंकि दोनों परिणामों के आने की संभावना एक जैसी है)। इसी आधार पर, हम $\frac{1}{2}$ की प्रायिकता को 0 और 1 अर्थात् दोनों से जोड़ते हैं। चर की रूढ़ धारणा के मामले में, दूसरी तरफ, ऐसी किसी प्रायिकता को चर के किसी मान से नहीं जोड़ा जा सकता।

उपर्युक्त चर्चा के आधार पर हम कह सकते हैं कि यादृच्छिक चर ऐसा चर है जो कुछ प्रायिकताओं से अलग–अलग मान ले सकता है। अतः सिक्के को उछालने के संभावित परिणामों को दर्शाने वाला चर X, यादृच्छिक चर का उदाहरण है।

इसमें निम्नलिखित संकेतों का प्रयोग किया जा सकता है–मान लीजिए X यादृच्छिक चर है और इसके $x_1, x_2, x_3, \ldots x_n$, मान हैं। इस स्थिति में संगत प्रायिकताएँ $p_1, p_2, p_3, \ldots p_n$ होंगी। अतः $p(X = x_1) = P_1$

यादृच्छिक चर भी असतत् या सतत् होते हैं।

(1) असतत् यादृच्छिक चर–जब किसी प्रयोग की प्रतिदर्श समष्टि असतत् है तो संगत यादृच्छिक संख्याएँ भी असतत् होंगी अर्थात् निश्चित रूप से उसके कुछ वियुक्त (Isolated) मान होंगे। उपर्युक्त उल्लिखित यादृच्छिक चर, असतत् यादृच्छिक चर (Discrete Random Variable) के उदाहरण हैं।

(2) सतत् यादृच्छिक चर—सतत् चर का अंतराल में कोई भी मान हो सकता है। इसी तरह से यादृच्छिक चर सतत् होगा जब प्रतिदर्श समष्टि भी सतत् हो।

प्रश्न 4. द्विपद बंटन से आप क्या समझते हैं? विस्तारपूर्वक समझाइए।

उत्तर— द्विपद बंटन (Binomial distribution) असतत् प्रायिकता बंटन का एक उदाहरण है। जेम्स बर्नोली ने वर्ष 1700 में इसे प्रस्तुत किया था। 'बायनोमियल' शब्द दो का संकेत करता है। यह प्रयोग के दो संभावित परिणामों को दर्शाता है अर्थात् किसी घटना का घटित होना या घटित न होना। एक प्रायिकता प्रयोग को बर्नोली प्रयोग कहा जा सकता है, यदि यह निम्नलिखित शर्तों को पूरा करे—

(1) प्रयोग में n पुनरावृत्त अभिप्रयोगों का अनुक्रम शामिल हो।

(2) प्रत्येक अभिप्रयोग का परिणाम ऐसा होना चाहिए जिसे सफलता या असफलता के रूप में वर्गीकृत किया जा सके।

(3) सफलता की प्रायिकता, जिसे p द्वारा दर्शाया जाता है, पूर्व ज्ञात हो और यह प्रत्येक अभिप्रयोग में स्थिर रहती हो, परिणामस्वरूप, $q = 1 - p$ द्वारा अभिव्यक्त असफलता की प्रायिकता का भी पता रहता है और यह भी प्रत्येक अभिप्रयोग में स्थिर रहती हो।

(4) प्रत्येक अभिप्रयोग एक–दूसरे से स्वतंत्र हो।

हम बर्नोली प्रयोग के बारे में कुछ आधार बनाने के लिए एक अनभिनत सिक्का उछालने के उदाहरण पर विचार करते हैं। सिक्का बार–बार उछाला जाता है और आने वाले शीर्षों की संख्या की गिनती की जाती है। मान लीजिए हमने एक अनभिनत सिक्का 5 बार उछाला। यह स्पष्ट है कि प्रयोग में 5 समान अभिप्रयोगों का अनुक्रम शामिल है। प्रत्येक उछाल के दो संभावित परिणाम हैं, शीर्ष (सफलता) और पुच्छ (असफलता)। शीर्ष (सफलता) की प्रायिकता $\frac{1}{2}$ है और एक उछाल से दूसरे उछाल अर्थात् कई बार उछालने पर भी इसमें कोई परिवर्तन नहीं होता। पुच्छ (असफलता) की प्रायिकता भी $\frac{1}{2}$ है और इसकी प्रायिकता में भी पहले की ही भाँति कोई परिवर्तन नहीं होता। अंततः प्रत्येक उछाल दूसरे उछाल से इस तरह बिल्कुल अलग है कि एक उछाल का परिणाम, किसी भी तरह से दूसरे उछाल के परिणाम पर निर्भर नहीं करता। अतः हम पाते हैं कि कुछ निश्चित संख्या में सिक्का उछालने का यह प्रयोग और आने वाले शीर्षों की संख्या पर ध्यान देते हुए यह बर्नोली प्रयोग की सभी शर्तों को भली–भाँति पूरा करता है।

बर्नोली प्रयोग में हम सफलताओं की दी गई संख्या की प्रायिकता जानने के इच्छुक हैं, जैसे n अभिप्रयोग में उभरने वाले x. अब यह स्पष्ट है कि यादृच्छिक चर X, का मान 0, 1, 2, 3, ..., n में से कोई भी हो सकता है। मान लीजिए हम सफलता को S और असफलता को F से दर्शाते हैं। तब x सफलताएँ और $(n - x)$ असफलताएँ अलग–अलग अनुक्रमों में उभर सकती हैं। एक संभावित अनुक्रम है कि पहले वाले x अभिप्रयोग, सभी सफलताएँ हैं और बाकी के $(n - x)$ अभिप्रयोग सारी असफलताएँ हैं। सांकेतिक रूप से, इस अनुक्रम को इस प्रकार दर्शाया जाता है—

$$\frac{SS...S}{x \text{ बार}} \times \frac{FF...F}{(n-x) \text{ बार}}$$

x सफलताओं और $(n - x)$ असफलताओं के उपर्युक्त अनुक्रम की प्रायिकता को, प्रायिकता की गुणन प्रमेय को लागू करके प्राप्त किया जा सकता है। यह प्रायिकता–

$$\frac{PP...P}{x \text{ बार}} \times \frac{(1-P)(1-P)...(1-P)}{(n-x) \text{ बार}} = P^x (1-P)^{n-x} \text{ है।}$$

हम जानते हैं कि x सफलताएँ और $(n–x)$ असफलताएँ, अन्य अनुक्रमों में भी उभर सकती हैं। लेकिन, ऐसा हरेक अनुक्रम जिसमें x सफलताएँ और $(n–x)$ असफलताएँ उभरेगी $P^x(1 - P)^{n-x}$ की प्रायिकता को प्राप्त करेंगे। अत: n अभिप्रयोगों में x सफलताओं की प्रायिकता, किसी भी संभावित अनुक्रमों में x सफलताएँ और $(n–x)$ असफलताओं के घटित होने की प्रायिकता है। संभावित क्रमों पर प्रायिकता की योगफल प्रमेय को लागू करके, इस प्रायिकता की प्राप्ति की जा सकती है। लेकिन, चूँकि x सफलताओं और $(n–x)$ असफलताओं की प्रायिकता, प्रत्येक संभावित अनुक्रम के लिए एक जैसी है, तो n अभिप्रयोगों में x सफलताओं की अपेक्षित प्रायिकता, संभावित अनुक्रमों की कुल संख्या और अनुक्रम के घटित होने की प्रायिकता का गुणनफल है। अनुक्रमों की कुल संख्या (जिसमें x सफलताएँ और $n - x$ असफलताएँ, n अभिप्रयोगों में उभर सकती हैं) मूल रूप से समय में x द्वारा n वस्तुओं के संचय की संख्या प्राप्त करने की समस्या है और इसे ${}^nC_x$ द्वारा दर्शाया जाता है। क्रमचय और संचय (Permutation and Combination) के गणित से हम जानते ही हैं कि–

$$^nC_x = \frac{n!}{x!(n-x)!}$$

जहाँ,

$n! = n(n - 1)\ (n - 2)\ [n - (n - 1)]$

$x! = x(x - 1)\ (x - 2)\ [x - (x - 1)]$

और

$0! = 1$

चिह्न '!' को क्रमगुणन (factorial) कहते हैं।

n अभिप्रयोगों में x सफलताओं की प्रायिकता–

$p(x) = {}^nC_x\, p^x\, (1 - p)^{n-x}$ है।

जहाँ $x = 0, 1, 2, ... n$ मानों को ले सकता है।

उपर्युक्त व्यंजक द्विपद बंटन के लिए प्रायिकता द्रव्यमान फलन है। इस फलन का प्रयोग तालिका 1.1 में n अभिप्रयोगों में $x = 0, 1, 2, ...n$ सफलताओं के द्विपद बंटन को दर्शाने के लिए किया गया है। यहाँ हम देखते हैं कि द्विपद बंटन के दो प्राचल n और p हैं। इसका अर्थ है कि यदि n और p के मानों का पता हो तो बंटन पूरी तरह से स्पष्ट होता है।

तालिका 1.1 : द्विपद बंटन

सफलताओं की संख्या x	प्रायिकता $p(x)$
0	$(1-p)^n$
1	$np(1-p)^{n-1}$
2	$\frac{n(n-1)}{2\times 1}p^2(1-p)^{n-2}$
:	:
N	p^n
कुल	1

द्विपद बंटन का माध्य ज्ञात करना—मान लीजिए अभिप्रयोग में सफलता की प्रायिकता के रूप में द्विपद प्रयोग में p और अभिप्रयोगों की n संख्या है। इसका अर्थ है असफलता की प्रायिकता $1-p$ है।

$$E(X) = \sum_{x=0}^{n} x\,^nC_x p^x (1-p)^{n-x}$$

उपर्युक्त को सरल करने पर हम पाते हैं कि द्विपद बंटन का माध्य, np है।

इसी तरह से द्विपद बंटन का प्रसरण–

$V(X) = E[X - E(X)]^2 = E(X^2) - [E(X)]^2$ है।

उपर्युक्त के सरलीकरण से दर्शाया जा सकता है कि द्विपद बंटन का प्रसरण npq होता है, जो $[np(1-p)]$ के बराबर है।

जहाँ द्विपद बंटन का माध्य और प्रसरण, उसके दो प्राचल n और p हैं।

प्रश्न 5. प्रायिकता बंटन से आप क्या समझते हैं? इसके प्रकारों की व्याख्या कीजिए।

उत्तर– प्रायिकता बंटन (Probability Distribution) एक ऐसे प्रकथन (Statement) के रूप में परिभाषित किया जाता है जो संबंधित प्रायिकताओं के साथ यादृच्छिक चर के संभावित मानों पर आधारित होता है।

उदाहरण—मान लीजिए किन्हीं दो सिक्कों को एक साथ उछाला जाता है। प्रयोग की प्रतिदर्श समष्टि है–

$S = \{(H, H), (H, T), (T, H), (T, T)\}$

यदि हम यादृच्छिक चर X को प्राप्त शीर्षों की संख्या के रूप में परिभाषित करें तब $X = 2$, (H, H) परिणाम के तद्नुरूप है; $X = 1$, (H, T) और (T, H) परिणामों के तद्नुरूप है और अंततः $X = 0$ परिणाम (T, T) के तद्नुरूप है। अतः X के तीन संभावित मान अर्थात् 0, 1 और 2 हो सकते हैं।

मान लीजिए कि दोनों सिक्के अनभिनत हैं, तब हम लिख सकते हैं–

$$p(X = 0) = \frac{1}{4}$$

$$p(X=1)=\frac{1}{2}$$ (अर्थात् (H, T) या (T, H) आने की प्रायिकता)

$$p(X=2)\frac{1}{4}$$

सारणीबद्ध तरीके से लिखी गई ये प्रायिकताएँ और इनके साथ यादृच्छिक चर के तद्नुरूप मान, *यादृच्छिक चर X के प्रायिकता बंटन* की रचना करते हैं जहाँ X शीर्षों की संख्या है।

उपर्युक्त उदाहरण में शीर्ष प्राप्त न करना ($X=0$), एक शीर्ष प्राप्त करना ($X=1$) और दो शीर्ष प्राप्त करने ($X=2$) से संबंधित घटनाएँ अन्य सभी संभावनाओं को नकार देती है। इसका अर्थ है कि उपर्युक्त तीन के अलावा और कोई भी संभावित परिणाम नहीं हो सकता। अतः उपर्युक्त प्रयोग से प्राप्त प्रायिकता बंटन ने यादृच्छिक चर X के सभी संभावित मानों की गणना कर ली है और उन्हें कुछ विशिष्ट प्रायिकताएँ दी हैं। हम देख सकते हैं कि इन प्रायिकताओं का योग 1 के बराबर है।

प्रायिकता बंटन दो प्रकार के हो सकते हैं–

(1) असतत् प्रायिकता बंटन–यादृच्छिक चर संबंधी प्रायिकता बंटन हमें बताता है कि किस प्रकार प्रायिकताओं को यादृच्छिक चर के मानों पर बंटित किया जाता है। अब, असतत् यादृच्छिक चर के लिए, प्रायिकता बंटन को ऐसे फलन द्वारा परिभाषित किया जाता है जिसे प्रायिकता द्रव्यमान फलन (Probability Mass Function) कहते हैं और इसे $p(x)$ द्वारा दर्शाया जाता है। यह प्रायिकता द्रव्यमान फलन, असतत् यादृच्छिक चर के प्रत्येक मान के लिए प्रायिकता प्रदान करता है।

मान लीजिए हम अपने इलाके के प्रति परिवार बच्चों की संख्या पर गौर करते हैं, यहाँ हम बच्चों की संख्या को असतत् यादृच्छिक चर मान सकते हैं। प्रति परिवार में बच्चों की संख्या के लिए असतत् प्रायिकता वितरण का निर्माण, इस यादृच्छिक चर के संभावित मानों के लिए, सापेक्षिक बारंबारता (Relative Frequency) के अभिकलन द्वारा किया जा सकता है। ऐसे प्रायिकता बंटन को तालिका 1.2 में दर्शाया गया है।

तालिका 1.2: प्रति परिवार के आधार पर बच्चों की संख्या का प्रायिकता बंटन

बच्चों की संख्या (x)	$p(x)$
0	0.10
1	0.15
2	0.23
3	0.25
4	0.14
5	0.13

अतः क्रमबद्ध युग्म (Ordered Pairs) $[x, p(x)]$ का समुच्चय, असतत् यादृच्छिक चर X या असतत् प्रायिकता बंटन का प्रायिकता बंटन कहलाता है।

चूँकि मान $p(x)$, सभी प्रायिकताओं को दर्शाता है और यादृच्छिक चर का कोई-न-कोई मान x हमेशा होगा ही, इसलिए प्रायिकता द्रव्यमान फलन इन दो शर्तों को पूरा करेगा—

(क) किसी भी घटना की प्रायिकता अर्थात् X के किसी मान के लिए प्रायिकता नकारात्मक नहीं हो सकती।

$$p(x) \geq 0$$

(ख) सभी संभावित परिणामों की प्रायिकताओं का योग 1 के बराबर होता है अर्थात्—

$$\sum_{\text{सभी } x} p(x) = 1$$

(2) सतत् प्रायिकता बंटन—सतत् यादृच्छिक चर X की अपने किसी भी मान विशेष को सही मायने में धारण करने की प्रायिकता शून्य होती है। निश्चय ही, यह एक विचित्र-सा कथन है। इसे समझने के लिए भार (Weight) को यादृच्छिक चर मान कर विचार किया जा सकता है। निस्संदेह भार एक सतत् यादृच्छिक चर है क्योंकि यह निरंतर बदलता रहता है। मान लीजिए हमें किसी एक व्यक्ति का सही भार नहीं पता लेकिन मोटे तौर पर हम जानते हैं कि उसका भार 60 किलो और 61 किलो के बीच है। इन दो सीमाओं के बीच संभावित भारों की अनंत संख्याएँ शामिल हैं। इसकी परिभाषा के परिणामस्वरूप व्यक्ति के किसी विशेष भार जैसे 60.3 कि.ग्रा. के लिए प्रायिकता काफी कम होगी; लगभग शून्य के बराबर। लेकिन हम निश्चित रूप से व्यक्ति के भार जैसे 60 कि.ग्रा. और 61 कि.ग्रा. के बीच के लिए कुछ प्रायिकता तय कर सकते हैं। अतः सतत् यादृच्छिक चर X के लिए किसी अंतराल (न कि किसी विशिष्ट मान) की प्रायिकता तय की जाएगी। यहाँ, हमें फलन $p(x)$ चाहिए जिसे प्रायिकता घनत्व फलन (Probability Density Function) कहते हैं। इस फलन की सहायता से हम प्रायिकता को अभिकलित कर सकते हैं।

$p(a < x < b)$, यहाँ a और b अंतराल (a, b) की सीमाएँ हैं तथा $a < b$

प्रायिकता घनत्व फलन $p(x)$ को इस ढंग से परिभाषित किया जाता है कि जब x के प्रांत पर अभिकलन किया जाए तो इसके वक्र के नीचे x-अक्ष से परिबद्ध क्षेत्रफल इकाई के बराबर हो। प्रायिकता घनत्व फलन को वास्तविक संख्याओं R के पूरे समुच्चय पर परिभाषित सतत् यादृच्छिक चर के रूप में मान्य होने के लिए निम्नलिखित तीन शर्तों को पूरा करना होगा—

(क) $p(x) > 0$ सभी $x \in R$ के लिए

(ख) $\int_{-\infty}^{+\infty} p(x) dx = 1$

(ग) $p(a < x < b) = \int_{a}^{b} p(x) dx$

यद्यपि सतत् यादृच्छिक चर के प्रायिकता बंटन को असतत् यादृच्छिक चर की भाँति सारणी के रूप में नहीं दर्शाया जा सकता, फिर भी प्रायिकता घनत्व फलन $p(x)$ के विशिष्ट रूप से अभिव्यक्त किया जा सकता है।

प्रश्न 6. प्रसामान्य बंटन क्या है?

अथवा

प्रसामान्य बंटन के लिए प्रायिकता बंटन फलन के लिए एक व्यंजक लिखिए। इसके महत्त्वपूर्ण गुणधर्म क्या हैं?

उत्तर– प्रसामान्य बंटन शायद सांख्यिकी और संबंधित विषयों में सर्वाधिक व्यापक रूप से प्रयुक्त बंटन है। इसका प्रयोग व्यक्तियों की लंबाई और भार से संबंधित पूछताछ करने, आई.क्यू. (बौद्धिक विकास) स्तर का निर्धारण करने, मापन की त्रुटि और वर्षा आदि के अध्ययनों में किया जाता है। इब्राहिम दि माइर ने 1733 में प्रसामान्य बंटन का गणितीय समीकरण दिया। कार्ल फ्रेडरिच गॉस ने भी अलग से समान परिमाण की पुनरावर्त मापन त्रुटियों के अध्ययन से इसके समीकरण को व्युत्पन्न किया। इसी आधार पर कभी–कभी इसे 'गॉसीय वितरण' के रूप में भी देखा जाता है। गणितीय सांख्यिकी के परवर्ती विकास को इस वितरण ने आधार प्रदान किया है।

सतत् यादृच्छिक चर के लिए प्रायिकता द्रव्यमान फलन का प्रतिरूप, प्रायिकता घनत्व फलन है। प्रायिकता घनत्व फलन को हम $p(x)$ द्वारा भी सूचित करते हैं। प्रसामान्य बंटन का अनुगमन करने वाले सतत् यादृच्छिक चर का प्रायिकता घनत्व फलन है–

$$p(x) = \frac{1}{\sigma\sqrt{2\pi}} e^{(-)\frac{1}{2}\left(\frac{x-\mu}{\sigma}\right)^2}$$

जहाँ,

$-\infty < x < \infty$ और

$\pi = 3.17141$ (सन्निकटत:)

$e = 2.71828$ (सन्निकटत:)

यह स्पष्ट है कि प्रसामान्य घनत्व फलन पूरी तरह प्राचल μ और σ से निर्धारित किया जाता है। इसका अर्थ है कि यदि μ और σ के मान दिए हैं तो हम x के विभिन्न मानों के लिए $p(x)$ के मानों की प्राप्ति करके प्रसामान्य वक्र का पता लगा सकते हैं। हम यह भी दिखा सकते हैं कि μ और σ क्रमश: प्रसामान्य बंटन के माध्य और मानक विचलन हैं। जब यादृच्छिक चर X माध्य μ और मानक विचलन σ वाले प्रसामान्य बंटन का अनुगमन करता है तो संकेत के रूप में हम इसे $X \sim N(\mu, \sigma)$ के रूप में लिखते हैं और इसे पढ़ते हैं कि 'चर X माध्य μ और मानक विचलन σ वाले प्रसामान्य बंटन का अनुगामी है।' जैसा कि चित्र 1.1 में दर्शाया गया है, प्रसामान्य वक्र सममित घंटाकार वक्र है।

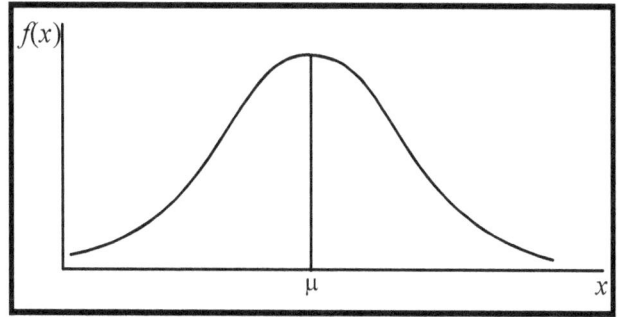

चित्र 1.1: प्रसामान्य वक्र

प्रसामान्य बंटन की महत्त्वपूर्ण विशेषताएँ इस प्रकार हैं–

(1) प्रसामान्य वक्र का परिसर $-\infty$ से $+\infty$ के बीच का है। इसका अर्थ है कि प्रसामान्य यादृच्छिक चर (X) के मान $-\infty$ से $+\infty$ के बीच के हैं।

(2) वक्र अपने माध्य के लिए सममित है अर्थात् $\bar{x} = \mu$. इसका अर्थ है कि $x = \mu + a$ और $x = \mu - a$ के संवात में, $p(x)$ के मान समान रहते हैं (किसी भी मनमाने चयनित 'a' के लिए)।

(3) बंटन की माध्यिका (Median) और बहुलक (Mode) माध्य के साथ संपाती (Coincide) है। अतः माध्य = माध्यिका = बहुलक = μ

(4) प्रसामान्य वक्र का अधिकतम मान $x = \mu$ पर उभरता है। अतः $p(x)$ अधिकतम है जब $x = \mu$

(5) प्रसामान्य वक्र के नतिपरिवर्तन बिंदु (Points of Inflexion), $x = \mu + \sigma$ और $x = \mu - \sigma$ पर उभरते हैं। नतिपरिवर्तन बिंदु पर, प्रसामान्य वक्र अपना वक्राकार बदल लेता है। निम्नलिखित गुणधर्म प्रसामान्य बंटन पर मान्य रहते हैं। चित्र 1.2 में हमने माध्य $\mu = 50$ और मानव विचलन $\sigma = 4$ वाला प्रसामान्य वक्र खींचा है–

(1) प्रसामान्य वक्र के नीचे 68.8% क्षेत्रफल $\mu - \sigma$ और $\mu + \sigma$ कोटियों के बीच निहित है। अतः चित्र 1.2 में जब x का परिसर 46 और 54 के बीच है तो 68.8% क्षेत्र ढका हुआ है।

(2) प्रसामान्य वक्र के नीचे 95.5% क्षेत्रफल $\mu - 2\sigma$ और $\mu + 2\sigma$ कोटियों के बीच निहित है। अतः जब $42 \leq x \leq 58$, तब चित्र 1.2 में 95.5% क्षेत्र ढका हुआ है।

(3) प्रसामान्य वक्र के नीचे 99.7% क्षेत्रफल (अर्थात् बंटन का लगभग पूरा क्षेत्र) $\mu - 3\sigma$ और $\mu + 3\sigma$ कोटियों के बीच निहित है।

यदि हमारे पास μ और σ के अलग-अलग मान हैं तो चित्र 1.2 में उल्लिखित x की रेंज बदल जाएगी।

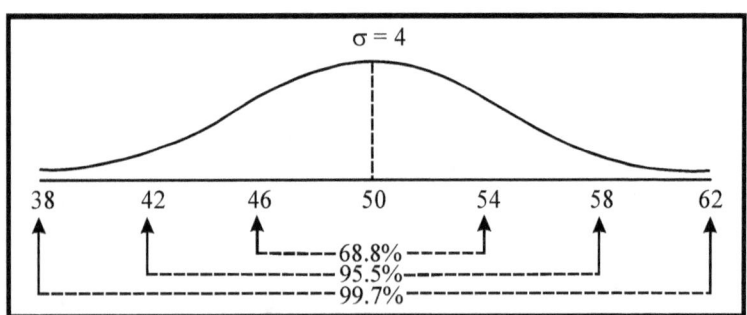

चित्र 1.2 : प्रसामान्य वक्र के नीचे क्षेत्रफल

प्रश्न 7. 'स्टूडेंट–टी' बंटन को उदाहरण सहित समझाइए।

अथवा

'स्टूडेंट–टी' पर संक्षेप में टिप्पणी कीजिए।

उत्तर— डब्ल्यू.एस. गौसेट ने टी-बंटन की प्रस्तुति की। इस बंटन को स्टूडेंट-टी बंटन या सरल रूप से टी (t) बंटन के रूप में जाना जाता है।

यदि z_1 मानक प्रसामान्य विचर अर्थात् $z_1 \sim N(0, 1)$ है और z_2 अन्य स्वतंत्र प्रसामान्य विचर है जो ऐसे काई-स्क्वैयर बंटन का अनुगमन करता है जिसकी k (स्वतंत्रता की कोटि) है अर्थात् $z_2 \sim \chi_k^2$, तब चर $t = \dfrac{z_1}{\sqrt{(z_2/k)}} = \dfrac{z_1 \sqrt{k}}{\sqrt{z_2}}$

k कोटि बंटन वाले स्टूडेंट-टी बंटन का अनुगामी है।

अलग-अलग स्वतंत्रता की कोटि वाले स्टूडेंट-टी बंटन से संबंधित प्रायिकता वक्रों को चित्र 1.3 में दर्शाया गया है।

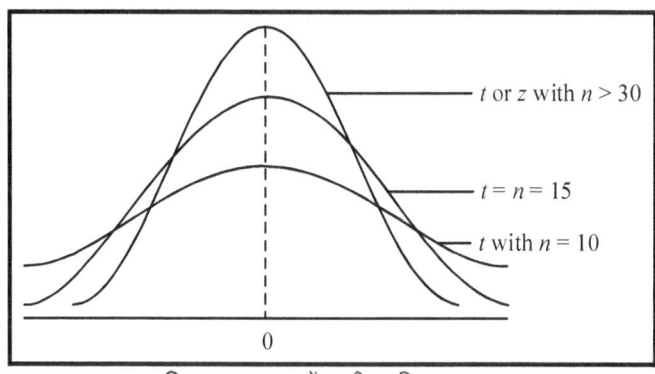

चित्र 1.3: स्टूडेंट-टी प्रायिकता वक्र

इस बंटन की मुख्य विशेषताएँ हैं—

(1) चित्र 1.3 में हम देख सकते हैं प्रसामान्य बंटन की भाँति, स्टूडेंट-टी बंटन भी सममित है और इसके विचरण का परिसर भी $-\infty$ से $+\infty$ के बीच का ही है; लेकिन प्रसामान्य बंटन की तुलना में यह अधिक सपाट है। जैसे-जैसे स्वतंत्रता की कोटि में बढ़ोतरी होती है, स्टूडेंट-'टी' बंटन प्रसामान्य बंटन का अनुगमन करता है।

(2) स्टूडेंट-'टी' बंटन का माध्य शून्य है और इसका प्रसरण $\dfrac{k}{(k-2)}$ है, जहाँ k स्वतंत्रता की कोटि है।

प्रसामान्य बंटन की भाँति, स्टूडेंट-टी बंटन का भी प्रयोग बहुधा सांख्यिकीय अनुमितियों और परिकल्पना-परीक्षण के लिए किया जाता है। इस कार्य में इसके धनत्व फलन का समाकलन शामिल है जो एक लंबा कार्य है जिसके फलस्वरूप इस मामले में भी, प्रसामान्य बंटन की भाँति, संदर्भ तालिकाएँ निर्मित की गई हैं।

उदाहरण—यदि स्वतंत्रता की कोटि 10 के बराबर है तो (i) 2.764 या अधिक (ii) -2.764 या निम्न के t मान प्राप्त करने की प्रायिकता क्या है?

हल—(i) स्टूडेंट-टी बंटन वाली सारणी में, हम स्वतंत्रता की कोटि वाले स्तंभ में नीचे की ओर बढ़ते हैं और 10 के अंक तक पहुँचते हैं और तब साथ वाली पंक्ति में 2.764 के अंक का पता लगाते हैं। 0.01 वाला निम्न प्रायिकता अंक, अपेक्षित प्रायिकता है।

(ii) चूँकि स्टूडेंट–टी बंटन सममित है, इसलिए −2.764 या इससे कम का t मान प्राप्त करने की प्रायिकता भी 0.01 है।

प्रश्न 8. χ^2 (काई–स्क्वैयर) बंटन को परिभाषित कीजिए।

उत्तर– मान लीजिए, X प्रसामान्य दर है जिसकी माध्य (प्रत्याशा) μ और मानक विचलन σ है, तब $z = \dfrac{X-\mu}{\sigma}$ मानक प्रसामान्य विचर अर्थात् $z \sim N(0, 1)$ है। यदि हम z का वर्ग करें अर्थात् $z^2 = \left(\dfrac{X-\mu}{\sigma}\right)^2$, तब z^2 ऐसे χ^2 चर के रूप में बंटित है जिसकी स्वतंत्रता की कोटि 1 है और इसे χ_1^2 के रूप में अभिव्यक्त किया जाता है।

यह स्पष्ट है कि चूँकि χ_1^2 वर्गित पद है; अतः $-\infty < z < -\infty$ के लिए χ^2 का मान 0 तथा ∞ के बीच रहेगा (क्योंकि वर्गित पद के नकारात्मक मान नहीं हो सकते)। आगे, चूँकि z का माध्य, 0 के बराबर है इसलिए z के अधिकतम मान 0 के सन्निकट होंगे जिसके परिणामस्वरूप χ^2 चर के अधिकाधिक प्रायिकता घनत्व शून्य के निकट हो।

उपर्युक्त उल्लिखित परिणाम को यदि सामान्य रूप में दें तो यदि $z_1, z_2, ..., z_k$ स्वतंत्र मानक प्रसामान्य विचर (अर्थात् 0 माध्य और 1 प्रसरण वाले प्रसामान्य चर हैं) तब $z = \sum_{i=1}^{k} z_i^2$ ऐसा χ^2 चर है जिसकी स्वतंत्रता की कोटि k है और जिसे χ_k^2 द्वारा सूचित किया जाता है। चित्र 1.4 विभिन्न स्वतंत्रता की कोटि वाले χ^2 चरों के लिए प्रायिकता वक्रों को दर्शाता है।

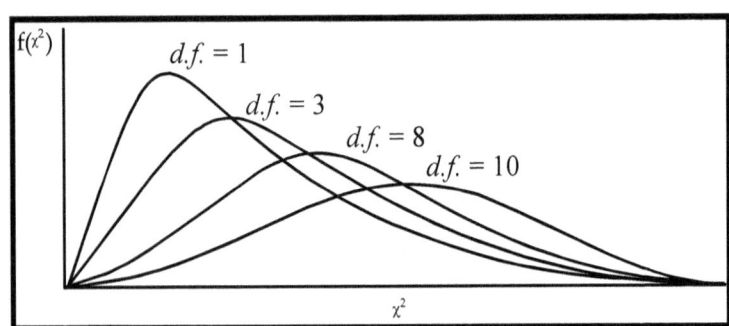

चित्र 1.4: काई स्क्वैयर प्रायिकता वक्र

हमें χ^2 बंटन की निम्नलिखित विशेषताओं को ध्यान में रखना चाहिए–

(1) जैसा कि चित्र 1.4 दर्शाता है, χ^2 धनात्मक विषम बंटन है। इसकी विषमता (तिरछेपन) की कोटि, इसकी स्वतंत्रता की कोटियों पर निर्भर करती है। निम्न स्वतंत्रता की कोटियों के लिए बंटन काफी विषम है। स्वतंत्रता की कोटियों की संख्या जैसे–जैसे बढ़ती जाती

है, बंटन भी धीरे–धीरे सममित होता चला जाता है। असल में, 100 से अधिक स्वतंत्रता की कोटियों के लिए, $\sqrt{2\chi^2} - \sqrt{(2k-1)}$ चर को मानक प्रसामान्य विचर के रूप में देखा जा सकता है जहाँ k स्वतंत्रता की कोटि है।

(2) काई–स्क्वैयर बंटन का माध्य k है और इसका प्रसरण $2k$ है जहाँ k स्वतंत्रता की कोटि है।

(3) यदि z_1 और z_2 दो स्वतंत्र काई–स्क्वैयर बंटन हैं जिनकी स्वतंत्रता की कोटि क्रमशः k_1 और k_2 है, तो $z_1 + z_2$ भी काई–स्क्वैयर चर होगा, जिसकी स्वतंत्रता की कोटि $k_1 + k_2$ के बराबर है।

उदाहरण–34 या अधिक के χ^2 मान प्राप्त करने की प्रायिकता क्या होगी यदि स्वतंत्रता की कोटि 25 है?

हल– χ^2–सारणी से हम देख सकते हैं कि यदि हम 25 के अंक तक पहुँचने के लिए स्वतंत्रता की कोटि कॉलम में नीचे की ओर बढ़ते हैं तो 34 से निकटतम अंक, वहाँ 34.382 है और 34.382 की प्रायिकता जैसा कि हम सारणी से देख सकते हैं, 0.10 है। अतः अपेक्षित प्रायिकता 0.10 है।

प्रश्न 9. *F*–बंटन के गुणधर्मों को लिखिए।

उत्तर– F–बंटन के कुछ महत्त्वपूर्ण गुणधर्मों का उल्लेख इस प्रकार है–

(1) काई–स्क्वैयर बंटन की भाँति, F–बंटन भी दाईं ओर विषम है। लेकिन जैसे–जैसे k_1 और k_2 बढ़ते हैं, F–बंटन, प्रसामान्य बंटन का अनुगामी बन जाता है।

(2) F–बंटन का माध्य $k_1/(k_2 - 2)$ है जो $k_2 > 2$ के लिए परिभाषित है और इसका प्रसरण $\frac{2k_2^2\,(k_1 + k_2 - 2)}{k_1(k_2-2)^2(k_2-4)}$ है जो $k_2 > 4$ के लिए परिभाषित है।

(3) ऐसा F–बंटन जिसकी अंश और हर स्वतंत्रता की कोटि क्रमशः 1 और k है, स्टूडेंट–टी बंटन का वर्ग है, जिसकी स्वतंत्रता की कोटि k है सांकेतिक रूप से– $F_{1,k} = t_k^2$

(4) बड़े हर वाली स्वतंत्रता की कोटि k_2 के लिए, स्वतंत्रता की कोटि k_1 और F मान का गुणनफल सन्निकटतः ऐसे काई–स्क्वैयर मान के बराबर होगा जिसकी स्वतंत्रता की कोटि k_1 अर्थात् $k_1F = \chi^2_{k_1}$ है।

प्रश्न 10. प्रतिचयन (प्रतिदर्शी) वितरण से आप क्या समझते हैं? उदाहरण द्वारा समझाइए।

उत्तर– आमतौर पर मूल समष्टि की तुलना में प्रतिदर्श का आकार काफी छोटा होता है जिसके परिणामस्वरूप समान समष्टि से ऐसे बहुत से प्रतिदर्शों का चयन किया जा सकता है जो एक–दूसरे से भिन्न होते हैं। चूँकि, प्राचल का आकल, प्रतिदर्श मानों पर निर्भर करता है और ये मान, एक प्रतिदर्श से दूसरे प्रतिदर्श में बदलते रहते हैं। इसलिए समान प्राचल के लिए प्रतिदर्शज के आकल या मान भी अलग–अलग हो सकते हैं। मानों में ऐसे बदलाव को

प्रतिचयन उच्चावचन कहते हैं। मान लीजिए, हम N आकार की समष्टि से बहुत–से प्रतिदर्शों, जिनमें से प्रत्येक n आकार का है, प्राप्ति करते हैं और प्रत्येक प्रतिदर्श के लिए, प्रतिदर्शज का मान परिकलित किया जाता है। यदि प्रतिदर्शों की संख्या बड़ी है तो सापेक्षिक बारंबारता बंटन के रूप में इन मानों को व्यवस्थित किया जा सकता है। जब प्रतिदर्शों की संख्या अनंत (infinity) की ओर प्रवृत्त हो तो प्रतिदर्शज के मानों की परिणामी सापेक्षिक बारंबारता बंटन, दिए गए प्रतिदर्शज का *प्रतिदर्शी बंटन* (Sampling Distribution) कहलाएगी।

मान लीजिए, हम समष्टि माध्य को आकलित करने के इच्छुक हैं (जो कि प्राचल है) और जिसे μ द्वारा दर्शाया जाता है। इस समष्टि (N आकार की) से n आकार के यादृच्छिक प्रतिदर्शों का चयन किया जाता है। प्रतिदर्श माध्य $\bar{x} = \frac{1}{n}\sum x_i$ प्रतिदर्शज है जो समष्टि माध्य μ के तद्नुरूपी है। $\bar{x}$ यादृच्छिक चर है, इसके मान एक प्रतिदर्श से दूसरे में प्रायिकता के रूप में बदलते रहते हैं।

उदाहरण–यदि किसी समष्टि में 5 इकाइयाँ, 2, 4, 6, 8 और 10 शामिल हैं तो मान लीजिए इसमें से बिना प्रतिस्थापन वाली सरल यादृच्छिक प्रतिचयन की विधि से 2 आकार वाले प्रतिदर्शों का चयन हमें करना है। तब प्रतिदर्श माध्य का प्रतिदर्शी बंटन और इसकी मानक त्रुटि को ज्ञात कीजिए।

हल–बिना प्रतिस्थापन के चुने जाने वाले प्रतिदर्शों की संख्या

$$= {}^{N}C_n = {}^{5}C_2 = \frac{5!}{2!(5-2)!} = \frac{5!}{2!3!} = \frac{5\times 4}{2\times 1} = \frac{20}{2} = 10$$

संगत प्रतिदर्श माध्य $\left(\bar{x}\right)$ सहित संभावित प्रतिदर्शों को तालिका 1.3 में दर्शाया गया है।

तालिका 1.3: संभावित प्रतिदर्श और प्रतिदर्श माध्य

प्रतिदर्श	प्रतिदर्श माध्य ($\bar{x}$)
(2, 4)	3
(2, 6)	4
(2, 8)	5
(2, 10)	6
(4, 6)	5
(4, 8)	6
(4, 10)	7
(6, 8)	7
(6, 10)	8
(8, 10)	9

अब हम प्रतिदर्श माध्य के बारंबारता बंटन की प्राप्ति कर सकते हैं—

तालिका 1.4: प्रतिदर्श माध्यों का बारंबारता बंटन

प्रतिदर्श माध्य ($\bar{x}$)	बारंबारता (f)
3	1
4	1
5	2
6	2
7	2
8	1
9	1

तालिका 1.4 में दिए गए बारंबारता बंटन से, जैसा कि तालिका 1.5 में दर्शाया गया है, हम प्रतिदर्श माध्य के प्रायिकता बंटन को दर्शा सकते हैं।

तालिका 1.5: प्रतिदर्श माध्यों का प्रतिदर्शी बंटन

प्रतिदर्श माध्य ($\bar{x}$)	प्रायिकता $\left(\dfrac{f}{\Sigma f}\right)$
3	$\dfrac{1}{10}$
4	$\dfrac{1}{10}$
5	$\dfrac{2}{10}$
6	$\dfrac{2}{10}$
7	$\dfrac{2}{10}$
8	$\dfrac{1}{10}$
9	$\dfrac{1}{10}$

ध्यान दीजिए कि Σf जो पहले दर्शाए गए प्रतिदर्श माध्य का बारंबारता बंटन है, 10 के बराबर है।

प्रश्न 11. बिंदु आकलन से आप क्या समझते हैं? इसके मापदंडों का वर्णन कीजिए।

उत्तर— आकलक एक सूत्र है और आकल, इस सूत्र के प्रयोग से प्राप्त विशिष्ट मान। जैसे, समष्टि माध्य के आकलन के लिए हम प्रतिदर्श माध्य का प्रयोग करते हैं तब $\frac{1}{n}\sum_i x_i$ आकलक है। मान लीजिए किसी प्रतिदर्श पर आँकड़ों को एकत्रित किया जाता है और इस सूत्र में प्रतिदर्शी इकाइयों को रखकर, प्रतिदर्श माध्य के लिए, ऐसे किसी विशिष्ट मान की प्राप्ति की जाती है; मान लीजिए यह 120 है। तब ऐसी स्थिति में 120 समष्टि माध्य का आकल है। यह संभव है कि आप समान समष्टि से एक अन्य प्रतिदर्श प्राप्त कर लें, प्रतिदर्श माध्य के लिए सूत्र $\frac{1}{n}\sum_i x_i$ का प्रयोग करें और एक अलग मान जैसे 123 की प्राप्ति करें। यहाँ 120 और 123 अर्थात् दोनों समष्टि माध्य के आकल हैं। लेकिन इन दोनों मामलों में आकलक एक ही है अर्थात् $\frac{1}{n}\sum_i x_i$। याद रखें कि पारिभाषिक शब्द प्रतिदर्शज, जो प्रतिदर्श मानों के फलन के संदर्भ में प्रयुक्त है, आकलक शब्द का समानार्थक है।

ऐसी स्थितियाँ भी हो सकती हैं जब हम प्राचल के लिए एक से अधिक संभावी (potential) आकलकों (एकांतर सूत्र) की प्राप्ति करेंगे। इन प्राचलों में से श्रेष्ठ के चयन के लिए हमें कुछ निर्धारित मानदंडों का अनुसरण करना होगा। इन मानदंडों के आधार पर आकलक को कुछ निश्चित वांछनीय गुणधर्मों को पूरा करना होगा। वैसे तो आकलक के लिए वांछनीय गुणधर्म गिने–चुने हैं लेकिन सर्वाधिक महत्त्वपूर्ण है इसकी अनभिनता (unbiasedness)।

अनभिनता का अर्थ है कि आकल, प्राचल के अज्ञात मान से उच्च या निम्न हो सकता है। लेकिन आकल का प्रत्याशित मान प्राचल के बराबर होना चाहिए। जैसे, प्रतिदर्श माध्य एक प्रतिदर्श से दूसरे प्रतिदर्शज में अलग–अलग होता है लेकिन औसतन यह समष्टि माध्य के बराबर होगा। अन्य शब्दों में $E(\bar{x}) = \mu$

लेकिन, $\frac{1}{n}\sum_{i=1}^{n}(x_i - \bar{x})^2$ समष्टि प्रसरण $\sigma^2 = \frac{1}{N}\Sigma(X_i - \bar{X})^2$ का अनभिनत आकलक नहीं है। दरअसल यदि हम $s^2 = \frac{1}{n-1}\Sigma(x_i - \bar{x})^2$ को परिभाषित करें तब s^2, σ^2 का भी अनभिनत आकलक है। अतः, प्रतिदर्श मानक विचलन s की, समष्टि मानक विचलन σ से कम होने की प्रवृत्ति है। इस शर्त को संशोधित करने के लिए हम n की बजाय कृत्रिम रूप से किसी छोटी संख्या $(n-1)$ से s को उच्च करने के लिए विभाजित करते हैं।

आकलक के मापदंड इस प्रकार हैं—

(1) अनभिनत (unbiased) एवं न्यून विचरण—T संख्या θ मापदंड का अदोषपूर्ण अथवा न्यून विचरण है यदि $E(T) = \theta$ हो। यदि $E(T) = \theta + a(\theta)$ तब $a(\theta) - E(T) - \theta$ दोषपूर्ण अथवा पक्षपातपूर्ण माना जाएगा। यदि $a(\theta) > 0$ तब पक्षपात सकारात्मक होगा तथा नकारात्मक होगा जब $a(\theta) < 0$ हो। हमारा प्रथम प्रयास θ मापदंड के लिए अनभिनत आकलक का चयन होना चाहिए। अनभिनत आकलक के चयन का दूसरा चरण या मापदंड

न्यून विचरण है। T आकलक न्यून विचरण वाला तथा अनभिनत है। माना माध्य $(\bar{x})$, μ के लिए न्यून विचरण वाला गैर-पक्षपातपूर्ण (MVUE) आकलक है।

हम जानते हैं कि $\bar{x} = \dfrac{\sum x_i}{n}$ ...(i)

$$\therefore E(\bar{x}) = E\left[\dfrac{(\sum x_i)}{n}\right]$$
$$= \dfrac{1}{n} \cdot \left[\sum E(x_i)\right] = \dfrac{1}{n}\left[\sum \mu\right]$$
$$= \dfrac{1}{n} \cdot n\mu$$

$E(\bar{x}) = \mu$

अतः $(\bar{x})$, μ अनभिनत आकलक है।

$(\bar{x})$ का विचरण निम्न है।

$v(\bar{x}) = v(\sum x_i / n)$ (जहाँ v विचरण है।)

$$= \dfrac{1}{n^2} \cdot \left[\sum v(x_i)\right] \text{ चूँकि } x_i^1 \text{s स्वतंत्र है।}$$
$$= \dfrac{1}{n^2} \sum \sigma^2 = [\text{जहाँ } \sigma^2 \text{ जनसंख्या विचरण है}]$$
$$= \dfrac{1}{n^2} \cdot [n\sigma^2] = \dfrac{\sigma^2}{n}$$

यह सिद्ध किया जा सकता है कि $v(\bar{x})$ का न्यून विचरण है तथा μ के आकलकों में से सर्वश्रेष्ठ है।

(2) सततता (Consistency)—यदि T, θ का आकलक है तो T, θ मापदंड के करीब होगा। T सतत् होगा यदि T तथा θ मापदंड के अंतर को प्रतिदर्शों की संख्या n को पर्याप्त मात्रा में बढ़ाकर कम किया जाए।

T मापदंड θ का सतत् आकलक होगा यदि,

(क) $E(T) \to \theta$ तथा

(ख) $V(T) \to 0$ जब $n \to \infty$

उदाहरणार्थ प्रतिदर्श का माध्य $(\bar{x})$, μ का सतत् आकलक है जैसे $E(\bar{x}) = \mu$ और $V(\bar{x}) = \dfrac{\sigma^2}{n} \to 0$ as $n \to \infty$.

यदि T मापदंड θ का सतत् आकलक है तो T का कोई अनुभाग भी θ का सतत् अनुमानक होगा।

(3) क्षमता (Efficiency)—T सांख्यिकी θ मापदंड का क्षमतावास अनुमानक कहा जाता है क्योंकि किसी स्थायी (n) प्रतिदर्श आकार के लिए इसका दूसरा प्रमाप विभ्रम θ के अन्य अनुमानकों से कम होता है। प्रतिदर्श माध्य तथा प्रतिदर्श माध्यिका दोनों ही μ के सतत् अनुमानक हैं किंतु प्रतिदर्श माध्य का प्रमाप विभ्रम प्रतिदर्श माध्यिका के प्रमाप विभ्रम से कम होता है। अत: प्रतिदर्श माध्यिका सिर्फ μ का सतत् अनुमानक है किंतु प्रतिदर्श माध्य सतत् तथा क्षमतावान दोनों है।

(4) यथेष्टता (Sufficiency)—T सांख्यिकी θ का यथेष्ट अनुमानक या आकलक है। यदि T सांख्यिकी θ के बारे में सभी जानकारी रखता है तो हमें θ के किसी अन्य अनुमानक को देखने की आवश्यकता नहीं है। $(\bar{x})$ प्रतिदर्श माध्य μ का यथेष्ठ है।

प्रश्न 12. परिकल्पना (Hypothesis) से आप क्या समझते हैं? परिकल्पना के विभिन्न प्रकार बताइए।

उत्तर— शब्द Hypothesis की उत्पत्ति ग्रीक भाषा के दो शब्दों Hypo अर्थात् Under और Tithemi अर्थात् Place, दोनों को मिलाकर शब्द बना "To Place under" से हुई है। दूसरी ओर अंग्रेजी में यह दो शब्दों Hypo + thesis से बना है। Hypo से आशय है, संभावित और thesis का अर्थ है—समस्या के समाधान का कथन। एक तरह से परिकल्पना एक संभावित अनुमान है।

परिकल्पना के प्रकार—परिकल्पना को विभिन्न प्रकार से विभाजित कर सकते हैं। परिकल्पना के निम्नलिखित प्रकार हैं—

(1) व्याख्यात्मक परिकल्पना—इस परिकल्पना का उद्देश्य निश्चित तथ्य को स्पष्ट करना है। सभी प्रकार की परिकल्पनाएँ व्याख्यात्मक होती हैं क्योंकि परिकल्पना तभी आगे बढ़ती है जब हम अवलोकित तथ्य को स्पष्ट करने का प्रयास करते हैं। जीवन में व्यक्तिगत तथ्यों को स्पष्ट करने में बड़ी संख्या में परिकल्पनाएँ आगे बढ़ती हैं। चोरी, हत्या, दुर्घटना आदि इसके उदाहरण हैं।

(2) विवरणात्मक परिकल्पना—कभी-कभी अनुसंधानकर्त्ता एक जटिल तथ्य पर आता है। वह अवलोकित तथ्यों के मध्य संबंधों को नहीं समझता है लेकिन इन तथ्यों को कैसे समझा जाए? उत्तर विवरणात्मक परिकल्पना है। एक परिकल्पना वर्णनात्मक होती है जब यह कुछ चीजों से मेल खाती बिंदुओं पर आधारित होती है। यह घटना के कारण और परिणाम के मध्य संबंध का वर्णन करती है। उदाहरणार्थ, राज्य में चालू बेरोजगारी कार्य दबाव से 25 प्रतिशत अधिक है। इसी प्रकार से स्थानीय उत्पाद के उपभोक्ता बाजार के महत्त्वपूर्ण भाग हैं।

(3) सादृश्य परिकल्पना—जब हम सदृश (समानता) आधार पर परिकल्पना का निर्माण करते हैं, उसे सादृश्य परिकल्पना कहते हैं। उदाहरणार्थ, अधिक आय अर्जन परिवार अपने अधिशेष का दीर्घकालीन विनियोग में विनियोजित करते हैं।

(4) व्यवहार्य परिकल्पना—कभी-कभी विद्यमान परिकल्पना से निश्चित तथ्य पर्याप्त रूप से स्पष्ट नहीं होते हैं एवं कोई नई परिकल्पना नहीं आती है। इस प्रकार अनुसंधान बाधित

होता है। ऐसी स्थिति में अनुसंधानकर्त्ता एक परिकल्पना प्रतिपादित करता है जो सतत् अनुसंधान को शक्ति प्रदान करता है। ऐसी परिकल्पना जो आगामी अध्ययन हेतु प्रतिपादित की जाती है तो उसे व्यवहार्य परिकल्पना कहते हैं। यह सरल रूप में अनुसंधान के प्रारंभिक बिंदु के रूप में स्वीकार की जाती है।

(5) शून्य परिकल्पना—यह परिकल्पना चरों के मध्य कोई अंतर नहीं है, इस अवधारणा पर आश्रित है। वस्तुतः इसका कथन नकारात्मक रूप में किया जाता है और यह मानते हैं कि अध्ययन किए जा रहे दो चरों के मध्य कोई संबंध नहीं है। "नल" (Null) जर्मन भाषा का शब्द है जिसका अर्थ है—शून्य। इसलिए इसे शून्य परिकल्पना भी कहते हैं। शून्य परिकल्पना को सामान्यतः सांख्यिकीय विश्लेषण में उपयोग किया जाता है।

(6) सांख्यिकी परिकल्पना—सांख्यिकी परिकल्पनाएँ एक प्रतिदर्श से व्युत्पन्न कथन हैं। ये प्रकृति से परिमाणात्मक एवं गणितीय रूप में मापनीय हैं। उदाहरणार्थ X उत्पाद का बाजार भाग 70 प्रतिशत, एक ट्यूब लाइट का औसत जीवन 2000 घंटे आदि।

प्रश्न 13. एक–पुच्छ तथा द्वि–पुच्छ में अंतर स्पष्ट कीजिए।

उत्तर— यदि α सार्थकता का स्तर है, तब द्वि–पुच्छ परीक्षण (two-tail test) में $\frac{\alpha}{2}$ क्षेत्र के लिए, इसे मानक प्रसामान्य वक्र के दोनों तरफ रखा जाता है। लेकिन यदि यह एक–पुच्छ परीक्षण (one-tail test) है, तब α क्षेत्र को मानक प्रसामान्य वक्र के एक–तरफ ही रखा जाता है। अतः एक–पुच्छ और द्वि–पुच्छ परीक्षण के लिए निर्णायक मान एक–दूसरे से अलग होते हैं।

एक–पुच्छ या द्वि–पुच्छ परीक्षण का चयन वैकल्पिक परिकल्पना के रचनासूत्र पर निर्भर करता है। जब वैकल्पिक परिकल्पना $H_A : \bar{x} \neq \mu$ प्रकार की है तो हम द्वि–पुच्छ परीक्षण करते हैं क्योंकि $\bar{x}, \mu$ से बड़ा या छोटा हो सकता है। दूसरी तरफ यदि वैकल्पिक परिकल्पना $H_A : \bar{x} < \mu$ प्रकार की है तो समूचा अस्वीकृति क्षेत्र, मानक प्रसामान्य वक्र के बाईं तरफ होगा। इसी तरह यदि वैकल्पिक परिकल्पना $H_A : \bar{x} > \mu$ प्रकार की है तो समूचा अस्वीकृति क्षेत्र, मानक प्रसामान्य वक्र के दाईं तरफ होगा तथा यहाँ एक–पुच्छ परीक्षण का प्रयोग होगा।

z के निर्णायक मान, सार्थकता के स्तर पर निर्भर करते हैं। सारणी में सार्थकता (α) के निर्धारित स्तरों के लिए, इन निर्णायक मानों को प्रसामान्य बंटन की अभिधारणा के अंतर्गत किए जाने वाले परीक्षणों के लिए दिया गया है। ये मान द्वि–पुच्छ और एक–पुच्छ परीक्षणों के लिए दिए गए हैं।

तालिका 1.6: z–प्रतिदर्शज संबंधी निर्णायक मान

सार्थकता का स्तर (α)	0.10	0.05	0.01	0.005
द्वि–पुच्छ परीक्षण	1.65	1.96	2.58	2.81
एक–पुच्छ परीक्षण	1.28	1.65	2.33	2.58

प्रश्न 14. द्विचर प्रतिमान से आप क्या समझते हैं?

उत्तर— ऐसा समीकरण जिसमें दो चर होते हैं एक आश्रित चर और दूसरा स्वतंत्र चर, द्विचर प्रतिमान कहलाता है।

उदाहरण के लिए, माँग की मात्रा कीमत का फलन है, उपभोग आय का फलन है इत्यादि। यद्यपि अधिक वास्तविक सूत्र के लिए प्रत्येक प्रतिमान में कई चरों की आवश्यकता होती है। सांख्यिकीय रूप से इन संबंधों की प्रस्तुति को सरल बनाने के लिए, हम इसे द्विचर प्रतिमान द्वारा दर्शाते हैं अर्थात्—

$$Y = a + bX \qquad \text{...(i)}$$

जहाँ a और b अज्ञात प्राचल हैं जो क्रमशः प्रतिमान के अंतःखंड (intercept) और ढाल को बताते हैं। वे प्रतीपगमन गुणांक भी कहलाते हैं। बाईं ओर के चर Y आश्रित चर और दाईं ओर के चर X स्वतंत्र चर कहलाते हैं।

प्रश्न 15. प्रतीपगमन प्रतिमान में त्रुटि पद के औचित्य को स्पष्ट कीजिए।

उत्तर— किसी दिए गए X के मान के लिए हम Y (आश्रित चर) के कई संभव मान ले सकते हैं। उदाहरण के लिए, व्यक्ति के उपभोग पर विचार करें जो प्रतिवर्ष एक निश्चित आय प्राप्त करता है। चूँकि किसी विशेष मद पर खर्च धन की मात्रा प्रत्येक वर्ष एक समान नहीं रह पाती। अतः हम मान लेते हैं कि X के लिए Y के मान यादृच्छिक रूप से भिन्न होंगे। इस स्थिति की विधिवत् व्याख्या करने के लिए हम एक "त्रुटि" पद को इस प्रतिमान में जोड़ते हैं और इसे इस प्रकार लिखते हैं—

$$Y_i = \alpha + \beta X_i + \varepsilon_i \qquad \text{...(i)}$$

जहाँ Y एक यादृच्छिक चर है, X स्थिर या गैर–प्रसंभाव्य (non-stochastic) और ε एक त्रुटि चर है जिसका मान एक अंतर्निहित प्रायिक वितरण पर आधारित है। रेखा के अंतःखंड और ढाल को प्रदर्शित करने के लिए हमने अपनी गणना के ग्रीक अक्षर α और β का उपयोग किया है, इस प्रकार हमारे प्रतिमान में एक यादृच्छिक त्रुटि पद भी शामिल है।

समीकरण में त्रुटि पद के समावेश के लिए कई प्रकार के तर्क दिए गए हैं—

(1) हमारे विनिर्देशों (specification) में त्रुटियाँ हो सकती हैं। त्रुटियाँ इसलिए होती हैं क्योंकि प्रतिमान वास्तविकता का एक निरूपण मात्र होता है। कार्यात्मक संबंध में सभी वांछनीय चरों को शामिल करना हमेशा संभव नहीं होता है। उदाहरण के लिए, हम मान लेते हैं कि एक उत्पाद की माँग के लिए कीमत एक प्रमुख निर्धारक है। वास्तव में माँग कई चरों पर निर्भर होती है, जैसे—व्यक्तिगत रुचियाँ, जनसंख्या, आय इत्यादि का प्रभाव भी उत्पाद की कीमत पर पड़ता है (जो फलन से बाहर है)। इनमें से कुछ चरों के सकारात्मक प्रभाव होते हैं जबकि अन्य के नकारात्मक प्रभाव होते हैं। इस समीकरण में इन बहिष्कृत चरों के शुद्ध प्रभाव त्रुटि पद द्वारा प्रस्तुत किए गए हैं। यदि इन बहिष्कृत चरों के प्रभाव क्षीण होते हैं तो यह मान लेना उचित है कि त्रुटि पद यादृच्छिक हैं।

(2) त्रुटि का दूसरा स्रोत समंक के संग्रहण और माप से संबंधित है। यह संभव है कि जो आय और उपभोग की जानकारी हम परिवार से प्राप्त करते हैं वह सही नहीं हो। यदि आँकड़े

सरकारी सांख्यिकी वृत्तांत से प्राप्त किए जाते हैं तो आँकड़े लेखक के हाथ की "करामात" और "पूर्णांकीय" विवरण पर आग्रह के यथार्थ कारण भी अशुद्धिपूर्ण हो सकते हैं।

(3) त्रुटि का तीसरा स्रोत प्रतिचयन (sampling) त्रुटि है। उदाहरण के लिए, समीकरण (i) का अवलोकन घरेलू उपभोग फलन (household-consumption function) के रूप में करें, जहाँ Y उपभोग है और X आय है। यदि समीकरण (i) एक सही संबंध है, तो भी संभव है जिस प्रतिमान का चयन परीक्षण के लिए किया गया है वह गरीब परिवार से जुड़ा हो। इस प्रकार हमारे प्रतिमान समूह से α और β का आकलन एक संतुलित प्रतिमान समूह के लिए सटीक नहीं रह पाएगा।

समीकरण (i) में त्रुटि के इन तीनों स्रोतों में से एक की भी उपस्थिति एक त्रुटि पद के समावेशन का पर्याप्त आधार सिद्ध होती है। चित्र 1.5 समीकरण (i) को दिखाने के लिए उदाहरण के रूप में घरेलू उपभोग का उपयोग करता है।

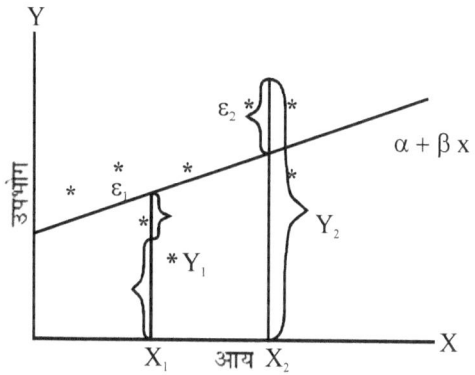

चित्र 1.5: न्यूनतम वर्ग विधि और यादृच्छिक वितरण

उपर्युक्त त्रुटि स्रोतों से समीकरण (i) में संबंधों की यादृच्छिक स्वरूप में प्रस्तुति की गई है। X के प्रत्येक मूल्य के लिए ε का प्रायिकता वितरण (probability distribution) होता है और इसलिए Y's का एक प्रायिकता वितरण होता है। दूसरी ओर चर X निश्चयात्मक है। इसके मान में निर्देशानुसार परिवर्तन नहीं आते।

प्रश्न 16. एक द्विचर प्रतीपगमन प्रतिमान में आप बीटा गुणांक का आकलन किस प्रकार करेंगे? व्याख्या कीजिए।

अथवा

मान लीजिए कि $y = \alpha + \beta x + \varepsilon$ आकलन की न्यूनतम वर्ग विधि के प्रयोग से प्राचल α और β के आकलों की व्युत्पत्ति कीजिए। [दिसम्बर–2013, प्र.सं. 1 (a)]

उत्तर– एक द्विचर प्रतीपगमन प्रतिमान में बीटा (β) गुणांक का आकलन करने के लिए हम Y और X के बीच संबंध का आकलन करेंगे अर्थात्–

$$\hat{Y}_i = \hat{\alpha} + \hat{\beta} X_i$$

जहाँ $\hat{\alpha}$ और $\hat{\beta}$ अज्ञात प्राचल α और β के अनुमान हैं तथा Y के अनुमानित मूल्य को $\hat{Y}$ द्वारा व्यक्त किया गया है। Y के प्रेक्षित तथा अनुमानित मूल्यों के बीच विचलन को निःशेष (residuals) ε कहते हैं। यानी

$$\varepsilon = Y - \hat{Y} \qquad \ldots(i)$$

न्यूनतम वर्ग सिद्धांत $\hat{\alpha}$ और $\hat{\beta}$ के उन मूल्यों का चयन है जो Y के निदर्श और आकलित मूल्यों के बीच के विचलनों के वर्गों के जोड़ को न्यूनतम रखे।

आकलित समीकरण न्यूनतम वर्ग सिद्धांत के अनुसार श्रेष्ठतम उपयुक्त वक्र (best fitting curve) होगा। इसलिए हमें प्राप्त होता है—

$$\sum \varepsilon_i^2 = \sum \left(Y_i - \hat{Y}_i\right)^2 \qquad \text{जहाँ } i = 1, 2, \ldots, n$$

$$= \sum \left(Y_i - \hat{\alpha} - \hat{\beta} X_i\right) \qquad \ldots(ii)$$

अब क्रमशः α तथा β के अनुसार अवकलन कर उसे शून्य के बराबर रखने पर, हमें प्राप्त होंगे—

$$\frac{\partial}{\partial \hat{\alpha}} \sum \varepsilon_i^2 = -2 \sum \left(Y_i - \hat{\alpha} - \hat{\beta} X_i\right) = 0$$

$$\frac{\partial}{\partial \hat{\beta}} \sum \varepsilon_i^2 = -2 \sum X_i \left(Y_i - \hat{\alpha} - \hat{\beta} X_i\right) = 0$$

इन दोनों समीकरणों को पुनः व्यवस्थित करने पर दो सामान्य समीकरण प्राप्त होते हैं—

$$\sum Y_i = n\hat{\alpha} + \hat{\beta} \sum X_i \qquad \ldots(iii)$$

और

$$\sum X_i Y_i = \hat{\alpha} \sum X_i + \hat{\beta} \sum X_i^2 \qquad \ldots(iv)$$

इन सामान्य समीकरणों को हल करने पर, हम $\hat{\alpha}$ और $\hat{\beta}$ के अनुमानित मूल्य प्राप्त कर सकते हैं—

$$\hat{\beta} = \frac{\left(\sum X_i\right)\left(\sum Y_i\right) - n\sum X_i Y_i}{\left(\sum X_i\right)^2 - n\sum X_i^2} \qquad \ldots(v)$$

और

$$\hat{\alpha} = \overline{Y} - \hat{\beta} \overline{X} \qquad \ldots(vi)$$

जहाँ

$$\overline{Y} = \frac{1}{n} \sum Y_i$$

और

$$\overline{X} = \frac{1}{n} \sum X_i$$

$\hat{\beta}$ का मान Y और X के अपने-अपने माध्यों से विचलनों द्वारा भी दिखाया जा सकता है। $x_i = X_i - \overline{X}$ और $y_i = Y_i - \overline{Y}$ का उपयोग करने पर, हमें प्राप्त होता है—

$$\hat{\beta} = \frac{\sum x_i y_i}{\sum x_i^2} \qquad \text{...(vii)}$$

प्रश्न 17. अवधारण गुणांक की अवधारणा की व्याख्या कीजिए।

उत्तर— अवधारण गुणांक की अवधारणा को समझने के लिए हम Y में दिए गए प्रसरण से आरंभ करेंगे—

$$\text{var}(Y) = \sum (Y_i - \overline{Y})^2$$

हमारा उद्देश्य Y के प्रसरण को दो भागों में विभाजित करना है। पहले भाग की प्रतीपगमन समीकरण के द्वारा गणना हो जाती है और दूसरा समीकरण के अव्याख्यायित (unexplained) भाग से संबंधित है।

निम्नलिखित अभिनिर्धारण (identity) को देखें, जो सभी आँकड़ों पर आधारित है—

$$(Y_i - \overline{Y}) = (Y_i - \hat{Y}_i) + (\hat{Y}_i - \overline{Y}) \qquad \text{...(i)}$$

बराबर के चिह्न के बाईं ओर का पद Y के प्रतिमान मूल्य और Y के माध्य के बीच अंतर को बताता है। दाईं ओर का प्रथम पद शेष $\hat{\varepsilon}_i$ को बताता है और दाईं ओर का दूसरा पद Y के अनुमानित मूल्य और Y के माध्य के बीच अंतर को बताता है।

प्रसरण को मापने के लिए हम समीकरण (i) के दाईं ओर का वर्ग करते हैं और सभी निदर्श आँकड़ों (1 to N) का जोड़ करते हैं—

$$\sum (Y_i - \overline{Y})^2 = \sum (Y_i - \hat{Y}_i)^2 + \sum (\hat{Y}_i - \overline{Y})^2 + 2\sum (Y_i - \hat{Y}_i)(\hat{Y}_i - \overline{Y}) \quad \text{...(ii)}$$

समीकरण (ii) में अंतिम पद को न्यूनतम वर्ग शेष (least-squares residuals) की दो विशेषताओं $\sum \hat{\varepsilon}_i = 0$ और $\sum \hat{\varepsilon}_i X_i = 0$ का उपयोग करके शून्य होना दिखाया जा सकता है। अतः—

$$\sum (Y_i - \overline{Y})^2 = \sum (Y_i - \hat{Y}_i)^2 + \sum (\hat{Y}_i - \overline{Y})^2$$

	Y में प्रसरण	अवशेष प्रसरण	व्याख्यात्मक प्रसरण	
अथवा	TSS =	ESS +	RSS	...(iii)
	वर्गों का कुल योग	वर्गों का त्रुटि योग	वर्गों का प्रतीपगमन योग	

उपरोक्त से हम कहते हैं कि 'वर्ग का कुल जोड़' (Total Sum of Squares; TSS), 'त्रुटि वर्गों का योग' (Error Sum of Squares; ESS) और 'प्रतीपगमन वर्गों के योग' (Regression Sum of Squares; RSS) का जोड़ है।

हम समीकरण (iii) के दोनों भागों को वर्गों के कुल योग से विभाजित करते हैं तो प्राप्त होता है—

$$1 = \frac{ESS}{TSS} + \frac{RSS}{TSS}$$

तब हम r^2 को इस प्रकार परिभाषित करते हैं—

$$r^2 = \frac{RSS}{TSS} = \frac{\sum(\hat{Y}_i - \overline{Y})^2}{\sum(Y_i - \overline{Y})^2} = 1 - \frac{\sum\hat{\varepsilon}_i^2}{\sum(Y_i - \overline{Y})^2}.$$

अथवा

$$r^2 = 1 - \frac{\sum\hat{\varepsilon}_i^2}{\sum y_i^2} \quad \text{अथवा} \quad r^2 = \frac{\hat{\beta}\sum xy}{\sum y^2}$$

चूँकि $\sum\hat{\varepsilon}_i^2$ की सीमा $\sum y_i^2$ और 0 के बीच होती है, अतः r^2 का मान 0 और 1 के बीच रहता है। यहाँ r^2 अवधारण गुणांक (coefficient of determination) कहलाता है। यह Y के प्रसरण के अनुपात मापता है। $\sum(Y_i - \overline{Y})^2$, Y मूल्यों का कुल प्रसरण है और $\sum(\hat{Y}_i - \overline{Y})^2$, X में प्रसरण द्वारा वर्णित Y का प्रसरण है। इसलिए, यह गुणांक X के प्रसरण के द्वारा वर्णित Y के अनुपात को बताता है।

प्रश्न 18. हम बचतों और निर्वृत्य आय (disposable income) के बीच संबंध को इस प्रकार लेते हैं—

$$Y_i = \hat{\alpha} + \hat{\beta}X_i + \varepsilon_i$$

जहाँ X बचत है और Y व्यय योग्य आय है। निम्न आँकड़ों के आधार पर प्रतीपगमन समीकरण तथा अवधारण गुणांक r^2 ज्ञात कीजिए।

वर्ष	बचत (X) (₹ में)	निर्वृत्य आय (Y) (₹ में)
1996	16.95	0.84
1997	18.25	1.34
1998	19.56	1.75
1999	20.46	1.55
2000	21.76	1.63
2001	23.39	1.89
2002	25.00	2.13
2003	26.47	2.23
2004	27.52	2.18
2005	29.27	2.20

उत्तर— उपरोक्त तालिका से हम निम्नलिखित मान प्राप्त कर सकते हैं—

$\sum X = 228.63$ $\sum X^2 = 5381.9041$
$\sum Y = 17.74$ $\sum Y^2 = 33.2974$
$\sum XY = 420.9776$

इन मानों का उपयोग कर हम प्राप्त कर सकते हैं—

$$\sum xy = \sum XY - \frac{1}{N}\sum X \sum Y = 15.3880$$

$$\sum x^2 = \sum X^2 - \frac{1}{N}\left(\sum X\right)^2 = 154.7364$$

अवलोकनों की संख्या, $N = 10$

प्रतीपगमन गुणांक इस प्रकार होंगे—

$$\hat{\beta} = \frac{\sum xy}{\sum x^2}$$

$$= \frac{15.3880}{154.7364} = 0.099$$

अंतःखंड (intercept) इस प्रकार परिकलित करते हैं—

$$\hat{\alpha} = \overline{Y} - \hat{\beta}\overline{X} = \frac{\sum Y}{N} - \hat{\beta}\frac{\sum X}{N}$$

$= 1.774 - (0.099 \times 22.863) = 1.774 - 2.263 = -0.489$

प्रतीपगमन रेखा में अंतःखंड और ढाल को आकलित करने के बाद, अब हम आय से बचत का प्रतीपगमन समीकरण इस प्रकार तैयार भी कर सकते हैं—

$$\hat{Y} = \hat{\alpha} + \hat{\beta}X = -0.489 + 0.099X$$

हम जानते हैं अवधारण गुणांक = $r^2 = \dfrac{\hat{\beta}\sum xy}{\sum y^2}$

हम रखते हैं $\hat{\beta} = 0.099$, $\sum xy = 15.3880$ और

$$\sum y^2 = \sum Y^2 - \frac{1}{N}\left(\sum Y\right)^2 = 33.2974 - \frac{1}{10}(17.74)^2 = 1.8266$$

अब, $r^2 = \dfrac{\hat{\beta}\sum xy}{\sum y^2} \Rightarrow r^2 = \dfrac{0.099 \times 15.3880}{1.8266} = \dfrac{1.5234}{1.8266} = 0.834$

$r^2 = 0.834$ के साथ हम कह सकते हैं कि Y और माध्य के बीच प्रसरण का 83 प्रतिशत से अधिक अंश हमारे प्रतीपगमन संबंध द्वारा परिकलित हो जाता है।

प्रश्न 19. अंतःस्थ रेखीय प्रतिमान से आप क्या समझते हैं?

उत्तर— अंतःस्थ रेखीय ऐसे संबंध होते हैं जो चरों के किसी रूपांतरण द्वारा बन जाते हैं अर्थात् यदि एक प्रतिमान अरेखीय है और चरों के रूपांतरण के बाद वह रेखीय हो जाता है तो

उस प्रतिमान को अंतःस्थ रूप से रेखीय कहा जा सकता है। हम निम्नलिखित अरेखीय प्रतिमान की स्थिति को लेते हैं—

$$Y = \alpha X^\beta \qquad \ldots(i)$$

इसे रेखीय में यदि रूपांतरित किया जा सके तो यह प्रतिमान अंतःस्थ रेखीय होगा—

$$Y^* = \alpha + \beta X^* + \varepsilon \qquad \ldots(ii)$$

समीकरण (i) में दोनों ओर लघुगणकों का उपयोग करके, हम निम्न रूपांतरित समीकरण प्राप्त करते हैं—

$$\log Y = \alpha + \beta \log X + \varepsilon \qquad \ldots(iii)$$

समीकरण (iii) में संबंध वास्तविक रेखीय है क्योंकि यह प्राचल α और β में रेखीय संबंध है। इन प्राचलों के आकलन के लिए हम OLS का उपयोग कर सकते हैं। रेखीयता के कारण, ऐसे प्रतिमान लघुगणक–लघुगणक (log-log), दोहरा लघुगणक (double-log) अथवा लघुगणक रेखीय प्रतिमान (log-linear models) भी कहलाते हैं।

इस प्रतिमान की एक महत्त्वपूर्ण विशेषता, जिसने इसे व्यावहारिक कार्य में लोकप्रिय बनाया है वह है ढाल गुणांक (slope coefficient) β ये Y की X के प्रति लोच को मापता है (जो X में प्रतिशत परिवर्तन के लिए Y में प्रतिशत परिवर्तन है)। इस प्रकार यदि Y किसी वस्तु की माँगी गई मात्रा को बताता है और X इसकी प्रति इकाई कीमत को तो β माँग की कीमत लोच को मापता है। यदि माँगी गई मात्रा एवं कीमत के बीच संबंध को चित्र 1.6 (a) में दिखाया जाता है तो निर्मित समीकरण जैसा कि चित्र 1.6 (b) में दिखाया गया है, कीमत लोच का आकलन प्रदान करेगा $(-\beta)$।

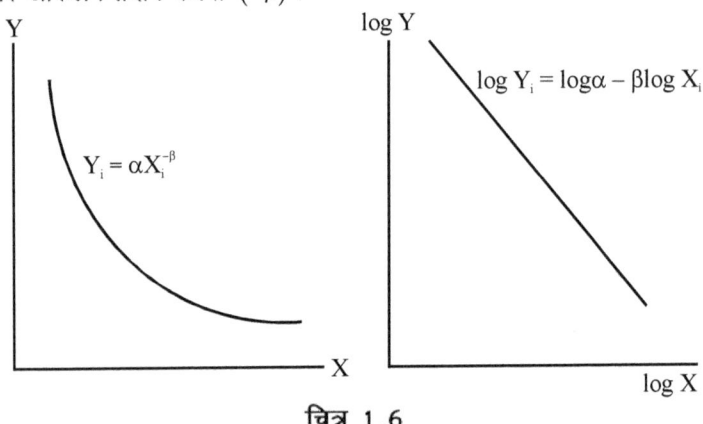

चित्र 1.6

प्रश्न 20. सामान्य न्यूनतम वर्ग प्रतिमान की क्या मान्यताएँ हैं?

अथवा

चर Y और X के बीच का संबंध रैखिक — अर्थात् $Y = \alpha + \beta X + \varepsilon$ है। सामान्य न्यूनतम वर्ग (ओ.एल.एस.) की सभी क्लासिकी अभिधारणाओं को व्यक्त कीजिए।

[जून–2014, प्र.सं. 6 (क)]

उत्तर— सामान्य न्यूनतम वर्ग प्रतिमान (Ordinary Least Squares Model; OLS) की निम्न मान्यताएँ हैं—

(1) Y और X के बीच रेखीय संबंध है।

(2) त्रुटि का अपेक्षित मान शून्य होता है—
$E(\varepsilon) = 0$

(3) सभी अवलोकनों के लिए त्रुटि पद प्रसरण स्थिर होता है, यानी
$E(\varepsilon^2) = \sigma^2$

(4) यादृच्छिक चर (random variables) ε_i सांख्यिकीय रूप से स्वतंत्र हैं। इस प्रकार $E(\varepsilon_i \varepsilon_j) = 0$ सभी $i \neq j$ के लिए

(5) X's अयादृच्छिक चर हैं, जिनके मान निश्चित हैं। इसलिए X's त्रुटि पद से असहसंबंधित (uncorrelated) हैं, यानी $E(X_i \varepsilon_i) = 0$, for $i = 1, 2, ..., n$

इन मान्यताओं का अर्थ है कि त्रुटि पद ε के औसत शून्य (0) हैं और स्थिर प्रसरण σ^2 होते हैं और त्रुटि पद एक-दूसरे से असहसंबंधित होते हैं। साथ ही, X_i और ε_i भी असहसंबंधित हैं।

प्रश्न 21. सर्वोत्तम रेखीय अनभिनत आगणक को परिभाषित कीजिए।

उत्तर— सामान्य न्यूनतम वर्ग (OLS) आगणक अनभिनत और संगत होते हैं। वास्तव में, सामान्य न्यूनतम वर्ग आगणक की विशेषताओं में एक है कि वे सभी आगणक जो रेखीय हैं और जो अनभिनत आकलन उत्पन्न करते हैं, उनके सामान्य न्यूनतम वर्ग आगणकों के प्रसरण न्यूनतम होते हैं। यह गॉस मार्कोव सिद्धांत (Gauss-Markov theorem) बताता है कि सामान्य न्यूनतम वर्ग की दी गई मान्यताओं के आधार पर आगणक $\hat{\alpha}$ और $\hat{\beta}$ ही सर्वोत्तम रेखीय अनभिनत आगणक (Best (most efficient) Linear Unbiased Estimators; BLUE) हैं (इस अर्थ में कि उनके सभी रेखीय अनभिनत आगणकों में न्यूनतम प्रसरण होते हैं)। यदि गॉस-मार्कोव सिद्धांत की कुछ मान्यताएँ पूरी नहीं होती हैं तो न्यूनतम वर्ग आगणक अधिक समय तक सर्वोत्तम रेखीय अनभिनत आगणक नहीं होंगे।

प्रश्न 22. बी.एल.यू.ई. क्या है? सिद्ध कीजिए कि $\hat{\beta}$, β का सर्वोत्तम रेखीय अनभिनत आगणक है।

अथवा

चर Y और X के बीच का संबंध रैखिक – अर्थात् $Y = \alpha + \beta X + \varepsilon$ है। मान लीजिए कि $\hat{\beta}$, β के ओ.एल.एस. आकलक को दर्शाता है। दर्शाइए कि अनभिनत आकलक (अर्थात् $E(\hat{\beta}) = \beta$) प्रमाण करने के लिए सभी क्लासिकी अभिधारणाओं की आवश्यकता नहीं पड़ती।
[जून—2014, प्र.सं. 6 (ख)]

अथवा

बी.एल.यू.ई. (BLUE) की संकल्पना की व्याख्या कीजिए। सिद्ध कीजिए कि ओ.एल.एस. (OLS) आकलन, बी.एल.यू.ई. (BLUE) हैं। [दिसम्बर–2015, प्र.सं. 9]

अथवा

ब्लू (BLUE) पर संक्षेप में नोट लिखिए। [जून–2016, प्र.सं. 10 (a)]

उत्तर– प्रतीपगमन प्राचल β का सबसे अधिक उपयुक्त रेखीय अनभिनत आकलक (Best Linear Unbiased Estimator; BLUE) है–

(1) प्रेक्षित सदिश Y का एक रेखीय फलन अर्थात् $a'Y+a_0$ के रूप का एक फलन, जहाँ a' $n \times 1$ स्थिरांकों का एक सदिश है एवं a_0 एक अदिश है, तथा

(2) सबसे छोटे प्रसरण के साथ β का अनभिनत आकलक।

यह सिद्ध करने हेतु कि $\hat{\beta}$ सर्वोत्तम रेखीय अनभिनत आगणक (BLUE) है, हम सर्वप्रथम सिद्ध करेंगे कि $\hat{\beta}$ β का एक अनभिनत रेखीय आगणक है और उसके पश्चात् हम यह सिद्ध कर पाएँगे कि इसका प्रसरण न्यूनतम होता है।

हमें ध्यान रखना चाहिए कि $\hat{\beta}$ एक रेखीय आगणक है चूँकि $\hat{\beta}$ को Y पर व्यक्तिगत अवलोकनों के भारित औसत के रूप में लिखा जा सकता है। $\hat{\beta}$ का अनभिनत गुण (विशेषता) निम्नलिखित से देखा जा सकता है–

जैसा कि हम जानते हैं कि

$$\hat{\beta} = \frac{\sum x_i y_i}{\sum x_i^2}$$ होता है।

अतः इसे हम निम्नवत् लिख सकते हैं–

$$\hat{\beta} = \frac{\sum x_i y_i}{\sum x_i^2} = \frac{\sum x_i(\beta x_i + \varepsilon_i)}{\sum x_i^2} \qquad \text{चूँकि } y_i = \beta x_i + \varepsilon_i$$

$$= \beta\frac{\sum x_i^2}{\sum x_i^2} + \frac{\sum x_i \varepsilon_i}{\sum x_i^2}$$

अथवा

$$\hat{\beta} = \beta + \frac{\sum x_i \varepsilon_i}{\sum x_i^2} \qquad ...(i)$$

यदि हम समीकरण (i) के अनुमानित मान को लेते हैं तो हम पाते हैं कि

$$E(\hat{\beta}) = \beta \qquad \text{चूँकि } E(\varepsilon_i) = 0.$$

जैसा कि हम जानते हैं कि प्राचल β एक स्थिर अंक है, इस प्रकार $E(\beta) = \beta$ है। चूँकि x_i स्वभाव से स्थिर है। हमें प्राप्त होता है–

$$E\left(\frac{\sum x_i \varepsilon_i}{\sum x_i^2}\right) = \frac{\sum x_i E(\varepsilon_i)}{\sum x_i^2} = 0.$$

यहाँ $\hat{\beta}, \beta$ का एक अनभिनत आगणक है। यह रेखीय विशेषताओं के साथ दिखाता है कि $\hat{\beta}, \beta$ का एक अनभिनत रेखीय आगणक है।

अब हम यह सिद्ध करेंगे कि $\hat{\beta}$ का प्रसरण, रेखीय अनभिनत आगणकों में न्यूनतम है। हम सर्वप्रथम $\hat{\beta}$ का प्रसरण $\sigma^2_{\hat{\beta}}$ ज्ञात करेंगे। समीकरण (i) का उपयोग कर, हम प्राप्त कर सकते हैं–

$$\sigma^2_{\hat{\beta}} = E\left(\hat{\beta}-\beta\right)^2 = E\left(\frac{\sum x_i\varepsilon_i}{\sum x_i^2}\right)^2$$

$$= E\left[\frac{1}{\left(\sum x_i^2\right)^2}\left(x_1^2\varepsilon_1^2 + x_2^2\varepsilon_2^2 + \ldots + x_n^2\varepsilon_n^2 + 2x_1x_2\varepsilon_1\varepsilon_2 + \ldots\right)\right]$$

$$= \frac{1}{\left(\sum x_i^2\right)^2}\left[x_1^2E\left(\varepsilon_1^2\right) + x_2^2E\left(\varepsilon_2^2\right) + \ldots + x_n^2E\left(\varepsilon_n^2\right)\right]$$

$$\frac{\sum x_i^2}{\left(\sum x_i^2\right)^2}E\left(\varepsilon_i^2\right) = \frac{\sum x_i^2}{\left(\sum x_i^2\right)^2}\sigma^2$$

इस प्रकार $\hat{\beta}$ का प्रसरण दिया हुआ है–

$$\sigma^2_{\hat{\beta}} = \frac{\sigma^2}{\sum x_i^2} \qquad \ldots(ii)$$

यह सिद्ध करने के लिए सभी रेखीय अनभिनत आगणकों में $\hat{\beta}$ का प्रसरण सबसे कम होता है, हम परिकलित करते हैं–

$$\beta^* = \sum c_i y_i$$

जहाँ $c_i = \dfrac{x_i}{\sum x_i^2} + d_i$

और जहाँ d_i स्वछंद (अविहित arbitrary) स्थिरांक है। β^* को इस प्रकार लिखा जा सकता है–

$$\beta^* = \sum c_i\left(\beta x_i + \varepsilon_i\right)$$

इसलिए

$$E\left(\beta^*\right) = \beta\sum c_i x_i + \sum c_i\varepsilon_i \qquad \ldots(iii)$$

$E\left(\beta^*\right) = \beta$ दिखाने के लिए हम मान लेते हैं $\sum c_i x_i = 1$

चूँकि $c_i = \dfrac{x_i}{\sum x_i^2} + d_i$ हम रखते हैं–

$c_i x_i = \dfrac{x_i^2}{\sum x_i^2} + d_i x_i$ और इसलिए, $\sum c_i x_i = \dfrac{\sum x_i^2}{\sum x_i^2} + \sum d_i x_i = 1 + \sum d_i x_i$

इस प्रकार $E\left(\beta^*\right) = \beta$ केवल तभी होगा यदि निम्न शर्त पूरी होती है–

$$\sum d_i x_i = 0$$

यह दिया गया है–

$$\sigma^2_{\beta^*} = E(\beta^* - \beta)^2$$
$$= E\left(\sum c_i \varepsilon_i\right)^2$$
$$= \sigma^2 \sum c_i^2$$
$$= \sigma^2 \left[\sum\left(\frac{x_i}{\sum x_i^2}\right)^2 + \sum d_i^2 + 2\sum \frac{x_i}{x_i^2} d_i\right]$$
$$= \frac{\sigma^2}{\sum x_i^2} + \sigma^2 \sum d_i^2$$
$$= \sigma^2_{\hat{\beta}} + \sigma^2 \sum d_i^2 \qquad \text{...(iv)}$$

इसलिए, $\sigma^2_{\beta^*}$ का मान $\sigma^2_{\hat{\beta}}$ के बराबर अथवा अधिक है (चूँकि $\sum d_i^2$ कम–से–कम शून्य (0) अथवा बड़ा है)। यह दिखाता है कि सभी रेखीय अनभिनत आगणकों में $\hat{\beta}$ का प्रसरण कम होता है। इस प्रकार हम कह सकते हैं कि $\hat{\beta}$ एक सर्वोत्तम रेखीय अनभिनत आगणक (BLUE) है।

प्रश्न 23. त्रुटि पदों के प्रायिकता वितरण से आप क्या समझते हैं?

उत्तर– चूँकि सामान्य न्यूनतम वर्ग आगणक $\hat{\alpha}$ और $\hat{\beta}$ दोनों त्रुटि पद के रेखीय फलन हैं, जो मान्यता से यादृच्छिक हैं। इसलिए, इनके आकलकों के मान प्रतिचयन (sampling) अथवा प्रायिकता वितरण (probability distributions) त्रुटि पदों के प्रायिकता वितरण के बारे में बनी मान्यताओं के ऊपर निर्भर करेंगे। इन आगणकों का प्रायिकता वितरण उसके समष्टि मानों के बारे में अनुमान करने के लिए आवश्यक है। त्रुटि पद के प्रायिकता वितरण की प्रकृति की कल्पना की परीक्षण में एक महत्त्वपूर्ण भूमिका मानी जाती है।

सामान्य न्यूनतम वर्ग की विधि त्रुटि पद के प्रायिक (probabilistic) प्रकृति के बारे में कोई मान्यता नहीं बनाती है। यह प्रतिदर्श से समष्टि के संबंध में अनुमान करने में शायद ही कुछ सहायता करता है। इस कमी को पूरा किया जा सकता है यदि हम यह मानने के इच्छुक हों कि त्रुटि पद किसी प्रायिकता वितरण का अनुकरण करता है। प्रतीपगमन के संदर्भ में, हम अक्सर मान लेते हैं कि त्रुटि पद प्रसामान्य वितरण का अनुकरण करता है।

प्रसामान्य वितरण एक घंटीनुमा प्रायिकता वितरण है और इसकी व्याख्या पूरी तरह से इसके माध्य और प्रसरण के द्वारा की जा सकती है। शास्त्रीय सामान्य रेखीय प्रतीपगमन यह मानता है कि प्रत्येक त्रुटि पद सामान्य रूप से शून्य औसत और स्थिर प्रसरण के साथ वितरित है यानी $\varepsilon_i \sim N(0, \sigma^2)$ है।

द्विचर रेखीय प्रतीपगमन प्रतिमान के अनुसार, $\varepsilon_i = (Y_i - \alpha - \beta X_i)$ है। इस प्रकार ε_i का प्रायिकता वितरण होगा–

$$p(\varepsilon_i) = \frac{1}{\sqrt{2\pi\sigma^2}} \exp\left[-\frac{1}{2\sigma^2}(Y_i - \alpha - \beta X_i)^2\right]$$

प्रश्न 24. अधिकतम संभावना आकलन (MLE) से क्या तात्पर्य है? यह किस प्रकार अर्थमिति प्रतिमानों के आकलन में लागू किया जा सकता है?

अथवा

अधिकतम संभावना आकलन की अवधारणा को स्पष्ट कीजिए।

अथवा

अधिकतम संभाविता आकलन क्या है? क्या अधिकतम संभाविता आकलक, न्यूनतम वर्ग आकलकों से भिन्न हैं? [दिसम्बर–2013, प्र.सं. 2 (a)]

अथवा

समाश्रयण मॉडल पर विचार कीजिए—

$Y_i = \alpha + \beta X_i + \varepsilon_i$

α, β और σ^2 के लिए अधिकतम संभावित (maximum likelihood) आकलक की प्राप्ति कीजिए। [दिसम्बर–2015, प्र.सं. 12]

उत्तर— अधिकतम संभावना आकलन (Maximum Likelihood Estimation) इस तथ्य पर केंद्रित होता है कि विभिन्न समष्टि विभिन्न प्रतिदर्श उत्पन्न करती हैं और कोई अनुवीक्षणगत प्रतिदर्श की अन्यों की तुलना में किन्हीं समष्टियों से लिए गए होने की अधिक संभावना होती है।

हम किसी (एक) प्राचल β के अधिकतम संभावना आकलन को $\hat{\beta}$ के मान की तरह परिभाषित करते हैं, जो काफी सीमा तक अवलोकित प्रतिदर्श आकलनों $Y_1, Y_2, ..., Y_N$ की ही उत्पत्ति करेगा। सामान्य रूप में यदि Y_i का वितरण प्रसामान्य है और इनका प्रतिचयन स्वतंत्र रूप से किया गया है, तो अधिकतम संभावना आकलक निम्न को "अधिकतम" करता है—

$p(Y_1) p(Y_2) ...... p(Y_N)$

यहाँ प्रत्येक p प्रसामान्य वितरण के साथ संबंधित प्रायिकता को बताता है।

इस प्रकार, परिकलित अधिकतम संभावना आकलक चयनित Y के विशिष्ट प्रतिदर्श का फलन है। एक भिन्न प्रतिदर्श एक भिन्न अधिकतम संभावना आकलन में फलित होगा। अधिकतम संभावना या हम कह सकते हैं, संभावना फलन केवल प्रतिदर्श मानों पर निर्भर नहीं करता है, वरन् समस्या के अज्ञात प्राचलों पर भी निर्भर करता है। अधिकतम संभावना आकलन उन प्राचलों का अनुसंधान करता है जिनके द्वारा हमारे प्रतिदर्शों द्वारा निर्धारित आकलकों की रचना की संभावना सबसे अधिक हो।

यह अर्थमिति प्रतिमानों के आकलन में निम्न प्रकार से लागू किया जा सकता है—

हम रेखीय प्रतीपगमन प्रतिमान के साथ विश्लेषण आरंभ करते हैं—

$Y_i = \alpha + \beta X_i + \varepsilon_i$

हम जानते हैं कि प्रत्येक Y_i माध्य $\alpha + \beta X_i$ और प्रसरण σ^2 के साथ प्रसामान्य वितरण का अनुसरण करते हैं। प्रायिकता को इस प्रकार लिखा जा सकता है—

$$p(Y_i) = \frac{1}{\sqrt{2\pi\sigma^2}} \exp\left[-\frac{1}{2\sigma^2}(Y_i - \alpha - \beta X_i)^2\right]$$

संभावना फलन सभी प्रेषणों N की व्यक्तिगत प्रायिकताओं का गुणनफल है। इस स्थिति में संभावना फलन है—

$$L(Y_1, Y_2, ..., Y_N, \alpha, \beta, \sigma^2) = p(Y_1) p(Y_2) ... p(Y_N)$$

$$= \frac{1}{(2\pi\sigma^2)^{\frac{N}{2}}} \exp\left[-\sum\left(\frac{Y_i - \alpha - \beta X_i}{2\sigma^2}\right)^2\right] \qquad ...(i)$$

अधिकतम संभावना आकलन में हमारा उद्देश्य α, β और σ^2 प्राचलों के मान को निकालना या खोजना है जिन्होंने प्रतिदर्श अवलोकनों $Y_1, Y_2, ..., Y_N$ को उत्पन्न किया होगा। यह उपरोक्त दिए गए प्रत्येक प्राचलों के अनुसार संभावना फलन को अधिकतम कर प्राप्त किया जाता है। इसे करने के लिए संभावना फलन के लघुगणक के साथ कार्य करना ज्यादा सुविधाजनक है। लघु संभावना फलन (log-likelihood function) इस प्रकार दिया गया है—

$$\log L = -\frac{N}{2}\log(\sigma^2) - \frac{N}{2}\log(2\pi) - \frac{1}{2\sigma^2}\sum(Y_i - \alpha - \beta X_i)^2 \qquad ...(ii)$$

अधिकतम की प्राप्ति के लिए इस लघु संभावना फलन का प्रत्येक तीन अज्ञात प्राचलों के साथ अवकलन करते हैं और व्युत्पत्ति को शून्य के समान रख फिर समस्या का हल करते हैं।

व्युत्पन्न समीकरण (ii) को आंशिक रूप से α, β और σ^2 के साथ अवकलित करते हैं और उत्पत्ति को शून्य के बराबर रखकर हम पाते हैं—

$$\frac{\partial(\log L)}{\partial \alpha} = \frac{1}{\sigma^2}\sum(Y_i - \alpha - \beta X_i) = 0 \qquad ...(iii)$$

$$\frac{\partial(\log L)}{\partial \beta} = \frac{1}{\sigma^2}\sum\left[X_i(Y_i - \alpha - \beta X_i)\right] = 0 \qquad ...(iv)$$

$$\frac{\partial(\log L)}{\partial \sigma^2} = -\frac{N}{2\sigma^2} + \frac{1}{2\sigma^4}\sum(Y_i - \alpha - \beta X_i)^2 = 0 \qquad ...(v)$$

समीकरण (i) से हमें प्राप्त होता है—

$$\sum Y_i = N\hat{\alpha} + \hat{\beta}\sum X_i \qquad ...(vi)$$

समीकरण (ii) से हमें प्राप्त होता है—

$$\sum Y_i X_i = \hat{\alpha}\sum X_i + \hat{\beta}\sum X_i^2 \qquad ...(vii)$$

समीकरण (iii) से हमें प्राप्त होता है—

$$\frac{\sum(Y_i - \hat{\alpha} - \hat{\beta} X_i)^2}{2} = \frac{N\hat{\sigma}^4}{2\hat{\sigma}^2}$$

अथवा

$$\sum(Y_i - \hat{\alpha} - \hat{\beta} X_i)^2 = N\hat{\sigma}^2$$

अथवा

$$\hat{\sigma}^2 = \frac{1}{N}\sum(Y_i - \hat{\alpha} - \hat{\beta} X_i)^2 \qquad ...(viii)$$

ध्यान रखना चाहिए कि समीकरण (iv) और समीकरण (v) बिल्कुल सामान्य न्यूनतम वर्ग विधि में प्राप्त सामान्य समीकरण की तरह हैं।

समीकरण (iv) और समीकरण (v) को हल करने पर हमें $\hat{\alpha}$ और $\hat{\beta}$ प्राप्त होता है। इसलिए

$$\hat{\alpha} = \overline{Y} - \hat{\beta}\overline{X} \qquad \text{...(ix)}$$

$$\hat{\beta} = \frac{\sum x_i y_i}{\sum x_i^2} \qquad \text{...(x)}$$

$$\hat{\sigma}^2 = \frac{1}{N}\sum\left(Y_i - \hat{\alpha} - \hat{\beta}X_i\right)^2 \qquad \text{...(xi)}$$

स्पष्ट रूप से, जब न्यूनतम वर्ग के त्रुटि पद सामान्य वितरण का अनुकरण करते हैं तो α और β के अधिकतम संभावना आगणक न्यूनतम वर्ग आगणकों के अनुरूप होते हैं। अतः $\hat{\alpha}$ और $\hat{\beta}$ सर्वोत्तम रेखीय अनभिनत आगणक (BLUE) होते हैं। यद्यपि $\hat{\sigma}^2, \sigma^2$ के अनभिनत आगणक हैं, एक अनभिनत आगणक प्राप्त करने के लिए, हमें भिन्न के अंश (numerator) को $N-2$ से विभाजित करने की आवश्यकता होती है, ताकि स्वातंत्र्य कोटि का सभंजन किया जा सके।

प्रश्न 25. मानक त्रुटि का आकलन किस प्रकार किया जाता है?

उत्तर— $\sigma_{\hat{\beta}}^2 = \dfrac{\sigma^2}{\sum x_i^2}$ के अनुसार $\hat{\beta}$ का प्रसरण विक्षोभ प्रसरण (disturbance variance) σ^2 का एक फलन है। इसलिए, हमें पहले $\hat{\beta}$ के प्रसरण के आकलन हेतु प्रतिदर्श प्रेषणों से विक्षोभ प्रसरण ज्ञात करना होगा।

σ^2 का आकलन वर्गों के त्रुटि योग $\sum \hat{\varepsilon}^2$ पर आधारित हो सकता है—

$\hat{\varepsilon}_i = Y_i - \hat{Y}_i$

$= \left(y_i + \overline{Y}\right) - \left(\hat{y}_i + \overline{Y}\right)$, चूँकि $y_i = Y_i - \overline{Y}$ & $\hat{y}_i = \hat{Y}_i - \overline{Y} = y_i - \hat{y}_i$

N प्रतिदर्श प्रेषणों का औसत $Y_i = \alpha + \beta X_i + \varepsilon_i$ करने पर, हमें प्राप्त होता है $\overline{Y} = \alpha + \beta \overline{X} + \overline{\varepsilon}$ इसलिए

$y_i = \beta x_i + \left(\varepsilon_i - \overline{\varepsilon}\right)$

यह भी याद रहे कि

$\hat{Y}_i = \hat{\alpha} + \hat{\beta}X_i$ और $\overline{Y} = \hat{\alpha} + \hat{\beta}\overline{X}$

इसलिए हमें प्राप्त होता है $\hat{y}_i = \hat{\beta}x_i$

अब—

$\hat{\varepsilon}_i = \beta x_i + \left(\varepsilon_i - \overline{\varepsilon}\right) - \beta x_i = -\left(\hat{\beta} - \beta\right)x_i + \left(\varepsilon_i - \overline{\varepsilon}\right)$

दोनों ओर वर्ग करने एवं जोड़ने पर हमें प्राप्त होता है—

$$\sum \hat{\varepsilon}_i^2 = \left(\hat{\beta} - \beta\right)^2 \sum x_i^2 + \sum \left(\varepsilon_i - \bar{\varepsilon}\right)^2 - 2\left(\hat{\beta} - \beta\right) \sum x_i \left(\varepsilon_i - \bar{\varepsilon}\right)$$

दोनों ओर अपेक्षा गणना से हमें प्राप्त होता है—

$$E\left(\sum \hat{\varepsilon}_i^2\right) = \sum x_i^2 E\left(\hat{\beta} - \beta\right)^2 + E\left[\sum \left(\varepsilon_i - \bar{\varepsilon}\right)^2\right] - 2E\left[\left(\hat{\beta} - \beta\right) \sum x_i \left(\varepsilon_i - \bar{\varepsilon}\right)\right]$$

$$= \sum x_i^2 E\left(\hat{\beta} - \beta\right)^2 + E\left[\sum \varepsilon_i^2 - \frac{\left(\sum \varepsilon_i\right)^2}{N}\right] - 2E\left[\frac{\sum x_i \varepsilon_i}{\sum x_i^2}\left(\sum x_i \varepsilon_i - \sum x_i \bar{\varepsilon}\right)\right]$$

$$= \sigma^2 + (N-1)\sigma^2 - 2E\left[\frac{\left(\sum x_i \varepsilon_i\right)^2}{\sum x_i^2}\right] \quad \text{चूँकि } \sum x_i = 0$$

$$= \sigma^2 + (N-1)\sigma^2 - 2\sigma^2 = (N-2)\sigma^2$$

इसलिए यदि हम परिभाषित करते हैं—

$$s^2 = \hat{\sigma}^2 = \frac{\sum \hat{\varepsilon}_i^2}{N-2} \qquad \ldots(i)$$

इसका अपेक्षित मान होगा—

$$E\left(\hat{\sigma}^2\right) = \frac{1}{N-2} E\left(\sum \hat{\varepsilon}_i^2\right) = \sigma^2 \qquad \ldots(ii)$$

जो दिखाता है कि $\hat{\sigma}^2$ (अथवा s^2) वास्तविक σ^2 का एक अनभिनत आगणक है। $\hat{\sigma}$ (अथवा s) $\hat{\sigma}^2$ (अथवा s^2) का एक वर्ग मूल है और यह आकलन की मानक त्रुटि कहलाता है।

$\sigma_{\hat{\beta}}^2$ का एक अनभिनत आगणक निम्न प्रकार प्राप्त किया जा सकता है—

$$\hat{\sigma}_{\hat{\beta}}^2 = \frac{\hat{\sigma}^2}{\sum x_i^2} = \frac{\sum \hat{\varepsilon}_i^2}{(N-2)\sum x_i^2} \qquad \ldots(iii)$$

$\hat{\sigma}_{\hat{\beta}}^2, \hat{\sigma}_{\hat{\beta}}$ का वर्ग मूल गुणांक की मानक त्रुटि (standard error) कहलाता है।

प्रश्न 26. विश्वास्यता अंतराल को परिभाषित कीजिए।

उत्तर— विश्वास्यता अंतराल मानों का एक ऐसा प्रसार प्रदान करता है, जो वास्तविक प्रतीपगमन प्राचलों को समाहित किए रहता है। प्रत्येक विश्वास्यता अंतराल के साथ हम सांख्यिकीय सार्थकता का एक स्तर जोड़ सकते हैं। विश्वास्यता अंतराल इस प्रकार निर्मित किए जाते हैं कि अंतराल में वास्तविक प्राचल होने की प्रायिकता 1 घटा सार्थकता का स्तर होती है। यह आकलित प्रतीपगमन प्राचलों के बारे में सांख्यिकीय परिकल्पना के परीक्षण के लिए विशेष रूप से उपयोगी होता है।

विश्वास्यता अंतराल आकलित प्रतीपगमन प्राचलों के बारे में सांख्यिकीय परिकल्पना (statistical hypothesis) परीक्षण के लिए विशेष रूप से उपयोगी हैं। हम एक शून्योत्तर

परिकल्पना से प्रारंभ करते हैं जो प्रायः निश्चित प्रभाव की अनुपस्थिति की बात करती है। शून्योत्तर परिकल्पना इस प्रकार निर्मित की जाती है कि इसे अस्वीकार करना संभव रहे। प्रतिदर्श की सत्यता की जाँच के लिए हम शून्योत्तर परिकल्पना निश्चित करते हैं कि β का मान शून्य के समान है। हम आशा करते हैं कि हम इस शून्योत्तर परिकल्पना को अस्वीकार कर पाएँगे अर्थात् $\hat{\beta}$ का मान शून्य से काफी अलग होगा। मान लीजिए कि $\hat{\beta}$ 0.9 है। यदि हम सार्थकता के स्तर का 10 प्रतिशत का चुनाव करते हैं तो β के लिए विश्वास्यता अंतराल 90 प्रतिशत हो सकता है।

$0.6 < \beta < 1.2$

इसका अर्थ है कि β के 0.6 से 1.2 विस्तार के बीच होने की संभावना 0.90 है। साथ ही इसका अर्थ है कि β के शून्य के समान होने की शून्योत्तर परिकल्पना को 90 प्रतिशत विश्वास के साथ अस्वीकार किया जा सकता है।

प्रश्न 27. प्रतीपगमन गुणांक के सार्थकता परीक्षण पर चर्चा कीजिए।

उत्तर— प्रतीपगमन गुणांक के परीक्षण अक्सर t वितरण पर आधारित होते हैं। यहाँ t वितरण वांछित होते हैं क्योंकि सांख्यिकीय परीक्षण के लिए हमें त्रुटि प्रसरण का एक प्रतिदर्श आकलन उपयोग करने की आवश्यकता होती है। आकलित प्राचलों के 95 प्रतिशत विश्वास्यता अंतरालों के निर्माण के लिए t वितरण का उपयोग करने के लिए, हम सर्वप्रथम आकलित प्रतीपगमन प्राचल का मानकीकरण करते हैं अर्थात् $\hat{\beta}$ में से इसके परिकल्पित वास्तविक मान β_0 को घटाकर मानक त्रुटि द्वारा विभाजित करते हैं। इस प्रकार, $t = \dfrac{\hat{\beta} - \beta_0}{S_{\hat{\beta}}}$ जहाँ $S_{\hat{\beta}}$ ही $\hat{\beta}$ की मानक त्रुटि है। हमारी शून्योत्तर परिकल्पना है $\beta = 0$ अथवा द्विचर प्रतिमान में X और Y चरों के बीच संबंध नहीं है। इस स्थिति में उपयुक्त t परिगणक नीचे दिया गया है—

$$t_{N-2} = \frac{\hat{\beta}}{S_{\hat{\beta}}} \qquad \ldots(i)$$

अधोलिखित (N – 2) स्वातंत्र्य की कोटि को बताता है जिनके लिए t-परीक्षण होना चाहिए। यदि t परिगणन समालोचक मान (तालिकाबद्ध मान) t_c से ज्यादा है तो हम निष्फल परिकल्पना को अस्वीकार करते हैं। यहाँ अधोलिखित 'c' सार्थकता (significance) के स्तर को बताता है।

प्रायः हम शून्योत्तर परिकल्पना का परीक्षण करते हैं कि $\beta = \beta_0$ है। ऐसा करने के लिए हम t परिगणन का परिकलन करते हैं।

$$t_{N-2} = \frac{\hat{\beta} - \beta_0}{S_{\hat{\beta}}} \qquad \ldots(ii)$$

यहाँ मानक चर t_{N-2}, $N-2$ स्वातंत्र्य की कोटि के साथ t वितरण का अनुकरण करता है। समालोचक मान, 5 प्रतिशत परीक्षण के साथ परिभाषित होता है जिससे

$$\text{Prob}(-t_c < t_{N-2} < t_c) = .95 \qquad \ldots(iii)$$

जहाँ Prob प्रायिकता को बताता है।

अब समीकरण (ii) में प्रतिस्थापित करने पर हम प्राप्त करते हैं—

$$\text{Prob}\left(-t_c < \frac{\hat{\beta} - \beta_0}{S_{\hat{\beta}}} < t_c\right) = .95 \qquad \ldots(iv)$$

समीकरण (iv) को परिवर्तित करने पर हमें प्राप्त होता है—

$$\text{Prob}(\hat{\beta} - t_c S_{\hat{\beta}} < \beta_0 < \hat{\beta} + t_c S_{\hat{\beta}}) = .95 \qquad \ldots(v)$$

समीकरण (v) से β के लिए हम 95 प्रतिशत विश्वास्यता अंतराल प्राप्त करते हैं—

$$\hat{\beta} \pm t_c S_{\hat{\beta}} \qquad \ldots(vi)$$

ऐसी ही प्रक्रिया का उपयोग करके, हम α के लिए 95 प्रतिशत विश्वास्यता अंतराल प्राप्त करते हैं—

$$\hat{\alpha} \pm t_c S_{\hat{\alpha}} \qquad \ldots(vii)$$

यदि t-वितरण के समालोचक मान का सटीक रूप से चयन किया जाए तो किसी भी सार्थकता स्तर के लिए उपयुक्त अंतराल का निर्धारण करना संभव होता है।

प्रश्न 28. निम्नलिखित आँकड़ों के आधार पर प्रतीपगमन गुणांक परीक्षण की जाँच कीजिए—

Y	X
40	4
60	6
50	7
70	10
90	13

उत्तर—

Y	X	$y_i = Y - \bar{Y}$	$x_i = X - \bar{X}$
40	4	−22	−4
60	6	−2	−2
50	7	−12	−1
70	10	8	2
90	13	28	5

उपरोक्त आँकड़ों से हम परिकल्पना करते हैं—

$\sum Y = 310$ $\qquad\qquad \sum X = 40$

$\sum X^2 = 370$ $\qquad\sum XY = 2740$

$\sum x_i y_i = 260$ $\qquad\sum x_i^2 = 50$

$\sum \hat{\varepsilon}_i^2 = 128$

हम रखते हैं—

$$\hat{\beta} = \frac{\sum x_i y_i}{\sum x_i^2} = \frac{260}{50} = 5.2$$

$$\hat{\alpha} = \overline{Y} - \hat{\beta}\overline{X} = 62 - 5.2(8) = 62 - 41.6 = 20.4$$

आकलित समीकरण इस प्रकार लिखा गया है—

$$\hat{Y} = 20.4 + 5.2X$$

अब हम परिकलन कर सकते हैं—

$$\hat{\sigma}_{\hat{\beta}}^2 = \frac{\sum \hat{\varepsilon}_i^2}{(N-2)\sum x_i^2} = \frac{128}{3(50)} = \frac{128}{150} = 0.85$$

$$\hat{\sigma}_{\hat{\beta}} = \sqrt{0.85} = 0.92$$

$$t_{N-2} = \frac{\hat{\beta}}{S_{\hat{\beta}}} = \frac{0.52}{0.92} = 5.63$$

5% सार्थकता स्तर के लिए (यानी 95% विश्वास्यता स्तर) स्वातंत्र्य कोटि 3 के साथ दो-पुच्छ परीक्षण के लिए t का मान 3.182 है। परिकलित t का मान 5.63 है जो सारणीबद्ध (tabulated) t मान, 3.182 से ज्यादा है। इसलिए हम शून्योत्तर परिकल्पना को अस्वीकार करते हैं और निष्कर्ष निकालते हैं कि Y के प्रसरण की व्याख्या में X सांख्यिकीय रूप से एक सार्थक (significant) चर है।

प्रश्न 29. अवधारण गुणांक के सार्थकता परीक्षण पर टिप्पणी कीजिए।

उत्तर— यह परीक्षण करने के लिए हम F परीक्षण का उपयोग करते हैं। यह प्रसरण विश्लेषण का एक उदाहरण है। यहाँ द्विचर प्रतिमान की शून्योत्तर परिकल्पना है $\beta = 0$

$$F = \frac{\hat{\beta}^2 \sum x_i^2 / (k-1)}{\sum \hat{\varepsilon}_i^2 / (N-k)} = \frac{\sum \hat{y}_i^2 / (2-1)}{\sum \hat{\varepsilon}_i^2 / (N-2)} = \frac{RSS/(2-1)}{ESS/(N-2)}$$

जहाँ स्वातंत्र्य की कोटि $F(1, N-2)$ होती है। F का ऊँचा मान शून्योत्तर परिकल्पना की अस्वीकृति का आग्रह करता है। इसलिए, यह स्वाभाविक है कि जब RSS, ESS की तुलना में ऊँचा होता है तो शून्योत्तर परिकल्पना प्राप्त होती है। ऐसा तब होता है जब R^2 ऊँचा होता है।

F परीक्षण समीकरण में सभी चरों की सार्थकता या चरों के समूह के परीक्षण के लिए प्रायोजित है। यद्यपि, द्विचर की स्थिति में F परीक्षण एकल व्याख्यात्मक चर परीक्षण के लिए और उसी समय R^2 के सार्थकता परीक्षण के लिए उपयोग किया जाता है।

प्रश्न 30. व्याख्यात्मक चर के ज्ञात मानों के लिए आश्रित चर के बारे में पूर्वानुमान किस प्रकार लगाया जाता है? समझाइए।

उत्तर— अर्थमिति का एक उद्देश्य आर्थिक घटना (economic phenomena) की भविष्यवाणी करना है। आकलित प्रतीपगमन समीकरण $\hat{Y} = \hat{\alpha} + \hat{\beta}X$ का उपयोग X के दिए गए मूल्य अथवा मान के लिए Y के मान को पूर्वानुमान के लिए किया जाता है। यह मानते हुए कि X_0, X का दिया हुआ मान है, तब हम Y के Y_0 का अनुरूप मान (corresponding value) का पूर्वानुमान करते हैं—

$$\hat{Y}_0 = \hat{\alpha} + \hat{\beta}X_0$$

जहाँ Y_0 का वास्तविक मान दिया जाता है—

$$Y_0 = \alpha + \beta X_0 + \varepsilon_0$$

तब, पूर्वानुमान त्रुटि (विभ्रम) (prediction error) होगी—

$$\varepsilon = Y_0 - \hat{Y}_0$$
$$= (\alpha + \beta X_0 + \varepsilon_0) - (\hat{\alpha} + \hat{\beta}X_0)$$
$$= (\alpha - \hat{\alpha}) + (\beta - \hat{\beta})X_0 + \varepsilon_0$$

इसके अलावा, पूर्वानुमान त्रुटि की अपेक्षा होगी—

$$E(\varepsilon) = E(\alpha - \hat{\alpha}) + E(\beta - \hat{\beta})X_0 + E(\varepsilon_0) = 0$$

चूँकि $E(\hat{\alpha}) = \alpha, E(\hat{\beta}) = \beta$ और $E(\varepsilon_0) = 0$

इसलिए, Y का पूर्वानुमानित मान एक अनभिनत आकलन है। वास्तव में यह दिखाया जा सकता है कि Y_0 सर्वोत्तम रेखीय अनभिनत आकलन (BLUE) है।

अब, पूर्वानुमान त्रुटि का प्रसरण होगा—

$$E[\varepsilon - E(\varepsilon)]^2 = E\left[(\alpha - \hat{\alpha}) + (\beta - \hat{\beta})X_0 + (\varepsilon_0)\right]^2$$
$$= E\left[(\alpha - \hat{\alpha}) + (\beta - \hat{\beta})X_0\right]^2 + E(\varepsilon_0)^2 = \sigma_{\hat{Y}_0}^2 + \sigma^2$$

जहाँ $\sigma_{\hat{Y}_0}^2$ है $E\left[(\alpha - \hat{\alpha}) + (\beta - \hat{\beta})X_0\right]^2$

उपर्युक्त समीकरण बताता है कि एक व्यक्तिगत मान के पूर्वानुमान में जो त्रुटि होती है वह दो असहसंबंधित त्रुटियों का योग है—

(1) प्रतीपगमन समीकरण के प्राचलों के अनुमान आकलन में त्रुटि, और
(2) पूर्वानुमान अवधि के दौरान यादृच्छिक विक्षोभ।

प्रश्न 31. बहुगुणी प्रतीपगमन विश्लेषण क्या है? व्याख्या कीजिए।

उत्तर— जब हमें किसी एक चर पर अनेक स्वतंत्र चरों के सामूहिक प्रभाव का अध्ययन करना होता है तब हम बहुगुणी प्रतीपगमन विश्लेषण को अपनाते हैं। उदाहरण के लिए, एक

भूमि के टुकड़े पर गेहूँ की उपज पर (x_1), वर्षा की मात्रा (x_2) तथा खाद की मात्रा (x_3) का गहरा प्रभाव पड़ता है जिसका अध्ययन बहुगुणी प्रतीपगमन की सहायता से किया जा सकता है।

बहुगुणी प्रतीपगमन समीकरण विविध चरों के औसत संबंध को व्यक्त करता है और इस औसत संबंध के आधार पर ही आश्रित चर के लिए सर्वोत्तम अनुमान लगाया जाता है। एक साथ अनेक स्वतंत्र चरों के आश्रित चर पर पड़ने वाले प्रभाव को बहुगुणी प्रतीपगमन समीकरण स्पष्ट करता है।

यह प्रतिमान द्विचर प्रतिमान का एक स्वाभाविक विस्तार है। हम बहुचर प्रतीपगमन समीकरण को इस प्रकार लिखते हैं—

$$Y_i = \beta_1 + \beta_2 X_{2i} + \beta_3 X_{3i} + ... + \beta_k X_{ki} + \varepsilon_i \qquad ...(i)$$

जहाँ Y एक आश्रित चर है, X's स्वतंत्र चर हैं और ε त्रुटि पद है। X_{2i} व्याख्यात्मक चर X_2 का iवाँ प्रेषण प्रस्तुत करता है। व्याख्यात्मक चर X_1 यहाँ 1 की तरह लिया गया है। β_1 स्थिर पद या अंतःखंड (intercept) है और $\beta_2,...,\beta_k$ समीकरण के ढाल हैं।

सरलता के लिए हमने एक त्रिचर प्रतिमान का उपयोग किया है। प्रतिमान को निम्न प्रकार लिखा गया है—

$$Y_i = \beta_1 + \beta_2 X_{2i} + \beta_3 X_{3i} + \varepsilon_i, \quad i = 1, 2, ..., n \qquad ...(ii)$$

न्यूनतम वर्ग प्रक्रिया (least-squares procedure) प्राचल आकलनों के लिए खोज करने के समान है जो वर्गों के त्रुटि योग को न्यूनतम करते हैं। अतः

$$ESS = \sum \hat{\varepsilon}_i^2 + \sum \left(Y_i - \hat{Y}_i\right)^2, \text{ जहाँ } \hat{Y}_i = \hat{\beta}_1 + \hat{\beta}_2 X_{2i} + \hat{\beta}_3 X_{3i}$$

हम β_1, β_2 और β_3 के मूल्यों की खोज कर सकते हैं जो ESS को कम करता है। ESS को कम करने के लिए हम इसे तीन अज्ञात प्राचलों β_1, β_2 और β_3 के साथ आंशिक रूप से अवकलित करते हैं और परिणामों को शून्य के समान रख एक साथ हल करते हैं।

आकलन की सुविधा के लिए हम प्रतिमान का उपयोग विचलन (deviation) के रूप में करते हैं, जिससे

$$ESS = \sum \left(y_i - \hat{\beta}_2 x_{2i} - \hat{\beta}_3 x_{3i}\right)^2$$

तब

$$\frac{\partial \sum \hat{\varepsilon}_i^2}{\partial \beta_2} = 0, \text{ अथवा } \sum x_{2i} y_i = \beta_2 \sum x_{2i}^2 + \beta_3 \sum x_{2i} x_{3i} \qquad ...(iii)$$

$$\frac{\partial \sum \hat{\varepsilon}_i^2}{\partial \beta_3} = 0, \text{ अथवा } \sum x_{3i} y_i = \beta_2 \sum x_{2i} x_{3i} + \beta_3 \sum x_{3i}^2 \qquad ...(iv)$$

हल के लिए हम समीकरण (iii) को $\sum x_{3i}^2$ से गुणा करते हैं और समीकरण (iv) को $\sum x_{2i} x_{3i}$ से गुणा करते हैं और तब बाद वाले भाग को पहले भाग से घटाते हैं—

$$\sum x_{2i} y_i \sum x_{3i}^2 - \sum x_{3i} y_i \sum x_{2i} x_{3i} = \beta_2 \left[\sum x_{2i}^2 \sum x_{3i}^2 - \left(\sum x_{2i} x_{3i}\right)^2\right]$$

इस प्रकार

$$\hat{\beta}_2 = \frac{\left(\sum x_{2i}y_i\right)\left(\sum x_{3i}^2\right) - \left(\sum x_{3i}y_i\right)\left(\sum x_{2i}x_{3i}\right)}{\left(\sum x_{2i}^2\right)\left(\sum x_{3i}^2\right) - \left(\sum x_{2i}x_{3i}\right)^2} \qquad ...(v)$$

इसी प्रकार, समीकरण (iii) को $\sum x_{2i}^2$ से और समीकरण (ii) को $\sum x_{2i}x_{3i}$ से गुणा करने पर और बाद वाले भाग से पहले भाग को घटाकर हल करने पर, हमें प्राप्त होता है—

$$\hat{\beta}_3 = \frac{\left(\sum x_{3i}y_i\right)\left(\sum x_{2i}^2\right) - \left(\sum x_{2i}y_i\right)\left(\sum x_{2i}x_{3i}\right)}{\left(\sum x_{2i}^2\right)\left(\sum x_{3i}^2\right) - \left(\sum x_{2i}x_{3i}\right)^2} \qquad ...(vi)$$

अंत में, यदि हम β_1 के अनुरूप ESS के अवकल को शून्य के समान रखें तो हम पाते हैं—

$$\hat{\beta}_1 = \overline{Y} - \hat{\beta}_2 \overline{X}_2 - \hat{\beta}_3 \overline{X}_3 \qquad ...(vii)$$

त्रिचर प्रतिमान में, गुणांक β_2 द्वारा Y में उस परिवर्तन को मापा जाता है, जो X_2 में इकाई परिवर्तन के साथ संबंधित है और इस मान्यता पर आधारित है कि चर X_3 स्थिर रहता है। इसी रीति से, गुणांक β_3, Y में परिवर्तन को मापता है, जब X_2 स्थिर होता है तो X_3 में इकाई परिवर्तन के साथ संबंधित होता है। दोनों स्थितियों में यह मान्यता कि शेष व्याख्यात्मक चरों के मूल्य स्थिर हैं, हमारे गुणांक के पूर्वानुमान या भविष्यवाणी में निर्णायक रहती है।

प्रश्न 32. बहुचर प्रतीपगमन प्रतिमानों के सांख्यिकी गुणों की विवेचना कीजिए।

उत्तर— बहुचर प्रतीपगमन प्रतिमानों के सांख्यिकीय गुण निम्नलिखित हैं—

(1) गॉस–मार्कोव सिद्धांत बहुचर प्रतीपगमन प्रतिमानों में लागू होता है अर्थात् प्रत्येक गुणांक $\beta_j, j = 1, 2, ..., k$, का सामान्य न्यूनतम वर्ग आगणक BLUE है।

(2) σ^2 का एक अनभिनत (unbiased) और संगत आकलन इसके द्वारा प्राप्त होता है—

$$s^2 = \frac{\sum \hat{\varepsilon}_i^2}{N-k} \qquad ...(i)$$

(3) जब त्रुटि प्रसामान्य रूप से वितरित हो, तो t परीक्षण लागू किया जा सकता है; क्योंकि

$$\frac{\hat{\beta}_j - \beta_j}{s_{\hat{\beta}_j}} \sim t_{N-k} \quad j = 1, 2, ..., k \text{ के लिए} \qquad ...(ii)$$

दूसरे शब्दों में, आकलित प्रतीपगमन प्राचल, जो माध्य (mean) को घटाने और आकलित मानक त्रुटि से विभाजित करने के द्वारा मानकीकृत होते हैं वे स्वातंत्र्य कोटि (degrees of freedom) $N-k$ के साथ t वितरण का अनुकरण करते हैं।

(4) अधिकतर प्रतीपगमन कार्यक्रम द्वारा आकलित F-परिगणन (statistic) बहु–प्रतीपगमन मॉडल में R^2 परिगणन की सार्थकता परीक्षण के लिए उपयोग किया जा सकता है। $k-1$ और $N-k$ स्वातंत्र्य संख्या के साथ F परिगणन हमें उस परिकल्पना के परीक्षण की अनुमति देता है जिसमें कोई भी व्याख्यात्मक चर इसके माध्य के बारे में Y के प्रसरण की व्याख्या में

सहायक नहीं है। दूसरे शब्दों में, F परिगणन संयुक्त परिकल्पना का परीक्षण करता है जो कि $\beta_2 = \beta_3 = ...\beta_k = 0$. यह दिखाया जा सकता है कि

$$F_{k-1, N-k} = \frac{RSS/k-1}{ESS/N-k}$$

$$= \frac{R^2/k-1}{(1-R^2)/N-k} = \frac{R^2}{1-R^2} \frac{N-k}{k-1} \qquad ...(iii)$$

यदि शून्योत्तर परिकल्पना (null hypothesis) सत्य है, तो हम RSS, R^2 और इसलिए F के शून्य (0) होने की आशा करेंगे। द्विचर मॉडल में F-परिगणन यह पता लगाता है कि प्रतीपगमन रेखा क्षैतिज है। ऐसी स्थिति में, $R^2 = 0$ और प्रतीपगमन आश्रित चर में प्रसरण की कुछ भी व्याख्या नहीं करता है।

प्रतीपगमन प्रतिमान की सार्थकता का F-परीक्षण हमें शून्योत्तर परिकल्पना को अस्वीकृत करने की अनुमति दे सकता है, भले ही व्यक्तिगत t परीक्षणों के अनुसार कोई भी प्रतीपगमन गुणांक महत्त्वपूर्ण नहीं पाए गए हों।

प्रश्न 33. अवधारण गुणांक की अवधारणा को स्पष्ट कीजिए।

उत्तर— अवधारण गुणांक (R^2) परतंत्र चर में विचरण (variation) की प्रतिशतता की माप करता है जिसे स्वतंत्र चर द्वारा स्पष्ट किया जाता है। अनेक निर्णयकर्त्ता इसका प्रयोग यह बताने के लिए करते हैं कि आकलित प्रतीपगमन रेखा दिए हुए (X, Y) दत्तानुसारी बिंदुओं (data points) के साथ कितनी अच्छी तरह से आसंजित (fit) होते हैं। R^2 यदि 1 के अधिक समीप हो तो यह अच्छी तरह से आसंजित होता है। R^2 यदि 0 (शून्य) के समीप है, तब यह दर्शाता है कि रैखिक संबंध दुर्बल है। ऐसे दुर्बल आकलित प्रतीपगमन के आधार पर पूर्वानुमान नहीं करना चाहिए। R^2 को निम्न रूप में दिया गया है—

$$R_2 = \frac{\text{Explained variation}}{\text{Total variation}} \text{ or } 1 - \frac{\sum (Y - \hat{Y})^2}{\sum (Y - \overline{Y})^2}$$

नोट—ध्यान दीजिए कि जब हम सरल प्रतीपगमन (single regression) का प्रयोग करते हैं तब R^2 अभिकलन की एक वैकल्पिक विधि में है, जिसे नीचे दिया गया है—

$R^2 = r^2$

जहाँ R^2 निर्धारण गुणांक है तथा r सरल सहसंबंध गुणांक है।

बहुचर प्रतीपगमन प्रतिमान में R^2 को सटीकता के माप के रूप में उपयोग करने के लिए, हम Y_i और इसके माध्य $\overline{Y}$ के बीच अंतर को निम्न रूप में विभाजित कर सकते हैं—

$$(Y_i - \overline{Y}) = (Y_i - \hat{Y}_i) + (\hat{Y}_i - \overline{Y})$$

दोनों ओर वर्ग करके और सभी प्रेषणों का योग करने पर (1 to N), हमें प्राप्त होता है—

$$\underset{Y \text{ में प्रसरण}}{\sum (Y_i - \overline{Y})^2} = \underset{\text{अवशिष्ट प्रसरण}}{\sum (Y_i - \hat{Y}_i)^2} + \underset{\text{व्याख्यित प्रसरण}}{\sum (\hat{Y}_i - \overline{Y})^2}$$

	TSS	=	ESS	+	RSS
अथवा	वर्गों का कुल योग		वर्गों के शेष का योग		वर्गों का प्रतीपगमन योग

तब हम R^2 की व्याख्या इस प्रकार करते हैं–

$$R^2 = \frac{RSS}{TSS} = \frac{\sum\left(\hat{Y}_i - \overline{Y}\right)^2}{\sum\left(Y_i - \overline{Y}\right)^2} = 1 - \frac{\sum \hat{\varepsilon}_i^2}{\sum\left(Y_i - \overline{Y}\right)^2} \qquad \text{...(i)}$$

R^2 द्वारा Y में प्रसरण के अनुपात को मापा जाता है जिसकी व्याख्या बहुचर प्रतीपगमन समीकरण के द्वारा की जाती है। R^2 का उपयोग प्रायः सटीकता के परिगणन के रूप में होता है और प्रतिदर्श में स्वतंत्र चर के वैकल्पिक विशिष्ट वर्णन (specifications) के अंतर्गत प्रतीपगमन परिणामों की वैधता की तुलना करता है।

सटीकता के माप के रूप में R^2 के साथ कठिनाई यह है कि R^2 Y में केवल व्याख्या और अव्याख्या (unexplained) प्रसरण से संबंधित है और इसलिए स्वातंत्र्य कोटि का लेखा नहीं रखता है। एक प्राकृतिक समाधान प्रसरण का प्रयोग है (जो विचरण को स्वातंत्र्य कोटि से करता है)। इस प्रकार प्रतिमान में कई आश्रित चरों की संख्या पर सटीकता की निर्भरता समाप्त होती है। हम R^2 को परिभाषित स्वरूप $\overline{R}^2$ को इस प्रकार दिखाते हैं–

$$\overline{R}^2 = 1 - \left(1 - R^2\right)\frac{N-1}{N-k} \qquad \text{...(ii)}$$

जहाँ N समीकरण में प्रेषणों की संख्या है और k समीकरण में प्राचलों की संख्या है। यह देखा जा सकता है कि जब N बड़ा होता है, तो $\overline{R}^2$ और R^2 के बीच अंतर में छोटा होने की प्रवृत्ति होती है।

$\overline{R}^2$ की कई विशेषताएँ हैं जो इसे R^2 की अपेक्षा अधिक अच्छा सटीकता माप बनाती हैं। जब प्रतीपगमन प्रतिमान में कोई नया चर जोड़ा जाता है तो R^2 हमेशा बढ़ता है जबकि $\overline{R}^2$ बढ़ या घट सकता है। $\overline{R}^2$ का उपयोग शोधार्थियों के लिए किसी प्रतिमान में अनेक चरों को बिना विचारे शामिल करने की संप्रेरणा को समाप्त कर देता है।

प्रश्न 34. बहुचर प्रतीपगमन प्रतिमान के आव्यूह परीक्षण पर विस्तारपूर्वक चर्चा कीजिए।

उत्तर– बहुचर प्रतीपगमन प्रतिमान को आव्यूह के रूप में प्रस्तुत किया जा सकता है। इसे प्रस्तुत करने के लिए हम रेखीय प्रतिमान को आव्यूह स्वरूप में प्रस्तुत करते हुए प्रारंभ करते हैं। हम समीकरण $Y_i = \beta_1 + \beta_2 X_{2i} + \beta_3 X_{3i} + \ldots + \beta_k X_{ki} + \varepsilon_i$ से देख सकते हैं कि प्रतीपगमन प्रतिमान $k + 1$ चर – एक आश्रित चर और k स्वतंत्र चरों (स्थिर पद को सम्मिलित करते हुए) को शामिल करता है। चूँकि N प्रेषण (observations) हैं, हम प्रतीपगमन प्रतिमान को N समीकरणों के समूह को लिखकर निम्न प्रकार संक्षिप्त कर सकते हैं–

$$Y_1 = \beta_1 + \beta_2 X_{21} + \beta_3 X_{31} + \ldots + \beta_k X_{k1} + \varepsilon_1$$

$$Y_2 = \beta_1 + \beta_2 X_{22} + \beta_3 X_{32} + \ldots + \beta_k X_{k2} + \varepsilon_2 \quad \ldots(i)$$

$$Y_N = \beta_1 + \beta_2 X_{2N} + \beta_3 X_{3N} + \ldots + \beta_k X_{kN} + \varepsilon_N$$

उपरोक्त प्रतिमान का आव्यूह सूत्र है–

$$\mathrm{Y} = \mathrm{X}\beta + \varepsilon \quad \ldots(ii)$$

जिसमें

$$Y = \begin{bmatrix} Y_1 \\ Y_2 \\ \ldots \\ Y_N \end{bmatrix} X = \begin{bmatrix} 1 & X_{21} & \ldots & X_{k1} \\ 1 & X_{22} & \ldots & X_{k2} \\ \ldots & \ldots & \ldots & \ldots \\ 1 & X_{2N} & \ldots & X_{kN} \end{bmatrix} \beta = \begin{bmatrix} \beta_1 \\ \beta_2 \\ \ldots \\ \beta_k \end{bmatrix} \varepsilon = \begin{bmatrix} \varepsilon_1 \\ \varepsilon_2 \\ \ldots \\ \varepsilon_N \end{bmatrix} \quad \ldots(iii)$$

जहाँ

$Y =$ आश्रित चर प्रेषणों का $N \times 1$ स्तंभ सदिश (column vector)

$X =$ स्वतंत्र चर प्रेषणों का $N \times k$ व्यूह (matrix)

$\beta =$ अज्ञात प्राचलों (parameters) का $k \times 1$ स्तंभ सदिश

$\varepsilon =$ त्रुटियों का $N \times 1$ स्तंभ सदिश

हमारे X आव्यूह के प्रस्तुतीकरण में प्रत्येक X_{ji} भाग के दो अधोलिखित पद होते हैं जिसमें पहला उपयुक्त स्तंभ (चर) को बताता है और दूसरा पंक्ति (प्रेषण) को। X का प्रत्येक स्तंभ दिए हुए चर पर N प्रेषणों के स्तंभ को बताता है, अंतःखंड से संबंधित प्रत्येक प्रेषण 1 के बराबर होता है।

शास्त्रीय रेखीय प्रतीपगमन प्रतिमान की मान्यताएँ निम्नलिखित हैं–

(1) X के तत्त्व स्थिर होते हैं और उनके निश्चित प्रसरण होते हैं। इसके अतिरिक्त X की श्रेणी k है, जो प्रेषणों की संख्या N से कम होती है।

(2) ε सामान्यतया $E(\varepsilon) = 0$ और $E(\varepsilon\varepsilon') = \sigma^2 I$ के साथ वितरित होती है, जहाँ I एक $N \times N$ एकिक (identity) आव्यूह है।

प्रसरण–सहप्रसरण व्यूह (*variance-covariance matrix*) $\sigma^2 I$ निम्न प्रकार प्रदर्शित है–

$$E(\varepsilon\varepsilon') = E\left\{\begin{bmatrix} \varepsilon_1 \\ \varepsilon_2 \\ \ldots \\ \varepsilon_N \end{bmatrix} \begin{bmatrix} \varepsilon_1 & \varepsilon_2 & \ldots & \varepsilon_N \end{bmatrix}\right\}$$

$$= E\begin{bmatrix} (\varepsilon_1^2) & (\varepsilon_1\varepsilon_2) & \ldots & (\varepsilon_1\varepsilon_N) \\ (\varepsilon_2\varepsilon_1) & (\varepsilon_2^2) & \ldots & (\varepsilon_2\varepsilon_N) \\ \ldots & \ldots & \ldots & \ldots \\ (\varepsilon_N\varepsilon_1) & (\varepsilon_N\varepsilon_2) & \ldots & (\varepsilon_N^2) \end{bmatrix}$$

$$= \begin{bmatrix} E(\varepsilon_1^2) & E(\varepsilon_1\varepsilon_2) & ... & E(\varepsilon_1\varepsilon_N) \\ E(\varepsilon_2\varepsilon_1) & E(\varepsilon_2^2) & ... & E(\varepsilon_2\varepsilon_N) \\ ... & ... & ... & ... \\ E(\varepsilon_N\varepsilon_1) & E(\varepsilon_N\varepsilon_2) & ... & E(\varepsilon_N^2) \end{bmatrix}$$

$$= \begin{bmatrix} Var(\varepsilon_1^2) & Cov(\varepsilon_1,\varepsilon_2) & ... & Cov(\varepsilon_1,\varepsilon_N) \\ Cov(\varepsilon_2,\varepsilon_1) & Var(\varepsilon_2^2) & ... & Cov(\varepsilon_2,\varepsilon_N) \\ ... & ... & ... & ... \\ Cov(\varepsilon_N,\varepsilon_1) & Cov(\varepsilon_N,\varepsilon_2) & ... & Var(\varepsilon_N^2) \end{bmatrix}$$

समविचालिता (homoscedasticity) और क्रमिक सहसंबंधहीनता की मान्यताओं का उपयोग करने पर, उपरोक्त आव्यूह रह जाता है—

$$E(\varepsilon\varepsilon') = \begin{bmatrix} \sigma^2 & 0 & ... & 0 \\ 0 & \sigma^2 & ... & 0 \\ ... & ... & ... & ... \\ 0 & 0 & ... & \sigma^2 \end{bmatrix}$$

$$= \sigma^2 \begin{bmatrix} 1 & 0 & ... & 0 \\ 0 & 1 & ... & 0 \\ ... & ... & ... & ... \\ 0 & 0 & ... & 1 \end{bmatrix} = \sigma^2 I$$

जहाँ I एक $N \times N$ आव्यूह है।

हमारा उद्देश्य प्राचल $\hat{\beta}$ के एक सदिश की खोज करना है जो ESS को न्यूनतम करे।

$$\text{ESS} = \sum_{i=1}^{N} \hat{\varepsilon}_i^2 = \hat{\varepsilon}'\hat{\varepsilon} \qquad ...(iv)$$

जहाँ
$$\hat{\varepsilon} = Y - \hat{Y} \qquad ...(v)$$

और
$$\hat{Y} = X\hat{\beta} \qquad ...(vi)$$

$\hat{\varepsilon}$ प्रतीपगमन अवशेष के $N \times 1$ सदिश को बताता है, जबकि $\hat{Y}$ Y के लिए योग मूल्यों के $N \times 1$ सदिश को बताता है। समीकरण (v) और (vi) को समीकरण (iv) में प्रतिस्थापित करने पर, हम पाते हैं—

$$\hat{\varepsilon}'\hat{\varepsilon} = (Y - X\hat{\beta})'(Y - X\hat{\beta})$$
$$= Y'Y - \hat{\beta}'X'Y - Y'X\hat{\beta} + \hat{\beta}'X'X\hat{\beta}$$
$$= Y'Y - 2\hat{\beta}'X'Y + \hat{\beta}'X'X\hat{\beta}$$

इसी पर अंतिम कदम आधारित है क्योंकि $\hat{\beta}'X'Y$ और $Y'X\hat{\beta}$ दोनों यदिष्टांक हैं और एक-दूसरे के बराबर हैं।

ESS को न्यूनतम करने हेतु हम $\hat{\beta}$ के साथ अपेक्षाकृत आंशिक अवकलन करते हैं अर्थात्

$$\frac{\partial ESS}{\partial \hat{\beta}} = 2X'Y + 2X'X\hat{\beta} = 0$$

उपरोक्त को हल करने से हम पाते हैं—

$$\hat{\beta} = (X'X)^{-1}(X'Y) \qquad \ldots(vii)$$

हमारी मान्यता के कारण कि X, k श्रेणी रखता है, आव्यूह $X'X$ जो अनुप्रस्थ-गुणन आव्यूह (*cross-product matrix*) है, इसके विलोम का अस्तित्व निश्चित है। अनुप्रस्थ-गुणन आव्यूह को इस प्रकार दिखाया जा सकता है—

$$X'X = \begin{bmatrix} 1 & 1 & \ldots & 1 \\ X_{21} & X_{22} & \ldots & X_{2N} \\ \ldots & \ldots & \ldots & \ldots \\ X_{k1} & X_{k2} & \ldots & X_{kN} \end{bmatrix} \begin{bmatrix} 1 & X_{21} & \ldots & X_{k1} \\ 1 & X_{22} & \ldots & X_{k2} \\ \ldots & \ldots & \ldots & \ldots \\ 1 & X_{2N} & \ldots & X_{kN} \end{bmatrix}$$

$$= \begin{bmatrix} N & \sum X_{2i} & \ldots & \sum X_{ki} \\ \sum X_{2i} & \sum X_{2i}^2 & \ldots & \sum X_{2i}X_{ki} \\ \ldots & \ldots & \ldots & \ldots \\ \sum X_{ki} & \sum X_{ki}X_{2i} & \ldots & \sum X_{ki}^2 \end{bmatrix}$$

अब न्यूनतम वर्ग आकलक $\hat{\beta}$ के गुणों या विशेषताओं पर ध्यान देते हैं। हम सिद्ध कर सकते हैं कि $\hat{\beta}$, β का एक अनभिनत आकलक है।

$Y = X\beta + \varepsilon$ को समीकरण (vii) में प्रतिस्थापित करने पर प्राप्त होता है—

$$\hat{\beta} = (X'X)^{-1}X'(X\beta + \varepsilon)$$
$$= (X'X)^{-1}X'X\beta + (X'X)^{-1}X'\varepsilon$$
$$= \beta + (X'X)^{-1}X'\varepsilon \qquad \ldots(viii)$$

अब,
$$E(\hat{\beta}) = E(\beta + (X'X)^{-1}X'\varepsilon)$$
$$= \beta + (X'X)^{-1}X'E(\varepsilon) = \beta$$

इस तरह $E(\varepsilon)=0$

इसलिए न्यूनतम वर्ग आकलक अनभिनत हैं।

न्यूनतम वर्ग आकलकों का वितरण प्रसामान्य होगा, क्योंकि $\hat{\beta},\varepsilon$ का एक रेखीय फलन है और ε का वितरण प्रसामान्य है।

समीकरण (viii) से हमें प्राप्त होता है–

$$\hat{\beta}-\beta=(X'X)^{-1}X'\varepsilon \qquad ...(ix)$$

परिभाषा से

$$Var(\hat{\beta})=E\left[(\hat{\beta}-\beta)(\hat{\beta}-\beta)'\right]$$

$$=E\left\{\left[(X'X)^{-1}X'\varepsilon\right]\left[(X'X)^{-1}X'\varepsilon\right]'\right\}$$

$$=E\left[(X'X)^{-1}X'\varepsilon\varepsilon'X(X'X)^{-1}\right]$$

$$=(X'X)^{-1}X'E(\varepsilon\varepsilon')X(X'X)^{-1},$$

चूँकि X' गैर–यादृच्छिक है।

$$=(X'X)^{-1}X'\sigma^2IX(X'X)^{-1}$$

$$=\sigma^2(X'X)^{-1} \qquad ...(x)$$

उपरोक्त परिणाम की उत्पत्ति में इस मान्यता का प्रयोग होता है कि $E(\varepsilon'\varepsilon)=\sigma^2 I$

जैसा कि हम जानते हैं कि न्यूनतम वर्ग आकलक रेखीय और अनभिनत हैं। वास्तव में, $\hat{\beta}$ इस अर्थ में β का सर्वोत्तम रेखीय अनभिनत आगणक है कि इसके सभी अनभिनत आगणकों के न्यूनतम प्रसरण होते हैं। गॉस–मार्कोव सिद्धांत के प्रमाण को पूर्ण करने के लिए, हमें यह दिखाने की आवश्यकता है कि किसी दूसरे अनभिनत रेखीय आगणक का $\hat{\beta}$ की तुलना में प्रसरण अधिक होता है।

हम पाते हैं–

$$\hat{\beta}=(X'X)^{-1}(X'Y)$$

और

$$Var(\hat{\beta})=\sigma^2(X'X)^{-1}$$

माना लीजिए, हम लेते हैं–

$(X'X)^{-1}X'=w'$, जिससे $\hat{\beta}=w'Y$

अब हम एक स्वच्छंद (arbitrary) रेखीय आगणक को लेते हैं–

$\beta^*=c'Y$, जहाँ $c'=w'+d'$

$$=c'(X\beta+\varepsilon)$$

$$=c'X\beta+c'\varepsilon$$

$$E(\beta^*)=c'X\beta+c'E(\varepsilon)$$

$= c'X\beta + c'(0)$

$= c'X\beta$

β^* एक अनभिनत आगणक होगा, यदि और केवल यदि–

$c'X = I_k$

इसलिए

$E(\beta^*) = c'X\beta = I_k\beta = \beta$

हम पाते हैं

$\beta^* - c'Y = c'(X\beta + \varepsilon) = c'X\beta + c'\varepsilon = \beta + c'\varepsilon$

अथवा

$\beta^* - \beta = c'\varepsilon$

अब,

$$
\begin{aligned}
Var(\beta^*) &= E[(\beta^* - \beta)(\beta^* - \beta)'] \\
&= E[(c'\varepsilon)(\varepsilon' c)] \\
&= c'E(\varepsilon\varepsilon')c \\
&= c'\sigma^2 I_N c \\
&= \sigma^2 I_N c'c \\
&= \sigma^2 c'c
\end{aligned}
$$

हम पाते हैं–

$$
\begin{aligned}
Var(\hat{\beta}) &= \sigma^2 (X'X)^{-1} \\
&= \sigma^2 w'w
\end{aligned}
$$

हम प्राप्त कर चुके हैं–

$c' = w' + d'$

अथवा

$$
\begin{aligned}
c'c &= (w' + d')(w + d) \\
&= w'w + d'd + w'd + d'w \\
&= w'w + d'd
\end{aligned}
$$

चूँकि $w'd = 0$ और $d'w = 0$

अब

$\sigma^2 c'c = \sigma^2 w'w + \sigma^2 d'd$

अथवा

$Var(\beta^*) = Var(\hat{\beta}) + \sigma^2 d'd$

चूँकि

$d'd \geq 0, Var(\hat{\beta}) \leq Var(\beta^*)$

अतः, $\hat{\beta}$ सर्वोत्तम रेखीय अनभिनत आगणक है।

अब R^2 के परिकलन के लिए, हम Y के कुल प्रसरण को निम्न प्रकार पृथक् करते हैं—
$Y = X\hat{\beta} + \hat{\varepsilon}$

तब
$$Y'Y = \left(X\hat{\beta} + \hat{\varepsilon}\right)'\left(X\hat{\beta} + \hat{\varepsilon}\right)$$
$$= \hat{\beta}'X'X\hat{\beta} + \hat{\varepsilon}'X\hat{\beta} + \hat{\beta}'X'\hat{\varepsilon} + \hat{\varepsilon}'\hat{\varepsilon}$$
$$= \hat{\beta}'X'X\hat{\beta} + \hat{\varepsilon}'\hat{\varepsilon} \text{ (क्योंकि } X'\hat{\varepsilon} = 0 \text{ और } \hat{\varepsilon}'X = 0\text{)} \qquad ...(xi)$$

अथवा, TSS = RSS + ESS.

तब
$$R^2 = 1 - \frac{ESS}{TSS} = 1 - \frac{\hat{\varepsilon}'\hat{\varepsilon}}{Y'Y} = \frac{\hat{\beta}'X'X\hat{\beta}}{Y'Y} \qquad ...(xii)$$

स्वातंत्र्य कोटि पर सटीकता की निर्भरता को ठीक करने के लिए हम $\bar{R}^2$ को निम्न प्रकार परिभाषित करते हैं—

$$\bar{R}^2 = 1 - \frac{\hat{\varepsilon}'\hat{\varepsilon}/(N-k)}{Y'Y/(N-1)} \qquad ...(xiii)$$

प्रश्न 35. बहुचर प्रतीपगमन द्वारा पूर्वानुमान किस प्रकार से किया जा सकता है? समझाइए।

अथवा

बहुचर प्रतीपगमन में भविष्यवाणी के लिए सूत्र किस प्रकार से ज्ञात किया जा सकता है? समझाइए।

उत्तर— बहुचर प्रतीपगमन में भविष्यवाणी के लिए सूत्र निम्न प्रकार से ज्ञात सामान्य प्रतीपगमन स्थिति के सूत्र के समान ही है, बस इसमें पूर्वानुमानित मूल्य के मानक त्रुटि परिकलित करने के लिए हमें सभी प्रतीपगमन गुणांकों के प्रसरण और सहप्रसरण की आवश्यकता होती है।

मान लीजिए कि आकलित प्रतीपगमन समीकरण है—

$\hat{Y} = \hat{\beta}_1 + \hat{\beta}_2 X_2 + \hat{\beta}_3 X_3$

अब क्रमानुसार X_2 के X_{20} और X_3 के X_{30} के दिए गए मूल्यों से Y के Y_0 के पूर्वानुमानों को देखिए।

तब हमें प्राप्त होता है—

$Y_0 = \beta_1 + \beta_2 X_{20} + \beta_3 X_{30} + \varepsilon_0$

मान लीजिए

$\hat{Y}_0 = \hat{\beta}_1 + \hat{\beta}_2 X_{20} + \hat{\beta}_3 X_{30}$

पूर्वानुमान त्रुटि है

$$\hat{Y}_0 - Y_0 = \hat{\beta}_1 - \beta_1 + \left(\hat{\beta}_2 - \beta_2\right)X_{20} + \left(\hat{\beta}_3 - \beta_3\right)X_{30} - \varepsilon_0$$

चूँकि $E\left(\hat{\beta}_1 - \beta_1\right), E\left(\hat{\beta}_2 - \beta_2\right), E\left(\hat{\beta}_3 - \beta_3\right)$ और $E(\varepsilon_0)$ सभी शून्य के बराबर हैं, हम पाते हैं $E\left(\hat{Y}_0 - Y_0\right) = 0$

इस प्रकार भविष्यवक्ता $\hat{Y}_0$ अनभिनत है क्योंकि $\hat{Y}_0$ और Y_0 यादृच्छिक चर $E\left(\hat{Y}_0\right) = E(Y_0)$ हैं।

पूर्वानुमानित त्रुटि का प्रसरण है

$$\sigma^2\left(1 + \frac{1}{n}\right) + \left(X_{20} - \overline{X}_2\right)^2 Var\left(\hat{\beta}_2\right)$$

$$+2\left(X_{20} - \overline{X}_2\right)\left(X_{30} - \overline{X}_3\right)Cov\left(\hat{\beta}_2, \hat{\beta}_3\right) + \left(X_{30} - \overline{X}_3\right)^2 Var\left(\hat{\beta}_3\right)$$

दो व्याख्यात्मक चरों की स्थिति में हम $RSS/(n-3)$ के द्वारा σ^2 का आकलन करते हैं और सामान्य स्थिति में $RSS/(n-k-1)$ के द्वारा।

प्रश्न 36. सामान्यीकृत रेखीय प्रतीपगमन प्रतिमान का वर्णन प्रस्तुत कीजिए।

उत्तर– सामान्यीकृत रेखीय प्रतीपगमन का पूर्ण वर्णन इस प्रकार है–

(1) $Y_i = \beta_1 + \beta_2 X_{2i} + \beta_3 X_{3i} + \ldots + \beta_k X_{ki} + \varepsilon_i$

(2) $\varepsilon_1, \varepsilon_2, \ldots, \varepsilon_N$ का संयुक्त वितरण बहुपक्षीय प्रसामान्य है।

(3) $E(\varepsilon_i) = 0, \qquad i = 1, 2, \ldots, N$

(4) $E(\varepsilon_i \varepsilon_j) = \sigma_{ij}, \qquad i, j = 1, 2, \ldots, N$

(5) प्रत्येक व्याख्यात्मक चर गैर–यादृच्छिक (non-stochastic) होते हैं तथा किसी भी प्रतिदर्श (sample) आकार

$$\frac{1}{N}\sum_{i=1}^{N}\left(X_{ki} - \overline{X}_k\right)^2$$

के लिए शून्य से भिन्न प्रत्येक $k = 2, \ldots, k$ के लिए निश्चित संख्या होगी।

(6) प्रेषणों की संख्या व्याख्यात्मक चरों की संख्या जमा एक से अधिक हो, यानी $N > k + 1$

(7) किन्हीं भी व्याख्यात्मक चरों के बीच यथार्थ रेखीय संबंध का अस्तित्व नहीं होता है।

उपरोक्त (3) और (4) मान्यताओं के अनुसार, σ_i^2 ε_i का प्रसरण या विचलन है और $\sigma_{ij}\,(i \neq j)$ ε_i और ε_j का सह–प्रसरण है। आव्यूह (matrix) के चिह्नों का उपयोग करते हुए हम प्रतिमान को पुनः इस प्रकार लिख सकते हैं–

$$Y = X\beta + \varepsilon \qquad \ldots(i)$$

जहाँ

$Y =$ आश्रित चर प्रेषणों का $N \times 1$ स्तंभ सदिश (column vector)

X = स्वतंत्र चर प्रेषणों का $N \times k$ आव्यूह (matrix)

β = अज्ञात प्राचलों (parameters) का $k \times 1$ स्तंभ सदिश

ε = त्रुटियों का $N \times 1$ स्तंभ सदिश है।

उपरोक्त दी गई मान्यता (4) को इस प्रकार लिखा जा सकता है—

$E(\varepsilon\varepsilon') = V$

जहाँ

$$V = \begin{bmatrix} \sigma_1^2 & \sigma_{12} & \cdots & \sigma_{1N} \\ \sigma_{21} & \sigma_2^2 & \cdots & \sigma_{2N} \\ \cdots & \cdots & \cdots & \cdots \\ \sigma_{N1} & \sigma_{N2} & \cdots & \sigma_N^2 \end{bmatrix} \qquad \ldots(ii)$$

यह प्रतिमान "सामान्यीकृत" (generalised) कहलाता है क्योंकि यह अन्य प्रतिमानों को विशेष परिस्थितियों के रूप में दर्शा सकता है। शास्त्रीय न्यूनतम वर्ग प्रतिमान की दशा में V आव्यूह विकर्ण पर σ^2 तथा अन्य स्थानों पर शून्य आ जाते हैं। इसे विकर्ण आव्यूह कहते हैं। इस प्रकार शास्त्रीय प्रतीपगमन प्रतिमान के लिए हमारे पास है—

$$V = \begin{bmatrix} \sigma^2 & 0 & \cdots & 0 \\ 0 & \sigma^2 & \cdots & 0 \\ \cdots & \cdots & \cdots & \cdots \\ 0 & 0 & \cdots & \sigma^2 \end{bmatrix} \qquad \ldots(iii)$$

एक दूसरी विशिष्ट स्थिति विषयविसारिता है, जहाँ V पुनः विकर्ण है, परंतु सभी विकर्ण के सभी तत्त्व आवश्यक रूप से बराबर नहीं हैं। इस प्रकार हमें प्राप्त होता है—

$$V = \begin{bmatrix} \sigma_1^2 & 0 & \cdots & 0 \\ 0 & \sigma_2^2 & \cdots & 0 \\ \cdots & \cdots & \cdots & \cdots \\ 0 & 0 & \cdots & \sigma_N^2 \end{bmatrix} \qquad \ldots(iv)$$

ऐसा प्रतिमान जिसमें विक्षोभ (disturbances) एक प्रथम–क्रम स्वप्रतिपगामी (first-order autoregressive) योजना का अनुकरण करते हैं, त्रुटि प्रसरण–सहप्रसरण (error variance-covariance) आव्यूह V होता है—

$$V = \sigma^2 \begin{bmatrix} 1 & \rho & \cdots & \rho^{n-1} \\ \rho & 1 & \cdots & \rho^{n-2} \\ \cdots & \cdots & \cdots & \cdots \\ \rho^{n-1} & \rho^{n-2} & \cdots & 1 \end{bmatrix} \qquad \ldots(v)$$

OLS आकलन के अंतर्गत हमने मान लिया था कि—

$E(\varepsilon\varepsilon') = \sigma^2 I$

जहाँ I एक समरूप आव्यूह (identity matrix) था।

इस मान्यता में हम OLS आगणक को इस प्रकार पाते हैं—

$\hat{\beta} = (X'X)^{-1}(X'Y)$

यह दिखाना सरल है कि $E(\varepsilon) = 0$ होने पर $\hat{\beta}_{OLS}$ अनभिनत होता है। हम जानते हैं कि—

$\hat{\beta} = (X'X)^{-1}(X'Y) = \beta + (X'X)^{-1}X'\varepsilon$

इससे हमें प्राप्त होता है— $E(\hat{\beta}) = \beta$

फिर भी, यदि $E(\varepsilon\varepsilon') \neq \sigma^2 I$

तो $\hat{\beta}_{OLS}$ अनभिनत (unbiased) होता है परंतु दक्ष नहीं।

प्रश्न 37. सामान्यीकृत न्यूनतम वर्ग आगणक (GLS estimator) को प्राप्त करने की प्रक्रिया की व्याख्या कीजिए।

अथवा

सामान्यीकृत न्यूनतम वर्ग आकलकों की प्राप्ति की विधि का वर्णन कीजिए।

[दिसम्बर–2013, प्र.सं. 11]

अथवा

सामान्यीकृत न्यूनतम वर्ग को किस प्रकार आकलित किया जा सकता है? इसके गुणधर्म एवं परिकल्पना परीक्षण की विवेचना कीजिए।

अथवा

जी.एल.एस. की विधि के माध्यम से प्राचलों के आकलन में किन चरणों का अनुसरण किया जाता है? व्याख्या कीजिए। [दिसम्बर–2015, प्र.सं. 5]

उत्तर— GLS का डिजाइन, विजातीय प्रसरण की परिस्थितियों में एक इष्टतम अनभिनत आकलक उत्पन्न करने के लिए किया जाता है। इस प्रकार की स्थितियों में, OLS आकलक अनभिनत एवं संगत होते हैं, लेकिन अयोग्य होते हैं। OLS की प्रवृत्ति, प्राचल मानक त्रुटियों का न्यून आकलन करने की होती है, जो कि परिकल्पना परीक्षण प्रणाली को प्रभावित करती है। चूँकि GLS, OLS समीकरण के समान होता है, अतः

$Y = X\beta + \varepsilon$

जब

$E(\varepsilon) = 0$ और $E(\varepsilon\varepsilon') = V$

जहाँ V को ज्ञात (known), सममित (symmetric), धनात्मक–निश्चित (positive-definite) आव्यूह माना जाता है।

यदि P एक अशून्य आव्यूह हो तो एक धनात्मक–निश्चित आव्यूह को PP' के रूप में व्यक्त किया जा सकता है। ध्यान रखें कि P' आव्यूह P का परिवर्तित रूप है। इस प्रकार हम लिखते हैं—

$V = PP'$

इस प्रकार

$(P^{-1}VP^{-1})' = I$

और

$(P^{-1})'(P^{-1}) = V^{-1}$

अब प्रतिमान $Y = X\beta + \varepsilon$ को P^{-1} द्वारा पूर्व-गुणन (pre-multiplying) पर हमें प्राप्त होता है—

$P^{-1}Y = P^{-1}X\beta + P^{-1}\varepsilon$

अथवा

$$M = N\beta + u \qquad ...(i)$$

जहाँ

$P^{-1}Y = M, P^{-1}X = N, P^{-1}\varepsilon = u$

रूपांतरित प्रतिमान (transformed model) (i) में न्यूनतम वर्ग लागू करने पर हम पाते हैं—

$$\begin{aligned}\hat{\beta}_{gls} &= (N'N)^{-1}N'M \\ &= \left\{(P^{-1}X)'(P^{-1}X)\right\}^{-1}\left\{(P^{-1}X)'(P^{-1}Y)\right\} \\ &= (X'P^{-1}{}'P^{-1}X)^{-1}(X'P^{-1}{}'P^{-1}Y) \\ &= (X'V^{-1}X)^{-1}(X'V^{-1}Y) \qquad ...(ii)\end{aligned}$$

यह β का सामान्यीकृत न्यूनतम वर्ग आगणक कहलाता है।

सामान्यीकृत न्यूनतम वर्ग आगणकों के गुण (Properties of GLS Estimators)—

अब उपरोक्त समीकरण में Y का मान रखने पर हमें प्राप्त होता है—

$$\begin{aligned}\hat{\beta}_{gls} &= (X'V^{-1}X)^{-1}\left\{X'V^{-1}(X\beta+\varepsilon)\right\} \\ &= (X'V^{-1}X)^{-1}(X'V^{-1}X)\beta + (X'V^{-1}X)^{-1}(X'V^{-1}\varepsilon) \\ &= \beta + (X'V^{-1}X)^{-1}X'V^{-1}\varepsilon \qquad ...(iii)\end{aligned}$$

समीकरण (iii) में $E(\hat{\beta}) = \beta$ है। अत: हम कह सकते हैं कि $\hat{\beta}_{GLS}$ β का अनभिनत आगणक (unbiased estimator) है।

समीकरण (iii) में पदों को पुन: व्यवस्थित करने पर हमें प्राप्त होता है—

$\hat{\beta} - \beta = (X'V^{-1}X)^{-1}X'V^{-1}\varepsilon$

$\hat{\beta}$ का प्रसरण—

$$\begin{aligned}Var(\hat{\beta}) &= E(\hat{\beta}-\beta)(\hat{\beta}-\beta)' \\ &= E\left[\left\{(X'V^{-1}X)^{-1}X'V^{-1}\varepsilon\right\}\left\{\varepsilon'V^{-1}X(X'V^{-1}X)^{-1}\right\}\right] \\ &= E\left\{(X'V^{-1}X)^{-1}X'V^{-1}\varepsilon\varepsilon'V^{-1}X(X'V^{-1}X)^{-1}\right\}\end{aligned}$$

$$= \left(X'V^{-1}X\right)^{-1} X'V^{-1}E\left(\varepsilon\varepsilon'\right)V^{-1}X\left(X'V^{-1}X\right)^{-1}$$

$$= \left(X'V^{-1}X\right)^{-1} X'V^{-1}VV^{-1}X\left(X'V^{-1}X\right)^{-1}$$

$$= \left(X'V^{-1}X\right)^{-1}\left(X'V^{-1}X\right)\left(X'V^{-1}X\right)^{-1}$$

$$= \left(X'V^{-1}X\right)^{-1} \qquad \text{...(iv)}$$

के द्वारा किया जाता है।

आगणक $\hat{\beta}_{gls} = \left(X'V^{-1}X\right)^{-1}\left(X'V^{-1}Y\right)$, जो समीकरण (ii) में दिया गया है आटकेन्स (Aitken) का सामान्यीकृत न्यूनतम वर्ग आगणक है। यदि हम OLS को $Y = X\beta + \varepsilon$ में लागू करते हैं तो परिणाम आगणक रेखीय होगा परंतु यह न्यूनतम प्रसरण और अनभिनत रेखीय आगणक नहीं होगा। सामान्य $E\left(\varepsilon\varepsilon'\right) = \sigma^2 I_n$ की तुलना में कल्पित $E\left(\varepsilon\varepsilon'\right) = V$ की उपस्थिति OLS के न्यूनतम प्रसरण गुण को नष्ट कर देती है।

परिकल्पना परीक्षण (Testing of Hypothesis)—इस परिकल्पना (hypothesis) का परीक्षण (testing) करने के लिए कि GLS आगणक सांख्यिकीय रूप से महत्त्वपूर्ण है, परिकल्पना परीक्षण के लिए हमें दो मूल्यों की आवश्यकता होती है—आगणक का मूल्य जिसका परीक्षण होना है और इसकी मानक त्रुटि (standard error)। दिया गया सामान्यीकृत न्यूनतम वर्ग (GLS) आगणक V, समीकरण (ii) से और मानक त्रुटि का समीकरण (iv) से परिकलन किया जा सकता है ताकि β_i के लिए सामान्य महत्त्वपूर्ण परीक्षणों और विश्वास्यता अंतराल (confidence intervals) का निर्माण किया जा सके। इस प्रकार परीक्षण आगणक (test statistics) की रचना कर प्रेषित मान की सारणिक मान के साथ तुलना की जा सकती है।

वैकल्पिक रूप से हम प्रसरण विश्लेषण विधि में $Y = X\beta + \varepsilon$ से वर्गों का उपयुक्त जोड़ प्रयोग करके काम कर सकते हैं।

$\hat{\varepsilon} = Y - X\hat{\beta}$ को परिभाषित करके और P^{-1} के द्वारा पूर्व गुणन (pre-multiplying) करके, हम प्राप्त करते हैं—

$$P^{-1}\hat{\varepsilon} = P^{-1}Y - P^{-1}X\hat{\beta}$$

$$= M - N\hat{\beta},$$

जहाँ

$M = P^{-1}Y$ और $N = P^{-1}X$

अथवा

$$M = N\hat{\beta} + P^{-1}\hat{\varepsilon}$$

अब

$$M'M = \left(N\hat{\beta} + P^{-1}\hat{\varepsilon}\right)'\left(N\hat{\beta} + P^{-1}\hat{\varepsilon}\right)$$

$$= \left(\hat{\beta}'N' + \hat{\varepsilon}'P^{-1\prime}\right)\left(N\hat{\beta} + P^{-1}\hat{\varepsilon}\right)$$

$$= \hat{\beta}'N'N\hat{\beta} + \hat{\beta}'N'P^{-1}\hat{\varepsilon} + \hat{\varepsilon}'P^{-1\prime}N\hat{\beta} + \hat{\varepsilon}'P^{-1\prime}P^{-1}\hat{\varepsilon}$$

$$= \hat{\beta}'(P^{-1}X)'(P^{-1}X)\hat{\beta} + \hat{\beta}'(P^{-1}X)'(P^{-1}\hat{\varepsilon}) +$$
$$\hat{\varepsilon}'P^{-1}{}'(P^{-1}X)\hat{\beta} + \hat{\varepsilon}'P^{-1}{}'P^{-1}\hat{\varepsilon}$$

$$= \hat{\beta}'(X'P^{-1}{}'P^{-1}X)\hat{\beta} + \hat{\beta}'(X'P^{-1}{}'P^{-1}\hat{\varepsilon}) +$$
$$\hat{\varepsilon}'(P^{-1}{}'P^{-1}X)\hat{\beta} + \hat{\varepsilon}'(P^{-1}{}'P^{-1})\hat{\varepsilon}$$

$$= \hat{\beta}'(X'V^{-1}X)\hat{\beta} + \hat{\varepsilon}'V^{-1}\hat{\varepsilon}$$

चूंकि $X'\hat{\varepsilon} = \hat{\varepsilon}'X = 0$

अथवा

$$(P^{-1}Y)'(P^{-1}Y) = \hat{\beta}'(X'V^{-1}X)\hat{\beta} + \hat{\varepsilon}'V^{-1}\hat{\varepsilon}$$

अथवा

$$Y'P^{-1}{}'P^{-1}Y = \hat{\beta}'X'V^{-1}X\hat{\beta} + \hat{\varepsilon}'V^{-1}\hat{\varepsilon}$$

अथवा

$$Y'V^{-1}Y = \hat{\beta}'X'V^{-1}Y + \hat{\varepsilon}'V^{-1}\hat{\varepsilon} \qquad ...(v)$$

(TSS)   (RSS)   (ESS)

समीकरण (v) को वर्गों के कुल योग (Total Sum of Squares; TSS) के पृथक्करण के रूप में वर्गों के प्रतीपगमन योग (Regression Sum of Squares; RSS) और वर्गों के त्रुटि (अवशेष) योग (Error (residual) Sum of Squares; ESS) के जोड़ के रूप में देखा जा सकता है। समीकरण (v) को प्रसरण तालिका के सामान्य विश्लेषण के लिए आधार के रूप में प्रयोग किया जा सकता है। परंतु चूंकि विश्लेषण रूपांतरित चरों N और M से निकाला जा रहा है, हम देख सकते हैं कि हम वर्गों के योगों को आव्यूह V^{-1} के द्वारा मूल चरों Y और X में भारित करते हैं।

प्रश्न 38. सामान्यीकृत न्यूनतम वर्ग की विशिष्ट स्थितियों पर प्रकाश डालिए।

उत्तर— सामान्यीकृत न्यूनतम वर्ग की विशिष्ट स्थितियाँ निम्नलिखित हैं—

(1) यदि $V = \sigma^2 I_n = E(\varepsilon\varepsilon')$

अर्थात् यदि सामान्यीकृत प्रतिमान शास्त्रीय प्रतिमान में परिवर्तित हो जाता है, तो हम पाते हैं— $V^{-1} = \dfrac{1}{\sigma^2} I_n$

और ऐटकेन्स का सामान्यीकृत आगणक ठीक सामान्यीकृत न्यूनतम वर्ग आगणक की तरह होता है।

(2) यदि

$$V = \begin{bmatrix} \sigma_1^2 & 0 & ... & 0 \\ 0 & \sigma_2^2 & ... & 0 \\ ... & ... & ... & ... \\ 0 & 0 & ... & \sigma_n^2 \end{bmatrix}$$

अर्थात् यदि सामान्यीकृत प्रतिमान विशुद्ध विषय विसारिता प्रतिमान में बदल जाए तो

$$V^{-1} = \begin{bmatrix} \frac{1}{\sigma_1^2} & 0 & ... & 0 \\ 0 & \frac{1}{\sigma_2^2} & ... & 0 \\ ... & ... & ... & ... \\ 0 & 0 & ... & \frac{1}{\sigma_n^2} \end{bmatrix}$$

और ऐटकेन्स का सामान्यीकृत आगणक विषय विसारिता प्रतिमान के लिए विकसित सर्वोत्तम रेखीय अनभिनत आगणक की तरह हो जाता है।

(3) यदि

$$V = \sigma^2 \begin{bmatrix} 1 & \rho & ... & \rho^{n-1} \\ \rho & 1 & ... & \rho^{n-2} \\ ... & ... & ... & ... \\ \rho^{n-1} & \rho^{n-2} & ... & 1 \end{bmatrix}$$

हो, अर्थात् यदि त्रुटि पद प्रथम क्रम, स्वप्रतीपगमन का अनुकरण करता है तो हमें प्राप्त होता है—

$$V^{-1} = \frac{1}{\sigma^2(1-\rho^2)} \begin{bmatrix} 1 & -\rho & ... & 0 \\ -\rho & (1+\rho^2) & ... & 0 \\ ... & ... & ... & ... \\ 0 & 0 & ... & 1 \end{bmatrix}$$

इस स्थिति में ऐटकेन्स का सामान्यीकृत आगणक बिल्कुल सर्वोत्तम (सर्वश्रेष्ठ) रेखीय अनभिनत आगणक (Best Linear Unbiased Estimator; BLUE) की तरह होता है जो स्व-प्रतीपगमनात्मक विक्षोभों से प्रतीपगमन प्रतिमान के लिए निकाला गया है।

प्रश्न 39. किसी प्रतिमान की संरचनात्मक स्थिरता को हम किस प्रकार जाँच सकते हैं? चाओ परीक्षण के संदर्भ में समझाइए।

अथवा

चाओ (Chow) परीक्षण पर संक्षेप में नोट लिखिए। [जून-2016, प्र.सं. 10 (b)]

अथवा

चाओ (Chow) परीक्षण का उपयोग पर संक्षिप्त टिप्पणी लिखिए।

[जून-2015, प्र.सं. 7 (क)]

अथवा

आपके पास दो समयावधियों के काल शृंखला आँकड़े हैं। दो समयावधियों के लिए मॉडल इस प्रकार है—

(a) समयावधि 1 के लिए $Y_t = α_1 + α_2 X_t + ε_t, t = 1, 2, ..., n_1$ और

(b) समयावधि 2 के लिए $Y_t = β_1 + β_2 X_t + v_t, t = 1, 2, ..., n_2$

संक्षेप में बताइए कि चाओ (Chow) परीक्षण का प्रयोग यह जाँचने के लिए कैसे किया जा सकता है कि दोनों समयावधियों में अंतर (break) है। चाओ (Chow) परीक्षण का परीक्षण प्रतिदर्शज अवश्य लिखें और संरचनागत स्थिरता के शून्य परिकल्पना के अंतर्गत इसके बंटन को विशेष रूप से दर्शाएँ। [दिसम्बर–2014, प्र.सं. 7]

उत्तर— किसी प्रतिमान की संरचनात्मक स्थिरता जाँच के लिए हम चाओ का पूर्वानुमान परीक्षण का उपयोग करते हैं, जो इस प्रकार है—

चाओ का पूर्वानुमान (Chow forecast) परीक्षण संरचनात्मक परिवर्तन के अधिक सामान्य परीक्षणों का प्रतिनिधित्व करता है। यदि अंतर्निहित प्राचलों के समंक एक उपसमुच्चय से दूसरे समंकों में भिन्न होते हैं, तो एक संरचनात्मक अवरोधों की संभावना के साथ, समंकों के कई वांछनीय समुच्चय हो सकते हैं। उदाहरण के लिए, हम n_1 और n_2 प्रेषणों के केवल दो उपसमुच्चय मान लेते हैं अर्थात् $n = n_1 + n_2$। मान लीजिए कि हम यह अन्वेषण करना चाहते हैं कि उदारीकरण के पूर्व और उदारीकरण के बाद की अवधि में किसी देश में बचतों में अंतर हुआ है या नहीं। मान लीजिए कि हमारे पास n_1 प्रेषण उदारीकरण के पूर्व के वर्षों और n_2 उदारीकरण के बाद के वर्षों के हैं। हम बचतों का पूर्वानुमान करने के लिए पूर्व उदारीकरण आकलित फलन का उपयोग करके चाओ परीक्षण का प्रयोग कर सकते हैं। यदि $n_2 > k$ है तो कोई उदारीकरण के पूर्व के वर्षों में बचत के पूर्वानुमान के लिए उदारीकरण के बाद की अवधि के आकलित फलन का उपयोग वैकल्पिक रूप में कर सकता है। यद्यपि यह स्पष्ट नहीं है कि कौन–सा चुनाव किया जाना चाहिए और दो प्रक्रियाएँ भिन्न उत्तर प्रदान कर सकती हैं। यदि उपसमुच्चय पर्याप्त बड़े हों तो दोनों फलनों का आकलन करना और प्राचलों के साँझेपन का परीक्षण करना बेहतर होता है।

संरचनात्मक परिवर्तन देखने के लिए हम दो अवधियों के लिए बचत फलन का निम्न प्रकार सूत्रीकरण करते हैं—

अवधि I—

$Y_t = α_1 + α_2 X_t + ε_{1t}$ ...(i)

$t = 1, 2, ..., n_1$

अवधि II—

$Y_t = β_1 + β_2 X_t + ε_{2t}$ ...(ii)

$t = 1, 2, ..., n_2$

जहाँ Y व्यक्तिगत बचत है, X व्यक्तिगत आय है, $ε$'s दो समीकरणों में विक्षोभ पदें हैं, n_1 और n_2 दो अवधियों में प्रेषणों की संख्या है।

किसी संरचनात्मक परिवर्तन का मतलब हो सकता है कि दो अंतःखंड भिन्न हैं या दो ढालें भिन्न हैं या दोनों ढाल और अंतःखंड दोनों भिन्न हैं या कोई प्राचलों का अन्य सुयोग्य संयोग। यदि संरचनात्मक परिवर्तन नहीं होता है (यानी संरचनात्मक स्थिरता) तो हम सभी n_1 और n_2 प्रेषणों को मिला सकते हैं और एक बचत फलन का यथार्थ आकलन इस प्रकार करते हैं—

$Y_t + \lambda_1 + \lambda_2 X_t + \varepsilon_t$ ...(iii)

चाओ परीक्षण की मान्यताएँ दो परत हैं–

(1) $\varepsilon_{1t} \sim N(0,\sigma^2)$ और $\varepsilon_{2t} \sim N(0,\sigma^2)$ यानी दो त्रुटि पद समान प्रसरण के वितरित प्रसामान्य चर हैं।

(2) ε_{1t} और ε_{2t} स्वतंत्र रूप से वितरित हैं।

चाओ परीक्षण के विभिन्न चरण निम्नलिखित हैं–

कदम I–सभी n_1 और n_2 प्रेषणों को मिलाकर हम समीकरण (iii) का आकलन करते हैं और DF = $(n_1 + n_2 - k)$ के साथ वर्गों का अवरोधित शेष प्राप्त करते हैं अर्थात् ESS_R। जहाँ k आकलित प्राचलों की संख्या है।

कदम II–समीकरण (i) और (ii) का आकलन करके उसके ESS को प्राप्त करते हैं अर्थात् क्रमानुसार DF = $(n_1 - k)$ और $(n_2 - k)$ अर्थात् ESS_1 और ESS_2

कदम III–इन दोनों वर्गों के शेष योग यानी ESS_{UR} (वर्गों के निर्बाध अवशेष योग) को DF = $(n_1 + n_2 - 2k)$ के साथ जोड़ें। DF = k के साथ $ESS_R - ESS_{UR}$ का पता करें।

कदम IV–चाओ परीक्षण की दी गई मान्यताओं से यह दिखाया जा सकता है कि–

$$F = \frac{(ESS_R - ESS_{UR})/k}{ESS_{UR}/(n_1 + n_2 - 2k)} \quad ...(iv)$$

DF = $(k, n_1 + n_2 - 2k)$ के साथ F वितरण (distribution) का अनुकरण करते हैं। यदि समीकरण (iv) से परिकलित F विश्वस्यता स्तर के चयनित स्तर पर समालोचक मूल्य से बढ़ता है तो इस परिकल्पना का परित्याग करें कि समीकरण (i) और (ii) प्रतीपगमन समान हैं यानी संरचनात्मक स्थिरता की परिकल्पना को अस्वीकार करें।

प्रश्न 40. उपभोग और आय के बीच संबंध निम्न प्रकार हैं–

$Y_i = \hat{\alpha} + \hat{\beta} X_i + \varepsilon_i$

जहाँ Y उपभोग है और X आय है। उपरोक्त चरों के लिए आँकड़े नीचे तालिका में दिए गए हैं–

उपभोग (Y) (` में)	आय (X) (` में)
70	80
65	100
90	120
95	140
110	160
115	180
120	200
140	220
145	240
150	260

इन आँकड़ों के आधार पर प्रतीपगमन रेखा ज्ञात कीजिए।

उत्तर– उपरोक्त तालिका से हम निम्नलिखित मान प्राप्त कर सकते हैं–

$\sum X = 1700$ $\sum X^2 = 322000$ $\sum Y = 1110$
$\sum Y^2 = 132100$ $\sum XY = 205500$

इन मानों का उपयोग करने पर, हम प्राप्त कर सकते हैं–

$$\sum xy = \sum XY - \frac{1}{N}\sum X \sum Y = 16800$$

$$\sum x^2 = \sum X^2 - \frac{1}{N}\left(\sum X\right)^2 = 33000$$

अवलोकनों की संख्या N, 10 के बराबर है।
प्रतीपगमन गुणांक इस प्रकार आकलित है–

$$\hat{\beta} = \frac{\sum xy}{\sum x^2} = \frac{16800}{33000} = 0.5091$$

अंतःखंड (intercept) को इस प्रकार परिकलित किया जाता है–

$$\hat{\alpha} = \bar{Y} - \hat{\beta}\bar{X} = \frac{\sum Y}{N} - \hat{\beta}\frac{\sum X}{N} = 111 - 0.5091(170) = 24.4545$$

इसलिए, आकलित प्रतीपगमन रेखा है–
$$\hat{Y} = \hat{\alpha} + \hat{\beta}X = 24.4545 + 0.5091X$$

प्रश्न 41. कॉफी माँग के आँकड़ों के आधार पर चरों के लघुगणक मूल्य निम्न प्रकार हैं–

वर्ष	प्रति व्यक्ति प्रति वर्ष कॉफी का उपभोग (संख्या कपों में) (Y)	कॉफी का मूल्य (₹ में) (X)	log Y	log X
1990	2.57	0.77	0.409933	–0.11351
1991	2.50	0.74	0.39794	–0.13077
1992	2.35	0.72	0.371068	–0.14267
1993	2.30	0.73	0.361728	–0.13668
1994	2.25	0.76	0.352183	–0.11919
1995	2.20	0.75	0.342423	–0.12494
1996	2.11	1.08	0.324282	0.033424
1997	1.94	1.80	0.287802	0.255273
1998	1.97	1.39	0.294466	0.143015
1999	2.06	1.20	0.313867	0.079181
2000	2.02	1.17	0.305351	0.068186

$\sum \log X = -0.18867$ $\qquad$ $\sum \log X^2 = 0.196487857$

$\sum \log Y = 3.761043$ $\qquad$ $\sum \log Y^2 = 1.302677016$

$\sum (\log X)(\log Y) = -0.11361$

आकलित प्रतीपगमन रेखा तथा r^2 ज्ञात कीजिए तथा परिणामों की भी व्याख्या कीजिए।

उत्तर— इन मानों का उपयोग कर, हम प्राप्त करते हैं—

$$\sum (\log x)(\log y) = \sum (\log X)(\log Y) - \frac{1}{N} \sum \log X \sum \log Y = -0.0491$$

$$\sum \log x^2 = \sum \log X^2 - \frac{1}{N} \left(\sum \log X\right)^2 = 0.1933$$

$$\sum \log y^2 = \sum \log Y^2 - \frac{1}{N} \left(\sum \log Y\right)^2 = 0.0167$$

यहाँ, अवलोकनों की संख्या N 11 के बराबर है।

प्रतीपगमन गुणांक इस प्रकार आकलित है—

$$\hat{\beta} = \frac{\sum (\log x)(\log y)}{\sum \log x^2} = -0.2541$$

$$\hat{\alpha} = \log \overline{Y} - \hat{\beta} \log \overline{X} = \frac{\sum \log Y}{N} - \hat{\beta} \frac{\sum \log X}{N}$$

$$= 0.3376$$

$$\log \hat{Y}_i = 0.3376 - 0.2541 \log X_i$$

$$r^2 = \frac{\hat{\beta} \sum (\log x)(\log y)}{\sum \log y^2} = 0.7459$$

इस परिणाम से हम देखते हैं कि कीमत लोच गुणांक (Price Elasticity Coefficient) –0.2541 है, जो बताता है कि कॉफी की वास्तविक कीमत में 1 प्रतिशत वृद्धि होने पर, कॉफी के लिए माँग (जिसे प्रतिदिन प्रति व्यक्ति कॉफी के कपों के उपभोग के रूप में मापा जाता है) लगभग 0.25 प्रतिशत कम हो जाती है। चूँकि 0.25 का मान 1 से कम है, हम कह सकते हैं कि कॉफी के लिए माँग कीमत के प्रति बेलोच है।

प्रश्न 42. हमें निम्न सूचना दी गई है, जहाँ $Y = t$ समय पर मुद्रा प्रसार (%) की वास्तविक दर, $X_2 = t$ समय पर बेरोजगारी की दरें और $X_3 = t$ समय पर प्रत्याशित मुद्रा प्रसार की दर (y) है। यह प्रतिमान प्रत्याशा वर्धित फिलिप्स वक्र (expectations-augmented philips curve) के रूप में जाना जाता है। निम्न आँकड़ों के आधार पर प्रतीपगमन रेखा, आंशिक प्रतीपगमन गुणांक और यह परीक्षण कीजिए कि क्या गुणांक महत्त्वपूर्ण रूप से मुद्रा प्रसार की दर को निश्चित करते हैं?

वर्ष	Y	X_2	X_3
1970	5.92	4.9	4.78
1971	4.30	5.9	3.84
1972	3.30	5.6	3.13
1973	6.23	4.9	3.44
1974	10.97	5.6	6.84
1975	9.14	8.5	9.47
1976	5.77	7.7	6.51
1977	6.45	7.1	5.92
1978	7.60	6.1	6.08
1979	11.47	5.8	8.09
1980	13.46	7.1	10.01
1981	10.24	7.6	10.81
1982	5.99	9.7	8.00

उत्तर– उपरोक्त आँकड़ों के आधार पर OLS विधि निम्नलिखित परिणाम प्रदान करती है–

$$\hat{Y} = \underset{(1.5948)}{7.1933} - \underset{(0.3050)}{1.3925X_2} + \underset{(0.1758)}{1.4700X_3} \qquad R^2 = 0.8766$$

जहाँ कोष्ठक के आँकड़े आकलित मानक त्रुटियाँ हैं। इस प्रतीपगमन की व्याख्या इस प्रकार है–

(1) यदि प्रतिदर्श अवधि के लिए X_2 और X_3 दोनों शून्य (0) पर स्थिर होते हैं तो वास्तविक मुद्रा प्रसार की दर 7.19 प्रतिशत के लगभग होती है।

(2) आंशिक प्रतीपगमन गुणांक –1.3925 का मतलब है कि 1970–82 की अवधि के बाद, X_3 (अनुमानित दर) प्रति एक इकाई के लिए 1.4 प्रतिशत के लगभग औसत वृद्धि (कमी) के द्वारा मुद्रा प्रसार स्थिर रखने पर बेरोजगारी की दर में कमी आई। इसी रीति से बेरोजगारी की दर स्थिर रखने पर, 1.4700 का गुणांक मान सूचित करता है कि ठीक उसी अवधि के बाद मुद्रा प्रसार की प्रत्याशित (अनुमानित) दर में प्रति एक प्रतिशत बिंदु वृद्धि से मुद्रा प्रसार की वास्तविक दर लगभग 1.47 प्रतिशत औसत वृद्धि पर होती है।

(3) R^2 के 0.88 मान का मतलब है कि लगभग 88 प्रतिशत वास्तविक मुद्रा प्रसरण की दर में प्रसरण के लिए दो व्याख्यात्मक चर एक साथ जवाबदेह हैं, जो कि न्यायपूर्वक व्याख्यात्मक शक्ति की स्पष्ट ऊँची मात्रा है चूँकि अधिकतम मान केवल एक हो सकता है।

ये कथ्य हमें यह परीक्षण करने में सहायता करेंगे कि क्या गुणांक महत्त्वपूर्ण रूप से मुद्रा प्रसार की दर को निश्चित करते हैं। हम निम्नलिखित परिकल्पना को स्वयंसिद्ध मान सकते हैं–

(1) $H_0 : \beta_2 = 0$ और $H_1 : \beta_2 \neq 0$

(2) $H_0 : \beta_3 = 0$ और $H_1 : \beta_3 \neq 0$

शून्योत्तर परिकल्पना बताती है कि X_3 को स्थिर रखने पर, बेरोजगारी का वास्तविक मुद्रा स्फीति की दर पर प्रभाव (रेखीय) नहीं होता है। इसी प्रकार, X_2 को स्थिर रखने पर, अनुमानित मुद्रा प्रसार का वास्तविक मुद्रा प्रसार पर प्रभाव नहीं पड़ता है। शून्योत्तर परिकल्पना परीक्षण करने के लिए हम t परीक्षण का उपयोग करते हैं। यदि सार्थकता का चयनित स्तर पर परिकलित t मान समालोचक (critical) t मान या मूल्य से बढ़ता है, तो शून्योत्तर परिकल्पना को अस्वीकृत कर सकते हैं।

(1) शून्योत्तर परिकल्पना के अंतर्गत हम जानते हैं कि $\beta_2 = 0$ अर्थात्

$$t = \frac{-1.3925}{0.3050} = -4.566$$

द्वि-पुच्छ t परीक्षण का उपयोग करने पर विवेचक या समालोचक मूल्य 3.169 है। चूँकि 4.566 का परिकलित t मूल्य 3.169 के समालोचक मूल्य से अधिक है। हम शून्योत्तर परिकल्पना को अस्वीकृत कर सकते हैं और कहते हैं कि $\hat{\beta}_2$ सांख्यिकीय रूप से सार्थक है अर्थात् शून्य से आवश्यक रूप से भिन्न है।

(2) इसी प्रकार, β_3 के सार्थकता परीक्षण के लिए हम t के मूल्य इस प्रकार पाते हैं—

$$t = \frac{1.4700}{0.1758} = 8.362$$

इस स्थिति में, परिकलित t मूल्य सार्थकता के एक प्रतिशत स्तर पर विवेचक t मूल्य 3.169 से अधिक होता है। इसलिए हम शून्योत्तर परिकल्पना को अस्वीकृत करते हैं और पाते हैं कि गुणांक महत्त्वपूर्ण रूप से 0 से भिन्न है।

उपरोक्त t परीक्षण बताता है कि स्वतंत्र चर का आश्रित चर पर महत्त्वपूर्ण प्रभाव पड़ता है। दूसरे शब्दों में, वास्तविक मुद्रा स्फीति में वृद्धि बेरोजगारी की दर में कमी (वृद्धि) और अनुमानित मुद्रा स्फीति में वृद्धि (कमी) दोनों के कारण होती है।

प्रश्न 43. 1946–1963 की अवधि के लिए व्यक्तिगत बचतों और व्यक्तिगत आय के आँकड़े प्रस्तुत किए गए हैं। यह परीक्षण कीजिए कि दो समय अवधियों में बचत फलन समान हैं या नहीं।

1946-1954	अवधि I बचत	आय	1955-1963	अवधि II बचत	आय
1946	0.36	8.8	1955	0.59	15.5
1947	0.21	9.4	1956	0.90	16.7
1948	0.08	10.0	1957	0.95	17.7
1949	0.20	10.6	1958	0.82	18.6
1950	0.10	11.0	1959	1.04	19.7
1951	0.12	11.9	1960	1.53	21.1
1952	0.41	12.7	1961	1.94	22.8
1953	0.50	13.5	1962	1.75	23.9
1954	0.43	14.3	1963	1.99	25.2

उत्तर– उपरोक्त आँकड़ों से हम पाते हैं कि $n_1 = n_2 = 9$ है।

कदम I–

$\hat{Y}_t = -1.0821 + 0.1178X_t$

(0.1452) (0.0088)

$t = (-7.4548)$ (13.4316)

$R^2 = 0.9185$, $ESS_R = 0.5722$, $DF = 16$

कदम II–

अवधि 1946–1954

$\hat{Y}_t = -0.2622 + 0.0470X_t$

(0.3054) (0.0266)

$t = (-0.8719)$ (1.7700)

$R^2 = 0.3092$, $ESS_1 = 0.1396$, $DF = 7$

अवधि 1955–1963

$\hat{Y}_t = -1.7502 + 0.1504X_t$

(0.3576) (0.0175)

$t = (-4.8948)$ (8.5749)

$R^2 = 0.9131$, $ESS_2 = 0.1931$, $DF = 7$

कदम III–

$ESS_{UR} = 0.3327$

$ESS_R - ESS_{UR} = 0.2395$

कदम IV–

$$F = \frac{0.2395/2}{0.3327/14} = 5.04$$

सार्थकता के 5% स्तर पर समालोचक मान (critical value) $F_{2,14} = 3.74$ है। चूँकि 5.04 का प्रेषित F मान इस विवेचक मान से बढ़ जाता है, इसलिए हम इस परिकल्पना को अस्वीकार (त्याग) कर सकते हैं कि दो समय अवधियों में बचत फलन समान है।

प्रश्न 44. आकलन से आप क्या समझते हैं? अंतराल आकलन और बिंदु आकलन में अंतर बताइए। एक स्थिति ऐसी भी आ सकती है जब किसी के समक्ष एक प्राचल के लिए एक से अधिक संभावित आकलक होंगे। अतः उत्तम आकलक का चयन करने के मानदंडों को उदाहरण सहित बताइए।

उत्तर– सांख्यिकीय अनुमति (statistical inference) में हम दो प्रकार के प्रश्नों का उत्तर देने में समर्थ होते हैं; प्रथम, समष्टि माध्य का मान क्या होगा? इसका उत्तर समष्टि माध्य के संबंध में एक विवेकाधारित अनुमान करने में निहित है। सांख्यिकीय अनुमति का यह पहलू आकलन (estimation) कहलाता है। दूसरा प्रश्न समष्टि माध्य के संबंध में कुछ निश्चित घोषणा करता है। मान लीजिए कि कोई बिजली बल्ब का उत्पादक दावा करता है कि

बिजली बल्बों का औसत जीवन 2000 घंटे के बराबर है। प्रतिदर्श सूचना के आधार पर, हम यह कह सकते हैं कि घोषणा सही है या नहीं? सांख्यिकीय अनुमान का यह पहलू परिकल्पना परीक्षण (hypothesis testing) कहलाता है।

आकलन दो प्रकार का हो सकता है—बिंदु आकलन (point estimation) और अंतराल आकलन (interval estimation)। बिंदु आकलन में हम समष्टि प्राचल (population parameter) के मान को एक एकल बिंदु की तरह आकलित करते हैं। दूसरी ओर, अंतराल आकलन की स्थिति में हम प्रतिदर्श माध्य के चारों ओर निम्न और उच्च सीमा का आकलन करते हैं, जिसके अंदर समष्टि माध्य के रहने की संभावना होती है।

चूँकि हम प्राचल मान नहीं जानते हैं और प्रतिदर्श सूचना का उपयोग करके इसका अनुमान लगाना चाहते हैं। स्पष्ट रूप से सर्वोत्तम अनुमान प्रतिदर्श परिगणन का मान होगा। यहाँ हम प्राचल के आकलन के रूप में केवल एक मूल्य या बिंदु का उपयोग करते हैं।

आकलक सूत्र होता है और आकलन सूत्र का उपयोग करके विशिष्ट मान को प्राप्त करना है। उदाहरण के लिए, यदि हम समष्टि माध्य के आकलन के लिए प्रतिदर्श माध्य का उपयोग करते हैं, तो $\frac{1}{n}\sum_i x_i$ आकलक है। मान लीजिए, हम एक प्रतिदर्श पर आँकड़े एकत्रित करते हैं और प्रतिचयन इकाइयों को इस सूत्र रूप में रखते हैं और प्रतिदर्श माध्य के लिए एक विशेष मान प्राप्त करते हैं, अर्थात् 120। तब 120 समष्टि माध्य का एक आकलन है। हम इसी समष्टि से अन्य प्रतिदर्श निकाल सकते हैं। प्रतिदर्श माध्य के लिए इसी सूत्र का उपयोग करके, यानी $\frac{1}{n}\sum_i x_i$ का प्रयोग करके हम और एक भिन्न मान अर्थात् 123 प्राप्त करते हैं। यहाँ 120 और 123 दोनों समष्टि माध्य के आकलन हैं। परंतु इन दोनों स्थितियों में सूत्र (आकलक) समान हैं, जो $\frac{1}{n}\sum_i x_i$ है। परिगणन पद, जो प्रतिदर्श मानों के फलन के माध्य के लिए उपयोग होता है, आकलक का समान अर्थी है।

ऐसी स्थितियाँ हो सकती हैं जहाँ हम किसी प्राचल के लिए एक से अधिक संभाव्य आकलक (वैकल्पिक सूत्र) की संभावना पाएँगे। इन आकलकों में से सर्वोत्तम चुनने के लिए, हमें कुछ मापदंडों के अनुकरण की आवश्यकता होती है। ये निम्नलिखित हैं—

(1) अनभिनतता (Unbiasedness)—यदि $\hat{\theta}$, n अवलोकनों पर आधारित एक परिगणन है तो $E(\hat{\theta}) = \theta$ इसे अनभिनत होना कहा जाता है। यह सूचित करता है कि एक आकलन प्राचल के अज्ञात मान की अपेक्षा उच्चतम या निम्नतम हो सकता है। परंतु आकलन के अपेक्षित मान को प्राचल के समान होना चाहिए। किसी परिगणक अथवा आकलक में अभिनति का विस्तार $E(\hat{\theta}) - \theta$ द्वारा दिया जाता है। तब प्रतिदर्श माध्य, समष्टि माध्य का एक अनभिनत आकलन है।

(2) संगतता (Consistency)—संगतता और अनंतस्पर्शी अभिनति एक आकलक की बड़ी प्रतिदर्श विशेषताएँ हैं। एक संगत आकलक निम्न प्रकार परिभाषित है—एक आकलक $\hat{\theta}$

संगत कहलाता है यदि, plim $(\hat{\theta}) = \theta$ है। यहाँ plim शब्द "प्रायिकता सीमा" (probability limit) को दर्शाता है और यह बताता है कि जब प्रतिदर्श के आकार n में असीमित वृद्धि हो तो परिगणक अथवा आकलक का मान प्राचल के मान के बराबर हो जाएगा। अभिनतता (unbiasedness) और संगतता (consistency) के बीच के अंतर पर ध्यान देने पर पता चलता है कि अभिनतता की स्थिति में औसतन परिगणक का मान प्राचल के मान के बराबर होता है। संगतता की स्थिति में जब प्रतिदर्श आकार में असीमित वृद्धि होती है तो परिगणक प्राचल के मान के बराबर होता है। संगतता महत्त्वपूर्ण है, क्योंकि कुछ आकलक संगत नहीं भी हो सकते हैं। हम पेटरसन (Patterson) (2000) से एक उदाहरण लेते हैं।

मान लें कि परिगणक (कोई यादृच्छिक चर) पूर्व निर्धारित प्रायिकताओं के साथ दो असतत् मानों को धारण करता है—

$\hat{\theta} = \theta$, प्रायिकता $\frac{n-1}{n}$ के साथ

$\hat{\theta} = n$, प्रायिकता $\frac{1}{n}$ के साथ

इस स्थिति में plim $(\hat{\theta}) = \theta$ है क्योंकि जब $n \to \infty$, प्रायिकता $\frac{1}{n} \to 0$ है। इस प्रकार परिगणन संगत होता है। यद्यपि, यह अनभिनत नहीं है। उदाहरण के लिए, यदि प्रतिदर्श आकार 10 है, तो $E(\hat{\theta}) = \theta\left(\frac{9}{10}\right) + \frac{1}{10}(10) = 0.9\theta + 1 \neq \theta$ है।

(3) दक्षता (Efficiency)—यह किसी आकलक के प्रसरण को बताता है। न्यूनतम प्रसरण वाला आकलक अधिक दक्ष कहलाता है। प्रायः समान वर्ग के आकलकों के बीच प्रसरण में तुलना की जाती है। उदाहरण के लिए, हम रेखीय आकलकों के बीच तुलना कर सकते हैं (यानी आकलक जो प्रतिदर्श अवलोकनों के रेखीय संयोग हैं) और बताते हैं कि OLS आकलक अन्य रेखीय आकलकों की अपेक्षा योग्य है।

(4) अनंतस्पर्शी अभिनति (Asymptotic bias)—एक परिगणक अनंतस्पर्शी अनभिनत कहा जाता है यदि इसका 'अनंतस्पर्शी अनुमान' (asymptotic expectation) प्राचल मान के समान हो। एक परिगणन का अनंतस्पर्शी अनुमान इस प्रकार ज्ञात किया जाता है—

$AE(\hat{\theta}) = \lim E(\hat{\theta})$ as $n \to \infty$

प्रश्न 45. Y और X_1, X_2 चरों के बीच का संबंध रैखिक – अर्थात् $Y = \hat{\beta}_1 + \hat{\beta}_2 X_t + \hat{\beta}_3 X_2 + \hat{\varepsilon}_t$ है। जब आप प्राचलों को आकलित करने के लिए ओ.एल.एस. (OLS) समाश्रयण करते हैं तो आपके आकलित $\hat{\beta}_2$ और $\hat{\beta}_3$ दोनों 0 हैं। सिद्ध कीजिए कि आपके समाश्रयण का निर्धारण गुणांक (अर्थात् R^2) निश्चित रूप से 0 हो।

उत्तर— $Y = \hat{\beta}_1 + \hat{\beta}_2 X_t + \hat{\beta}_3 X_2 + \hat{\varepsilon}_t$

इस समीकरण का विचलन स्वरूप है—

$y_i = \hat{\beta}_2 X_{1i} + \hat{\beta}_3 X_{2i} + \hat{\mu}_i = \hat{y}_i + \hat{\mu}_i$

दोनों पक्षों का वर्ग करने पर तथा प्रतिदर्श मान में योग करने पर

$\sum y_i^2 = \sum \hat{y}_i^2 + \sum \hat{\mu}_i^2 + 2\sum \hat{y}_i \hat{\mu}_i$

$\sum y_i^2 = \sum \hat{y}_i^2 + \sum \hat{\mu}_i^2$ ...(i)

$\left[\text{माना कि} : \sum \hat{y}_i \hat{\mu}_i = 0 \right]$

TSS = ESS + RSS

हमारे पास है– $y_i = \hat{\beta}_1 + \hat{\beta}_2 X_{2i} + \hat{\beta}_3 X_{3i} + \hat{\mu}_i$

हम उपरोक्त समीकरण को विचलन के रूप में भी लिख सकते हैं–

$\hat{u}_i = y_i - \hat{\beta}_2 X_{2i} - \hat{\beta}_3 X_{3i}$

अब, दोनों पक्षों का योग तथा वर्ग करने पर–

$\sum \hat{u}_i^2 = \sum (\hat{u}_i \hat{u}_i)$

$= \sum \hat{u}_i \left(y_i - \hat{\beta}_2 X_{2i} - \hat{\beta}_3 X_{3i} \right)$

$= \sum \hat{u}_i y_i \left[\text{माना कि}: \sum \hat{u}_i X_{2i} = \sum \hat{\mu}_i X_{3i} = 0 \right]$

$= \sum y_i \hat{u}_i$

$= \sum y_i \left[y_i - \hat{\beta}_2 X_{2i} - \hat{\beta}_3 X_{3i} \right]$

$\sum \hat{u}_i^2 = \sum y_i^2 - \hat{\beta}_2 \sum y_i X_{2i} - \hat{\beta}_3 \sum y_i X_{3i}$ ...(ii)

समीकरण (i) में समीकरण (ii) को स्थानापन्न करने पर हमें प्राप्त होता है–

$\sum y_i^2 = \sum \hat{y}_i^2 + \sum y_i^2 - \hat{\beta}_2 \sum y_i X_{2i} - \hat{\beta}_3 \sum y_i X_{3i}$

ESS: $\sum \hat{y}_i^2 = \hat{\beta}_2 \sum y_i X_{2i} + \hat{\beta}_3 \sum y_i X_{3i}$

$R^2 = \dfrac{\text{ESS}}{\text{TSS}} = \dfrac{\hat{\beta}_2 \sum y_i X_{2i} + \hat{\beta}_3 \sum y_i X_{3i}}{\sum y_i^2}$

यदि $\beta_2 = \beta_3 = 0$, तो निर्धारक गुणांक (R_2) 0 होगा, क्योंकि उपर्युक्त सूत्र के अनुसार R_2 का अंश 0 होगा। जी.पी.एच. की पुस्तकों का मुख्य उद्देश्य ज्ञान के साथ–साथ अच्छे नम्बर दिलाना है।

Must Read अवश्य पढ़ें

GULLYBABA PUBLISHING HOUSE PVT. LTD.

New Syllabus Based

100%

Guidance for IGNOU EXAM

IGNOU HELP BOOKS

BAG, BCOMG, BSCG, BA (Hons.) M.A., M.COM, BCA, B.ED., M.ED, AND OTHER SUBJECTS

IAS, PCS, UGC & All University Examinations

Chapterwise Researched
QUESTIONS & ANSWERS
Solved papers & very helpful for your assignments preparation

Hindi & English Medium

GULLYBABA PUBLISHING HOUSE PVT. LTD.
2525/193, 1st Floor, Onkar Nagar-A, Tri Nagar, Delhi-110035,
(From Kanhaiya Nagar Metro Station Towards Old Bus Stand)
Email : Hello@gullybaba.com
Web : www.gullybaba.com

Join us on Facebook at Gph Book
For any Guidance & Assistance Call:
9350849407

2 आधारभूत मान्यताओं के उल्लंघन का प्रबंध (Treatment of Violations of Basic Assumptions)

भूमिका

आधारभूत मान्यताओं के उल्लंघन के प्रबंध के अंतर्गत बहुसंरेखता, स्वसहसंबंध, विषम विचालिता और चरों में त्रुटियाँ आते हैं। बहुसंरेखता किसी प्रतिमान में सभी या कुछ व्याख्यात्मक चरों के बीच एक पूर्ण या यथार्थ रेखीय संबंध की उपस्थिति को बताती है। इस समस्या में सुधार करने के लिए विभिन्न विधियाँ अपनाई जाती हैं जिसमें कुछ नहीं करना, एक चर लुप्त होना, आँकड़ों का संयोजन, चरों का रूपांतरण शामिल है। त्रुटि पदों के एक–दूसरे से स्वतंत्र होने पर जो समस्या उत्पन्न होती है, उसका समाधान स्वसहसंबंध द्वारा किया जाता है। प्रायः प्रयोगसिद्ध अध्ययनों में, विशेषकर काल श्रेणी समंक में यह अवलोकित किया जाता है कि त्रुटि पदें स्वसहसंबंध का परिणाम और समस्या का समाधान करने के लिए उपचारात्मक मापों जैसे प्रकरणों की व्याख्या करती है। जब आश्रित चर के साथ त्रुटि पद के प्रसरण बढ़ते या घटते हैं, तो हमें विषम विचालिता की स्थिति प्राप्त होती है। यह समस्या अक्सर अनुप्रस्थ काट समंक में उपस्थित होती है।

प्रतीपगमन निदर्शों में एक आदर्श मान्यता यह है कि आकलन के लिए ली गई चरें बिना माप त्रुटियों की होती हैं। समस्या तब उत्पन्न होती है, जब इस मान्यता का उल्लंघन होता है और चरें उससे भिन्न होती हैं जो उसे होना चाहिए।

प्रश्न 1. बहुप्रतीपगमन निदर्श में बहुसंरेखता की अवधारणा की व्याख्या कीजिए। आकलों पर इसके क्या प्रभाव हैं?

अथवा

बहु–संरेखता पर संक्षिप्त टिप्पणी लिखिए।

[दिसम्बर–2015, प्र.सं. 10 (ख)]

उत्तर— बहुरेखीय प्रतीपगमन प्रतिमान (Multiple Linear Regression Model; MLRM) के संदर्भ में बहुसंरेखता किसी प्रतीपगमन में सभी या कुछ व्याख्यात्मक चरों के बीच एक पूर्ण या यथार्थ रेखीय संबंध की उपस्थिति को बताता है। उदाहरण के लिए, यदि $X_1, ..., X_k$ (जहाँ $X_1 = 1$ सभी प्रेषणों के लिए अंत:खंड है) प्रतीपगमन में उपयोग चरें हैं, तो उनके बीच पूर्ण रेखीय संबंध का होना तब कहा जाता है जब निम्नलिखित शर्तें पूरी होती हैं—

$$\lambda_1 X_1 + \lambda_2 X_2 + ... + \lambda_k X_k = 0 \qquad ...(i)$$

जहाँ $\lambda_1,...,\lambda_k$ ऐसे (इस प्रकार) स्थिर रहते हैं कि उनमें से सभी एक ही साथ शून्य नहीं होते हैं। इसी प्रकार हम कह सकते हैं कि पूर्ण बहुसंरेखता (perfect multicollinearity) अर्थ प्रकट करता है कि चरों में से एक अन्य के रेखीय संयोग के रूप में व्यक्त किए जा सकते हैं, जैसा कि नीचे दर्शाया गया है—

$$X_1 = -\frac{\lambda_2}{\lambda_1} X_2 - ... - \frac{\lambda_k}{\lambda_1} X_k \qquad ...(ii)$$

यद्यपि यथार्थ रेखीय संबंध, एक रोग निदानात्मक (pathological) स्थिति है और यह वास्तविक संसार में कभी नहीं पाई जाती है। यह स्थिति "पूर्ण बहुसंरेखता" को भी बताती है और इसलिए केवल आधारभूत धारणा के स्पष्टीकरण के लिए उपयोगी है। वास्तव में, बहुसंरेखता सामान्यत: बहुरेखीय प्रतीपगमन निदर्श (MLRM) में उत्पन्न होने वाली समस्या के विस्तृत वर्ग को बताता है अर्थात्

$$\lambda_1 X_1 + \lambda_2 X_2 + ... + \lambda_k X_k + v_i = 0 \qquad ...(iii)$$

जहाँ v_i एक प्रसंभाव्य (देने) त्रुटि पद है जो प्रेषणों के दौरान भिन्न होता है। ध्यान दीजिए कि प्रत्येक प्रेषण के लिए दैव v_i की उपस्थिति (और इसलिए अनिश्चित पद) के कारण किसी भी चर को अन्य व्याख्यात्मक चर के रेखीय संयोग के रूप में व्यक्त करना संभव नहीं होता है। इसे हम पूर्ण बहुसंरेखता से कम की स्थिति के रूप में व्यक्त करेंगे। यद्यपि पूर्ण बहुसंरेखता का प्रभाव काफी गंभीर होता है, तकनीकी रूप से कम–से–कम कष्ट देने वाला (दु:खदायी) भी है, जैसा कि नीचे एक उदाहरण में दर्शाया गया है, पूर्ण से कम बहुसंरेखता का अधिक व्यापक रूप जो प्रयोग सिद्ध अध्ययनों में लगातार उत्पन्न होता है, तकनीकी रूप से अधिक कष्टकर भी होता है। चूँकि इसे टालने का कोई सरल उपाय नहीं है।

पूर्ण बहुसंरेखता का एक उदाहरण तालिका 2.1 में दिखाया गया है—

तालिका 2.1

X_1	X_2	X_3
1	5	15
1	7.5	22.5
1	20	60
1	15	45
1	9	27

तालिका 2.1 से स्पष्ट है कि $X_3 = 3X_2$ या गणन (notation) का उपयोग कर यदि हम $\lambda_1 = 0, \lambda_2 = 3$ और $\lambda_3 = -1$ को समीकरण (i) में प्रतिस्थापित करते हैं, तो हम पाते हैं कि पूर्ण बहुसंरेखता के लिए शर्त पूरी होती है।

MLRM में प्राचल (parameters) β_1 व्याख्यात्मक चर (explanatory variable) (X_1) का आश्रित चर (dependent variable) (Y) पर प्रभाव को दर्शाता है। इसलिए, अन्य सभी चरों को किसी विशिष्ट स्तर पर स्थिर रखने पर, (उसके प्रतिदर्श माध्य स्तर को बताता है) आकलित गुणांक प्रत्येक चर का Y पर प्रभाव है। यद्यपि पूर्ण बहुसंरेखता की उपस्थिति में यह संभव नहीं है। चूँकि जो समंक निदर्श के आकलन के लिए उपयोग किए गए हैं, उनके चरों के बीच पूर्ण सहसंबंध है। उपरोक्त उदाहरण में रेखीय संबंध है, ($X_3 = 3X_2$)। इसलिए X_2 को स्थिर रखने पर X_3 के Y पर प्रभाव को आकलन करने का कोई उपाय नहीं है। चूँकि, समंक में, X_2 और X_3 हमेशा एक साथ बदलते हैं।

उदाहरण के लिए, यदि हम प्रतिमान के आकलन का प्रयास कर रहे हैं–

$$Y = \beta_1 X_1 + \beta_2 X_2 + \beta_3 X_3 + \varepsilon \qquad \text{...(iv)}$$

जहाँ ε_i एक यादृच्छिक त्रुटि पद है, Y_i आश्रित चर है, $X_1 = 1$ अंतःखंड है और X_2, X_3 अन्य व्याख्यात्मक चरें हैं। हम यह मानते हैं कि हम व्यक्ति विशेष के आय एवं धन की उस भूमिका का आकलन करने का प्रयास कर रहे हैं जो किसी दिए गए वर्ष में व्यक्ति के उपभोग व्यय (consumption expenditure) पर होती है। मान लीजिए कि Y_i व्यक्ति i का वर्ष 2005 में उपभोग व्यय है, X_2 उस वर्ष की आय है, X_3 उस वर्ष की संपत्ति है (कुल संपत्ति मूल्य)। इस प्रकार जो प्रतिमान हमारे सामने हैं–

$$C_i = \beta_1 + \beta_2 Y_i + \beta_3 W_i + \varepsilon_i \qquad \text{...(v)}$$

जहाँ C = उपभोग (Consumption), Y = आय (Income) और W = संपत्ति (Wealth)। यहाँ C आश्रित चर है जबकि Y और W व्याख्यात्मक चरें हैं।

बहुसंरेखता के प्रभाव–

(1) प्रतीपगमन गुणांक आकलकों के प्रसरण (एवं मानक त्रुटियाँ) बढ़े हुए होते हैं।

(2) आकलित प्रतीपगमन गुणांकों के परिमाण हमारी अपेक्षा से भिन्न प्राप्त हो सकते हैं।

(3) आकलित प्रतीपगमन गुणांकों के चिह्न हमारी अपेक्षा के विपरीत प्राप्त हो सकते हैं।

(4) चरों को शामिल करने अथवा हटाने के फलस्वरूप आकलित गुणांकों अथवा उनके चिह्नों में भारी परिवर्तन उत्पन्न हो सकते हैं।

(5) एक समंक बिंदु को हटाने पर आकलित गुणांकों अथवा उनके चिह्नों में भारी परिवर्तन उत्पन्न हो सकते हैं।

(6) कुछ परिस्थितियों में, F अनुपात महत्त्वपूर्ण होता है, लेकिन कोई सा भी t अनुपात नहीं।

प्रश्न 2. पूर्ण बहुसंरेखता की स्थिति को स्पष्ट कीजिए।

उत्तर– पूर्ण बहुसंरेखता की स्थिति को समझाने के लिए हम प्रतिदर्श माध्य से विचलनों को स्पष्ट करेंगे–

$y_i = Y_i - \overline{Y},\quad x_{2i} = X_{2i} - \overline{X}_2$ एवं $x_{3i} = X_{3i} - \overline{X}_3$

जहाँ $\overline{Y}, \overline{X}_2, \overline{X}_3$ क्रमानुसार चरों के प्रतिदर्श माध्य हैं। परिभाषा से MLRM में गुणांक β_2 इस प्रकार परिकलित है–

$$\hat{\beta}_2 = \frac{\left(\sum y_i x_{2i}\right)\left(\sum x_{3i}^2\right) - \left(\sum y_i x_{3i}\right)\left(\sum x_{2i} x_{3i}\right)}{\left(\sum x_{2i}^2\right)\left(\sum x_{3i}^2\right) - \left(\sum x_{2i} x_{3i}\right)^2} \qquad \text{...(i)}$$

पूर्ण बहुसंरेखता के लिए, हमने मान लिया है कि $X_3 = 10X_2$। इसे अधिक सामान्य बनाने के लिए हम मान लेते हैं कि $X_3 = \lambda X_2$, जहाँ λ पूर्व की तरह स्थिर है। यह सूचित करता है कि विचलनों के रूप में हम $x_3 = \lambda x_2$ लिख सकते हैं। इसे समीकरण (i) में प्रतिस्थापित करने पर हम पाते हैं–

$$\hat{\beta}_2 = \frac{\left(\sum y_i x_{2i}\right)\left(\lambda^2 \sum x_{2i}^2\right) - \left(\lambda \sum y_i x_{2i}\right)\left(\lambda \sum x_{2i}^2\right)}{\left(\sum x_{2i}^2\right)\left(\lambda^2 \sum x_{2i}^2\right) - \left(\lambda \sum x_{2i}^2\right)^2} \qquad \text{...(ii)}$$

$$= \frac{\left(\lambda^2 \sum x_{2i}^2\right)\left\{\sum y_i x_{2i} - \sum y_i x_{2i}\right\}}{\left(\lambda^2 \sum x_{2i}^2\right)\left\{\sum x_{2i}^2 - \sum x_{2i}^2\right\}}$$

$$= \frac{0}{0}$$

जो एक अनिर्धारित रूप है। इस प्रकार गुणांक β_2 निश्चित नहीं है अर्थात् यह आकलित नहीं किया जा सकता है। इसी प्रकार हम कह सकते हैं कि β_3 के गुणांक भी पूर्ण बहुसंरेखता की उपस्थिति में अनिश्चित होते हैं।

प्रश्न 3. बहुसंरेखता के प्रमुख प्रभावों पर चर्चा कीजिए।

उत्तर– बहुसंरेखता के प्रमुख प्रभाव निम्नलिखित हैं। पूर्ण न होते हुए भी उच्च बहुसंरेखता की स्थिति में–

(1) OLS गुणांक आकलनों की विवरणें अधिक होती हैं।

(2) बड़े प्रसरण के कारण विश्वास्यता अंतराल (confidence interval) काफी बड़े होते हैं, जिसका मतलब है कि शून्य गुणांक के शून्य परिकल्पना (null hypothesis) को स्वीकार करने की प्रायिकता अधिक होती है।

(3) कुल मिलाकर प्रतीपगमन काफी अच्छा कर सकता है अर्थात् इसके बावजूद कि एक या एक से अधिक प्राचलें शून्य के बराबर की परिकल्पना को अस्वीकार नहीं करने की स्थिति में R^2 काफी ऊँचा हो सकता है।

(4) OLS आकलनें और उनकी प्रमाप त्रुटियाँ समंकों में छोटे परिवर्तनों से काफी संवेदनशील हो सकती हैं।

प्रश्न 4. बहुसंरेखता की खोज की विधियों की व्याख्या कीजिए।

उत्तर– बहुसंरेखता की खोज की विधियाँ इस प्रकार हैं–

(1) ऊँचे R^2 परंतु कुछ महत्त्वपूर्ण t-सांख्यिकी (High R^2 but few significant t-statistics)—यह बहुसंरेखता का लक्षण है। यदि R^2 ऊँची है अर्थात् 0.8 से अधिक, तो F परीक्षण अधिकांश स्थितियों में इस परिकल्पना को अस्वीकार करेगा कि सभी आकलित गुणांक समान रूप से शून्य होते हैं। यद्यपि, व्यक्तिगत t-परीक्षण यह दिखाएगा कि कोई भी आकलन सांख्यिकीय रूप से शून्य से भिन्न है।

(2) प्रतिगामियों के बीच ऊँची सहसंबंध (High pair-wise correlations among regressors)—अन्य प्रस्तावित नियम यह है कि यदि दो प्रतिगामियों के बीच सहसंबंध गुणांक ऊँची है अर्थात् 0.8 से अधिक, तो बहुसंरेखता एक गंभीर समस्या है। इस शर्त के साथ यह समस्या है कि यह बहुसंरेखता के लिए एक पर्याप्त शर्त है, परंतु आवश्यक शर्त नहीं। दूसरे शब्दों में, यदि यह शर्त पूरी नहीं होती है तो बहुसंरेखता की उपस्थिति की समस्या हो सकती है।

(3) सहायक अथवा उपकारी प्रतीपगमन (Auxiliary regressions)—बहुसंरेखता इसलिए उत्पन्न होती है क्योंकि एक या अधिक प्रतिगामी अन्य प्रतीपगामियों के सटीक या लगभग रेखीय संयोग होते हैं। यह जानने का एक तरीका कि कौन सा X चर दूसरे X चरों से संबंधित है प्रत्येक X_i को अवशेष (बचे हुए) X चरों पर प्रतीपगमन करना और सदृश (अनुरूप) R^2 की परिकल्पना करना है, जिसे हम R_i^2 की तरह चिह्नित करते हैं। इनमें से प्रत्येक प्रतीपगमन सहायक प्रतीपगमन कहलाता है, X पर Y के प्रमुख प्रतीपगमन के सहायक/तदंतर बहुसंरेखता की जाँच के दो तरीके हैं—

(क) प्रथम, हम क्लाइन्स के नियम (Klein's rule of thumb) का अनुकरण कर सकते हैं जो सुझाव देता है कि बहुसंरेखता केवल एक कष्टकारक (दुःखदायी) समस्या है यदि सहायक प्रतीपगमन से प्राप्त R_i^2 मुख्य R^2 से अधिक है।

(ख) दूसरा, यह दिखाया जा सकता है कि चर

$$F_i = \frac{R_i^2/(k-2)}{\left(1-R_i^2\right)/(n-k+1)}$$

$k-2$ और $n-k+1$ की स्वातंत्र्य मात्रा (degree of freedom) के साथ F वितरण का अनुकरण करता है यहाँ n प्रतिदर्श आकार को बताता है k अवरोध पद (अंतःखंड) सहित व्याख्यात्मक चरों की संख्या को बताता है और R_i^2 अवशेष X चरों पर X_i के प्रतीपगमन से व्याख्यात्मक चर है। यदि F का परिकलन मूल्य विवेचक मूल्यों से सार्थकता के चयनित स्तर तक बढ़ता है तो माना जाता है कि विशिष्ट X_i अन्य X's के साथ सहरेखीय है। यदि परिकलित F विवेचक मान से कम है तब हम कह सकते हैं कि यह सहरेखीय नहीं है और हम इसे निदर्श में स्थापित कर सकते हैं।

प्रश्न 5. बहुसंरेखता की समस्या को दूर करने के विभिन्न उपायों पर प्रकाश डालिए।

अथवा

बहुसंरेखता की समस्या को दूर करने की चरों में रूपांतरण की विधियों की व्याख्या कीजिए।

उत्तर– बहुसंरेखता की समस्या में सुधार लाने के विभिन्न दृष्टिकोण निम्नलिखित हैं– प्रथम, "कुछ ऐसा नहीं", जिससे समस्या से सरलता से बचा जा सके। परिणामस्वरूप, शोधकर्त्ता अँगूठे के कुछ नियमों का अनुकरण कर सकते हैं जो निम्न रूप में दिखाए गए हैं। जिस क्रम में माप यहाँ दिए गए हैं वे अपूर्ण रूप में उनकी लोकप्रियता के घटते हुए क्रम में हैं। उदाहरण के लिए, अधिकांश शोधकर्त्ता "कुछ नहीं करना" दृष्टिकोण का चयन करते हैं यदि गुणांकों के निर्वचन में कोई महत्त्वपूर्ण (गंभीर) समस्या नहीं है इत्यादि।

(1) कुछ नहीं करना (Do nothing)–चूँकि बहुसंरेखता की समस्या उपलब्ध समंक के साथ है इस संबंध में कुछ करना संभव नहीं है और इसलिए हम अधिकांशतः वर्तमान स्थिति को बनाए रखने की कोशिश करते हैं। अन्य शब्दों में, यह एक प्रतिदर्श समस्या है, जो प्रतिदर्श प्रसरण नहीं रखते हैं। प्रायः किसी प्रतीपगमन निदर्श में सभी गुणांक सांख्यिकीय रूप से महत्त्वपूर्ण नहीं होते हैं। हम इसके साथ काम करते हैं कि हम निदर्श से क्या प्राप्त कर सकते हैं और आशा करते हैं कि अधिक समंकों (आँकड़ों) की उपलब्धता भविष्य में अधिक यथार्थ आकलन प्रदान करेगी। इसके अतिरिक्त यद्यपि, एक या अधिक प्रतीपगमन गुणांक अधिक शुद्धता (यथार्थता precision) के साथ आकलित नहीं किया जा सकता, उनका एक रेखीय संयोग अपेक्षाकृत कुशलता से आकलित किया जा सकता है। उदाहरण के लिए, $Y = \beta_1 X_1 + \beta_2 X_2 + \beta_3 X_3 + \varepsilon$ में यदि हम जानते हैं कि $X_3 = \lambda X_2$ तो इसे समीकरण में प्रतिस्थापित करने पर हमें प्राप्त होता है–

$$Y = \beta_1 X_1 + \beta_2 X_2 + \beta_3 \lambda X_2 + \varepsilon_i$$

अथवा $Y = \beta_1 X_1 + \alpha X_2 + \varepsilon$

जहाँ $\alpha = \beta_2 + \lambda \beta_3$ है।

(2) एक चर लुप्त होना (Dropping a variable)–एक सरलतम विधि सहरेखीय चरों में से एक को हटाना है। यहाँ समस्या यह है कि निदर्श से चरों को स्वच्छता से हटाकर हम *विनिदर्श अभिनत* (specification bias) की आपत्ति को आमंत्रित करते हैं, जो विश्लेषण के लिए निदर्श के गलत विनिदर्श से उत्पन्न होता है। इस प्रकार, यदि आर्थिक सिद्धांत कहता है कि आय और संपत्ति दोनों का उपभोग पर प्रभाव पड़ना चाहिए तब उनमें से एक को हटाना निदर्श का अविनिदर्श (misspecification) है जो त्रुटि उत्पन्न करता है। विनिदर्श त्रुटि या अभिनत प्रायः गुणांकों के अभिनत आकलनों का प्रतिनिधित्व करता है। इसलिए यद्यपि सुविधाजनक, पर इस दृष्टिकोण में एक गंभीर कमी होती है चूँकि कुछ स्थितियों में उपचार रोग की तुलना में ज्यादा खराब होता है। ऐसी अवस्था में परंतु, बहुसंरेखता निदर्श के प्राचलनों के यथार्थ आकलन में रुकावट डाल सकता है अथवा उसको रोक सकता है, एक चर को छोड़ना हमें प्राचलों के वास्तविक मानों की तरह गंभीरतापूर्वक धोखा दे सकता है। हमें याद रखना है कि विनिदर्श त्रुटि के साथ आकलन अभिनत हो सकते हैं। इसलिए जो हम अवशेष चरों को निम्न प्रमाप त्रुटियों से प्राप्त करते हैं वे अभिनत आकलनों के मूल्य के बराबर नहीं भी हो सकते हैं।

आधारभूत मान्यताओं के उल्लंघन का प्रबंध 73

(3) पूर्व सूचना (A priori information)—उपभोग व्यय के पूर्व उदाहरण पर विचार कीजिए। हम जानते हैं कि $\beta_2 = 0.13\,\beta_1$, चूँकि $\beta_1 = 0.75$ और $\beta_2 = 0.1$ है। दूसरे शब्दों में, संपत्ति के साथ (with respect to wealth) उपभोग में परिवर्तन की दर 0.13 गुणा है तथा आय के साथ परिवर्तन की दर की तुलना में तब पूर्व प्रतीपगमन होता है।

$$C_i = \beta_0 + \beta_1 Y_i + 0.13\,\beta_1 W_i + u_i$$
$$= \beta_0 + \beta_1 X_i + u_i$$

जहाँ $X_i = Y_i + 0.13W_i$ है। एक बार हम β_1 प्राप्त करते हैं, तो इस आकलन का उपभोग कर हम β_2 का आकलन कर सकते हैं। हम ऐसी पूर्व जानकारी (सूचना) या तो पूर्व के अध्ययनों से प्राप्त करते हैं जहाँ बहुरेखीय की समस्या कम कठिन थी, नहीं तो सिद्धांत से प्राप्त करना ही विकल्प है। उदाहरण के लिए, यदि हम "कॉब–डगलस उत्पादन फलन" (Cobb-Douglas Production Function) का आकलन कर रहे हैं और हम स्थिर पैमाने के प्रतिफल के प्रवृत्त होने की आशा करते हैं तो हम यह शर्त लगा सकते हैं कि $\beta_1 + \beta_2 = 1$ है। ध्यान रखना चाहिए कि कई बार यह नहीं किया जा सकता चूँकि कई अध्ययनों का उद्देश्य सिद्धांत का परीक्षण करना होता है। उदाहरण के लिए, यदि उद्देश्य यह जानना है कि स्थिर पैमाने का प्रतिफल विद्यमान है या नहीं, तो स्पष्ट रूप से यह एक समाधान नहीं है जिसका हम उपयोग कर सकते हैं।

(4) समंकों/आँकड़ों का संयोजन (Pooling of data)—उपरोक्त तैयार किए गए ढाँचे में पूर्व सूचना का उपयोग करते हुए अन्य प्रसरण अनुप्रस्थ काट (cross-sectional) और काल श्रेणी समंक (time-series data) को संयुक्त करना भी समंक तैयार करने के रूप में जाना जाता है। उदाहरण के लिए, हम भारत में मोटर गाड़ी की माँग का अध्ययन करना चाहते हैं। मान लीजिए कि हमारे पास बेची गई कारों की संख्या, गाड़ी का औसत मूल्य और उपभोक्ता की आय के संबंध में काल श्रेणी समंक उपलब्ध हैं। निदर्श निम्न रूप से निर्दिष्ट किया हुआ है—

$$\ln Y_t = \beta_0 + \beta_1 \ln P_t + \beta_2 \ln I_t + u_t \qquad \text{...(i)}$$

जहाँ Y = बिक्री की गई कारों की संख्याएँ, P = औसत मूल्य और I = आय और नीचे लिए गए (subscript) t समय अवधि है। हमारा उद्देश्य मूल्य लोच (price elasticity) β_1 और आय लोच (income elasticity) β_2 का आकलन करना है। काल श्रेणी समंक में मूल्य और आय चरों की प्रवृत्ति प्रायः अत्यधिक संरेखीय होने की होती है। इसलिए, यदि हम समीकरण (i) में दिए गए प्रतीपगमन को चलाते हैं तो हमें सामान्य बहुसंरेखता की समस्या का सामना करना पड़ेगा। इसका एक अच्छा तरीका टोबिन (Tobin) के द्वारा प्रस्तावित किया गया है। वे बताते हैं कि यदि हमारे पास अनुप्रस्थ काट समंक है (उदाहरण के लिए, आँकड़े (समंक) उपभोक्ता सूची से लिए गए हैं या बजट अध्ययन विभिन्न निजी एवं सरकारी एजेंसियों द्वारा संचालित हैं), तो हम आय लोच β_2 का एक विश्वस्त अथवा प्रमाणित आकलन प्राप्त कर सकते हैं क्योंकि ऐसे इन समंकों में, एक समय बिंदु पर, मूल्य अधिक नहीं बदलते हैं। अब अनुप्रस्थ काट आकलित आय लोच $\hat{\beta}_2$ को लेते हैं। इस आकलन का उपभोग कर हम पूर्व काल श्रेणी प्रतीपगमन को पुनः इस प्रकार लिख सकते हैं—

$$\ln Y_t^* = \beta_0 + \beta_1 \ln P_t + u_t \qquad ...(ii)$$

जहाँ $\ln Y^* = \ln Y - \hat{\beta}_2 \ln I$, अर्थात् Y^* आय के प्रभाव से हटने के बाद Y के मान को बताता है। अब हम पूर्व प्रतीपगमन से मूल्य लोच का एक आकलन कर सकते हैं।

यह समंकों के निर्वचन की एक समस्या खड़ी करता है क्योंकि हम मान लेते हैं कि अनुप्रस्थ काट आकलित आय लोच उतनी ही है (वही है) जो काल श्रेणी समंक से प्राप्त थी। फिर भी यह तकनीक अनेक अध्ययनों में उपयोग होती रही है।

(5) चरों का रूपांतरण (Transformation of variables)—उच्च बहुसंरेखता का एक कारण यह है कि निश्चित समय के बाद समंक में आय और संपत्ति दोनों की प्रवृत्ति एक साथ चलने की होती है। चरों के बीच निर्भरता को कम करने का एक तरीका चरों के *प्रथम अंतर* में लेना है। यदि संबंध है

$$Y_t = \beta_0 + \beta_1 X_{1t} + \beta_2 X_{2t} + u_t \qquad ...(iii)$$

जो समय t पर लागू होता है, तो यह समय $t-1$ पर भी लागू होता है। इसलिए, हमें प्राप्त होता है—

$$Y_{t-1} = \beta_0 + \beta_1 X_{1t-1} + \beta_2 X_{2t-1} + u_{t-1} \qquad ...(iv)$$

समीकरण (iv) को समीकरण (iii) में से घटाने पर हम प्राप्त करते हैं—

$$Y_t - Y_{t-1} = \beta_1 (X_{1t} - X_{1t-1}) + \beta_2 (X_{2t} - X_{2t-1}) + v_t \qquad ...(v)$$

जहाँ $v_t = u_t - u_{t-1}$ है। दूसरे शब्दों में, प्रतीपगमन को चरों के मूल्यों पर करने की जगह, हम उसे चरों के क्रमबद्ध मूल्यों की भिन्नता के बीच करते हैं। यह बहुसंरेखता के साथ संयुक्त समस्याओं को कम करता है। चूँकि X_1 और X_2 के उच्च सहसंबंधित होने से यह कारण नहीं है कि उनके स्तरों में परिवर्तन भी उच्च सहसंबंध होते हैं।

अन्य रूपांतरण (transformation) जो प्रायः (सामान्य रूप से) उपयोग किया जाता है, वह है अनुपात रूपांतरण (ratio transformation)। पुनः उपरोक्त समीकरण (iii) से पूर्व के निदर्श पर ध्यान देते हैं। माना Y वास्तविक डॉलर में उपभोग व्यय X_1 GDP है और X_2 जनसंख्या है। चूँकि GDP और जनसंख्या दोनों निश्चित समय के बाद बढ़ते हैं, वे समान रूप से सहसंबंधित होते हैं। एक समाधान निदर्श को प्रति व्यक्ति (व्यक्तिगत संबंध में) व्यक्त करता है अर्थात् समीकरण (iii) के प्रत्येक भाग को X_2 से विभाजित करने पर हमें प्राप्त होता है—

$$\frac{Y_t}{X_{2t}} = \beta_0 \left(\frac{1}{X_{2t}}\right) + \beta_1 \left(\frac{X_{1t}}{X_{2t}}\right) + \beta_2 + \left(\frac{u_t}{X_{2t}}\right) \qquad ...(vi)$$

ऐसे रूपांतरण मूल चरों में संरेखता को कम कर सकते हैं। यद्यपि, याद रखें कि उपचार बीमारी से अधिक खराब हो सकते हैं। चूँकि हम जानते हैं अथवा हमें मालूम है कि जब समीकरण (iii) में मूल त्रुटियाँ समविचालित (homoscedastic) होती हैं वहीं समीकरण (vi) में त्रुटि पद विषमचालिता (heteroscedasticity) की समस्या का सामना करेगा। इसी प्रकार, यह भी ज्ञात है कि समीकरण (v) में जो त्रुटि पद प्रथम भिन्नता विधि (first difference method) v_t में प्राप्त होते हैं क्रमशः सहसंबंधित होते हैं वहीं मूल त्रुटि पद (original error terms) क्रमशः असहसंबंधित थे। इसलिए, ये निदान (उपाय) शोधकर्त्ताओं द्वारा संकट को ध्यान में रखकर न्यायपूर्वक उपयोग किए जाते हैं।

(6) अतिरिक्त समंक (आँकड़े) (Additional data)—यह संभव है कि अतिरिक्त समंक के साथ बहुसंरेखता की समस्या यद्यपि अभी भी वर्तमान होती है परंतु कम कष्टदायक होती है। यह समीकरण $\text{var}(\hat{\beta}_2) = \dfrac{\sigma^2}{\sum x_{2i}^2 (1 - r_{23}^2)}$ से देखी जा सकती है, जैसे ही प्रतिदर्श का आकार बढ़ता है, $\sum x_{2i}^2$ बढ़ता है। इसलिए दी गई किसी भी r_{23} के लिए, $\hat{\beta}_2$ का प्रसरण कम होगा। इस प्रकार घटती हुई प्रमाप त्रुटि, जो हमें β_2 को अधिक शुद्धता (यथार्थता) के साथ आकलन के योग्य बनाती है। दुर्भाग्यवश, यह विधि प्राय: संभव नहीं हो पाती, चूँकि अर्थशास्त्री बिना वृहत् लागतों के शायद ही कभी अतिरिक्त आँकड़े प्राप्त कर सकते हैं। कभी–कभी यह विभिन्न समय एवं स्थान पर आँकड़े एकत्रित होने के कारण संभव नहीं हो पाता है।

प्रश्न 6. स्वसहसंबंध की अवधारणा की व्याख्या कीजिए।

अथवा

स्वसहसंबंध को परिभाषित कीजिए।

उत्तर— हम जानते हैं कि साधारण न्यूनतम वर्ग (Ordinary Least Squares; OLS) आकलक (estimator) सर्वश्रेष्ठ रैखिक अनभिनत आकलक (Best Linear Unbiased Estimator; BLUE) है। मान्यताओं (assumptions) में एक यह है कि त्रुटि पद (error terms) एक–दूसरे से स्वतंत्र हैं। यहाँ हम त्रुटि पद को *i-th* प्रेक्षण के लिए u_i के रूप में दर्शाते हैं। तब हम मानते हैं कि—

$$\text{cov}(u_i, u_j) = 0 \forall i \neq j$$

क्योंकि

$$\text{cov}(u_i, u_j) = E[u_i - E(u_i)]\,[u_j - E(u_j)]$$
$$\text{cov}(u_i, u_j) = E(u_i\, u_j) = E(u_i)\, E(u_j)$$
$$E(u_i) = E(u_j) = 0$$
$$\text{cov}(u_i, u_j) = 0$$

जहाँ cov(x, y) दो चरों *x* और *y* के बीच संयोजक है। परंतु यदि इस मान्यता का उल्लंघन किया जाता है तब स्वसहसंबंध उत्पन्न होता है अर्थात्

$$\text{cov}(u_i, u_j) = 0$$

स्वसहसंबंध की समस्या काल श्रेणी समंक के मामले में उत्पन्न होती है। उपभोक्ता फलन उदाहरण का प्रयोग करके इस अवधारणा को आसानी से समझा जा सकता है। माना कि अगस्त 2006 के परिवारों के (अनुप्रस्थ काट आँकड़ा) उपभोक्ता और आय आँकड़े एकत्रित किए गए हैं। इसकी बिल्कुल भी संभावना नहीं है कि त्रुटि शब्दों का शोधन होगा। इसका कारण यह है कि सामान्यतया सहसंबंध तब होते हैं जब कोई ऐसी उभयनिष्ठ घटना हो जो "सह" मॉडल से विचलन उत्पन्न करती है। उदाहरण के लिए, प्रीतिभोज (पार्टी) आयोजित करने वाला एक परिवार कारण हो सकता है, उनके त्रुटि शब्द उच्च हो सकते हैं (आय और अन्य कारकों द्वारा पूर्व अनुमानित की अपेक्षा अधिक खपत और व्यय, जो अनुमानित मॉडल में प्रतीपगामी या स्वतंत्र चर हैं)। परंतु इसकी संभावना बहुत कम है कि जिस समयावधि में परिवार *i* ने पार्टी की, परिवार *j* की पार्टी भी उसी समयावधि के दौरान होगी, जब आँकड़ा

एकत्रित किया गया था। ध्यान रखें कि यदि सभी परिवारों ने सर्वेक्षण अवधि में पार्टी की है तब ये सभी आँकड़े बिंदुओं के लिए उभयनिष्ठ कारक हैं और मॉडल में अंतःखंड पद में प्रग्रहण किया जाता है (नियत आय और अन्य कारकों, सभी के लिए उपभोग अधिक पूर्वानुमानित की जाती है) और यह त्रुटि पदों को प्रभावित नहीं करता है।

काल श्रेणी समंक के लिए, सामान्यतया पर्याप्त अक्रियता (usually considerable inertia) है, अधिकांश समष्टि आर्थिक काल श्रेणी समंक व्यापार चक्र के कारण चक्रीय व्यवहार का अनुसरण करते हैं। कई अवधियों के लिए आय और उपभोग निम्न होगा, तब आय पुनर्बहाल होना आरंभ करती है। तथापि, उपभोग अक्रियता दर्शाता है और पश्चता के बाद पुनः वसूल होता है, जैसे लोग अधिक आश्वस्त होते हैं कि आय में वृद्धि अस्थायी नहीं बल्कि स्थायी है और कालांतर में अपना उपभोग पैटर्न धीरे-धीरे बदलते हैं। त्रुटि पद के अनुसार यह अल्प त्रुटि के साथ कई क्रमिक आँकड़ा बिंदुओं को दर्शाएगा (अनुमानित मॉडल से विचलन), तब कई अवधियों को जब (आर्थिक व्यवहार में अक्रियता के कारण) त्रुटियाँ बड़ी हैं और इत्यादि। इसलिए क्रमिक त्रुटि पद अत्यधिक सहसंबंध होंगे। एक अन्य मामला जहाँ स्वसहसंबंध तब उत्पन्न होता है, जब चर का विलंबित मूल्य प्रतीपगमन के रूप में प्रयुक्त किया जाता है। उदाहरण के लिए, पिछली खपत (अंतिम अवधि की और/या उससे पहले की अवधि की) में व्याख्यात्मक चर या प्रतीपगमन के रूप में प्रयुक्त किया जाता है। इसका परिणाम प्रायः सदा स्वसहसंबंध त्रुटि पदों में होता है और इसे शोधन करने के लिए पर्याप्त कदम उठाए जाने चाहिए। इसलिए इसमें अत्यधिक सावधान होना आवश्यक है। जब हम स्वसहसंबंध की समस्या के लिए समय शृंखला आँकड़ों का कोई भी प्रकार प्रयोग कर रहे हों, तब हम केवल यह नहीं मान सकते हैं कि समस्या समाप्त हो गई है, अभी भी समुचित परीक्षण किए जाने की आवश्यकता होती है।

चित्र 2.1, चित्र 2.2 और चित्र 2.3 में हमने भिन्न-भिन्न त्रुटि पदों, वास्तविक मूल्यों को दिखाया है। ध्यान रहे कि त्रुटि पदों का वास्तविक मूल्य प्रेक्षणीय (observable) नहीं है और यहाँ निदर्शात्मक प्रयोजन के लिए दिए गए हैं। वास्तविकता में हम MRM से केवल अनुमानित अवशिष्ट देखेंगे। पहला, चित्र 2.1 में कोई स्वसहसंबंध नहीं है। चित्र 2.2 में त्रुटि संरचना में सकारात्मक सहसंबंध है। अंत में चित्र 2.3 में नकारात्मक स्वसहसंबंध है। पहले चित्र में हम पाएँगे कि त्रुटि पद शून्य के इर्द-गिर्द बिखरे हैं जिसकी आशा की जाती है चूँकि यह माध्य शून्य से स्वतंत्र रूप से लिया गया सामान्य चर है। इसलिए क्रमिक त्रुटि पदों (consecutive error terms) के बीच कोई सहसंबंध नहीं है। इसलिए आरेख में कोई पैटर्न प्रकट नहीं होना चाहिए। दूसरी ओर, चित्र 2.2 में क्रमिक अवधियों में त्रुटि पदों के बीच पर्याप्त सहसंबंध है, कई ऐसी अवधियाँ हैं जब कई अवधियों द्वारा अनुसरित त्रुटि अत्यधिक है, जब यह निम्न है। इसलिए, अवशिष्टों के आरेख में देखे जाने वाला चक्रीय पैटर्न है यह वास्तविक विश्व से प्राप्त अधिकांश समय शृंखलाओं के लिए सत्य है अर्थात् यह सबसे अधिक

सामान्य पैटर्न है। चित्र 2.3 ऋणात्मक स्वसहसंबंध दर्शाता है अर्थात् यदि इस अवधि में त्रुटि अत्यधिक सकारात्मक है तो अगली अवधि में यह अत्यधिक ऋणात्मक होगी और उसके बाद की अवधि फिर सकारात्मक होगी। दूसरे शब्दों में, क्रमिक पदों में सहसंबद्ध है परंतु चिह्न धनात्मक से ऋणात्मक में बदलते हैं।

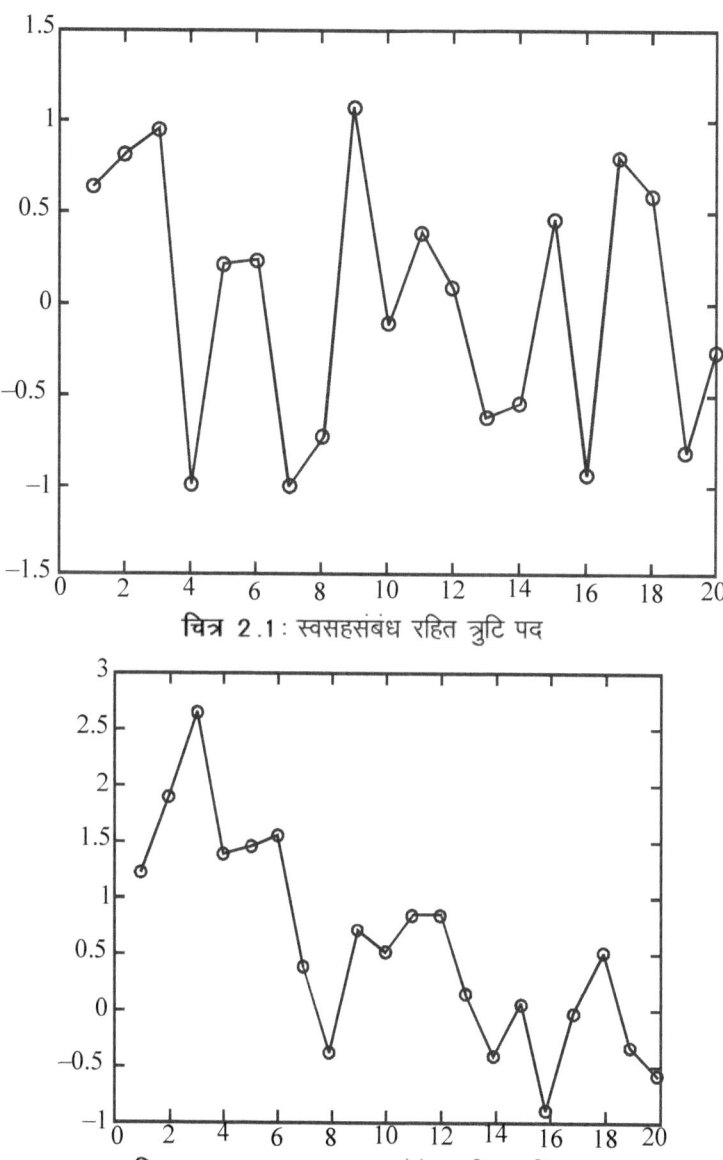

चित्र 2.1: स्वसहसंबंध रहित त्रुटि पद

चित्र 2.2: धनात्मक स्वसहसंबंध सहित त्रुटि पद

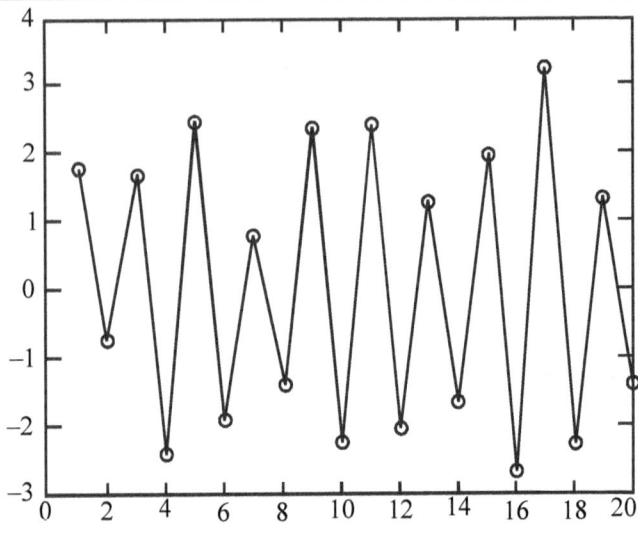

चित्र 2.3: ऋणात्मक स्वसहसंबंध सहित त्रुटि पद

प्रश्न 7. स्वसहसंबंध त्रुटि को उदाहरण की सहायता से स्पष्ट करते हुए स्वसहसंबंध में उत्पन्न समस्याओं पर चर्चा कीजिए।

अथवा

स्वसहसंबंध त्रुटि को सोदाहरण स्पष्ट कीजिए।

उत्तर— स्वसहसंबंध त्रुटि को उदाहरण की सहायता से समझने के लिए दो-चर प्रतीपगमन मॉडल पर विचार कीजिए। अधिक निश्चित होने के लिए हम उन समय शृंखला आँकड़ों पर चर्चा कर रहे हैं जिन्हें हम 'i' के बदले 't' का प्रयोग करते हैं।

$$Y_t = \beta_1 + \beta_2 X_t + u_t \qquad t = 1, 2, ..., T \qquad ...(i)$$

आइए माना कि त्रुटि पद निम्नलिखित क्रियाविधि द्वारा बनाया गया है—

$$u_t = \rho u_{t-1} + \varepsilon_t \qquad ...(ii)$$

जहाँ ρ को स्व-अंतर के गुणांक के रूप में भी जाना जाता है और जहाँ ε_t प्रसंभाव्य त्रुटि पद है ताकि यह मानक मान्यताओं को पूरा कर सके—

$$E(\varepsilon_t) = 0$$
$$\text{var}(\varepsilon_t) = \sigma_\varepsilon^2$$
$$\text{cov}(\varepsilon_t, \varepsilon_{t+s}) = 0 \forall s \neq 0 \qquad ...(iii)$$

जो व्यक्त करता है कि इस पद का अपरिवर्तनीय अर्थ है, नियत अंतर है और स्वतंत्र है, काल शृंखला के ε_s के अन्य मान से सहसंबंध नहीं है स्वतंत्र है। त्रुटि जनन स्कीम के लिए तकनीकी पद जिसे हमने माना है, प्रथम क्रम की स्वप्रतीपगमन स्कीम (first order autoregressive scheme) है, इसे सामान्यतया $AR(1)$ के रूप में निर्दिष्ट किया जाता है। इस स्कीम में यह दर्शाया जा सकता है (सरलता के लिए व्युत्पत्ति छोड़ी गई है) कि—

$$\text{var}(u_t) = \frac{\sigma_\varepsilon^2}{1-\rho^2}$$
$$\text{cov}(u_t, u_{t+s}) = \sigma_\varepsilon^2$$
$$\text{corr}(u_t, u_{t+s}) = 0 \, \forall s \neq 0 \qquad \text{...(iv)}$$

जहाँ $corr(x, y)$ चर x और y के बीच सहसंबंध निर्दिष्ट करते हैं। पहला, त्रुटि पदों के अंतर नियत किए गए हैं। दूसरा, त्रुटि पद को न केवल उसके आसन्न विगत मान से सहसंबंध किया गया है बल्कि कई अवधि के विगत मान से भी किया गया है। यह ध्यान रखना बहुत महत्त्वपूर्ण है कि इसे सदैव $|\rho| < 1$ होने की आवश्यकता होती है अर्थात् ρ का चरम मान एक से कम है। यदि उदाहरण के लिए $\rho = 1$, तब प्रसरण तथा सहप्रसरण ऊपर परिभाषित नहीं किए जाते हैं। इस मान्यता के अधीन भी नोट करें कि सह प्रसरण का मान घटता है जब हम विगत में अधिक आगे जाते हैं।

प्रक्रिया प्रथम क्रम प्रतीपगमन को प्रयोग करने के दो कारण हैं। पहला, यह सहसंबंध त्रुटि पद संरचना का सरलतम प्रकार है, यह अनुप्रयोग के रूप में सबसे अधिक व्यापक रूप में प्रयुक्त किया जाता है। ऐसी प्रक्रियाएँ प्रयोग करते हुए बहुत बड़ी मात्रा में सैद्धांतिक और प्रयोगाश्रित कार्य किए जाते हैं।

$$\hat{\beta}_2 = \frac{\sum x_t y_t}{\sum x_t^2} \qquad \text{...(v)}$$

और इसके रूपांतरण द्वारा दिए जाते हैं—

$$\text{var}(\hat{\beta}_2) = \frac{\sigma^2}{\sum x_t^2} \qquad \text{...(vi)}$$

जहाँ y_t निदर्श माध्य से विचलन है, अर्थात् $y_t = (Y_t - \bar{Y})$ जहाँ $\bar{Y}$, y_t का माध्य मान है तथा इसी प्रकार x_t के लिए भी। अब इसे इस त्रुटि स्कीम के अधीन दिखाया जा सकता है कि OLS आकलक का रूपांतरण है—

$$\text{var}(\hat{\beta}_2)_{AR(1)} = \frac{\sigma^2}{\sum x_t^2} + \frac{2\sigma^2}{\sum x_t^2}\left[\rho \frac{\sum x_t x_{t+1}}{\sum x_t^2} + \rho^2 \frac{\sum x_t x_{t+2}}{\sum x_t^2} + ... + \rho^{n-1} \frac{\sum x_t x_{t+n}}{\sum x_t^2}\right]$$
$$\text{...(vii)}$$

समीकरण (vi) में कोई स्वसहसंबंध की प्रमाप मान्यता समीकरण (vii) में यथा प्रदर्शित (प्रथम क्रम स्वप्रतीपगमन त्रुटि पद के रूप में) स्वसहसंबंध के अधीन रूपांतरण के बीच अंतर नोट करें। एक कारक द्वारा पूर्ववर्ती जोड़ा जाता है जो ρ का गुणांक तथा प्रतीपगमक X द्वारा विभिन्न पश्चताओं पर लिए गए मानों के बीच निदर्श स्वसहसंबंध है। यह ध्यान रखें कि यदि ρ शून्य है तब कोई स्वसहसंबंध नहीं है जिसका अर्थ है कि आशानुकूल दो मान एक साथ होंगे। हम नहीं कह सकते हैं कि पश्चोयुक्त की अपेक्षा पूर्वोक्त अधिक छोटा है या बड़ा। परंतु यह कह सकते हैं कि वे भिन्न-भिन्न हैं। इस संदर्भ में यह ध्यान रखें कि अधिकांश काल श्रेणी समंक के लिए यह मानना अनुचित नहीं है कि प्रतीपगामक धनात्मक रूप से सहसंबंध है (एक

अवधि में उच्च मान्यता का अभिप्राय है यह अगली अवधि में भी उच्च होगी) विरले ही आर्थिक समंक अवधि प्रति अवधि में अस्थिरता का अनुसरण करते हैं। सामान्यतया वे चक्र का अनुसरण करते हैं (तेजी के दौरान कुछ समय के लिए उच्च मान इसके बाद औसत और तब मंदी के दौरान निम्न मान) जिससे काल श्रेणियों के अनुक्रमिक मानों के बीच धनात्मक स्वसहसंबंध होता है।

स्वसहसंबंध से उत्पन्न होने वाली समस्याएँ—स्वसहसंबंध से उत्पन्न होने वाली समस्याएँ निम्नलिखित हैं—

(1) अवशिष्ट प्रसरण (residual variance) $\hat{\sigma}^2 = \sum \hat{u}_t^2/(n-2)$ से पूर्ण σ^2 का अल्प आकलन होने की संभावना है।

(2) परिणामस्वरूप हम R^2 का अतिआकलन कर सकते हैं।

(3) भले ही σ^2 का अल्प आकलन नहीं किया गया है, समीकरण (vii) से हमने देखा कि $\text{var}(\hat{\beta}^2)_{AR(1)}$ का $\text{var}(\hat{\beta}^2)$ अल्प आकलन करेगा (कोष्ठकों में दिया गया कारक जो जब तक $\rho \neq 0$ है, शून्य नहीं है। यह वास्तविक विश्व में उत्पन्न होने वाले अधिकांश मामलों में अधिक बड़ा है क्योंकि प्रतीपगमन सामान्यतया धनात्मक रूप से अपने आप स्वसहसंबंध है)।

(4) इसलिए, सार्थकता के सामान्य t और F परीक्षण अब मान्य नहीं हैं और उपयोग में लाया गया, तो आकलित प्रतीपगमन गुणांक के सांख्यिकीय सार्थकता के बारे में गंभीर भ्रामक निष्कर्ष देने की संभावना होती है।

प्रश्न 8. स्वसहसंबंध के परीक्षण की विभिन्न विधियों की विवेचना कीजिए।

अथवा

स्वसहसंबंध के परीक्षण की डर्बिन–वाटसन विधि पर टिप्पणी कीजिए।

अथवा

ब्रुस्ख–गॉडफ्रे परीक्षण पर टिप्पणी कीजिए।

अथवा

स्वसहसंबंध–परीक्षण पर संक्षेप में नोट लिखिए।

[दिसम्बर–2013, प्र.सं. 7 (b)]

अथवा

मान लीजिए कि दो चरों, X तथा Y के लिए आपके पास काल शृंखला आँकड़े हैं। आपका मॉडल इस प्रकार है—

$Y_t = \beta_1 + \beta_2 X_t + u_t, t = 1, 2, ..., T; u_t = \rho u_{t-1} + \varepsilon_t$, जहाँ ε_t, i.i.d. है, माध्य 0 और प्रसरण σ^2 के साथ सामान्य।

दर्शाइए कि ब्रुस्ख–गॉडफ्रे (Breusch-Godfrey) परीक्षण का प्रयोग, आप त्रुटि चर u_t में स्वसहसंबंध का पता लगाने के लिए कैसे करेंगे। स्वसहसंबंध न होने की शून्य परिकल्पना के अंतर्गत परीक्षण प्रतिदर्शज बंटन को विशेष रूप से दर्शाना याद रखें।

[जून–2014, प्र.सं. 8 (क)]

उत्तर– स्वसहसंबंध के परीक्षण के लिए बहुत–सी विधियाँ हैं जिनमें से प्रयुक्त तीन विधियाँ निम्नलिखित हैं–

(1) आरेख विधि–यद्यपि त्रुटि पद u_t का पूर्ण मान अनुसंधानकर्त्ताओं को उपलब्ध नहीं होता है, उन्हीं पदों के आकलित मान उनके प्रतिनिधि हैं और प्रयुक्त किए जा सकते हैं। सामान्यतया ये अवशिष्ट अधिकांश सांख्यिकीय पैकेजों द्वारा OLS आकलन के बाद स्वतः उत्पन्न किए जाते हैं। बहुधा अवशिष्टों की दार्शनिक परीक्षा हमें स्वसहसंबंध की उपस्थिति का संकेत देती है। काल के सामने केवल आकलित अवशिष्ट को प्लॉट किया जा सकता है। यह काल अनुक्रम प्लॉट (*time sequence plot*) भी कहलाता है। यदि स्वसहसंबंध विद्यमान होता है, यह सामान्यतया कई छोटी और (विशाल) छोटी त्रुटि प्रदर्शित करेगा अर्थात् अवशिष्टों के अनुक्रमिक मान में अत्यधिक सहसंबंध होगा। विकल्पतः हम $\hat{u}_t$ को $\hat{u}_{t-1}$ के मान के विपरीत भी प्लॉट कर सकते हैं। यदि यह रैखिक पैटर्न के रूप में दर्शाता है, तब स्वसहसंबंध है। धनात्मक संबंध का निहितार्थ धनात्मक सहसंबंध और विलोमतः है। यह तार्किक दृष्टि से परीक्षण की अपरिष्कृत विधि है। यह विधि स्वसहसंबंध पता लगाने में सांख्यिकीय दृष्टि से अधिक शक्तिशाली विधि है।

(2) डर्बिन–वाटसन परीक्षण–स्वसहसंबंध ज्ञात करने के लिए प्रचलित परीक्षण डर्बिन–वाटसन परीक्षण (Durbin and Watson test) सांख्यिकीय परीक्षण है–

$$d = \sum_{t=2}^{T}\left(\hat{u}_t - \hat{u}_{t-1}\right)^2 / \sum_{t=1}^{T}\hat{u}_t^2 \qquad ...(i)$$

जो केवल वर्गों के समग्र त्रुटि जोड़ (Error Sum of Squares; ESS) से अनुक्रमिक अवशिष्टों में वर्गीकृत अंतरों के जोड़ का अनुपात है।

यदि यह वास्तविक u_t पर आधारित था और T बहुत विशाल था तब d सीमा में अभिनत करता दिखाया जा सकता है क्योंकि $2(1-\rho)$ से T बड़ा होता है। इसका अभिप्राय है कि यदि $\rho \to 0$ है, तब $d \to 2$; यदि $\rho \to 1$ तब $d \to 0$ और $\rho \to -1$ तब $d \to 4$ है। इसलिए, H_0 के लिए परीक्षण $\rho = 0$ इस पर आधारित हो सकता है कि d, 2 के समीप है या नहीं। दुर्भाग्यवश, d के क्रांतिक मान X पर निर्भर करते हैं और ये एक समंक समुच्चय से दूसरे से भिन्न हैं। इसके समीप प्राप्त करने के लिए डर्बिन और वाटसन ने इस क्रांतिक मान के लिए उच्चतम (d_U) और निम्नतर (d_L) स्थापित किया।

(क) यह स्पष्ट है कि प्रेक्षित d निम्नतम सीमा d_L की अपेक्षा कम या $(4 - d_L)$ की अपेक्षा बड़ा है तब हम निश्चित रूप से H_0 अस्वीकार कर सकते हैं।
दूसरी ओर यदि d_U और $(4 - d_U)$ के बीच प्रेक्षित d है तो हम परिकल्पना को अस्वीकार नहीं करते हैं।

(ख) यदि d किसी भी दो मध्यवर्ती क्षेत्रों में स्थित है तो X पर निर्भर करते हुए क्रांतिक मान का अभिकलन करना चाहिए। अधिकांश अर्थमितीय सॉफ्टवेयर पैकेज (econometric software packages) p-मान के साथ स्वतः डर्बिन–वाटसन सांख्यिकीय रिपोर्ट करते हैं, जो इस सांख्यिकी की सार्थकता का स्तर

है (परीक्षण के 5% स्तर के लिए साधारणतः यदि p-मान 0.05 से कम है तब हम स्वसहसंबंधहीन की अमान्य परिकल्पना अस्वीकार कर सकते हैं)।

(ग) यदि हम एक–पुच्छ परीक्षण (one-tailed test) में इच्छुक हैं, माना कि $H_0 : \rho = 0$ बनाम $H_1 : \rho > 0$, जो केवल धनात्मक सहसंबंध है, तब $d < d_L$ है, तो हम H_0 को अस्वीकार कर सकते हैं और H_0 को अस्वीकार नहीं करते, यदि $d < d_U$ है। यदि दूसरी ओर $d_L < d < d_U$ तब परीक्षण अनिर्णायक (inconclusive) है। ध्यान दें कि एक पुच्छ परीक्षण से केवल पिछले परीक्षण का एक दक्ष प्रक्रियात्मक ही होता है। शर्तें अभी भी वैसी ही हैं, केवल अंतर है हम शर्तों के केवल एक सेट की उपेक्षा करते हैं। द्विपुच्छ परीक्षण (two-tailed test) से हम दोनों पर आधारित अर्थात् जहाँ d और $(4-d)$ स्थित हैं तो H_0 को अस्वीकार करते हैं। यहाँ हम केवल d के मान में इच्छुक हैं क्योंकि हम केवल धनात्मक स्वसहसंबंध बनाम स्वसहसंबंधहीन के अवैध का परीक्षण कर रहे हैं। पूर्व वैकल्पिक परिकल्पना किसी भी प्रकार का स्वसहसंबंध है।

(घ) इसी प्रकार H_1 का परीक्षण करने के लिए $H_1 : \rho = 0$ बनाम $H_1 : \rho < 0$ है, हम $(4-d)$ का अभिकलन करते हैं और ऋणात्मक स्वसहसंबंध के लिए परीक्षण करते समय पहले की तरह उन्हीं सोपानों का अनुसरण करते हैं। यहाँ केवल ऋणात्मक स्वसहसंबंध में हमारी वैकल्पिक परिकल्पना, स्वसहसंबंधहीन के अमान्य के प्रति है।

(ङ) यहाँ प्रतिबंध चित्र 2.4 में दर्शाया गया है—

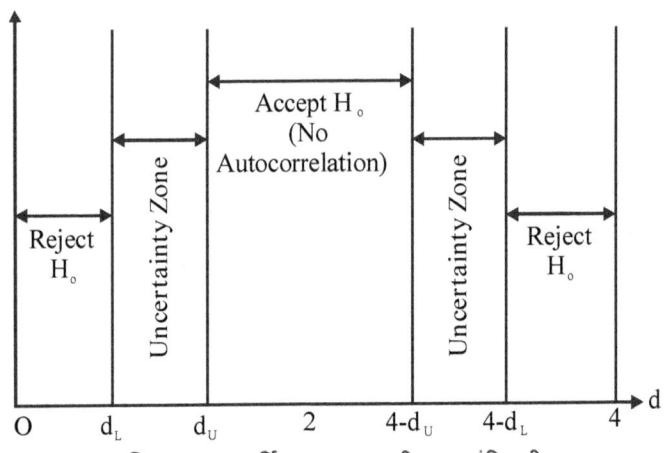

चित्र 2.4 : डर्बिन–वाटसन परीक्षण सांख्यिकी

D-W सांख्यिकीय मॉडल में व्याख्यात्मक चरों (अवरोध छोड़कर) की संख्या और प्रेक्षणों (n) की संख्या पर निर्भर करता है। यदि प्रेक्षित मान (observed value) d_L से कम या d_U से अधिक है तब स्वसहसंबंध है। यदि यह d_L और d_U के बीच है तो परीक्षण अनिर्णायक है।

सीमाएँ (Limitations)—D-W परीक्षण में कई कमियाँ हैं—(क) कुछ ऐसे क्षेत्र हैं, जहाँ d सांख्यिकी निर्णायक साक्ष्य प्रदान नहीं करता है। (ख) अंतरापृष्ठ निकालने के लिए क्रांतिक

मानों का परिकलन करना आवश्यक होता है। (ग) डर्बिन–वाटसन सांख्यिकी केवल तभी मान्य है जब प्रतीपगमन में अवरोध पद है। (घ) प्रतीपगमकों में आश्रित चरों के विलंबित मानों की उपस्थिति में यह भी अमान्य है। (ङ) यह परीक्षण केवल त्रुटि पद का प्रथम क्रम स्वप्रतीपगमन संरचना का पता कर सकता है। उदाहरण के लिए, यदि उच्चतर क्रम प्रतीपगमन पद हैं अर्थात् यदि त्रुटि पद न केवल उसकी अंतिम अवधि मान पर आश्रित है बल्कि पिछली अवधियों के मानों पर भी है, तब यह परीक्षण मान्य नहीं है। इसी प्रकार यदि त्रुटि जनन क्रियाविधि, गतिशील औसत (Moving Average; MA) प्रक्रिया है, काल श्रेणी समंक का भिन्न वर्ग है तब भी यह परीक्षण लागू नहीं होता है।

(3) ब्रुस्ख–गॉडफ्रे परीक्षण—स्वसहसंबंध के परीक्षण के लिए ब्रुस्ख–गॉडफ्रे (Breusch-Godfrey; BG) तकनीक का प्रयोग किया जाता है। यह LM परीक्षण के रूप में भी जाना जाता है। BG परीक्षण में निम्नलिखित सोपान अंतर्निहित हैं–

(क) OLS द्वारा

$$Y_t = \beta_1 + \beta_2 X_t + u_t \qquad t = 1, 2, ..., T$$

का आकलन करना और अवशिष्ट प्राप्त करना।

(ख) मूल X_t पर प्रतीपगमन (पहले प्रतीपगामक के रूप में प्रयुक्त कोई भी अन्य चर) और यदि सोपान 1 में आकलित अवशिष्टों का विलंबित मान पश्चोयुक्त है। इसलिए यदि $p = 4$ है, हम मॉडल में अतिरिक्त प्रतीपगामक के रूप में अवशिष्टों के चार विलंबित मान प्रयोग करेंगे। संक्षेप में, निम्नलिखित प्रतीपगमन को रन करेंगे और इससे सहायक प्रतीपगमन प्राप्त करेंगे।

$$\hat{u}_t = \beta_1 + \beta_2 X_t + \rho_1 \hat{u}_{t-1} + \rho_2 \hat{u}_{t-2} + ... + \rho_p \hat{u}_{t-p} + \varepsilon_t \qquad ...(i)$$

इससे *सहायक प्रतीपगमन* (auxiliary regression) प्राप्त होते हैं।

(ग) यदि प्रतिदर्श आकार बड़ा है तब ब्रुस्ख और गोडफ्री ने दिखाया है कि–

$$(T - p) R^2 \sim \chi^2_p \qquad ...(ii)$$

जहाँ प्रेक्षणों की कुल संख्या T है अर्थात् BG परीक्षण सांख्यिकी को स्वतंत्रता के p अंशों के साथ काई–वर्ग वितरण (chi-squared distribution) के रूप में अंतस्पर्शी रूप में वितरित (प्रतिदर्श आकार अनंत तक बढ़ता है) किया जाता है। इसलिए एक बार जब इस प्रकार परीक्षण सांख्यिकी परिकलित की जाती है तो इसकी तुलना किसी भी क्रम के स्वसहसंबंधहीन की अमान्य परिकल्पना स्वीकृत करने या अस्वीकृत करने के लिए प्रमाप काई–वर्ग वितरण से की जाती है।

ध्यान दीजिए कि डर्बिन–वाटसन परीक्षण के असमान ब्रुस्ख–गॉडफ्रे परीक्षण (BG test) त्रुटि प्रक्रिया AR(p) तथा AR(1) दोनों उच्चतर स्कीमों के लिए किया जा सकता है। यह तब भी प्रयोज्य है जब त्रुटि पद के लिए वैकल्पिक

काल श्रेणी विनिर्दिष्ट की जाती है जैसे चल माध्य स्कीम (Moving Average Scheme)। $MA(p)$ की गतिशील औसत को निम्न प्रकार परिभाषित किया गया है–

$$u_t = \varepsilon_t + \lambda_1 \varepsilon_{t-1} + \lambda_2 \varepsilon_{t-2} + \ldots + \lambda_p \varepsilon_{t-p} \quad \text{...(iii)}$$

प्रश्न 9. समंकों में स्वसहसंबंध का शोधन करने के लिए निम्नलिखित विधियाँ स्पष्ट कीजिए–

(i) कॉकरेन–ओरकट विधि

उत्तर– यह विधि ρ के प्रारंभिक आकलन से, सबसे अधिक सुविधाजनक *0* होने से और $Y_t = \beta_1 + \beta_2 X_t + u_t, t = 1, 2, \ldots, T$ से β_1 और β_2 के OLS अनुमानों, से आरंभ होती है, माना कि $\rho = 0$ है। ध्यान रखें कि यदि हम $\rho = 0$ से भिन्न कल्पना से आरंभ करते हैं तब हमें $(Y_t - \rho Y_{t-1}) = \beta_1(1-\rho) + \beta_2(X_t - \rho X_{t-1}) + \varepsilon_t$ प्रयोग करने की आवश्यकता होती है। एक बार जब हमारे पास OLS आकलन हैं, हम अवशिष्टों $\hat{u}_t$ का परिकलन भी कर सकते हैं। ρ का परिणामी आकलन $\hat{\rho}_{CO} = \sum \hat{u}_t \hat{u}_{t-1} / \sum \hat{u}_t^2$ है, जहाँ दोनों जोड़ $t = 2, 3, \ldots, T$ पर चलते हैं क्योंकि एक प्रेक्षण पश्चताओं के कारण खो गया है। कॉकरेन–ओरकट विधि का दूसरा सोपान $\hat{\rho}_{CO}$ के बदले उपर्युक्त समीकरण में ρ निष्पादन करना है।

हम $(Y_t - \rho Y_{t-1}) = \beta_1(1-\rho) + \beta_2(X_t - \rho X_{t-1}) + \varepsilon_t$ समीकरण से β_1 और β_2 के नए आकलनों पर आधारित नए अवशिष्टों का अभिकलन कर इस प्रक्रिया की भी पुनरावृत्ति कर सकते हैं, जो $\hat{\rho}_{CO}$ के नए मान का परिकलन करने के लिए तब तक प्रयुक्त किए जाते हैं जब तक अभिबिंदुता नहीं होती है। इसका अर्थ है कि ρ के अनुक्रमिक मान जो आकलित किए गए हैं, पर्याप्त रूप से परिवर्तित नहीं होते हैं, माना कि अंतर 0.01 से कम है।

(ii) प्रेज–विन्सटन प्रक्रिया

उत्तर– प्रेज–विन्सटन विधि कॉकरेन–ओरकट विधि के इस अंतर को पूरा करने का प्रयास करती है।

राव और ग्रिलिचेस (Rao and Griliches) (1969) द्वारा अभिप्रेरित समंक का प्रयोग करते हुए यह दिखाया गया है (यादृच्छिक चर से जनित समंक मोन्टे कार्लो का प्रयोग (Monte Carlo experiments) भी कहलाता है) कि सबसे अच्छा परिणाम तब प्राप्त किया जा सकता है जब कोई इस प्रक्रिया के ऊपर वर्णित ρ का डर्बिन अनुमान प्रयोग करता है। आधारभूत उद्देश्य प्रतीपगमन के कारण एक खोए हुए प्रेक्षण को सुरक्षित रखना है। प्रेज–विन्सटन विधि के चरण निम्नलिखित हैं–

(1) प्रतीपगमन समीकरण $Y_t = \beta_1 + \beta_2 X_t + u_t, t = 1, 2, \ldots, T$ के प्रथम प्रेक्षण को $\sqrt{1-\rho^2}$ से गुणा करें, जो हमें समीकरण (i) से प्राप्त होता है। ध्यान रखें कि हम हर जगह $\sqrt{1-\rho^2}$ से गुणा कर रहे हैं।

$$\sqrt{1-\rho^2}Y_t = \beta_1\sqrt{1-\rho^2} + \beta_2\sqrt{1-\rho^2}X_1 + \sqrt{1-\rho^2}u_1 \qquad ...(i)$$

(2) इस रूपांतरित प्रथम प्रेक्षण को $t = 2, 3, ..., T$ के लिए कॉकरेन–ओरकट रूपांतरित प्रेक्षणों में जोड़ें और सभी T प्रेक्षणों को रन करें। यह अधिक सरल है कि यदि हम चरों $\widetilde{Y}_t = (Y_t - \rho Y_{t-1})$ और $\widetilde{X}_t = (X_t - \rho X_{t-1})$ और सभी $t = 2, 3, ..., T$ के लिए परिभाषा दे दें। परंतु प्रथम प्रेषण के लिए हम $\widetilde{Y}_t = \left(Y_t - \sqrt{1-\rho^2}Y_{t-1}\right)$ और $\widetilde{X}_t = \left(X_t - \sqrt{1-\rho^2}X_{t-1}\right)$ की परिभाषा देते हैं। इसी प्रकार के लिए दूसरे सोपान में मानक (standard) कॉकरेन–ऑर्कट विधि के असमान अचर के बिना परंतु दो चरों के साथ प्रतीपगमन मॉडल के रूप में इसके बारे में सोच सकते हैं–पहला चर, (पिछला अचर) अब प्रथम प्रेक्षण के लिए $\sqrt{1-\rho^2}$ का मान लेता है और पहले की भाँति शेष के लिए $(1-\rho)$ का मान लेता है। दूसरा चर प्रथम प्रेक्षण के लिए प्रमाप $X_t - \sqrt{1-\rho^2}X_{t-1}$ है और अन्य प्रेक्षणों के लिए $X_i - \rho X_{t-1}$ है।

प्रश्न 10. स्वसहसंबंध की समस्या के लिए शोधन की अपुनरावृत्तीय विधियाँ स्पष्ट कीजिए।

उत्तर– स्वसहसंबंध की समस्या के लिए शोधन की अपुनरावृत्तीय विधियाँ इस प्रकार हैं–

(1) अवशिष्टों से (From Residuals)–यदि $AR(1)$ प्रतिमान $u_t = \rho\, u_{t-1} + \varepsilon_t$ वास्तविक है, तब ρ अवशिष्टों $\hat{u}_{t-1}$ पर $\hat{u}_t$ के प्रतीपगमन द्वारा आसानी से प्राप्त हो सकता है अर्थात्

$$\hat{u}_t = \rho\hat{u}_{t-1} + \varepsilon_t \qquad t = 2, 3, ..., T \qquad ...(i)$$

इस समीकरण (i) में अचर नहीं है। चूँकि $\hat{u}_t$ वास्तविक u_t का सुसंगत आकलक है, अतः ρ का आकलित आकलन सुसंगत है। फिर यह आकलन समीकरण $(Y_t - \rho Y_{t-1}) = \beta_1(1-\rho) + \beta_2(X_t - \rho X_{t-1}) + \varepsilon_t$ में दिए गए कॉकरेन–ओरकट रूपांतरण प्रयोग के बाद क्रमशः β_1 और β_2 का BLUE आकलन प्राप्त करने के लिए रूपांतरण में प्रयुक्त हो सकता है।

(2) डर्बिन की विधि (Durbin's Method)–Y_{t-1} पद को दाहिने पक्ष में ले जाकर पुनः समीकरण $(Y_t - \rho Y_{t-1}) = \beta_1(1-\rho) + \beta_2(X_t - \rho X_{t-1}) + \varepsilon_t$ में व्यवस्थित किया जा सकता है ताकि

$$Y_t = \rho Y_{t-1} + \beta_1(1-\rho) + \beta_2 X_t - \rho\beta_2 X_{t-1} + \varepsilon_t \qquad ...(ii)$$

और इसके बदले समीकरण (ii) पर OLS विधि अपनाकर। यह ध्यान रखें कि यहाँ ρ का कोई पूर्व आकलन अपेक्षित नहीं है। समीकरण (ii) में त्रुटि परंपरागत (classical) है और हम दिखा सकते हैं कि इस मामले में Y_{t-1} के गुणांक के रूप में प्राप्त ρ का आकलन अभिनत है परंतु सुसंगत है। यह ρ का डर्बिन आकलन है, माना यह $\hat{\rho}_D$ है। आगे कॉकरेन–ओरकट प्रक्रिया का दूसरा सोपान ρ का यह आकलन प्रयोग करके निष्पादित किया जाता है।

(3) डर्बिन–वाटसन सांख्यिकी का प्रयोग करना (Using the Durbin-Watson statistic)–इस परीक्षण के द्वारा d को आकलित किया जा सकता है और जैसे ही प्रतिदर्श बड़ा होता है अर्थात् जैसे $T \to \infty$, यह सांख्यिकीय $2(1-\rho)$ के अभिनत होता है। हम आकलक बनाने के लिए इस तथ्य का प्रयोग कर सकते हैं–

$$\hat{\rho} = 1 - \frac{d}{2}$$

यह ध्यान रखें कि यह आकलक केवल बहुत बड़े प्रतिदर्शों के लिए अच्छा है और छोटे प्रतिदर्शों में यह अत्यधिक गलत परिणाम देता है और इसका परिहार होना चाहिए।

प्रश्न 11. नीचे दी गई तालिका के आधार पर कीन्स के उपभोग फलन (Keynesian Consumption Function) $C_t = C_t = \beta_0 + \beta_1 Y_t + \varepsilon_t$ का आकलन कीजिए जहाँ C_t अवधि t में उपभोक्ता व्यय है और Y_t उसी अवधि में कुल वैयक्तिक प्रयोज्य आय है। ध्यान दें कि हम दोनों चरों के वास्तविक मान को ध्यान में रखते हैं अर्थात् वे स्थिर कीमतों (1987 डॉलरों) में मापे जाते हैं। इस अभ्यास के लिए प्रयुक्त समंक राष्ट्रपति की आर्थिक रिपोर्ट से अवधि 1950-1993 की संयुक्त राज्य अमेरिका से प्राप्त की गई है।

तालिकाः संयुक्त राज्य अमेरिका उपभोग आँकड़े, 1950-1993

C = वास्तविक व्यक्तिगत उपभोक्ता व्यय (1987 में डॉलरों में)
Y = वास्तविक प्रयोज्य व्यक्तिगत उपभोक्ता आय (1987 में डॉलरों में)

Year	Y	C	Year	Y	C
1950	6284	5820	1972	10414	9425
1951	6390	5843	1973	11013	9752
1952	6476	5917	1974	10832	9602
1953	6640	6054	1975	10906	9711
1954	6628	6099	1976	11192	10121
1955	6879	6325	1977	11406	10425
1956	7080	6440	1978	11851	10744
1957	7114	6465	1979	12039	10876
1958	7113	6449	1980	12005	10746
1959	7256	6658	1981	12156	10770
1960	7264	6698	1982	12146	10782
1961	7382	6740	1983	12349	11179
1962	7583	6931	1984	13029	11617
1963	7718	7089	1985	13258	12015
1964	8140	7384	1986	13552	12336
1965	8508	7703	1987	13545	12568
1966	8822	8005	1988	13890	12903
1967	9114	8163	1989	14005	13029
1968	9399	8506	1990	14101	13093
1969	9606	8737	1991	14003	12899
1970	9875	8842	1992	14279	13110
1971	10111	9022	1993	14341	13391

विभिन्न विधियों का प्रयोग करके स्वसहसंबंध की भी जाँच कीजिए।

उत्तर— इस समंक का प्रयोग करने वाला OLS प्रतीपगमन है—

$$C_t = -70.957 + 0.916Y_t \quad ...(i)$$
$$(90.57) \quad (0.009)$$

जहाँ प्रमाप त्रुटियाँ कोष्ठकों में दी गई हैं। ध्यान रखें कि उपभोग फलन के लिए ऋणात्मक अवरोध सार्थक नहीं है। (t-सांख्यिकी –0.78 हैं), जबकि आय के लिए गुणांक अत्यधिक सार्थक है (t-सांख्यिकी 106.41 है)। R^2 भी 0.996 पर अधिक उच्च है, इनके साथ आशय है कि चरों के बीच सांख्यिकीय संबंध बहुत दृढ़ हैं।

(1) स्वसहसंबंध के परीक्षण—स्वसहसंबंध की जाँच करने के लिए पहली विधि आरेख विधि है। समीकरण (i) से आकलित अवशेषों को चित्र 2.5 में आयोजित किया गया है। चित्र 2.5 में यह स्पष्ट रूप से देखा जा सकता है कि अवशेष क्रमिक रूप से सहसंबद्ध हैं अर्थात् त्रुटि पद का प्रत्येक मान उससे ठीक पहले के पद द्वारा दृढ़ता से प्रभावित होता है। यह ध्यान रखें कि यदि कोई क्रमिक सहसंबंध नहीं है तब हमें कोई पैटर्न बिल्कुल नहीं दिखाई देगा। प्रत्येक अवधि के लिए त्रुटि पद सभी अन्य त्रुटियों से स्वतंत्र है, यह यादृच्छिक बिखरा प्लॉट होगा; अवशिष्ट सभी स्थान में होंगे। चूँकि, इस प्लॉट में अभिज्ञेय पैटर्न हैं, इसलिए यह हमें स्पष्ट संकेत देता है कि वहाँ स्वसहसंबंध है। यह पैटर्न प्रमाप $AR(1)$ पैटर्न है, जिसे आँखों से पहचानना सबसे अधिक सरल है। यह ध्यान रखें कि स्वसहसंबंध के अन्य प्रकार भी हैं जिन्हें हम बहुत स्पष्टता से खोज सकते हैं परंतु उन सभी का हमारे परिणामों के लिए फिर भी ऋणात्मक प्रभाव है। इसलिए यह कहना सबसे अच्छा है कि स्वसहसंबंध का स्पष्ट प्रमाण पर्याप्त है, परंतु आवश्यक नहीं कि उनके लिए स्वसहसंबंध विद्यमान है। इसलिए हमें सदा अधिक औपचारिक विधियों का भी प्रयोग करते हुए हमें सदा स्वसहसंबंध के लिए परीक्षण करना चाहिए।

अब हम स्वसहसंबंध के लिए डर्बिन–वाटसन परीक्षण पर विचार करते हैं। यह ध्यान रखें कि इस स्थिति में निम्नतर सीमा d_L 44 प्रेक्षणों और एक प्रतीपगमन के साथ 1.468 है। इस मामले में प्राप्त वास्तविक सांख्यिकी 0.457 है (प्रत्येक सॉफ्टवेयर पैकेज इसे स्वतः देता है, परंतु हम भी ऊपर समीकरण $d = \sum_{t=2}^{T}\left(\hat{u}_t - \hat{u}_{t-1}\right)^2 / \sum_{t=1}^{T}\hat{u}_t^2$ से फॉर्मूला प्रयोग करके इसका परिकलन कर सकते हैं), जो निचली सीमा से कम है। इसलिए हम स्वसहसंबंध की परिकल्पना अस्वीकार करते हैं।

इसी प्रकार, हम प्रतीपगमकों के साथ उसी के विगत मूल्यों पर अवशेषों का प्रतीपगमन द्वारा परीक्षण प्रयोग कर सकते हैं। सरलता के लिए त्रुटि पद के एकल पश्चता अवधि और स्वप्रतीपगमन प्रक्रिया की कल्पना कीजिए। दूसरे शब्दों में, स्वसहसंबंध की $AR(1)$ स्कीम की कल्पना करें और प्रतीपगमन समीकरण $\hat{u}_t = \beta_1 + \beta_2 X_t + \rho_1 \hat{u}_{t-1} + \rho_2 \hat{u}_{t-2} + ... + \rho_p \hat{u}_{t-p} + \varepsilon_t$ को रन करें। परिणाम जो हम प्राप्त करते हैं, वह है—

$$\hat{u}_t = -53.993 + 0.006Y_t + 0.804\hat{u}_{t-1} \quad ...(ii)$$
$$(61.4844) \quad (0.006) \quad (0.108)$$

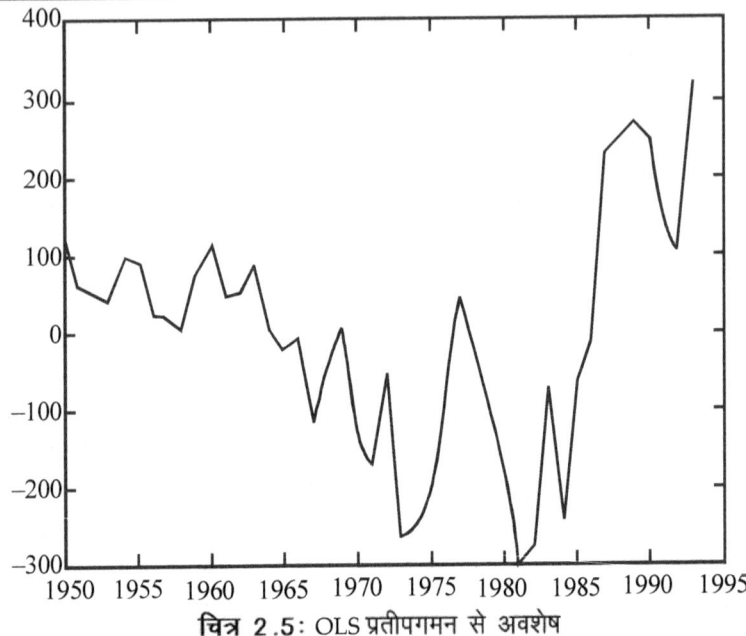

चित्र 2.5: OLS प्रतीपगमन से अवशेष

इस समीकरण का R^2 0.583 है। यह ध्यान रखें कि यहाँ प्रेक्षणों की संख्या $T = 44$ है और पश्चता मान (lag value) $p = 1$ है। इसलिए BG सांख्यिकी $(T-p)R^2$ है, जो $(44-1)$ 0.583 = 25.069 है। हम जानते हैं कि यह वितरण $\chi_p^2 = \chi_1^2$ की तरह है और स्वतंत्रता की मात्रा 1, क्योंकि $p = 1$ है। सार्थकता के 5% स्तर पर क्रांतिक मान (critical value) 0.49 है। इस प्रकार χ^2 का प्रेक्षित मान क्रांतिक मान से अधिक है। इसलिए हम इस परीक्षण से भी अमान्य परिकल्पना को स्वसहसंबंध नहीं भी अस्वीकार कर सकते हैं। यह ध्यान दें कि अनुप्रयुक्त कार्य में कभी–कभी यह हो सकता है कि त्रुटि पद के लिए पश्चता संरचना अधिक जटिल होती है।

(2) स्वसहसंबंध का शोधन—स्वसहसंबंध की उपस्थिति में β_1 और β_2 का सही आकलन प्राप्त करने के लिए हमारे पास ρ का भी कुछ आकलन होना चाहिए अर्थात् त्रुटि क्रियाविधि में प्रथम क्रम स्वप्रतीपगमन पद। डर्बिन–वाटसन सांख्यिकीय से प्राप्त करने का सबसे अधिक सरल तरीका है परंतु सबसे अच्छा नहीं है जो इस मामले में 0.457 है। हम जानते हैं कि यह लगभग $\hat{\rho} = (1 - d/2)$ है जो हमें $\hat{\rho} = 0.772$ देता है। हम निम्न प्रकार $\hat{\rho}$ का मान देने के लिए समीकरण $\hat{u}_t = \rho \hat{u}_{t-1} + \varepsilon_t$, $t = 2, 3, ..., T$ के अनुसार (अचर के बिना) प्रतीपगमन भी रन कर सकते हैं।

$\hat{u}_t = 0.794 \hat{u}_{t-1}$ और इसके लिए प्रमाप त्रुटि $\hat{\rho}$ के लिए 0.106 है।

यह ध्यान रखें कि ρ का यह मान ऊपर प्राप्त एक से काफी भिन्न नहीं है।

यह तभी होता है जब त्रुटि संरचना सरल होती है, जैसा कि यहाँ चुना गया है।

अगला, डर्बिन की विधि में उपभोग C_{t-1} का और Y_t और Y_{t-1} का भी पिछली अवधियों का मान प्रतीपगमन C_t में अंतर्निहित है। यह $\hat{\rho}$ पद C_{t-1} के प्राप्त गुणांक के रूप में निम्न प्रकार आकलन देता है–

$$C_t = -41.829 + 0.802C_{t-1} + 0.718Y_t - 0.5296Y_{t-1} \quad ...(iii)$$
$$(59.11) \quad (0.102) \quad (0.086) \quad (0.127)$$

इसलिए इस विधि द्वारा प्राप्त ρ का आकलन 0.802 है।

अब कॉकरेन–ओरकट विधि पर विचार कीजिए। इस विधि का पहला सोपान वह है जो हम आकलन प्राप्त करने के लिए कर चुके हैं। दूसरा सोपान $(Y_t - 0.794Y_{t-1})$ पर $(C_t - 0.794C_{t-1})$, जो देता है–

$$(C_t - 0.794C_{t-1}) = -35.667 + 0.927\,(Y_t - Y_{t-1}) \quad ...(iv)$$
$$(62.169) \quad (0.027)$$

इसलिए सीमांत प्रवृत्ति स्वसहसंबंध शोधित आकलन (Y_t पद का गुणांक) 0.927 है जो 0.916 के पहले प्राप्त अशोधित के विपरीत है। यह द्विसोपानी आकलक (two step estimator) अथवा 2SCO कहलाता है। तब हम इस पर निम्न प्रकार पुनरावृत्ति जारी रख सकते हैं–

नया मान परिकलित करने के लिए इन नए समीकरण से अवशेष प्रयोग करें और तब उसे 0.794 के बदले प्रयोग करें, हमने ऊपर द्वितीय सोपान में प्रयोग किया है। यह β_1 और β_2 के लिए आकलनों के नए सेट देगा, यदि ये यहाँ यथा उल्लिखित पहली पुनरावृत्ति में प्राप्ति के बहुत समीप है, तब रुक जाए, अन्यथा पुनरावृत्ति का एक और दौर करें। इसे विधि से प्राप्त आकलक पुनरावर्तित कॉकरेन–ओरकट विधि (ITCO) के नाम से भी जाना जाता है, जो तब बेहतर निष्पादन कर सकता है, जब परिशुद्धता बहुत महत्त्वपूर्ण है।

प्रेज–विन्सटन प्रक्रिया (Prais-Winsten Procedure) उदाहरण सहित दर्शाने के लिए $\sqrt{1-\rho^2}$ परिकलित करने की आवश्यकता होती है। पिछले मान $\hat{\rho} = 0.794$ का प्रयोग करते हुए, हम ज्ञात करते हैं कि $\sqrt{1-\rho^2} = 0.608$ है। इसलिए प्रथम प्रेक्षण के लिए हमारे पास $C_t - 0.608C_{t-1}$ है और इसी प्रकार प्रतीपगामी $Y_t = 0.608Y_{t-1}$ के लिए, अचर पद के प्रथम प्रेक्षण के लिए भी 0.608 है। यह ध्यान में रखें कि हमें दो चरों से और किसी अचर के बिना प्रतीपगमन को रन करना है। सभी अन्य प्रेक्षणों $t = 2, 3, \ldots T$ के लिए कॉकरेन–ओरकट की पिछली प्रक्रिया प्रयुक्त की गई है। इस प्रकार आश्रित चर के रूप में और प्रतीपगामी के लिए $C_t - 0.794C_{t-1}$ लेते हैं, हमारे पास $Y_t - 0.794Y_{t-1}$ अचर पद है जो चर के रूप में व्यवहार कर रहे हैं अब $(1 - 0.794) = 0.206$ है। इस प्रतीपगमन को रन करने से हमें β_2 या 0.024 की मानक त्रुटि के साथ 0.927 MPC मिलता है।

प्रश्न 12. विषम विचालिता की अवधारणा की व्याख्या कीजिए।

अथवा

विषम विचालिता को परिभाषित कीजिए।

उत्तर– जब आश्रित चर के साथ त्रुटि पद के प्रसरण बढ़ते या घटते हैं, तो हमें विषम विचालिता की स्थिति प्राप्त होती है। दूसरे शब्दों में, हम कहते हैं कि विषम विचालिता की

स्थिति उत्पन्न होती है जब समविचालिता (homoscedasticity) की मान्यता — कि प्रसंभाव्य त्रुटि पद (stochastic disturbance term) के प्रसरण निश्चित और प्रतिदर्श के अतिरिक्त (ऊपर) स्थिर होते हैं — पूरी नहीं होती है। इस प्रकार विषम विचालिता के साथ

$Var(\varepsilon_i) \neq Var(\varepsilon_j), i \neq j$

विषम विचालिता या असमान प्रसरण प्रायः अनुप्रस्थ कार समंक में प्राप्त होते हैं। उदाहरण के लिए, हम परिवार के बचत व्यवहार को देखते हैं। हम जानते हैं कि उच्च आय वाले परिवार में बचत अपेक्षाकृत अधिक होती है। यह भी संभव है कि उच्च आय वर्ग में बचतों का प्रसरण निम्न आय वर्ग के प्रसरण से (की अपेक्षा) अधिक हो। निम्न आय वर्ग के पास बचत अधिक नहीं होती है, इसलिए वे अपने बचत के स्तरों में अधिक अंतर नहीं कर सकते हैं। इसके विपरीत उच्च आय वर्ग विस्तृत श्रेणी प्रदर्शित करता है, कंजूस जो वस्तुतः अपनी पूरी आय को बचाता है से लेकर अतिव्ययी जो वस्तुतः कुछ भी नहीं बचाता है। दूसरे उच्च आय वर्ग को अधिक स्वतंत्रता होती है जबकि निम्न आय वर्ग को अपनी आय का अधिक भाग उपभोग पर खर्च करना पड़ता है। स्पष्टतः एक समीकरण के आकलन के लिए आय और बचत व्यवहार का अनुप्रस्थ काट प्रतिदर्श समविचालिता की मान्यता को पूरा (संतुष्ट) नहीं भी कर सकता है। अधिकतर अनुप्रस्थ काट अध्ययनों में विषम विचालिता की समस्या होती है जिसमें जिसके लिए समंक प्राप्त किए गए हैं उसके अस्तित्व के आकार में एक बड़ा प्रसरण होता है। यह अस्तित्व परिवार विस्तृत विभिन्न आय स्तरों के साथ पारिवारिक, घरेलू फर्म विस्तृत विभिन्न कार्य के स्तरों के साथ और देश विस्तृत विभिन्न उत्पादन में स्तरों के साथ हो सकता है।

प्रश्न 13. विषम विचालिता की उपस्थिति के विभिन्न कारण क्या हैं?

उत्तर— विषम विचालिता की उपस्थिति के निम्नलिखित कारण हो सकते हैं—

(1) हो सकता है कि समंक में कुछ गैर चीजें अंतर्निहित हों जो त्रुटि प्रसरण को बढ़ाएँगी या घटाएँगी।

(2) विषम विचालिता की समस्या, प्रायः इसलिए खड़ी होती है कि चर का स्तर प्रतिदर्श के अंदर असाधारण रूप से भिन्न होता है। उदाहरण के लिए, भारत में छोटे राज्यों की तुलना में बड़े राज्यों के राज्य घरेलू उत्पाद (State Domestic Product; SDP) अधिक होते हैं। यदि हम राज्य घरेलू उत्पाद को प्रतिमान में प्रतीपगामी के रूप में लेते हैं तो जब हम छोटे से बड़े राज्यों की ओर जाते हैं तो हो सकता है अस्थिरता (variability) असाधारण रूप से बढ़े। यद्यपि, यदि हम प्रति व्यक्ति राज्य घरेलू उत्पाद को लेते हैं तो हो सकता है प्रसरण उतना ऊँचा न हो। उदाहरण के लिए, जबकि महाराष्ट्र का राज्य घरेलू उत्पाद मणिपुर से 80 गुणा है, महाराष्ट्र का प्रति व्यक्ति राज्य घरेलू उत्पाद मणिपुर का केवल दो गुणा है। वह बिंदु जिसके लिए हम प्रयासरत हैं वह यह है कि कई स्थितियों में विषम विचालिता गलत समंक सूचना के कारण हो सकता है।

प्रश्न 14. किस प्रकार परिवर्तित प्रसरण प्रतीपगमन गुणांकों के वांछनीय गुणों को प्रभावित करता है?

उत्तर– यह जानने के लिए कि परिवर्तित प्रसरण किस प्रकार प्रतीपगमन गुणांकों के वांछनीय गुणों को प्रभावित करता है, हम दो पहलुओं पर ध्यान देंगे–(1) β के OLS आकलन की अनभिनता, और (2) न्यूनतम प्रसरण।

विचलन स्वरूप में प्रतिमान होगा–

$$y_i = \beta x_i + \varepsilon_i \qquad ...(i)$$

$\hat{\beta}$ का न्यूनतम वर्ग आगणक है–

$$\hat{\beta} = \frac{\sum x_i y_i}{\sum x_i^2} \qquad ...(ii)$$

उपरोक्त समीकरण (ii) में y_i का मान समीकरण (i) से घटाने पर हम प्राप्त करते हैं–

$$\hat{\beta} = \frac{\sum x_i(\beta x_i + \varepsilon_i)}{\sum x_i^2}$$

उपरोक्त को पुनः व्यवस्थित करने पर प्राप्त होता है–

$$\hat{\beta} = \beta\frac{\sum x_i^2}{\sum x_i^2} + \frac{\sum x_i \varepsilon_i}{\sum x_i^2}$$

$E(\varepsilon_i) = 0$ के प्रमाप मान्यता के अंतर्गत, हम पाते हैं कि–

$$E(\hat{\beta}) = \beta + \frac{E\left(\sum x_i \varepsilon_i\right)}{\sum x_i^2} = \beta + \frac{\sum x_i E(\varepsilon_i)}{\sum x_i^2} = \beta \qquad ...(iii)$$

ध्यान रखें कि त्रुटि चरों के प्रसरण यह सिद्ध करने में भूमिका अदा नहीं करते हैं कि न्यूनतम वर्ग आगणक अनभिनत और संगत हैं। इस प्रकार $\hat{\beta}$ विषम विचालिता की उपस्थिति में भी अनभिनत होते हैं।

समस्या $\hat{\beta}$ के आकलिक प्राचलों के प्रसरण के साथ है। हम जानते हैं कि विषम विचालिता की मान्यता के अंतर्गत $\hat{\beta}$ का प्रसरण है–

$$Var(\hat{\beta}) = \frac{\sigma^2}{\sum x_i^2} \qquad ...(iv)$$

जब विषम विचालिता होती है तो $\hat{\beta}$ का प्रसरण (iv) से बिल्कुल भिन्न होता है। अब हम पुनः $\hat{\beta}$ के प्रसरण को उत्पन्न (प्राप्त) करते हैं–

$$Var(\hat{\beta}) = E(\hat{\beta} - \beta)^2$$

$$= E\left(\frac{\sum x_i \varepsilon_i}{\sum x_i^2}\right)^2$$

$$= E\left[\frac{1}{\left(\sum x_i^2\right)^2}\left(x_1^2\varepsilon_1^2 + x_2^2\varepsilon_2^2 + ... + x_n^2\varepsilon_n^2 + 2x_1x_2\varepsilon_1\varepsilon_2 + ...\right)\right]$$

$$= \frac{1}{\left(\sum x_i^2\right)^2}\left[x_1^2 E\left(\varepsilon_1^2\right) + x_2^2 E\left(\varepsilon_2^2\right) + ... + x_n^2 E\left(\varepsilon_n^2\right)\right] \qquad ...(v)$$

विषम विचालिता की उपस्थिति में ε_i का प्रसरण स्थिर नहीं होता है।

मान लीजिए कि $E(\varepsilon_1)^2 = k_1\sigma^2, E(\varepsilon_2)^2 = k_2\sigma^2$ इत्यादि। सामान्य रूप में हम कहते हैं कि $E(\varepsilon_i)^2 = k_i\sigma^2$ ।

उपरोक्त को (v) में उपभोग करने पर हम पाते हैं कि–

$$Var\left(\hat{\beta}\right) = \frac{\sigma^2}{\left(\sum x_i^2\right)^2}\left(k_1x_1^2 + k_2x_2^2 + ... + k_nx_n^2\right)$$

$$= \frac{\sigma^2}{\left(\sum x_i^2\right)}\frac{\sum k_i x_i^2}{\sum x_i^2} \qquad ...(vi)$$

समीकरण (iv) और (vi) के बीच अंतर $\frac{\sum k_i x_i^2}{\sum x_i^2}$ है। यदि k_i और x_i स्पष्ट रूप से सकारात्मक सहसंबंधित हैं और $\left(\sum k_i x_i^2 / \sum x_i^2\right) > 1$, तो $\hat{\beta}$ के प्रसरण के लिए प्रतिष्ठित न्यूनतम वर्ग आकलन (classical least-squares estimation) अति आकलित (overestimated) होगा।

इस प्रकार प्रसरण उससे भिन्न है जब त्रुटि समविचालिता (homoscedastic) थी। इसका मतलब कि न्यूनतम वर्ग योग्य नहीं है (वह, BLUE नहीं है)। यह भी देखा जा सकता है कि OLS आकलन अनंतस्पर्शी योग्य नहीं हैं और इसलिए सार्थकता का परीक्षण और विश्वसनीयता सीमाएँ लागू नहीं होते हैं।

इसलिए, विषम विचालिता त्रुटि हमें असत्य परिणाम प्रदान करते हैं जिसका सार्थकता परीक्षण नहीं किया जा सकता है। यहाँ, परिकल्पना का परीक्षण करने से पूर्व, त्रुटि पद के समविचालिता की खोज करना आवश्यक है।

प्रश्न 15. विषम विचालिता की खोज की विधियों की विवेचना कीजिए।

उत्तर– विषम विचालिता की उपस्थिति को खोजने की दो विधियाँ निम्नलिखित हैं–

(1) हम आश्रित चर के पूर्वानुमानित मूल्यों के विपरीत (विरुद्ध) अवशेषों (residuals) $\left(\hat{\varepsilon}_i\right)$ को प्लॉट करते हैं और अवशेषों के नमूने (ढाँचे) की जाँच करते हैं। यदि अवशेषों का प्रसरण स्थिर नहीं होता है और आश्रित चर के साथ घटता या बढ़ता है, तो समंक में विषम विचालिता की संभावना होती है।

(2) एक अधिक सचेत विधि प्रतिदर्श को दो या अधिक उपखंड (उपसमूह) में तोड़ना है जिसमें प्रत्येक X, स्वतंत्र चर के किसी एकल मान के सदृश होते हैं और तब प्रत्येक समूह का

त्रुटि प्रसरण परिकल्पित करते हैं। हमारी शून्य परिकल्पना (null hypothesis) है कि इन समूहों के प्रसरणों के बीच अंतर नहीं होता है। इस परिकल्पना के परीक्षण के लिए हम लोग काई वर्ग परीक्षण (chi-square test) का उपयोग यह मानकर करते हैं कि परिकल्पना सामान्य रूप से और स्वतंत्र रूप से वितरित हैं। यद्यपि, इन समूहों की रचना के लिए समंक में अवरोध बिंदु का चयन प्रायः स्वच्छंद होता है। इसलिए परीक्षण केवल विषम विचालिता की उपस्थिति का सूचक है।

प्रश्न 16. विषम विचालिता की समस्या के समाधान की विभिन्न विधियाँ क्या हैं?

अथवा

बताइए कि विषम विचालिता की समस्या का समाधान कैसे किया जा सकता है?

उत्तर— विषम विचालिता की समस्या का समाधान दो विधियों से किया जा सकता है—

(1) जब त्रुटि प्रसरण ज्ञात है (When Error Variance is Known)— हम मानकर चलते हैं कि प्रत्येक त्रुटि प्रसरणों के मानों के लिए हमारे पास पर्याप्त पूर्व जानकारी (सूचना) है। OLS विधि में उपयुक्त आगणक निम्न अभिव्यक्ति को कम करके प्राप्त किए जाते हैं—

$$\sum_{i=1}^{n}\left(Y_i - \hat{\alpha} - \hat{\beta} X_i\right)^2$$

भारित न्यूनतम वर्ग के लिए हमें कम करना होता है—

$$\sum_{i=1}^{n} \frac{1}{\sigma_i^2}\left(Y_i - \hat{\alpha} - \hat{\beta} X_i\right)^2 \qquad \ldots(i)$$

इस प्रकार प्रत्येक वर्ग अवशेष $\frac{1}{\sigma_i^2}$ के द्वारा भाजित होता है। न्यूनतम वर्ग प्राचल आकलनों का हल करने और उत्पत्ति स्वरूप में चरों के उपयोग के लिए, हम पाते हैं—

$$\hat{\beta} = \frac{\sum x_i y_i / \sigma_i^2}{\sum x_i^2 / \sigma_i^2}$$

$$= \frac{\sum (x_i / \sigma_i)(y_i / \sigma_i)}{\sum (x_i / \sigma_i)^2}$$

$$= \frac{\sum x_i^* y_i^*}{\sum (x_i^*)^2} \qquad \ldots(ii)$$

जहाँ $x_i^* = x_i / \sigma_i$ और $y_i^* = y_i / \sigma_i$

वांछित आकलन प्रक्रिया मूल समंक को भारित करके पूर्ण होता है और तब रूपांतरित प्रतिमान पर सामान्य न्यूनतम वर्ग आकलन प्राप्त करके पूर्ण होता है। यहाँ रूपांतरित प्रतिमान होगा—

$$\frac{Y_i}{\sigma_i} = \alpha\left(\frac{1}{\sigma_i}\right) + \beta\left(\frac{X_i}{\sigma_i}\right) + \frac{\varepsilon_i}{\sigma_i} \qquad \ldots(iii)$$

रूपांतरित त्रुटि चर समविचालित होता है जब–

$$Var\left(\varepsilon_i^*\right) = Var\left(\frac{\varepsilon_i}{\sigma_i}\right) = \frac{1}{\sigma_i^2} Var\left(\varepsilon_i\right) = \frac{\sigma_i^2}{\sigma_i^2} = 1 \qquad \text{...(iv)}$$

यह प्रक्रिया योग्य रूपांतरित प्रतिमान का निर्माण करके योग्य आगणक उत्पन्न करता है तो शास्त्रीय रेखीय प्रतीपगमन प्रतिमान की सभी मान्यताओं को संतुष्ट करता है। यद्यपि इस आकलन विधि के साथ एक बड़ी कठिनाई यह है कि यह त्रुटि प्रसरण पर पूर्व सूचना में शामिल रहता है जो हमेशा संभव नहीं होता है। यद्यपि विजय प्राप्त कर σ_i^2 के बारे में कुछ मान्यताओं को संतुष्ट करके इस कठिनाई को समाप्त किया जा सकता है।

(2) जब त्रुटि प्रसरण प्रत्यक्ष रूप से किसी स्वतंत्र चर से भिन्न होता है (When Error Variance Varies Directly with an Independent Variable)–उपयोग में सामान्य रूप से आने वाली मान्यता है कि σ_i^2 किसी चर के साथ संबंधित होता है। यदि i^{th} प्रेषण का प्रसरण व्याख्यात्मक चर के वर्ग के अनुपाती होता है, तो किसी प्रतिमान में इस चर परिणामों के द्वारा अवस्फीति विषम विचालिता का प्रदर्शन करता है। मान लीजिए कि i^{th} प्रेषण का प्रसरण व्याख्यात्मक चर (explanatory variable) X_i के वर्ग के अनुपाती है।

इस प्रकार,

$$Var\left(\varepsilon_i\right) = \sigma^2 X_i^2 \qquad \text{...(v)}$$

द्विचर प्रतिमान की स्थिति में, रूपांतरित समीकरण होगा–

$$\frac{Y_i}{X_i} = \frac{\alpha}{X_i} + \beta + \frac{\varepsilon_i}{X_i}$$

$$= \beta + \frac{\alpha}{X_i} + \frac{\varepsilon_i}{X_i} \qquad \text{...(vi)}$$

यहाँ से, अब त्रुटि पद का प्रसरण स्थिर होता है और हम $\frac{1}{X_i}$ पर $\frac{Y_i}{X_i}$ के प्रतीपगमन के द्वारा रूपांतरित समीकरण (vi) में OLS को लागू करने के लिए आगे बढ़ सकते हैं।

हमारे मूल प्रतीपगमन प्रतिमान में α अंतःखंड (intercept) और β ढलान (slope) प्राचल है। यद्यपि रूपांतरित प्रतीपगमन प्रतिमान (vi) में, β अंतःखंड और α ढलान हैं। इसलिए मूल प्रतिमान को प्राप्त करने के लिए हमको आकलित रूपांतरित प्रतिमान का X_i से गुणा करना होगा। ध्यान रखें कि समीकरण (vi) में OLS विधि लागू करने पर हम आगणकों को प्राप्त करते हैं जो BLUE हैं।

प्रश्न 17. स्वसहसंबंध और विषम विचालिता के बीच भेद कीजिए।

उत्तर– स्वसहसंबंध उस स्थिति में पाया जाता है जब शास्त्रीय रेखीय प्रतीपगमन की मान्यताएँ, जिसकी त्रुटियाँ विभिन्न प्रेषणों के अनुरूप होती हैं, असहसंबंध को समाप्त करते हैं। यह काल श्रेणियों और अनुप्रस्थ काट विश्लेषण दोनों में पाया जाता है। दूसरी ओर, विषम विचालिता तब पाया जाता है जब स्थिर त्रुटि प्रसरण की मान्यता की समविचालिता संतुष्ट नहीं होती है। विषम विचालिता का अस्तित्व प्रायः अनुप्रस्थ काट समंक में पाया जाता है।

स्वसहसंबंध और विषम विचालिता दोनों में, न्यूनतम वर्ग आगणक रेखीय और अनभिनत परंतु अयोग्य होते हैं जबकि स्वसहसंबंध का त्रुटि पद प्रसरण को सापेक्षिक रूप से बड़ा बनाता है। विषम विचालिता न्यूनतम वर्ग के आकलित प्रसरणों को अभिनत बनाता है। इसलिए सांख्यिकीय सार्थकता का सामान्य परीक्षण जैसे t और F दोनों स्थितियों में दीर्घकाल तक विधिसंगत नहीं होते हैं।

प्रश्न 18. विषम विचालिता की उपस्थिति को स्पष्ट करने की विभिन्न विधियों पर विस्तारपूर्वक चर्चा कीजिए।

अथवा

गोल्डफील्ड क्वांट परीक्षण पर संक्षिप्त टिप्पणी लिखिए।

अथवा

ब्रीउश पगान परीक्षण के विभिन्न चरणों को स्पष्ट कीजिए।

उत्तर— विषम विचालिता की उपस्थिति का परीक्षण करने के विभिन्न तरीके निम्नलिखित हैं—

ह्वाइट का परीक्षण—यह परीक्षण विधि हॉल ह्वाइट (Hal White) द्वारा 1980 में प्रतिपादित की गई थी। इसमें OLS आकलनों से हम अवशेषों $\hat{\varepsilon}_i$ का पता करते हैं। मान लेते हैं कि निम्न प्रतीपगमन का अनुसरण करने के लिए हम प्रतीपगमन अवशेषों का उपयोग करते हैं—

$$\hat{\varepsilon}_i^2 = \gamma + \delta Z_i + v_i$$

जिससे हम गुडनेस ऑफ फिट (goodness of fit) की माप, R^2 का परिकलन करते हैं। ह्वाइट का परीक्षण इस तथ्य पर आधारित है कि जब समविचालिता होती है, तो—

$$NR^2 \sim \chi^2$$

स्वतंत्र संख्या 1 के साथ। प्रायः जब ρ स्वतंत्र Z चर होते हैं, तो वितरण स्वतंत्र संख्या p होती है।

ध्यान दीजिए कि ह्वाइट का परीक्षण बहुत सामान्य है। इसे पूर्ण करने के लिए विषम विचालिता की प्रकृति के संबंध में हमें किसी विशेष मान्यताओं को बनाने या स्थापित करने की आवश्यकता नहीं होती है। इस विधि का महत्त्वपूर्ण लाभ यह है कि इस परीक्षण के द्वारा हम विषम विचालिता के प्रत्येक स्वरूप का परीक्षण कर सकते हैं। यद्यपि, हम इस संकट का खुलासा करते हैं कि ह्वाइट परीक्षण का प्रभाव प्रायः बुरा होता है जिससे असफल परिकल्पना भी प्रायः अस्वीकृत हो जाती है अर्थात् यदि कोई वांछनीय चर प्रतिमान से बाहर (बहिष्कृत) हो जाता है तो ह्वाइट परीक्षण भी विप्रतिमान अभिनत से संवेदनशील होता है। इसके अतिरिक्त, ह्वाइट परीक्षण इस अर्थ में अनावश्यक (non-constructive) है कि जब हम निष्फल परिकल्पना को अस्वीकृत करते हैं तो यह परीक्षण कार्य के भविष्य में प्रगति से संबंधित कोई सुझाव नहीं देता है।

गोल्डफील्ड क्वांट परीक्षण—गोल्डफील्ड क्वांट (Goldfeld-Quandt) परीक्षण तब लागू किया जाता है जब विषम विचालिता किसी एक व्याख्यात्मक चर से संबंधित होता है। मान लेते हैं कि हमारे प्रतीपगमन प्रतिमान में प्रतिगामी x_1 के साथ त्रुटि प्रसरण बढ़ता है। गोल्डफील्ड क्वांट परीक्षण को पूर्ण करने हेतु हम निम्न प्रकार अग्रसर होते हैं—

(1) प्रेषणों को x_1 के बढ़ते हुए क्रम में व्यवस्थित करते हैं।

(2) कुछ प्रेषणों का समंक श्रेणी के मध्य में त्याग (अर्थात् r, n प्रेषण से बाहर) करते हैं।

(3) वर्गों का त्रुटि योग ESS_1 प्राप्त करने के लिए पहले $n_1 = (n-r)/2$ प्रेषणों पर एक प्रतीपगमन को बढ़ाते हैं।

(4) वर्गों का त्रुटि योग ESS_2 प्राप्त करने के लिए पहले $n_2 = (n-r)/2$ प्रेषणों पर एक प्रतीपगमन को बढ़ाते हैं।

(5) स्वतंत्रता की संख्या $\frac{1}{2}(n_1 - r - 2k), \frac{1}{2}(n_2 - r - 2k)$ से परीक्षण test statistic $F = ESS_2/ESS_1$ के लिए F परीक्षण का प्रयोग करके असफल अथवा निष्फल परिकल्पना $\sigma_1^2 = \sigma_2^2 = \sigma_3^2 = ... = \sigma_n^2$ का परीक्षण करते हैं।

समंक समूह से r प्रेषणों का त्याग गोल्डफील्ड क्वांट परीक्षण के लिए आवश्यक है। r के यथार्थ मान के लिए कोई कठिन नियम नहीं है और चयन काफी स्वच्छंद होता है। व्यवहार में लगभग एक-चौथाई प्रेषण का लोप होता है।

ब्रीउश पगान परीक्षण—गोल्डफील्ड क्वांट परीक्षण की सीमाओं को ब्रीउश पगान परीक्षण पूरा करता है। ब्रीउश पगान परीक्षण त्रुटि चर को सामान्य वितरित माना जाता है। इस परीक्षण के निम्नलिखित चरण हैं—

(1) OLS के द्वारा प्रतीपगमन प्रतिमान का आकलन करते हैं और आकलित अवशेष $\hat{\varepsilon}_i$ प्राप्त करते हैं।

(2) $\hat{\sigma}^2 = \frac{1}{n}\sum \hat{\varepsilon}_i^2$ को प्राप्त करते हैं, जो प्रसरण का अधिकतम संभावना आगणक है।

(3) चर p_i की रचना इस प्रकार परिभाषित है—

$$p_1 = \frac{\varepsilon_i^2}{\hat{\sigma}^2}$$

(4) Z पर p_i का प्रतीपगमन करते हैं, जहाँ Z एक असंभाव्य चर है (किसी व्याख्यात्मक चर या कुछ व्याख्यात्मक चरों के संयोग की तरह उपयोगी हो सकता है)—

$$p_i = \alpha_1 + \alpha_2 Z_{zi} + ... + a_m Z_{mi} + v_i$$

(5) उपरोक्त प्रतीपगमन से ESS प्राप्त करते हैं और $\theta = \frac{1}{2}$ ESS को परीक्षण आकलक लेते हैं।

उपरोक्त में θ का स्वतंत्रता स्तर (m – 1) है और यह काई-वर्ग वितरण का अनुसरण करता है। हम ऊपर प्राप्त किए गए θ मान की तुलना काई वर्ग के विवेचक मान के साथ करते हैं। यदि χ^2 का प्रेषण मान विवेचक मान से बढ़ जाता है तो विषम विचालिता की परिकल्पना अस्वीकृत होती है।

बहुत से अर्थमिति (econometric) सॉफ्टवेयर ब्रीउश पगान परीक्षण (B-P test) का परिणाम प्रदान करते हैं।

प्रश्न 19. चरों में त्रुटियों से आप क्या समझते हैं? इसके क्या परिणाम होते हैं?

अथवा

यदि त्रुटियाँ आश्रित चर की माप, स्वतंत्र चर या दोनों में उपस्थित होती हैं तो इसके क्या परिणाम होते हैं?

अथवा

मान लीजिए कि विचलन रूप में सही मॉडल है, $y_i = \beta x_i + \varepsilon_i$ और मान लीजिए कि ε_i का प्रसरण σ^2 है। मान लीजिए कि y की बजाय, चर y^* की प्राप्ति मापन प्रक्रिया में की जाती है, जहाँ $y^*_i = y_i + v_i$ है। मान लीजिए कि v_i का प्रसरण σ_v^2 और $Cov(v_i, x_i) = 0$ है। आप पराश्रित चर के रूप में y^* और स्वतंत्र चर के रूप में x के साथ समाश्रयण कीजिए। मान लीजिए कि β का ओ.एल.एस. आकलक $\hat{\beta}$ है।

(क) क्या $\hat{\beta}, \beta$ का अनभिनत आकलक है? अपने उत्तर का प्रमाण दीजिए।

(ख) दर्शाइए कि $\hat{\beta}$ का प्रसरण, मापन त्रुटि के प्रसरण σ_v^2, में वर्धमान है।

[जून–2014, प्र.सं. 3]

अथवा

मान लीजिए कि विचलन रूप में सही मॉडल $y_i = \beta x_i + \varepsilon_i$ है और ε_i का प्रसरण σ_ε^2 है। मान लीजिए कि x_i की बजाय चर x^*_i की प्राप्ति मापन प्रक्रिया में की जाती है जहाँ $x_i^* = x_i + v_i$। मान लीजिए कि v_i का प्रसरण σ_v^2 और $\text{cov}(x_i, v_i) = 0$ है। आप पराश्रित चर y को एक स्थिरांक और स्वतंत्र चर x^* के साथ समाश्रयण कीजिए। मान लीजिए कि $\hat{\beta}, \beta$ का ओ.एल.एस. आकलक है।

सिद्ध कीजिए कि $\hat{\beta}$ की प्रायिकता सीमा β से निम्न है जब $\beta > 0$।

[दिसम्बर–2014, प्र.सं. 8]

अथवा

मापन त्रुटियाँ क्या हैं? निम्नलिखित में, मापन त्रुटि द्वारा उत्पन्न समस्याएँ क्या हैं?

(a) परतंत्र चर और

(b) कारक चर **[दिसम्बर–2013, प्र.सं. 6]**

उत्तर– किसी सांख्यिकीय प्रतिमान में वह तरीका, जिसके द्वारा त्रुटियाँ उस प्रतिमान में प्रवेश करती हैं, बहुत महत्त्वपूर्ण है। "निवेश–उत्पादन" अथवा "स्वतंत्र चर–अस्वतंत्र चर" प्रकार के एक प्रतिमान में, उत्पादन अथवा अस्वतंत्र चर में मापक त्रुटि पर व्यवहार करना अपेक्षाकृत सरल होता है। दूसरी तरफ, निवेश अथवा स्वतंत्र चर में मापक त्रुटि, विश्लेषण के समय विशिष्ट रूप से अतिरिक्त जटिलता उत्पन्न कर देती है।

एक साधारण प्रतीपगमन प्रतिमान में, स्वतंत्र चरों में सामान्य त्रुटियों के साथ सामान्य मापक त्रुटियों की उपस्थिति में, प्रतीपगमन रेखा के ढाल का अनुमान लगाने से पहले हमें अतिरिक्त जानकारी की आवश्यकता होती है, जैसे कि मापक त्रुटि के प्रसरण की जानकारी।

जब चरों की माप में त्रुटियाँ पाई जाती हैं, तो हम कहते हैं कि चरों में त्रुटियाँ हैं। ये त्रुटियाँ आकलित प्रतीपगमन प्राचलों के गुणों को वास्तव में बदल सकती हैं।

Y में माप त्रुटियाँ–माना कि केवल आश्रित चर (dependent variable) में माप की त्रुटि होती है। मान लेते हैं कि वास्तविक प्रतीपगमन प्रतिमान है (विचलन रूप में लिखित)

$$y_i = \beta x_i + \varepsilon_i \qquad ...(i)$$

जहाँ ε_i प्रतिमान की विशिष्टता (specification) के साथ संयुक्त त्रुटियों को बताता है (निष्कासित चरों का प्रभाव इत्यादि)।

मान लीजिए कि माप प्रक्रिया में y की जगह y^* चर प्राप्त किया गया है–

$$y_i^* = y_i + u_i, \qquad ...(ii)$$

माप त्रुटि (measurement error) u_i व्याख्यात्मक चर के साथ संयुक्त नहीं है। इस प्रकार हमें प्राप्त होता है–

Cov $(u_i, x_i) = 0$

इस तथ्य पर बिना विचार किए कि y^*, y का एक यथार्थ माप नहीं है। प्रतीपगमन प्रतिमान y^* के साथ–साथ स्वतंत्र चर की तरह आकलित होता है। इसलिए, समीकरण (i) का आकलन करने की जगह हम निम्न का आकलन करते हैं–

$$y_i^* = y_i + u_i = (\beta x_i + \varepsilon_i) + u_i$$

अथवा $y_i^* = \beta x_i + (\varepsilon_i + u_i)$

अथवा $y_i^* = \beta x_i + e_i \qquad ...(iii)$

जहाँ e_i एक समष्टि पद (composite error term) है जिसमें समष्टि त्रुटि पद ε_i (जो समीकरण में त्रुटि पद कहला सकता है) और माप त्रुटि पद u_i है।

सरलता के लिए हम मान लेते हैं कि $E(\varepsilon_i) = E(u_i) = 0, Cov(x_i, \varepsilon_i) = 0$ (जो शास्त्रीय रेखीय प्रतीपगमन की मान्यता है) और Cov $(x_i, u_i) = 0$ यानी y^* में माप की त्रुटियाँ x_i के साथ असहसंबंधित हैं और Cov $(\varepsilon_i, u_i) = 0$, समीकरण त्रुटि और माप त्रुटि असहसंबंधित हैं।

इन मान्यताओं के साथ, यह दिखाया जा सकता है कि $\hat{\beta}$ जो समीकरण (i) अथवा (iii) से आकलित हैं वास्तविक β के अनभिनत आकलक होंगे। इस प्रकार, आश्रित चर y^* में माप की त्रुटियाँ सामान्य न्यूनतम वर्ग आकलकों की अनभिनत विशेषताओं को व्यर्थ (नष्ट) नहीं करती हैं। यद्यपि, $\hat{\beta}$ के प्रसरण और प्रमाप त्रुटि जो समीकरण (i) और (iii) से आकलित हैं, विभिन्न होंगे क्योंकि सामान्य सूत्र को लागू करने पर, हमें प्राप्त होता है–

समीकरण (i) से,

$$Var(\hat{\beta}) = \frac{\sigma_\varepsilon^2}{\sum x_i^2} \qquad ...(iv)$$

समीकरण (iii) से,

$$Var(\hat{\beta}) = \frac{\sigma_e^2}{\sum x_i^2} = \frac{\sigma_\varepsilon^2 + \sigma_u^2}{\sum x_i^2} = \frac{\sigma_\varepsilon^2}{\sum x_i^2} + \frac{\sigma_u^2}{\sum x_i^2} \qquad ...(v)$$

स्पष्ट रूप से, समीकरण (v) में दी गई प्रसरण (iv) में दी गई प्रसरण की अपेक्षा बड़ी है। इसलिए, यद्यपि, आश्रित चर में माप की त्रुटियाँ अब भी (कभी–कभी) प्राचलों का अनभिनत

आकलन और उनका चर प्रदान करती हैं। आकलित प्रसरण अब उन स्थिति की अपेक्षा बड़े (अधिक) हैं जहाँ माप की ऐसी त्रुटियाँ नहीं हैं।

X में माप त्रुटियाँ—वास्तविक प्रतीपगमन प्रतिमान विचलन का स्वरूप निम्न है—

$$y_i = \beta x_i + \varepsilon_i \qquad ...(i)$$

अब हम मान लें कि व्याख्यात्मक चर (explanatory variable) x_i त्रुटि के साथ मापा गया है और प्रेषित मूल्य x_i^* होता है—

$$x_i^* = x_i + v_i$$

अथवा $x_i = x_i^* - v_i$

x_i का मूल्य समीकरण (i) में रखने पर, हमें प्राप्त होता है—

$$y_i = \beta\left(x_i^* - v_i\right) + \varepsilon_i$$
$$= \beta\, x_i^* - \beta v_i + \varepsilon_i$$
$$= \beta\, x_i^* + \left(\varepsilon_i - \beta v_i\right)$$
$$= \beta\, x_i^* + w_i$$

जहाँ $w_i = \varepsilon_i - \beta v_i$ है। हमने पहले मान लिया है कि x में माप त्रुटि सामान्यतः शून्य माध्य (zero mean) के साथ वितरित है। इसका क्रमिक सहसंबंध नहीं है और यह ε_i के साथ असहसंबंधित है। यद्यपि, हम अधिक समय तक नहीं मान सकते कि समष्टि (संयोग) त्रुटि पद (composite error term) w_i व्याख्यात्मक चर x_i^* से स्वतंत्र है।

$$Cov\left(w_i, x_i^*\right) = E\left[w_i - \mathrm{E}\left(w_i\right)\right]\left[x_i^* - E\left(x_i^*\right)\right]$$
$$= E\left[w_i - 0\right]\left[x_i^* - x_i\right]$$
$$= E\left[\varepsilon_i - \beta v_i\right]v_i$$
$$= E\left[\left(\varepsilon_i - v_i\right) - \beta v_i^2\right]$$
$$= 0 - \beta\sigma_v^2$$
$$= -\beta\sigma_v^2 \qquad ...(ii)$$

समष्टि (संयोग) त्रुटि पद w_i का माध्य शून्य होता है—

$$E\left(w_i\right) = E\left[\varepsilon_i - \beta v_i\right] = E\left(\varepsilon_i\right) - \beta E\left(v_i\right) = 0$$

इस प्रकार, व्याख्यात्मक चर और त्रुटि पद सहसंबंधित हैं, जो शास्त्रीय रेखीय प्रतीपगमन प्रतिमान के इस प्रामाणिक मान्यता का उल्लंघन करते हैं कि व्याख्यात्मक चर प्रसंभाव्य त्रुटि पद के साथ असहसंबंधित हैं। यदि इस मान्यता का उल्लंघन होता है, तो सामान्य न्यूनतम वर्ग आकलन न केवल अभिनत होते हैं बल्कि असंगत भी होते हैं, वे अनंतस्पर्शी अभिनत रहते हैं।

समीकरण (i) के वास्तविक संबंध के आकलन के योग्य होने की जगह, हम x_i को x_i^* के द्वारा प्रतिस्थापित करने को बाध्यकारी होते हैं। अब सामान्य न्यूनतम वर्ग आकलक हैं—

$$\hat{\beta} = \frac{\sum x_i^* y_i}{\sum x_i^{*2}}$$

$$= \frac{\sum(x_i + v_i) y_i}{\sum(x_i + v_i)^2}$$

$$= \frac{\sum(x_i + v_i)(\beta x_i + \varepsilon_i)}{\sum(x_i + v_i)^2}$$

$$= \frac{\beta \sum x_i^2 + \beta \sum x_i v_i + \sum x_i \varepsilon_i + \sum v_i \varepsilon_i}{\sum x_i^2 + \sum v_i^2 + 2\sum x_i v_i}$$

उपरोक्त से हम पाते हैं कि $\hat{\beta}, E(\hat{\beta}) \neq \beta$ की तरह एक अभिनत आकलन है।

चूँकि v_i और ε_i प्रसंभाव्य (stochastic) हैं और एक-दूसरे के साथ और x_i के साथ असहसंबंधित हैं। हम कह सकते हैं कि—

$$p\lim \hat{\beta} = p\lim \frac{\beta \sum x_i^2}{\sum x_i^2 + \sum v_i^2}$$

$$= \frac{\beta Var(x)}{Var(x) + \sigma_v^2} \quad \text{(Since } x_i = X_i - \overline{X} \text{ by definition)}$$

$$= \frac{\beta \sigma_x^2}{\sigma_x^2 + \sigma_v^2}$$

$$= \beta \frac{\sigma_x^2}{\sigma_x^2 + \sigma_v^2}$$

$$= \beta \frac{1}{1 + \frac{\sigma_v^2}{\sigma_x^2}} < \beta$$

इस प्रकार, $\hat{\beta}$ एक अपरिमित प्रतिदर्श के लिए अभिनत भी है और $\hat{\beta}$ एक असंगत आकलक है β का।

X और Y दोनों में माप त्रुटियाँ—हम मान लेते हैं कि X और Y दोनों में माप की त्रुटियाँ हैं। वास्तविक प्रतिमान होगा—

$$y_i = \beta x_i + \varepsilon_i$$

चूँकि X और Y माप की त्रुटियाँ हैं, इसलिए हम x_i और y_i की जगह x_i^* और y_i^* को प्रेषित करते हैं यानी

$$y_i^* = y_i + u_i, \quad x_i^* = x_i + v_i,$$

जहाँ u_i और v_i क्रमशः y_i और x_i के मूल्यों में त्रुटियों को बताता है। त्रुटि पदों के संबंध में मान्यताएँ निम्नलिखित हैं—

(1) त्रुटि पद और सदृश (अनुरूप) चर के बीच सहसंबंध नहीं होता है अर्थात् $E(y_i, u_i) = 0, E(x_i, v_i) = 0$

(2) एक चर की त्रुटि और अन्य चर की माप के बीच सहसंबंध नहीं होता है, जैसे— $E(u_i, x_i) = 0, E(v_i, y_i) = 0$

(3) दोनों चरों की माप में त्रुटियों के बीच सहसंबंध नहीं होता है अर्थात्
$E(u_i, v_i) = 0$

उपरोक्त मान्यताओं के आधार पर, हमारा आकलित प्रतीपगमन समीकरण होगा—

$y_i = \beta x_i$

अथवा $y_i^* - u_i = \beta(x_i^* - v_i)$

अथवा $y_i^* = \beta x_i^* - \beta v_i + u_i$

अथवा $y_i^* = \beta x_i^* - (\beta v_i - u_i)$

उपर्युक्त समीकरण दिखाता है कि यदि हम चर y^* को x^* के फलन के रूप में लेते हैं तो रूपांतरित त्रुटि के β की माप त्रुटि होती है। तब हम OLS '$\hat{\beta}$' को इस प्रकार लिखते हैं—

$$\hat{\beta} = \frac{\sum x_i^* y_i^*}{\sum x_i^{*2}}$$

x^* और y^* के मूल्यों को x और y के पदों में प्रतिस्थापित करने पर हम पाते हैं—

$$\hat{\beta} = \frac{\sum (x_i + v_i)(y_i + u_i)}{\sum (x_i + v_i)^2}$$

$$\hat{\beta} = \frac{\sum (x_i + v_i)(\beta x_i + u_i)}{\sum (x_i + v_i)^2}$$

$$\hat{\beta} = \frac{\beta \sum x_i^2 + \beta \sum x_i v_i + \sum x_i u_i + \sum v_i u_i}{\sum x_i^2 + \sum v_i^2 + 2 \sum x_i v_i}$$

उपरोक्त से हम प्रेषित करते हैं कि $E(\hat{\beta}) \neq \beta$ है।

$$p \lim \hat{\beta} = p \lim \frac{\beta \sum x_i^2}{\sum x_i^2 + \sum v_i^2}$$

$$= \frac{\beta Var(x)}{Var(x) + \sigma_v^2}$$

$$= \frac{\beta \sigma_x^2}{\sigma_x^2 + \sigma_v^2}$$

$$= \beta \frac{\sigma_x^2}{\sigma_x^2 + \sigma_v^2}$$

$$= \beta \frac{1}{1 + \frac{\sigma_v^2}{\sigma_x^2}} < \beta$$

इस प्रकार, $\hat{\beta}, \beta$ का एक असंगत आकलक है।

प्रश्न 20. उपकरण चर विधि का वर्णन कीजिए।

अथवा

साधनभूत चर विधि पर संक्षिप्त टिप्पणी लिखिए।

[दिसम्बर–2015, प्र.सं. 10 (क)]

उत्तर– उपकरण चरों की विधि एक नए चर Z की खोज में प्रयत्नशील है जो स्वतंत्र चर X के साथ अत्यधिक सहसंबंधित है और उसी समय (एक साथ) समीकरण में त्रुटि पद के साथ असहसंबंधित है (दोनों चरों के माप की त्रुटियों के भी) व्यवहार में, हम प्राचल आकलनों के संगत के साथ संबंधित हैं और इसलिए जब प्रतिदर्श आकार बड़ा होता है तो हम प्रतिमान में चर Z और शेष चरों के बीच संबंध पर ध्यान देते हैं। यदि निम्न शर्तें पूरी होती हैं तो हम यादृच्छिक चर (random variable) Z को एक साधन के रूप में परिभाषित करते हैं।

(1) जब प्रतिदर्श का आकार बढ़ता है तो प्रतीपगमन दृष्टिकोण में Z और ε, u, और v, के बीच क्रमशः सहसंबंध शून्य होता है।

(2) Z और X के बीच सहसंबंध शून्य नहीं है, जब प्रतिदर्श आकार बढ़ता है।

हम केवल एक उपकरण (या उपकरणों का संयोग) का चुनाव करते हैं जिसका X चर के साथ अधिकतम सहसंबंध है।

हम मान लेते हैं कि ऐसे चर पाए जा सकते हैं। हम न्यूनतम वर्ग प्रतीपगमन प्रक्रिया को आकलित प्राचलों को प्राप्त करने के लिए परिवर्तित कर सकते हैं, जो संगत होते हैं। दुर्भाग्यवश यह निश्चित नहीं है कि आकलन प्रक्रिया अनभिनत आकलनों को उत्पन्न करेगी। स्थिति को सरल करने के लिए, हम स्वतंत्र चर में माप त्रुटियों की स्थिति को लेते हैं $y_i = \beta x_i + \varepsilon_i$ और यह केवल x त्रुटियों के साथ मापित है ($x^* = x + v$ की तरह)। समस्या को हल करने हेतु हम प्रतीपगमन समीकरण $y_i = \beta z_i + \varepsilon_i$ को लेते हैं जहाँ z उपकरण चर है। उपरोक्त प्रतिमान में प्राचल का उपकरण चर आकलक है–

$$\hat{\beta} = \frac{\sum y_i z_i}{\sum x_i^* z_i} \qquad ...(i)$$

इस विशिष्ट ढाल सूत्र का चुनाव इस प्रकार किया गया है कि परिणाम आकलक संगत होगा। इसे देखने के लिए, हम उपकरण चर आकलक और वास्तविक प्राचल के बीच संबंध निम्न प्रकार निकाल सकते हैं–

$$\hat{\beta} = \frac{\sum y_i z_i}{\sum x_i^* z_i}$$

$$= \frac{\sum\left(\beta x_i^* + \varepsilon_i^*\right) z_i}{\sum x_i^* z_i}$$

$$= \frac{\beta \sum x_i^* z_i + \sum z_i \varepsilon_i^*}{\sum x_i^* z_i}$$

$$= \beta + \frac{\sum z_i \varepsilon_i^*}{\sum x_i^* z_i}$$

स्पष्ट रूप से, एक उपकरण के रूप में Z का चुनाव निश्चित करता है कि जब प्रतिदर्श आकार बढ़ता है तो $\hat{\beta}, \beta$ के समान होगा $\left[\text{Cov}\left(z, \varepsilon^*\right) \text{approaches } 0\right]$ और इसलिए β

का एक संगत आकलक होगा। याद रखें कि समीकरण (i) में उपकरण चर आकलक में हर जगह x_i^* को z_i द्वारा प्रतिस्थापित नहीं किया गया अर्थात्

$\frac{\sum y_i z_i}{\sum z_i^2}$, β का एक संगत आगणक उत्पन्न नहीं करता है। अतः

$$\hat{\beta} = \frac{\sum y_i z_i}{\sum z_i^2}$$

$$= \frac{\sum\left(\beta x_i^* + \varepsilon_i^*\right) z_i}{\sum z_i^2}$$

$$= \frac{\beta \sum x_i^* z_i + \sum z_i \varepsilon_i^*}{\sum z_i^2}$$

$$= \frac{\beta \sum\left(x_i + v_i\right) z_i + \sum z_i \varepsilon_i^*}{\sum z_i^2}$$

$$= \frac{\beta \sum x_i z_i + \beta \sum z_i v_i + \sum z_i \varepsilon_i^*}{\sum z_i^2}$$

$$p\lim \hat{\beta} = p\lim \frac{\beta \sum x_i z_i}{\sum z_i^2}$$

$$= \beta \frac{Cov\left(x_i, z_i\right)}{\sigma_z^2} \neq \beta$$

यह दर्शाता है कि $\frac{\sum y_i z_i}{\sum z_i^2}$, β का एक संगत आगणक नहीं उत्पन्न करता है अथवा प्रदान नहीं करता है।

उपकरण चरों की तकनीक कठिन समस्या का सरल हल प्रदान करती है।

कुछ अंतिम टिप्पणी शिक्षाप्रद हो सकती है–

(1) प्रथम, OLS आकलन तकनीक वास्तव में उपकरण चरों की एक विशिष्ट स्थिति है। यह अनुकरण होता है क्योंकि शास्त्रीय प्रतीपगमन प्रतिमान में X त्रुटि चर के साथ असहसंबंधित है क्योंकि X पूर्णतः स्वयं के लिए सहसंबंधित है।

(2) दूसरा, यदि मापन त्रुटि समस्या से एक से अधिक स्वतंत्र चर में त्रुटियों का सामान्य अनुमान लगाते हैं तो एक उपकरण को प्रत्येक निर्देशित (सूचित) स्वतंत्र चरों में पुनः स्थापित करना आवश्यक है।

(3) अंत में, हम कहते हैं कि उपकरण चर आकलन संगत आकलन की गारंटी लेता है परंतु अनभिनत आकलन की गारंटी नहीं लेता है।

प्रश्न 21. माप त्रुटियों का परीक्षण किस प्रकार किया जा सकता है?

उत्तर– मान लीजिए कि हम द्विचर प्रतीपगमन प्रतिमान का आकलन कर रहे हैं–

$y_i = \beta x_i + \varepsilon_i$ ...(i)

एक संभावना है कि x त्रुटि के साथ मापित हो।

यदि $x_i = x_i^* - v_i$, तब वास्तविक न्यूनतम वर्ग प्रतीपगमन होगा–

$$y_i = \beta\left(x_i^* - v_i\right) + \varepsilon_i$$
$$= \beta\, x_i^* - \beta\, v_i + \varepsilon_i$$
$$= \beta\, x_i^* + \left(\varepsilon_i - \beta\, v_i\right)$$
$$= \beta\, x_i^* + \varepsilon_i^* \quad ...(ii)$$

जहाँ $\varepsilon_i^* = \varepsilon_i - \beta v_i$

यदि x त्रुटि के साथ मापित है, तो हम देख चुके हैं कि β का संगत आकलन एक यंत्र z का उपयोग करके प्राप्त किया जा सकता है जो x^* के साथ सहसंबंधित है परंतु ε और v के साथ असहसंबंधित है।

माना कि z और x^* के बीच संबंध नीचे दिया गया है–

$x_i^* = \gamma z_i + w_i$ ...(iii)

जब न्यूनतम वर्गों का उपयोग करके समीकरण (iii) आकलित होता है, तो हम पाते हैं–

$$\hat{x}_i^* = \hat{\gamma}\, z_i$$

अथवा $x_i^* = \hat{x}_i^* + \hat{w}_i$ ...(iv)

जहाँ $\hat{w}_i$ प्रतीपगमन शेष (residual) हैं। समीकरण (iv) के मान को समीकरण (ii) में प्रतिस्थापित करने पर हमें प्राप्त होता है–

$$y_i = \beta\left(\hat{x}_i^* + \hat{w}_i\right)$$

$$y_i = \beta\, \hat{x}_i^* + \beta\, \hat{w}_i + \varepsilon_i^* \quad ...(v)$$

चाहे माप त्रुटि हो या न हो, $\hat{x}_i^*$ का गुणांक सामान्य न्यूनतम वर्गों के द्वारा योग्यतानुसार दृढ़तापूर्वक आकलित होगा, चूँकि

$$p\lim = \frac{\sum \hat{x}_i^* \varepsilon_i^*}{N} = p\lim \frac{\hat{\gamma}\sum z_i\left(\varepsilon_i - \beta v_i\right)}{N} = 0$$

वास्तव में, समीकरण (v) में $\hat{x}_i^*$ गुणांक का न्यूनतम वर्ग आगणक अभिन्न रूप में यांत्रिक चर आगणक के समान है, जो इस प्रकार है–

$$\hat{\beta} = \frac{\sum y_i z_i}{\sum x_i^* z_i}$$

चर $\hat{w}_i$ के गुणांक को देखने पर हम पाते हैं कि–

$$p\lim \frac{\sum \hat{w}_i \varepsilon_i^*}{N} = p\lim \frac{\sum\left(x_i^* - \hat{\gamma} z_i\right)\left(\varepsilon_i - \beta v_i\right)}{N}$$
$$= p\lim \frac{-\beta \sum v_i\left(x_i + v_i\right)}{N} = -\beta\sigma_v^2$$

जब माप त्रुटि नहीं होती है तो $\sigma_v^2 = 0$ अर्थात् समीकरण (v) को लागू करने पर $\widehat{w}_i$ के गुणांक का संगत आगणक उत्पन्न होगा। यद्यपि, जब माप त्रुटि होती है, तो गुणांक असंगत रूप में आकलित होगा।

यह सापेक्षिक रूप से सरल माप त्रुटि परीक्षण का सुझाव देता है। δ समीकरण (v) में चर $\widehat{w}_i$ का गुणांक प्रस्तुत करता है।

$\widehat{x}_i^* = x_i^* - \widehat{w}_i,$ को प्रतिस्थापित करने पर हम पाते हैं—

$y_i = \beta\left(x_i^* - \widehat{w}_i\right) + \delta\widehat{w}_i + \varepsilon_i^*$

अथवा $y_i = \beta x_i^* + (\delta - \beta)\widehat{w}_i + \varepsilon_i^*$ ...(vi)

बिना माप त्रुटि के, $\delta = \beta$, $\widehat{w}_i$ के गुणांक शून्य के बराबर होना चाहिए।

यद्यपि, माप त्रुटि के साथ $\delta \neq \beta$, और गुणांक शून्य (सामान्य रूप में) से भिन्न होगा। हम माप त्रुटि के लिए परीक्षण एक सामान्य द्विस्तरीय प्रक्रिया को करके कर सकते हैं। प्रथम, हम शेष $\widehat{w}_i$ को प्राप्त करने के लिए x^* को z पर प्रत्यावर्तन करते हैं। तब, हम y को x^* और $\widehat{w}_i$ पर लौटाते हैं और $\widehat{w}_i$ के गुणांक पर एक t परीक्षण करते हैं। यदि बहुप्रतीपगमन प्रतिमान एक से अधिक चर में माप त्रुटि के साथ संबंधित होते हैं (अभिरुचि रखते हैं), तो F परीक्षण किया जा सकता है।

उपरोक्त परीक्षण हॉसमैन के द्वारा प्रस्तावित विप्रतिमान त्रुटि (specification error) की एक विशेष स्थिति है। हॉसमैन का विप्रतिमान परीक्षण इस तथ्य पर निर्भर करता है कि अप्रमाणित परिकल्पना के अंतर्गत मूल समीकरण (ii) के प्राचलों के सामान्य न्यूनतम वर्ग आगणक संगत और (बड़े प्रतिदर्शों के लिए) योग्य होते हैं परंतु वैकल्पिक परिकल्पना वास्तविक (सही) होने पर असंगत होते हैं। उपकरण संबंधी चर आकलक (समीकरण (v) का न्यूनतम वर्ग आकलक) संगत है चाहे शून्यांतर परिकल्पना सही (वास्तविक) हो या न हो, यदि शून्यांतर परिकल्पना अनभिनत नहीं है तो यह अयोग्य होता है।

हॉसमैन विप्रतिमान परीक्षण निम्न प्रकार है—यदि दो आगणक $\widehat{\beta}_1$ और $\widehat{\beta}_2$ हैं जो शून्यांतर के अंदर वास्तविक मान β के केंद्राभिमुख (converge) हैं, परंतु विकल्प के अंतर्गत विभिन्न मान हैं तो शून्यांतर परिकल्पना परीक्षण के द्वारा सत्य प्रमाणित (सत्यापित) हो सकते हैं कि दो आगणकों की विभिन्नता की प्रायिकता सीमा शून्य है या नहीं।

प्रश्न 22. प्रतिलोम प्रतीपगमन पर संक्षिप्त टिप्पणी लिखिए।

उत्तर— यह प्रत्यक्ष प्रतीपगमन के विपरीत है। यदि हम X पर Y के प्रतीपगमन को प्रत्यक्ष प्रतीपगमन मानते हैं, तो Y पर X का प्रतीपगमन विपरीत प्रतीपगमन होता है।

विपरीत प्रतीपगमन का उपयोग वेतन विभेद के विश्लेषण की स्थिति में किया जाता है। चूँकि समस्या चरों में सामान्य त्रुटियों की है, इसलिए दोनों प्रतीपगमनों की परिकलन की आवश्यकता है और विपरीत प्रतीपगमन अकेले सही आकलन प्रदान करता है या नहीं यह हमारे द्वारा मानी गई मान्यता पर निर्भर करता है।

इस प्रकार सामान्य प्रतिमान, अपने सरलतम रूप में, दो व्याख्यात्मक चरें हैं, जिनमें से एक त्रुटि के साथ नपा हुआ है।

$$y = \beta_1 x_1 + \beta_2 x_2 + \varepsilon \qquad \ldots(i)$$

जहाँ y = वेतन
$\qquad x_1$ = वास्तविक योग्यता
$\qquad x_2$ = लिंग

x_2 का गुणांक हमारे लिए अधिक महत्त्वपूर्ण है। समस्या यह है कि x_1 त्रुटि के साथ नपा हुआ (परिमित) है।

माना x_i^* = मापित (परिमित) योग्यता
$\qquad x_i^* = x_i + v_i$

मान लें हम इस विचार (माप) को ग्रहण करते हैं कि

$$x_2 = \begin{cases} 1, \text{ पुरुषों के लिए} \\ 0, \text{ महिलाओं के लिए} \end{cases}$$

तब $\beta_2 > 0$ बताता है कि समान योग्यता के साथ पुरुषों को महिलाओं की अपेक्षा अधिक वेतन दिया जाता है और इस प्रकार लिंग भेद होता है। समीकरण (i) का प्रत्यक्ष न्यूनतम वर्ग आकलन के साथ x_1 से प्रतिस्थापित किया जाता है और $\hat{\beta}_2 > 0$ लिंग विभेद के प्रमाण के रूप में बहुधा उपयोग किया जाता रहा है।

प्रतिलोम प्रतीपगमन (inverse regression) में हम लेते हैं—

$$x_i^* = \gamma_1 y + \gamma_2 x_2 + w \qquad \ldots(ii)$$

यहाँ पर हम यह सोच सकते हैं कि क्या पुरुष उन महिलाओं की अपेक्षा अधिक या कम योग्यता रखते हैं जो पुरुषों के समान वेतन पाती हैं। विपरीत प्रतीपगमन के प्रस्ताव करने वाले तर्क देते हैं कि विभेद स्थापित करने के लिए, समीकरण (ii) में किसी के पास $\hat{\gamma}_2 < 0$ यानी पुरुषों और महिलाओं के बीच जो समान वेतन पा रहे हैं, पुरुष कम योग्यता रखते हैं।

चरों के परिणामों में सामान्य त्रुटियाँ यद्यपि दिखाती हैं कि हमें $\hat{\beta}_2$ और $\hat{\gamma}_2$ के आधार पर अनुमान नहीं करना चाहिए परंतु β_2 के लिए प्रत्येक प्रतीपगमन और प्रतिलोम प्रतीपगमन (inverse regression) आकलनों से सीधा प्राप्त करना चाहिए।

प्रश्न 23. समीकरण $C_i = \beta_1 + \beta_2 Y_i + \beta_3 W_i + \varepsilon_i$ के लिए,

हम उपभोग व्यय C, आय Y और संपत्ति W पर प्रतिरूप आँकड़े लेते हैं। आँकड़े निम्न प्रकार बनाए गए थे—सर्वप्रथम आय के लिए आँकड़े प्रसामान्य चर के रूप में उत्पन्न किए गए थे, $Y \sim N(100, 25)$, अर्थात् माध्य 100 और प्रसरण 25 के साथ यह एक प्रसामान्य चर है। अगला, बहुसंरेखता को सुनिश्चित करने (स्थिर करने) के लिए त्रुटि पद के साथ संपत्ति आय के अपवत्य (multiple) के रूप में ली गई है अर्थात् $W = 10Y + \gamma$, जहाँ γ त्रुटि पद (error term) स्वतंत्र रूप से और समान रूप में, $\gamma \sim N(20, 10)$ के रूप में वितरित हैं। याद रखें कि आँकड़े में उत्पन्न (दिखाए गए)

आय और संपत्ति के बीच सहसंबंध गुणांक 0.999 हैं इसलिए काफी मजबूत बहुसंरेखता की समस्या के उद्देश्य से सम्मिलित किया गया है। अंत में, उपभोग व्यय को दोनों का रेखीय फलन होना लिया गया है अर्थात् $C = 25 + 0.75Y + 0.1W + \varepsilon$, **जहाँ** ε **का वितरण** $\varepsilon \sim N(20,10)$ **के अनुसार है। उत्पन्न आँकड़े निम्न तालिका में दिए गए हैं—**

अवलोकन (प्रेषण)	उपभोग व्यय (C)	आय (Y)	संपत्ति (W)
1	279.0	131.5	1317.9
2	146.2	65.0	666.8
3	197.2	82.9	865.8
4	177.0	67.1	698.3
5	238.3	109.0	1105.7
6	206.8	85.9	865.5
7	248.1	108.5	1099.4
8	216.8	102.7	1046.8
9	262.3	120.8	1230.2
10	198.1	93.4	954.2

इस समस्या के समाधान के लिए प्रयुक्त मानक ज्ञात कीजिए।

उत्तर— प्रमाप MLRM को इन आँकड़ों में रखने पर निम्न परिणाम प्राप्त होते हैं—

$$\begin{aligned} \hat{C}_i &= \quad 40.22 \quad + \quad 0.971Y_i \quad + \quad 0.084W_i \\ & \quad (22.977) \qquad (4.091) \qquad (0.417) \\ t &= \quad [1.750] \qquad [0.237] \qquad [0.202] \end{aligned} \qquad ...(i)$$

समीकरण (i) के लिए हमने आकलनों की प्रमाप त्रुटियों को कोष्ठक (parentheses) के अंदर प्रस्तुत किया है। उदाहरण के लिए, 40.22 के अंतःखंड आकलन की प्रमाप त्रुटि 22.977 है। अनुरूप t-अनुपात अगली पंक्ति में 1.75 के रूप में दिया गया है। हम अन्य आकलनों की प्रमाप त्रुटि और t-अनुपात को भी देख सकते हैं।

आय और संपत्ति के साथ उपभोग व्ययों ($R^2 = 0.987$ और $R^2 = 0.983$) में लगभग 98% प्रसरण की व्याख्या हो जाती है जो आश्चर्यजनक नहीं है। प्रतिरूप (simulated) आँकड़े इन दोनों चरों के रेखीय फलन के रूप में उत्पन्न होते हैं। हम पाते हैं कि आकलनें अभिनत (biased) नहीं हैं, वे गुणांकों का आकलन प्रदान करते हैं। आय के लिए आकलन 0.971 है और प्राचल 0.75 है। इसी प्रकार, संपत्ति के लिए आकलन वास्तविक 0.1 की तुलना में 0.084 है। वास्तविक मूल्य (मान) और आकलित (अनुमानित) गुणांकों के बीच भिन्नता छोटे प्रतिदर्श आकार के कारण उत्पन्न होती है, अतिरिक्त आँकड़े वास्तविक मूल्यों की अधिक यथार्थ माप प्रदान करेंगे। दस प्रेषण वास्तव में एक प्रतीपगमन निदर्श के यथार्थ आकलन के

लिए काफी छोटे प्रतिदर्श हैं। इसलिए OLS आकलनें बहुसंरेखता की उपस्थिति में अभिनत नहीं होती हैं। इसमें, परिकल्पना परीक्षण के लिए समस्या उत्पन्न होती है। हम वर्णित परिणामों से देख सकते हैं, आकलनों के लिए प्रमाप त्रुटियाँ काफी ऊँची (अधिक) हैं, जो t-सांख्यिकीय को निम्न बनाते हैं। इस कारण कोई भी चर सांख्यिकीय रूप से महत्त्वपूर्ण नहीं है। F-सांख्यिकीय (F-statistic) (यहाँ वर्णित नहीं है) भी बताता है कि परिकल्पना की सभी गुणांकें शून्य होती हैं। यह उच्च कोटि की समस्या है जो बहुसंरेखता के साथ उत्पन्न होती है।

अब हम निदर्श से "धन की संपत्ति" चर को हटा देते हैं और समान प्रतीपगमन निदर्श को केवल संपत्ति पर लागू करते हैं। हम पाते हैं कि

$$\hat{C}_i = 43.408 + 1.796 Y_i \qquad ...(ii)$$
$$(15.647) \quad (0.158)$$
$$t = [2.774] \quad [11.348]$$

पहले (पूर्व में) आय चर काफी महत्त्वपूर्ण (निरर्थक) था, परंतु हम पाते हैं कि यदि प्रतीपगमन में केवल आय का उपभोग होता है तो यह काफी महत्त्वपूर्ण होता है। यद्यपि, आकलित गुणांक वास्तविक मूल्य (मान) से सर्वथा भिन्न होते हैं। पहले की तरह, यह संपूर्ण रूप से प्रतिदर्श के छोटे आकार के कारण होता है। OLS आकलनें अब भी BLUE होती हैं। प्रतीपगमन 0.942 का एक R^2 प्रदान करता है, आँकड़ों (समंकों) की प्रकृति से इसे भी काफी अधिक (ऊँची) होने की उम्मीद की जाती है।

इसी प्रकार यदि हम आय को रखते हैं और प्रतीपगमन में केवल संपत्ति का उपयोग करते हैं तो हम पाते हैं–

$$\hat{C}_i = 36.632 + 0.183 W_i \qquad ...(iii)$$
$$(16.25) \quad (0.016)$$
$$t = [2.254] \quad [11.334]$$

हम पाते हैं कि पहले संपत्ति महत्त्वहीन थी परंतु अब यह काफी महत्त्वपूर्ण है। इसके अतिरिक्त, संपत्ति अकेले उपभोग में ($R^2 = 0.941$) प्रसरण के लगभग 94% की व्याख्या करती है। समीकरण (ii) और (iii) दिखाता है कि अत्यधिक बहुसंरेखता की स्थितियों में, एक ऊँचे बहुरेखीय चर को रखने पर ये अन्य X चरों को सांख्यिकीय रूप से महत्त्वपूर्ण बनाएँगे। यह सुझाव देता है कि इस समस्या का एक आदर्श समाधान होगा ऐसी सभी स्थितियों में सहरेखीय चरों को हटाना होगा। जी.पी.एच. की पुस्तकों का मुख्य उद्देश्य ज्ञान के साथ–साथ अच्छे नम्बर दिलाना है।

○○○

3
प्रतीपगमन प्रतिमानों का विस्तार
(Extensions of Regression Models)

भूमिका

प्रतीपगमन प्रतिमानों के अंतर्गत आभासी चर, स्वप्रतीपगामी और वितरित पश्चता निदर्श और खंडित आश्रित चर प्रतिमानों को शामिल किया जाता है। आभासी चरों (मूक चरों) का उपयोग एक निदर्श में संरचनात्मक अवरोध पर विचार करने और काल श्रेणी एवं अनुप्रस्थ काट समंक को मूल करने के लिए किया जा सकता है।

स्वप्रतीपगामी और वितरित पश्चता निदर्श विलम्बित (पश्चता) चरों के साथ निदर्शों के निर्माण के कारणों के साथ प्रारंभ होता है। यह आंशिक समायोजन और अनुकूल आकांक्षाओं (adaptive expectations) की तरह वितरित पश्चता निदर्श और स्वप्रतीपगामी निदर्शों के उपयोग के साथ आगे बढ़ता है। दूसरी तरफ खंडित आश्रित चर रेखीय प्रायिकता निदर्श के साथ प्रारंभ होता है और परिणामस्वरूप प्रोबिट और लॉजिट निदर्शों की ओर रुख करता है।

प्रश्न 1. आभासी चरों (Dummy Variables) से आप क्या समझते हैं? उदाहरण सहित समझाइए।

अथवा

मूक (डमी) चर पर संक्षेप में नोट लिखिए। [दिसम्बर–2013, प्र.सं. 7 (a)]

उत्तर— जब व्याख्यात्मक चर स्वभाव से गुणात्मक हों तो ये गुणात्मक चर आभासी चर कहलाते हैं। प्रतीपगमन विश्लेषण में आश्रित चर (dependent variable) केवल वैसे चरों द्वारा प्रभावित नहीं होते हैं जिसकी परिभाषित पैमाने पर गणना की जाए (जैसे–आय, उत्पादन, मूल्य, लागतें, भार इत्यादि) बल्कि अन्य चरों द्वारा भी संभव है जो निश्चित रूप से गुणात्मक होते हैं (जैसे–वैवाहिक स्थिति, लिंग, धर्म, जाति इत्यादि)। उदाहरण के लिए, अन्य सभी कारकों को स्थिर रखने पर, भारत में भारतीय प्रौद्योगिकी संस्थान (IIT) के स्नातक क्षेत्रीय तकनीकी विद्यालयों के स्नातकों की तुलना में अधिक वेतन पाते पाए गए हैं। इसी प्रकार संयुक्त राज्य अमेरिका में किया गया अध्ययन बताता है कि महाविद्यालय की महिला शिक्षक अपने पुरुष सहकर्मी की तुलना में कम वेतन पाती हैं। इस असमानता के कारण चाहे जो भी हों, गुणात्मक चरों, जैसे–लिंग, शिक्षा, संस्थान इत्यादि आश्रित चर को प्रभावित करते हैं और ऐसे चरों को स्वतंत्र चर में शामिल करना चाहिए।

ऐसे गुणात्मक चर हमेशा ग्रामीण या शहरी, पुरुष या महिला, विवाहित या अविवाहित इत्यादि की तरह कुछ विशेषता या गुण की उपस्थिति या अनुपस्थिति को दर्शाते हैं। ऐसे गुणों को 1 या 0 मूल्य वाले कृत्रिम चरों के निर्माण द्वारा दर्शाया जा सकता है। 1 किसी विशेष गुण की उपस्थिति अथवा अधिकार को बताता है और 0 इसकी अनुपस्थिति को। उदाहरण के लिए, 1 दर्शा सकता है कि व्यक्ति पुरुष है और 0 दर्शा सकता है कि व्यक्ति महिला है या 1 दर्शा सकता है कि व्यक्ति शिक्षित है और 0 दर्शा सकता है कि व्यक्ति अशिक्षित है इत्यादि। ऐसे चर जो मूल्यों को 0 और 1 मान लेते हैं, आभासी चर कहलाते हैं।

प्रश्न 2. प्रसरण विश्लेषण (ANOVA) को उदाहरण सहित समझाइए।

उत्तर— वे प्रतीपगमन प्रतिमान जिनमें केवल आभासी व्याख्यात्मक चर हों, प्रसरण विश्लेषण (Analysis of Variance; ANOVA) प्रतिमान कहलाते हैं। निम्नलिखित प्रतिमान ANOVA प्रतिमान का उदाहरण है–

$$Y_t = \alpha_1 + \alpha_2 D_i + u_i \qquad \ldots(i)$$

जहाँ, Y_i = एक विद्यालय शिक्षक का प्रारंभिक वार्षिक वेतन

D_i = 1, शिक्षक अगर पुरुष है

0, अन्यथा (यानी महिला शिक्षक)

प्रतिमान (i) एक सामान्य द्विचर प्रतीपगमन प्रतिमान की तरह है। अंतर केवल परिमाणात्मक व्याख्यात्मक चर (quantitative explanatory variable) X की जगह एक गुणात्मक या आभासी चर D के उपयोग का है। अन्य सभी कारकों, जैसे–उम्र, अनुभव इत्यादि को स्थिर मान लेने पर, प्रतिमान (i) हमें यह खोज निकालने योग्य बना सकता है कि लिंग (पुरुष या

महिला) एक विद्यालय शिक्षक के वेतन में अंतर लाता है या नहीं। दूसरे शब्दों में, यह हमें यह निष्कर्ष निकालने योग्य बनाएगा कि क्या समान योग्यता एवं अनुभव रखने के बावजूद विद्यालय के एक पुरुष शिक्षक का वेतन एक महिला शिक्षक के वेतन से भिन्न होता है।

यह मान लेने पर कि प्रतिमान (i) में विक्षोभ पद (disturbance term) u_i शास्त्रीय रेखीय प्रतीपगमन प्रतिमान की प्रायः सभी मान्यताओं को पूरा करता है, हमें प्रतिमान (i) से प्राप्त होता है कि विद्यालय के महिला शिक्षक का औसत वेतन है—

$$E(Y_i | D_i = 0) = \alpha_1 + \alpha_2(0) \qquad \text{...(ii)}$$
$$= \alpha_1$$

और विद्यालय के एक पुरुष शिक्षक का औसत वेतन है—

$$E(Y_i | D_i = 1) = \alpha_1 + \alpha_2(1) \qquad \text{...(iii)}$$
$$= \alpha_1 + \alpha_2$$

उपरोक्त प्रतिमान में अंतःखंड पद (intercept term) α_1 विद्यालय की एक महिला शिक्षक के वार्षिक औसत वेतन को बताता है जबकि $(\alpha_1 + \alpha_2)$ से विद्यालय के एक पुरुष शिक्षक के औसत वार्षिक वेतन को दर्शाते हुए ढाल गुणांक (slop coefficient) α_2 हमें बताता है कि विद्यालय के एक पुरुष शिक्षक के औसत वेतन और एक महिला सहकर्मी के औसत वेतन में कितना अंतर है।

हम इस परिकल्पना का परीक्षण निम्न प्रकार से कर सकते हैं—क्या किसी व्यक्ति के लिंग के अनुसार विभेद होता है जबकि प्रतीपगमन समीकरण (i) पर सामान्य न्यूनतम वर्ग (OLS) के बढ़ाने के द्वारा विद्यालय शिक्षकों का वेतन निर्धारण किया जाता है और t-परीक्षण के आधार पर निष्कर्ष निकाला जाता है कि आकलित α_2 सांख्यिकीय तौर पर महत्त्वपूर्ण है या नहीं।

उपरोक्त को हम एक काल्पनिक उदाहरण की सहायता से दिखाएँगे। तालिका 3.1 को देखें जो विद्यालय शिक्षकों के वार्षिक वेतन के काल्पनिक आँकड़ों को बताती है—

तालिका 3.1 : विद्यालय शिक्षकों के वार्षिक वेतन

वेतन (Y) (₹000 में)	लिंग आभासी (D) (पुरुष = 1, महिला = 0)
22.0	1
19.0	0
21.2	1
17.5	0
17.0	0
18.0	0
21.7	1
18.5	0
21.0	1
20.5	1

सामान्य न्यूनतम वर्ग (OLS) प्रतीपगमन प्रतिमान (i) के अनुसार निम्नलिखित परिणाम मिले हैं–

$$\hat{Y}_i = 18.00 + 3.28D_i \qquad \text{...(iv)}$$

मानक त्रुटि (0.32) (0.44) $R^2 = 0.8737$

t-आगणक (57.74) (7.444)

समीकरण (iv) से हम देखते हैं कि विद्यालय की महिला शिक्षक का आकलित औसत वेतन $(\hat{\alpha}_1)$ ₹18000 है और विद्यालय के पुरुष शिक्षक का वेतन $(\hat{\alpha}_1 + \hat{\alpha}_2)$ ₹21280 है।

प्रतीपगमन (iv) में प्रतिवेदित (कथित, वर्णन) *t*-आगणक से यह सत्यापित करना आसान है कि $\hat{\alpha}_2$ सांख्यिकीय रूप से महत्त्वपूर्ण है (यानी, शून्य से भिन्न), जो विद्यालय के महिला और पुरुष शिक्षक के प्रारंभिक वेतनों में अंतर बताएगा। हम अनुमानित प्रतीपगमन रेखा को चित्र 3.1 में दर्शाते हैं। चित्र में हम लिंग के दो प्रकारों को (महिला और पुरुष) X-अक्ष पर दर्शाते हैं और वेतन (हजार रुपए में) Y-अक्ष पर दर्शाते हैं। पुरुषों और महिलाओं के लिए प्रेषण ऊर्ध्व अक्ष पर चित्रित है। दोनों संवर्गों के औसत वेतन को क्षैतिज रेखा (horizontal lines) पर दिखाया गया है।

ANOVA प्रतिमान समीकरण (iv) की तरह, यद्यपि समाजशास्त्र, शिक्षा, बाजार अनुसंधान इत्यादि क्षेत्रों में अक्सर उपयोग किए जाते हैं, परंतु अर्थशास्त्र में सामान्य नहीं है। अधिकांश आर्थिक अनुसंधान में प्रतीपगमन प्रतिमान व्याख्यात्मक चरों से बने होते हैं जो स्वभाव में गुणात्मक एवं परिमाणात्मक दोनों होते हैं। ऐसे प्रकार के प्रतीपगमन प्रतिमान जिनमें गुणात्मक एवं परिमाणात्मक व्याख्यात्मक चर होते हैं; प्रसरण का विश्लेषण (Analysis of Covariance; ANCOVA) प्रतिमान कहलाते हैं।

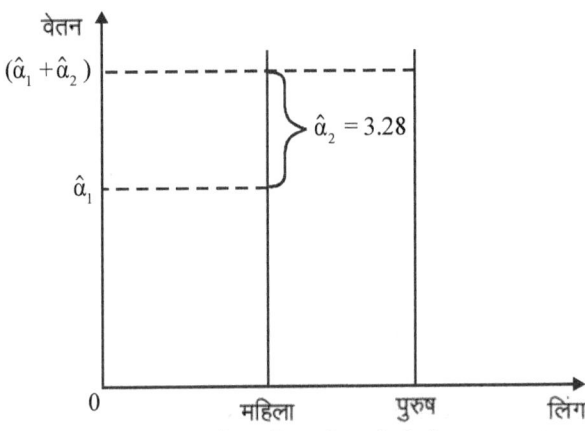

चित्र 3.1 : पुरुष और महिला शिक्षकों के वेतन (₹'000)

प्रश्न 3. ANCOVA प्रतिमान से आप क्या समझते हैं? उदाहरण की सहायता से समझाइए।

अथवा

एक सरल आभासी चर प्रतिमान को समझाइए।

अथवा

आभासी चरों की महत्त्वपूर्ण विशेषताएँ क्या हैं?

उत्तर— वे प्रतिमान जिनमें दो व्याख्यात्मक चर होते हैं अर्थात् एक गुणात्मक और एक परिमाणात्मक, ANCOVA प्रतिमान कहलाते हैं।

अब हम ANCOVA प्रतिमान के एक उदाहरण के रूप में निम्नलिखित प्रतिमान पर विचार करेंगे—

$$Y_i = \alpha + \beta D_i + \gamma X_i + u_i \qquad \text{...(i)}$$

जहाँ, $Y_i =$ एक विद्यालय शिक्षक का वार्षिक वेतन
$X_i =$ पढ़ाने के अनुभव का वर्ष
$D_i =$ 1 शिक्षक अगर पुरुष है
0 अन्यथा (यानी महिला शिक्षक)

प्रतिमान (i), समीकरण $Y_i = \alpha_1 + \alpha_2 D_i + u_i$ के समान ही है। अंतर यही है कि इसमें गुणात्मक चर (शिक्षक का लिंग) जिसमें दो संवर्ग होते हैं, महिला एवं पुरुष, के अतिरिक्त परिमाणात्मक चर (पढ़ाने के अनुभव) होते हैं। इस प्रकार प्रतिमान में दो व्याख्यात्मक चर होते हैं—एक गुणात्मक और एक परिमाणात्मक।

इस प्रतिमान को समझने के लिए हम मान लेते हैं कि $E(u_i) = 0$। हम देखते हैं कि विद्यालय की महिला शिक्षक का औसत वेतन है—

$$E(Y_i | D_i = 0) = \alpha + \gamma X_i \qquad \text{...(ii)}$$

और विद्यालय के पुरुष शिक्षक का औसत वेतन है—

$$E(Y_i | D_i = 1) = (\alpha + \beta) + \gamma X_i \qquad \text{...(iii)}$$

प्रतिमान (i) से हम देखते हैं कि विद्यालय के पुरुष और महिला शिक्षकों के कार्यानुभव (काम का अनुभव) के संबंध में वेतन फलन का ढाल (γ) समान है परंतु अंत:खंड (intercepts) अलग है। दूसरे शब्दों में, प्रतिमान में, मान लेते हैं कि विद्यालय के पुरुष शिक्षक के वेतन का औसत स्तर विद्यालय के महिला सहकर्मी से भिन्न है परंतु कार्यानुभव (years of experience) के द्वारा औसत वेतन में परिवर्तन की दर (ढाल पद γ के द्वारा दर्शाया गया है) विद्यालय के पुरुष और महिला शिक्षक के लिए समान है। हम प्रतिमानों (ii) और (iii) को गुणोत्तर रूप में दर्शा सकते हैं, जैसा कि चित्र 3.2 में दिखाया गया है (चित्र में α को शून्य से अधिक होना मान लेते हैं, यानी $\alpha > 0$)।

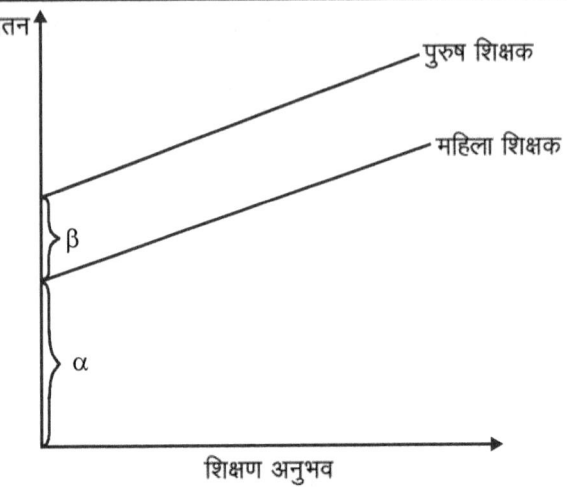

चित्र 3.2: शिक्षकों का वेतन फलन

यहाँ t-परीक्षण का उपयोग हो सकता है, इस परिकल्पना के परीक्षण के लिए कि विद्यालय के पुरुष एवं महिला शिक्षकों के औसत वार्षिक वेतन समान होते हैं।

आभासी चरों की कुछ महत्त्वपूर्ण विशेषताएँ निम्नलिखित हैं—

(1) उपरोक्त प्रतिमानों में हमने केवल एक आभासी चर को प्रस्तुत किया है, D_i दोनों संवर्गों, महिला और पुरुष के बीच अंतर प्रदर्शित करने के लिए, जिसमें $D_i = 1$ पुरुष को बताता है और $D_i = 0$ महिला को इंगित करता है। यदि हम एक आभासी चर की जगह दो आभासी चरों D_{1i} और D_{2i} को प्रतिमान में प्रस्तुत करें, तो प्रतिमान (i) को अब इस प्रकार लिखा जा सकता है—

$$Y_i = \alpha + \beta_1 D_{1i} + \beta_2 D_{2i} + \gamma X_i + u_1 \qquad ...(iv)$$

जहाँ, Y_i और X_i पहले की तरह परिभाषित हैं

$D_{1i} = \quad 1 \quad$ शिक्षक अगर पुरुष है
$\qquad \quad 0 \quad$ अन्यथा
$D_{2i} = \quad 1 \quad$ शिक्षक अगर महिला है
$\qquad \quad 0 \quad$ अन्यथा

D_1 और D_2 के बीच पूर्ण सहरेखीयता (perfect collinearity) के कारण (यानी पूर्ण रेखीय संबंध) प्रतिमान (iv) आकलित नहीं किया जा सकता है। इसका निम्न समंक तालिका 3.2 की सहायता से अधिक अच्छी तरह से समझा जा सकता है—

तालिका 3.2: पूर्ण रेखीय संबंध का उदाहरण

			अवरोध	D_1	D_2	X
पुरुष	Y_1		1	1	0	X_1
पुरुष	Y_2		1	1	0	X_2
महिला	Y_3	=	1	0	1	X_3
पुरुष	Y_4		1	1	0	X_4
महिला	Y_5		1	0	1	X_5

उपरोक्त तालिका से यह सत्यापित करना आसान है कि $D_1 = (1 - D_2)$ अथवा $D_2 = (1 - D_1)$ की तरह D_1 और D_2 पूर्ण सहरेखीय (perfect collinearity) हैं। पूर्व की इकाइयों से हम जानते हैं कि पूर्ण सहरेखीयता की स्थिति में विभिन्न प्राचलों (parameters) का आकलन संभव नहीं है।

यद्यपि इस समस्या के समाधान के कई तरीके हैं परंतु एक सबसे आसान है आभासी चरों को निश्चित करने के द्वारा जैसा कि हमने प्रतिमान (i) में किया है और केवल एक आभासी चर का उपयोग करते हैं यदि गुणात्मक चर के दो संवर्ग हैं तो केवल एक आभासी चर का उपयोग करते हैं।

अंगूठे छाप नियम (*Rule of Thumb*)—यदि एक गुणात्मक चर में m संवर्ग हैं, तो केवल $(m - 1)$ आभासी चरों का प्रयोग करते हैं।

इस प्रकार, यदि किसी गुणात्मक चर में 4 विशेषताएँ हैं, तो केवल 3 आभासी चरों का प्रयोग करते हैं। यदि इस नियम का अनुसरण नहीं करते हैं, तो हम उस जाल में फँसेंगे जिसे आभासी चर जाल के नाम से जाना जाता है, यानी पूर्ण बहुसंरेखता की स्थिति।

(2) 0 और 1 मूल्यों (मानों) के निरूपण ग्रामीण और शहरी या शिक्षित या अशिक्षित इत्यादि की तरह संवर्गों के लिए अविहित (arbitrary) हैं। उदाहरण के लिए, हमारे प्रतिमान (i) में पुरुष शिक्षक के लिए 1 और महिला शिक्षक के लिए 0 की जगह महिला शिक्षक के लिए 1 और पुरुष शिक्षक के लिए 0 निरूपित कर सकते हैं (और गुणांकें उसी के अनुसार परिवर्तित होंगी)। ऐसी स्थिति में परिणामों की व्याख्या (interpretation of results) का क्या महत्त्व है। इस प्रकार निदर्शों के परिणामों की व्याख्या में, जो आभासी चरों का उपयोग करते हैं यह जानना कठिन है कि 1 और 0 का मूल्य कैसे निश्चित होता है। जिस संवर्ग को 0 मान दिया जाता है, उसे आधार संवर्ग कहते हैं। सभी तुलनाएँ इसी के अनुसार की जाती हैं। प्रतिमान (i) में महिला विद्यालय अध्यापक को 0 मान दिया गया है। अतः वही इसका आधार संवर्ग है।

(3) आभासी चर का ढाल गुणांक (उदाहरण के लिए, प्रतिमान (i) में β) परिवर्तित अंतःखंड गुणांक (intercept coefficient) के रूप में निर्दिष्ट है क्योंकि यह बताता है कि 1 मूल्य पाने वाले संवर्ग के अंतःखंड पद के मूल्य उसके आधार संवर्ग के मूल्य से कितना भिन्न हैं।

प्रश्न 4. हम एक से अधिक गुणात्मक चरों का उपयोग किस प्रकार कर सकते हैं? सोदाहरण स्पष्ट कीजिए।

उत्तर— एक से अधिक गुणात्मक चरों का उपयोग करने के लिए हम विद्यालय शिक्षक के वेतन के उदाहरण पर विचार करेंगे। मान लेते हैं कि एक विद्यालय शिक्षक का वेतन केवल शिक्षक

के वर्षों के अनुभव और लिंग पर ही निर्भर नहीं होता है बल्कि शिक्षक के शिक्षा के प्रकार पर भी निर्भर करता है। वर्तमान उदाहरण में यह मान लेते हैं कि शिक्षा के प्रकार की दो श्रेणियाँ हैं, कॉन्वेंट शिक्षित और बिना कॉन्वेंट शिक्षित। प्रतीपगमन प्रतिमान $Y_i = \alpha + \beta D_i + \gamma X_i + u_i$ में शिक्षक की शिक्षा के प्रकार को समाविष्ट कर हम इसे इस प्रकार लिख सकते हैं–

$$Y_i = \alpha + \beta D_{1i} + \gamma D_{2i} + \delta X_i + u_i \qquad \text{...(i)}$$

जहाँ, Y_i और X_i पूर्व परिभाषित हैं और

$D_{1i} =$	1	शिक्षक अगर पुरुष है
	0	अन्यथा (यानी महिला शिक्षक)
$D_{2i} =$	1	अगर कॉन्वेंट शिक्षित हैं
	0	अन्यथा (यानी बिना कॉन्वेंट शिक्षित)

प्रतिमान (i) में हमने दो आभासी चरों का उपयोग किया है, दो गुणात्मक व्याख्यात्मक चरों, "शिक्षक के लिंग" और "शिक्षक की शिक्षा के प्रकार" प्रत्येक के लिए एक का उपयोग किया गया है। उपरोक्त प्रतिमान में आधार श्रेणी "बिना कॉन्वेंट शिक्षित महिला विद्यालय शिक्षक" हैं।

$E(u_i) = 0$ मान लेने पर, हमें (i) से प्राप्त हो सकता है।

बिना कॉन्वेंट शिक्षित विद्यालय के महिला शिक्षक का औसत वेतन–

$$E\left(Y_i \middle| D_i = 0, D_2 = 0, X_i\right) = \alpha + \delta X_i \qquad \text{...(ii)}$$

बिना कॉन्वेंट शिक्षित विद्यालय के पुरुष शिक्षक का औसत वेतन–

$$E\left(Y_i \middle| D_i = 1, D_2 = 0, X_i\right) = (\alpha + \beta) + \delta X_i \qquad \text{...(iii)}$$

कॉन्वेंट शिक्षित विद्यालय के महिला शिक्षक का औसत वेतन–

$$E\left(Y_i \middle| D_i = 0, D_2 = 1, X_i\right) = (\alpha + \gamma) + \delta X_i \qquad \text{...(iv)}$$

कॉन्वेंट शिक्षित विद्यालय के पुरुष शिक्षक का औसत वेतन–

$$E\left(Y_i \middle| D_i = 1, D_2 = 1, X_i\right) = (\alpha + \beta + \gamma) + \delta X_i \qquad \text{...(v)}$$

प्रतिमान (i) के सामान्य न्यूनतम वर्ग आकलन के द्वारा बहुत–सी परिकल्पनाओं का परीक्षण किया जा सकता है। उदाहरण के लिए, हम अलग–अलग अंतःखंड पद β अथवा γ अथवा β और γ दोनों के महत्त्व का परीक्षण कर सकते हैं।

इसी प्रकार या इसी शैली में हम एक से अधिक परिमाणात्मक और दो से अधिक गुणात्मक चरों को सम्मिलित करके प्रतिमान का विस्तार कर सकते हैं। यद्यपि, हमें हमेशा ध्यान में रखना है कि प्रत्येक गुणात्मक चर के लिए आभासी चरों की संख्या चर की श्रेणियों (categories) की संख्या से एक कम होनी चाहिए।

प्रश्न 5. हम प्रतीपगमन प्रतिमानों की संरचनात्मक स्थिरता का परीक्षण किस प्रकार करेंगे?

उत्तर— जब गुणात्मक चर केवल अवरोध या अंतःखंड पद को प्रभावित न करके उनके ढाल गुणांक को भी प्रभावित करते हैं, तब ऐसी स्थितियों में हमें एक ऐसी विधि खोजने की आवश्यकता है जो यह निर्धारित करे कि दो या अधिक प्रतीपगमनों में विभिन्नताएँ अंतःखंडों या ढालों या अंतःखंड और ढाल दोनों में विभिन्नताओं के कारण हैं। इस समस्या को समझने के लिए हम निम्न उदाहरण को देखते हैं—

मान लेते हैं कि हम एक सामान्य बचत फलन का आकलन करना चाहते हैं जो घरेलू बचत (S) को 1980-81 से 2002-03 की अवधि के लिए भारत के सकल घरेलू उत्पाद (GDP या Y) के साथ संबंधित करता है। वांछनीय डेटा (relevant data) तालिका 3.3 में दिया गया है—

अब गणना के दो तरीके हैं—

(1) गणना का एक तरीका है कि 1980-81 से 2002-03 की संपूर्ण अवधि के लिए Y पर S का एक OLS प्रतीपगमन (सामान्य न्यूनतम वर्ग प्रतीपगमन) करें (यह मानते हुए कि बचत और सकल घरेलू उत्पाद के बीच संबंध संपूर्ण अवधि में परिवर्तित नहीं होता है)। परंतु शायद ऐसा नहीं हो पाए, भारत ने, 1991 में, आर्थिक सुधारों की एक शृंखला प्रारंभ की, जिसके द्वारा इसकी आर्थिक व्यवस्था में महत्त्वपूर्ण सुधार आए। आर्थिक सुधारों की शुरुआत ने बचत–आय के संबंधों को भी बहुत ज्यादा प्रभावित किया। इस प्रकार अब हमारा उद्देश्य यह जाँच करना है कि बचत–आय के संबंधों में दो समय अवधियों के बीच संरचनात्मक परिवर्तन का अनुभव किया गया या नहीं। संरचनात्मक परिवर्तन से हमारा अभिप्राय है कि क्या बचत फलन के प्राचल में परिवर्तन आया है?

बचत फलन में संरचनात्मक परिवर्तन हुआ या नहीं इसके परीक्षण का एक तरीका चाऊ परीक्षण (Chow test) तकनीक है। चाऊ परीक्षण की प्रक्रिया निम्न प्रकार है जिसमें समय अवधि को 1980-81 से 2002-03 दो समय अवधियों में विभाजित किया गया है— सुधार–पूर्व अवधि (1980-81 से 1991-92) और सुधार के बाद की अवधि (1992-93 से 2002-03)। दो अवधियों के लिए बचत फलन को अब इस प्रकार लिखते हैं—

$S_t = A_1 + A_2 Y_t + u_{1t}$ ...(i)

सुधार–पूर्व अवधि के लिए; और

$S_t = B_1 + B_2 Y_t + u_{2t}$ ...(ii)

सुधार के बाद की अवधि के लिए

जहाँ, $S_t = t$ अवधि में घरेलू बचत

$Y_t = t$ अवधि में सकल घरेलू उत्पाद

$u = $ दो समीकरणों में त्रुटि पद

चाऊ परीक्षण (Chow test) तकनीक हमें यह बताती है कि संबंधित अवधि में बचत–आय संबंधों में संरचनात्मक परीक्षण हुए थे या नहीं। यद्यपि, यह हमें यह नहीं बताती कि दो प्रतीपगमन प्रतिमानों (i) और (ii) में अंतर उनके अंतःखंड मूल्यों या ढाल मूल्य या दोनों में है। दोनों प्रतिमानों

(i) और (ii) की तुलना करने पर हम देखते हैं कि चार संभावनाएँ हैं; जैसा चित्र 3.3 में दर्शाया गया है।

(क) $A_1 = B_1$ और $A_2 = B_2$; यानी ये दो प्रतीपगमन समरूप हैं। यह संपाती प्रतीपगमन (coincident regression) की स्थिति है। (चित्र 3.3 (a) में)

(ख) $A_1 \neq B_1$, परंतु $A_2 = B_2$; यानी ये दोनों प्रतीपगमन केवल अंतःखंडों की दृष्टि से अलग हैं। यह समानांतर प्रतीपगमन (parallel regression) की स्थिति है। (चित्र 3.3 (b) में)

(ग) $A_1 = B_1$, परंतु $A_2 \neq B_2$; यानी इन दोनों प्रतीपगमनों के अंतःखंड पद समान हैं परंतु ढाल भिन्न हैं। यह एक संगामी प्रतीपगमन (concurrent regression) की स्थिति है। (चित्र 3.3 (c) में)

(घ) $A_1 \neq B_1$ और $A_2 \neq B_2$; यानी ये दोनों प्रतीपगमन एकदम भिन्न हैं। यह स्थिति असमान प्रतीपगमन (dissimilar regression) की है। (चित्र 3.3 (d) में)

तालिका 3.3 में भारत के लिए घरेलू बचतें और सकल घरेलू उत्पाद के दिए गए आँकड़ों से हम दो प्रतीपगमन (i) और (ii) बना सकते हैं और यह देखने के लिए कि क्या दो समय अवधियों के बीच बचत फलन में महत्त्वपूर्ण संरचनात्मक परिवर्तन हुए हैं, हम चाऊ परीक्षण (Chow test) को लागू करते हैं।

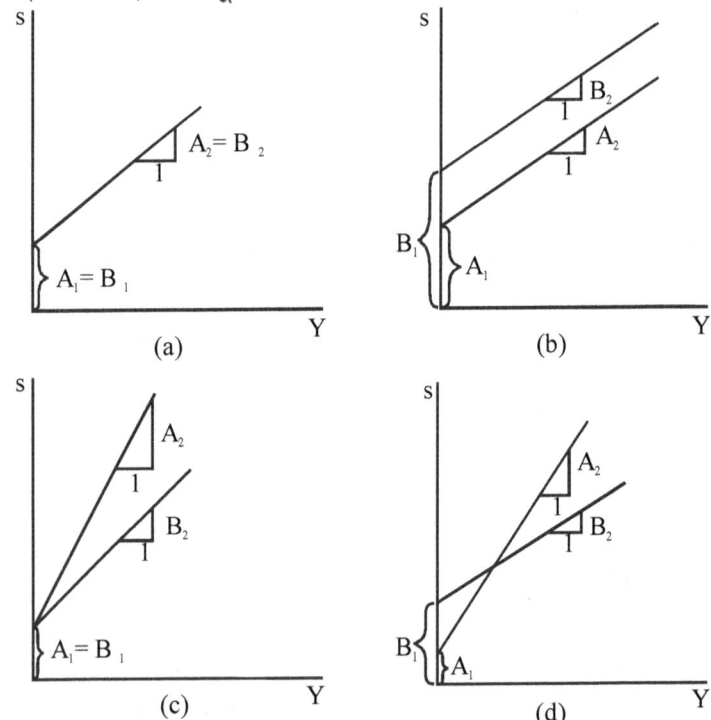

चित्र 3.3: दो प्रतीपगमन प्रतिमानों में संभावित अंतर

तालिका 3.3: 1980-81 से 2002-03 में भारत में घरेलू बचतें और सकल घरेलू उत्पाद

(स्थिर कीमतों पर)
(करोड़ ₹ में)

वर्ष	घरेलू बचत (S)	सकल घरेलू उत्पाद (Y)	वर्ष	घरेलू बचत (S)	सकल घरेलू उत्पाद (Y)
1980-81	27136.0	401128.0	1992-93	162906.0	737791.6
1981-82	31355.0	425072.8	1993-94	193621.3	781345.0
1982-83	34368.0	438079.5	1994-95	251463.4	838031.0
1983-84	38587.0	471742.2	1995-96	298747.3	899563.0
1984-85	46063.0	492077.3	1996-97	317260.7	970082.0
1985-86	54167.0	513990.0	1997-98	352178.0	1016595.0
1986-87	58951.0	536256.7	1998-99	374659.0	1082748.0
1987-88	72908.0	556777.8	1999-00	468681.0	1148368.0
1988-89	87913.0	615098.4	2000-01	495986.0	1198592.0
1989-90	106979.0	656331.2	2001-02	535185.0	1267833.0
1990-91	131340.0	692871.5	2002-03	597697.0	1318321.0
1991-92	143908.0	701863.2			

(2) यह परीक्षण करने के लिए कि क्या बचत फलन में महत्त्वपूर्ण संरचनात्मक परिवर्तन हुए हैं या नहीं एक वैकल्पिक तरीका आभासी चरों का उपयोग है। आभासी चरों का उपयोग संरचनात्मक परिवर्तन की समस्या का समाधान करने में निम्न प्रकार से किया जा सकता है—

बचत फलन को इस प्रकार लिखें—

$$S_t = a + bD_t + cY_t + d(D_t Y_t) + u_t \qquad \text{...(iii)}$$

जहाँ, S_t = t अवधि में घरेलू बचतें

Y_t = t अवधि में सकल घरेलू उत्पाद

D_t = 1 सुधार-पूर्व अवधि में प्रेषण के लिए

= 0 अन्यथा, यानी सुधार के बाद की अवधि प्रेषण के लिए

प्रतिमान (iii) में प्राचल b अवकल अवरोध (differential intercept) है और d अवकल ढाल गुणांक (differential slope coefficient) है जो यह बता रहा है कि सुधार-पूर्व अवधियों के बचत फलन का ढाल गुणांक सुधार पश्चात् अवधि में बचत फलन का ढाल गुणांक से कितना भिन्न है। उसी तरह एक प्रतियोगी आभासी का परिचय हमें दो अवधियों के अंतःखंडों (अवरोधों) के बीच तुलनीय बनाता है और गुणनशील आभासी चर हमें दो अवधियों में ढाल गुणांकों के बीच तुलना करने के योग्य बनाता है।

प्रतिमान (iii) में $E(u_t) = 0$, हमें प्राप्त होता है—

$$E(S_t | D_t = 0, Y_t) = a + cY_t \qquad \text{...(iv)}$$

$$E(S_t | D_t = 1, Y_t) = (a+b) + (c+d)Y_t \quad ...(v)$$

जो तुलनात्मक रूप से सुधार के पूर्व और सुधार के बाद की अवधि के लिए औसत बचत फलन हैं। जैसा कि $a = A_1$, $c = A_2$ और $(a + b) = B_1$, $(c + d) = B_2$ के साथ प्रतिमान (ii) और (iii) के द्वारा प्रस्तुत किया जाता है। इस प्रकार आभासी चरों की सहायता से दो उप–अवधि प्रतीपगमनों को प्राप्त करने के लिए एक एकल समीकरण का उपयोग आसानी से किया जा सकता है।

अब प्रतीपगमन (iii) का अनुमान लगाने के लिए तालिका 3.3 में दिए गए बचत और आय के समंक का उपयोग करने पर, हमें प्राप्त होता है–

$$\hat{S}_t = -133690.9 - 228628.9D_t + 0.375Y_t + 0.3385D_tY_t \quad ...(vi)$$

$$(21259.0) \quad (30775.09) \quad (0.0386) \quad (0.0441)$$

t-सांख्यिकी $(-6.289) \quad (-7.429) \quad (9.717) \quad (7.674) \quad R^2 = 0.9954$

हम प्रतीपगमन (vi) से देख सकते हैं कि विभिन्न अंतःखंड और विभिन्न ढाल गुणांक सांख्यिकीय रूप से महत्त्वपूर्ण हैं, जो इस ओर संकेत कर रहा है कि दो अवधियों के प्रतीपगमनों या बचत–आय संबंधों में भिन्नता है। दोनों फलनों को चित्र 3.3 (d) में रेखाचित्र द्वारा समझाया जा सकता है। D_t के लिए 0 और 1 मूल्यों को प्रतिस्थापित करने पर हमें प्राप्त होता है–

$$\hat{S}_t = -133690.9 - 228628.9(0) + 0.375Y_t + 0.3385(0)Y_t$$
$$= -133690.9 + 0.375Y_t \quad ...(vii)$$

जो सुधार–पूर्व अवधि का प्रतीपगमन प्रतिमान है और

$$\hat{S}_t = -133690.9 - 228628.9(1) + 0.375Y_t + 0.3385(1)Y_t \quad ...(viii)$$
$$= (-133690.9 - 228628.9) + (0.375 + 0.3385)Y_t$$
$$= -362319.8 + 0.7135Y_t$$

जो सुधार के बाद की अवधि का प्रतीपगमन प्रतिमान है।

प्रश्न 6. आभासी चर तकनीक के चाऊ परीक्षण तकनीक पर क्या लाभ हैं?

उत्तर– आभासी चर तकनीक के चाऊ परीक्षण तकनीक पर निम्नलिखित लाभ हैं–

(1) आभासी चर को बढ़ाने के लिए केवल एक समीकरण की आवश्यकता होती है जबकि चाऊ परीक्षण के लिए बहुत से प्रतीपगमनों की गणना करनी पड़ती है, प्रत्येक अवधि से संबंधित एक–एक की आवश्यकता होती है।

(2) चाऊ परीक्षण हमें यह नहीं बताते हैं कि दो अवधियों में अंतःखंड या ढाल गुणांक या दोनों भिन्न हैं या नहीं। वास्तव में, हम चाऊ परीक्षण के द्वारा यह नहीं बता सकते हैं कि चित्र में प्रस्तुत की गई चार संभावनाओं में कौन–सी अस्तित्व में है। इस संबंध में आभासी चरों के दृष्टिकोण के उपयोग का निश्चित तौर पर लाभ है। यह केवल इतना ही नहीं बताता कि दो प्रतीपगमन भिन्न हैं बल्कि उनकी विभिन्नता के श्रोत के मुख्य बिंदुओं को भी बताता है कि यह अंतःखंड या ढाल गुणांक या दोनों के कारण है।

(3) एकल प्रतीपगमन प्रतिमान का उपयोग, जैसा कि आभासी चर दृष्टिकोण की स्थिति में है, का मतलब होगा, स्वतंत्रता का उच्च स्तर। इसके विपरीत एक से अधिक प्रतीपगमन प्रतिमान (चाऊ परीक्षण की स्थिति में) इस तरह से आकलित प्राचलों (estimated parameters)

से संबंधित यथार्थता में सुधार करता है। परंतु यह ध्यान में रखना चाहिए कि प्रत्येक अतिरिक्त आभासी चर का उपयोग स्वतंत्रता की एक अतिरिक्त इकाई की खपत करेगा।

प्रश्न 7. मौसमी समायोजन से आप क्या समझते हैं? मौसमी विश्लेषण में आभासी चरों का उपयोग किस प्रकार किया जाता है?

उत्तर– मासिक या त्रैमासिक आँकड़ों पर आधारित बहुत से आर्थिक काल श्रेणी मौसमी नमूने को दर्शाते हैं। उदाहरण के लिए, जाड़े के महीने में ऊनी कपड़ों की बिक्री, त्यौहार के मौसम के दौरान विभागीय (विपणियों) की बिक्री, गर्मी के महीने में शीत पेय की बिक्री, गर्मी के महीने में फ्रिज और एयरकंडीशनर की बिक्री इत्यादि काल श्रेणियों के कुछ उदाहरण हैं जो मौसमी स्वरूप को बताते हैं। ऐसे काल श्रेणी के मौसमी घटकों को हटाना अक्सर वांछनीय होता है। मौसमी कारकों को दूर करने/हटाने की प्रक्रिया अमौसमीकरण या मौसमी समायोजन कहलाता है और इस प्रकार प्राप्त की गई अनुकूल या समायोजित काल श्रेणी (adjusted time series) मौसमी समायोजित या अमौसमी काल श्रेणी कहलाती है।

किसी काल श्रेणी के अमौसमीकरण के कई तरीके हैं। आभासी चरों का उपयोग भी किसी काल श्रेणी के अमौसमीकरण में आभासी चरों के लिए उपयोगी होता है। उदाहरण के लिए, एक डिपार्टमेंटल स्टोर की बिक्री को देखें। तालिका 3.4 में 2001–02 और 2004–05 की अवधि के दौरान दिल्ली में एक डिपार्टमेंटल स्टोर के तिमाही बिक्री और लाभ के आँकड़े प्रदान किए गए हैं–

तालिका 3.4: एक डिर्पाटमेंटल स्टोर की बिक्री और लाभ

(लाख ₹ में)

वर्ष	तिमाही	लाभ (Y)	बिक्री (X)
2001–02	I	16.63	132.1
	II	19.41	136.5
	III	24.01	177.7
	IV	19.91	157.5
2002–03	I	17.55	150.7
	II	20.90	152.4
	III	25.61	199.8
	IV	21.97	173.0
2003–04	I	19.46	167.4
	II	22.14	179.1
	III	27.42	227.0
	IV	22.72	191.6
2004–05	I	21.42	185.0
	II	25.41	187.3
	III	32.07	261.5
	IV	25.49	219.2

डिपार्टमेंटल स्टोर का लाभ फलन बिक्री पर निर्भर है। अब हम लाभ फलन को इस प्रकार प्रस्तुत करते हैं–

$$Y_t = A_1 + A_2D_{2t} + A_3D_{3t} + A_4D_{4t} + A_5X_t + u_t \quad ...(i)$$

जहाँ, Y_t = t अवधि में स्टोर का लाभ

X_t = t अवधि में स्टोर में बिक्री

मौसमी आभासी चरों को इस प्रकार परिभाषित किया गया है–

D_{2t} = 1 अगर दूसरी तिमाही में है

= 0 अन्यथा

D_{3t} = 1 अगर तीसरी तिमाही में है

= 0 अन्यथा

D_{4t} = 1 अगर चौथी तिमाही में है

= 0 अन्यथा

उपरोक्त प्रतिमान में हमने, चार तिमाहियों के द्वारा, मौसमी भिन्नता को निगमित किया है। यह मान लिया है कि गुणात्मक चर "मौसम" की चार श्रेणियाँ हैं जिससे इस प्रतिमान में तीन आभासों के उपयोग की आवश्यकता होती है। प्रतिमान में प्रथम तिमाही की जो रूपरेखा तैयार की गई है, उससे स्पष्ट है कि यह आधार है। मौसमी विभिन्नता को विभिन्न अंतःखंड के उपयोग द्वारा सम्मिलित किया गया है। ये विभिन्न अंतःखंड हमें बताते हैं कि प्रत्येक तिमाही में Y (या औसत लाभ) का औसत मूल्य आधार या प्रथम तिमाही की तुलना में कितना भिन्न है। तालिका 3.4 में आँकड़ों का उपयोग करने पर (i) का प्रतीपगमन परिणाम इस प्रकार है–

$$\hat{Y}_t = 3.9573 + 2.7314D_2 + 3.1321D_3 + 1.2841D_4 + 0.0932X_t \quad ...(ii)$$

std error (1.195) (0.491) (0.642) (0.525) (0.007)

t-statistics (3.313) (5.568) (4.880) (2.445) (12.950) $R^2 = 0.977$

जैसा कि यह प्रतीपगमन दिखाता है कि सभी विभिन्न अंतःखंड सांख्यिकीय रूप से सार्थक (significant) हैं। इससे तात्पर्य है कि औसत लाभ प्रत्येक चार तिमाहियों के दौरान भिन्न होते हैं। यह दिखाता है कि औसत लाभ तीसरी तिमाही में अधिकतम है जबकि देश में त्यौहार के मौसम के कारण बिक्री सबसे अधिक है।

नोट–उपरोक्त प्रतिमान में हमने यह मान लिया कि मौसमी विभिन्नता केवल अंतःखंड पद को प्रभावित करती है न कि ढाल पद को। परंतु वास्तव में ऐसा ही होना आवश्यक नहीं है। यह जानने के लिए कि क्या मौसमी विभिन्नता (प्रसरण) अंतःखंड या ढाल या दोनों को प्रभावित करती है, हम विभिन्न अंतःखंड और विभिन्न ढाल गुणांक की तकनीक का उपयोग करते हैं। इस विधि का उपयोग करते हुए हम प्रतिमान (i) को पुनः लिख सकते हैं जैसा कि प्रतीपगमन प्रतिमान (iii) के द्वारा दिखाया गया है और विभिन्न अंतःखंड और विभिन्न ढाल पदों की सार्थकता का परीक्षण कर सकते हैं।

$$Y_t = A_1 + A_2D_{2t} + A_3D_{3t} + A_4D_{4t} + A_5X_t + A_6(D_{2t}X_t) + A_7(D_{3t}X_t) + A_8(D_{4t}X_t) + u_t \quad ...(iii)$$

जहाँ, विभिन्न ढाल गुणांक A_6, A_7 और A_8 हमें बताते हैं कि दूसरी तिमाही, तीसरी तिमाही और चौथी तिमाही के ढाल गुणांक (slope coefficient) आधार (base) या पहली तिमाही की तुलना में कैसे अलग हैं।

प्रश्न 8. हम अनुप्रस्थ योग और काल श्रेणी समंक किस प्रकार कर सकते हैं? व्याख्या कीजिए।

उत्तर– तालिका 3.5 का अवलोकन करें जो भारतीय अर्थव्यवस्था के तीन क्षेत्रों के लिए ऊर्जा की माँग (energy demand) (मिलियन टन में तेल के समतुल्य) और उत्पादन के मूल्य (₹10 लाख में) के आँकड़े दिखा रहे हैं। यह अनुप्रस्थ काट काल श्रेणी समंक का एक उदाहरण है जिसमें हम अर्थव्यवस्था के तीन क्षेत्रों के लिए ऊर्जा माँग और उत्पादन के मूल्य के बीच संबंध को खोजना या जानना चाहते हैं और प्रत्येक क्षेत्र के लिए हमारे पास 1980–81 से 1997–98 के 18 वर्ष के आँकड़े उपलब्ध हैं।

ऊर्जा की माँग और उत्पादन के मूल्य के बीच संबंध के अध्ययन के बहुत सारे तरीके हैं जो निम्नलिखित हैं–

(1) हम प्रत्येक क्षेत्र के लिए अलग से निम्नलिखित काल श्रेणी प्रतिगमन चला सकते हैं–

$$Y_t = A_1 + A_2X_t + u_t \qquad \text{...(i)}$$

कृषि क्षेत्र के लिए

$$Y_t = B_1 + B_2X_t + u_t \qquad \text{...(ii)}$$

औद्योगिक क्षेत्र के लिए, तथा इसी प्रकार

जहाँ, Y_t = ऊर्जा की खपत

X_t = उत्पादन का क्षेत्रवार मूल्य

(2) आभासी चर तकनीक या चाऊ परीक्षण के उपयोग द्वारा कोई यह जान सकता है कि इन माँग फलनों के प्राचल समान हैं या नहीं।

दूसरा तरीका यह है कि प्रत्येक वर्ष के लिए अनुप्रस्थ–काट प्रतीपगमन का अनुमान लगाना। ऐसी स्थिति में प्रत्येक 18 वर्ष के लिए एक–एक प्रतिगामी यानी कुल 18 प्रतिगामी आकलित होंगे।

तीसरा तरीका है सभी 54 प्रेषणों (तीन क्षेत्रों के लिए 18 काल श्रेणी प्रेषणों) को साझा (pool) करके निम्न प्रतिगामी का आकलन करते हैं–

$$Y_{it} = A_1 + A_2D_{1t} + A_3D_{2t} + A_4X_{it} + u_{it} \qquad \text{...(iii)}$$

जहाँ, i बताता है i-th (वाँ) विभाग को और t बताता है t-th समय अवधि को।

(समीकरण (iii) में हमने मान लिया है कि संपूर्ण विभाग (क्षेत्र) में केवल अंतःखंड पद अलग हैं न कि ढाल पदें। विद्यार्थी संपूर्ण विभाग में ढाल गुणांकों और अंतःखंड पदों दोनों का भिन्न होना मान सकते हैं और स्वयं उसकी सार्थकता का परीक्षण कर सकते हैं)।

समीकरण (iii) का अनुमान लगाने के लिए तालिका 3.5 के समंकों का उपयोग करने पर हमें प्राप्त होता है–

$$\hat{Y}_{it} = 13.133 - 17.426D_{1t} + 6.696D_{2t} + 0.0004Y_t \qquad \text{...(iv)}$$

Std error (1.482) (1.682) (3.010) (0.0000)

t-statistics (9.195) (−10.356) (2.224) (18.195) $R^2 = 0.97602$

जैसा कि उपरोक्त परिणाम दिखाते हैं कि दोनों आभासी चर सांख्यिकीय रूप से सार्थक हैं। यह इस अर्थ की ओर संकेत करता है कि तीनों क्षेत्रों के लिए अलग–अलग अंतःखंड पद

होते हैं (एक अभ्यास के तौर पर हमें ढाल आभासी चरों पर विचार करना चाहिए और परीक्षण करना चाहिए कि वे सार्थक हैं या नहीं)।

तालिका 3.5: ऊर्जा की माँग और उत्पादन का मूल्य

वर्ष	कृषि क्षेत्र		औद्योगिक क्षेत्र		परिवहन क्षेत्र	
	शक्ति माँग (मिलियन टन में)	उत्पादन का मूल्य (10 लाख रुपए में)	शक्ति माँग (मिलियन टन में)	उत्पादन का मूल्य (10 लाख रुपए में)	शक्ति माँग (मिलियन टन में)	उत्पादन का मूल्य (10 लाख रुपए में)
80–81	5.47	466490	49.63	950820	18.04	249630
81–82	5.67	491390	54.74	1026470	18.45	263940
82–83	6.60	483580	58.32	1064180	19.46	271850
83–84	6.80	535250	61.64	1150020	20.39	283070
84–85	7.80	535430	63.63	1218210	21.09	302310
85–86	8.56	547970	67.71	1274720	22.53	324270
86–87	10.46	533600	72.80	1362240	23.67	344410
87–88	13.86	535290	72.24	1452530	25.55	368640
88–89	15.04	622140	79.13	1586490	27.23	384790
89–90	16.38	632630	83.02	1750530	28.83	410240
90–91	18.81	656530	86.42	1886010	29.09	428940
91–92	21.78	641180	90.34	1875600	30.72	455950
92–93	23.72	680090	93.76	1949940	31.83	477090
93–94	26.62	705130	97.43	2051620	33.35	511310
94–95	29.40	722640	102.17	2241360	35.01	560170
95–96	32.70	703150	101.10	2523590	38.67	623170
96–97	32.82	758880	109.51	2702180	41.65	674410
97–98	34.29	823410	112.24	2817880	43.45	727850

प्रश्न 9. वितरित पश्चता प्रतिमान को समझाइए।

उत्तर— वह प्रतिमान जो सही स्पष्ट पश्चता संरचना के साथ पूर्ववत् चरों को संयुक्त करता है और कई अवधियों में फैला रहता है, वितरित पश्चता प्रतिमान कहलाता है।

इस प्रतिमान को समझने के लिए हम एक सामान्य प्रतिमान को एक व्याख्यात्मक चर के साथ देखेंगे—

$$Y_t = \beta_0 + \beta_1 X_{t-\theta} + u_t, \qquad \ldots(i)$$

जहाँ, Y विनियोग व्यय और X बिक्री के मान हो सकते हैं।

यह बहुत सामान्य प्रतिमान है जो एक पूर्ववत् (पश्चता) प्रतिक्रिया का स्वीकृत पक्ष है, जो केवल t अवधि में दिखाई देता है और इसी अवधि के अंदर पूर्ण होता है। अवधि $t-\theta$ की बिक्री अवधि $t-1$ में या $t+1$ में विनियोग व्यय को प्रभावित नहीं करती, वे केवल t अवधि में विनियोग को प्रभावित करती हैं। व्यवहार में ऐसी स्थिति अक्सर आती है कि एक घटना का प्रभाव अनेक अवधियों तक महसूस किया जा सकता है।

दूसरे शब्दों में, एक घटना का प्रभाव अनेक समय अवधियों में वितरित हो सकता है। उदाहरण के लिए, तब तक फर्म विनियोग बढ़ाने का निर्णय नहीं करती, जब तक उसे बिक्री में एक स्थिर वृद्धि नहीं दिखाई देती। किसी समय सख्त सर्दी या प्राकृतिक जलवायु के कारण बिक्री में अप्रत्याशित वृद्धि फर्म के विनियोग व्यय और उत्पादन क्षमता का विस्तार नहीं कर पाती। इसी प्रकार, t अवधि में नए उपकरण (X_t) में विनियोग अनेक समय अवधियों, t अवधि में $\beta_0 X_t$, $t+1$ अवधि में $\beta_1 X_t$ और इसी प्रकार $t+s$ अवधि में $\beta_s X_t$ तक लाभ (Y_t) पर प्रभाव डाल सकता है। इसे इस प्रकार दिखाया जा सकता है–

$$Y_t = \beta_0 X_t + \beta_1 X_{t-1} + ...\beta_s X_{t-s} + u_t \qquad ...(ii)$$

वर्णित सामान्य गॉस–मार्कोव शर्तें (Gauss-Markov Conditions) मान्य होने पर यह प्रतिमान सामान्य न्यूनतम वर्ग द्वारा आकलित किया जा सकता है।

प्रश्न 10. वितरित पश्चता प्रतिमान में कौन से प्रश्न/समस्याएँ उठती हैं?

उत्तर– वितरित पश्चता प्रतिमान में निम्न प्रश्न/समस्याएँ उठती हैं–

(1) हम पश्चता संरचना (lag structure) के विस्तार का निर्णय कैसे करेंगे? यह निश्चित होना चाहिए या अनिश्चित? सिद्धांत प्रायः इस मामले में चुप है (कुछ नहीं बताता है)। पुनः, एक बहुत छोटी पश्चता संरचना अशुद्धि को बढ़ा सकती है और एक बहुत बड़ी पश्चता संरचना बहुत कम स्वातंत्र्य कोटि के एक प्रतिमान में फलित हो सकती है।

(2) X के पश्चतायुक्त मानों में सहसंबंध काफी अधिक होने की संभावना रहती है जिससे गुणांक आकलन अविश्वस्त हो जाते हैं एवं निष्कर्ष निकालना कठिन होता है।

(3) प्रतिक्रिया संरचना अथवा पश्चता संरचना क्या होगी? प्रायः एक मान्यता बनी हुई है कि सभी गुणांकों के चिह्न समान होंगे, यानी घटना का प्रभाव एक जैसा होगा। दूसरे शब्दों में, नए उपकरण में आज का विनियोग अगली s अवधियों में या तो लाभ को बढ़ाएगा या अगली s अवधियों में लाभ को घटाएगा। विशेष रूप से, हम उस स्थिति की अनुमति नहीं देते हैं जो अगली पाँच अवधियों में लाभ घटा सकती है और फिर इसे अवधि छह से s तक बढ़ाती है। यह भी प्रायः मान लेते हैं कि घटना का विस्तार समय के साथ कम होगा (गुणांक पूर्ण विस्तार से शून्य तक घटेगा)। यद्यपि शुरुआत में कुछ दिनों तक गुणांक का संपूर्ण विस्तार बढ़ सकता है। मान्यताएँ, हमेशा वास्तविक नहीं होतीं और ये आकलन को आसान करने के लिए आवश्यक होती हैं।

गुणांकों की संख्या कम करने की आवश्यकता एक अलग पश्चता योजना को जन्म देती है और आवश्यक रूप से भार (गुणांकों) से संबंधित $\beta_0, \beta_1, ..., \beta_s$ मान्यताओं को जन्म देती है।

प्रश्न 11. कोयक प्रतिमान की संक्षिप्त में व्याख्या कीजिए।

अथवा

कोयक (Koyck) बंटित पश्चता मॉडल पर विचार कीजिए—

$Y_t = \beta(X_t + \varphi X_{t-1} + \varphi^2 X_{t-2} + ...) + u_t$, जहाँ $|\varphi| < 1$ और u_t का माध्य 0 है और समाश्रयियों से स्वतंत्र है।

(a) अल्पकालिक गुणक (अर्थात् X_t में यूनिट परिवर्तन के प्रति Y_t की तात्कालिक प्रतिक्रिया) क्या है?

(b) दर्शाइए कि कोयक (Koyck) मॉडल को निम्नलिखित स्वरूप में मानने के लिए पुनः लिखा जा सकता है।

$Y_t = \varphi Y_{t-1} + \beta X_t + (u_t - \varphi u_{t-1})$

(c) क्या Y_{t-1} और X_t पर Y_t का ओ.एल.एस. समाश्रयण, मॉडल के प्राचल, β और φ के अनभिनत आकलन प्रदान करेगा? चर्चा कीजिए।

[दिसम्बर–2014, प्र.सं. 9]

अथवा

कोयक (Koyck) बंटित पश्चता मॉडल पर संक्षिप्त टिप्पणी लिखिए।

[जून–2015, प्र.सं. 7 (ख)]

उत्तर— कोयक प्रतिमान अनिश्चितता पश्चता विस्तार के साथ एक वितरित पश्चता प्रतिमान और एक पश्चता संरचना है जिसमें पूर्ववत् चरों के गुणांक उसी तरह गिरते हैं जिस तरह केंद्राभिमुख गुणोत्तर श्रेणी में। इस विशिष्ट पश्चता व्यवस्था के आरोपण का परिणाम स्वप्रतीपगामी प्रतिमान है।

यह प्रतिमान एल.एम. कोयक द्वारा प्रतिपादित किया गया। वे पश्चता गुणांकों के लिए एक निश्चित स्वरूप मान लेते हैं—

$$Y_t = \beta(X_t + \varphi X_{t-1} + \varphi^2 X_{t-2} + \varphi^3 X_{t-3} + ...) + u_t, \quad |\varphi| < 1 \quad ...(i)$$

हमें यह ध्यान रखना चाहिए कि यह संरचना सूत्रीकरण एक अनिश्चित पश्चता को ठीक दो आकलकों (parameters) β और φ के साथ अभिग्रहित (capture) करने में सक्षम है। हम यह मान लेते हैं कि φ अनकारात्मक (non-negative) और आकार में एक से छोटा है। इस योजना में प्रतिक्रिया संरचना दृढ़ (अटल) और बहुत प्रतिबंधित है। ये दोनों बाह्य घटनाओं/उत्तेजनाओं की एक तत्काल प्रतिक्रिया है और एक पश्चता (विलंबित) प्रतिक्रिया है। अनुवर्ती प्रतिक्रिया अभिसारी गुणोत्तर श्रेणियों की तरह घटती है। इसे हम **गुणोत्तर पश्चता प्रतिमान** (geometric lag structure) के उपनाम से जानते हैं।

निम्न रूपांतर से **कोयक प्रतिमान** (Koyck Model) के आकलन से संबंधित समस्याएँ ज्यादा स्पष्ट हो जाती हैं। समीकरण में एक पदीय पश्चता शामिल कर उसे φ से गुणा करने पर प्राप्त होता है—

$$\varphi Y_{t-1} = \beta(\varphi X_{t-1} + \varphi^2 X_{t-2} + \varphi^3 X_{t-3} + ...) + \varphi u_{t-1} \quad ...(ii)$$

इसे समीकरण (i) से घटाने पर हमें प्राप्त होता है—

$$Y_t - \varphi Y_{t-1} = \beta X_t + u_t - \varphi u_{t-1} \qquad ...(iii)$$

अगर हम L को पश्चता प्रयोजक मान लें अर्थात् समीकरण $LX_t = X_{t-1}$, $L^2 X_t = X_{t-2}$, $L^3 X_t = X_{t-3}$ इत्यादि। तब समीकरण (iii) होता है—

$$Y_t - \varphi L Y_t = \beta X_t + u_t - \varphi L u_t$$
$$(1 - \varphi L) Y_t = \beta X_t + (1 - \varphi L) u_t \qquad ...(iv)$$

समीकरण (iii) को इस प्रकार भी लिखा जा सकता है—

$$Y_t = \varphi Y_{t-1} + \beta X_t + u_t - \varphi u_{t-1} \qquad ...(v)$$

अथवा

$$Y_t = \frac{\beta}{1 - \varphi L} X_t + u_t \qquad ...(vi)$$

समीकरण (vi) **कोयक प्रतिमान** का **चल माध्य** (moving-average) या **वितरित पश्चता** (distributed lag) स्वरूप कहलाता है, जबकि समीकरण (v) **कोयक प्रतिमान** का स्वप्रतीपगामी स्वरूप (autoregressive) कहलाता है। समीकरण (v) का सामान्य न्यूनतम वर्ग आकलन प्राचलों (parameters) का अनियमित आकलन उत्पन्न करेगा क्योंकि संयुक्त त्रुटि पद (composite error term) $(u_t - \varphi u_{t-1})$ समीकरण के दाहिनी ओर पूर्ववत् आश्रित चरों Y_{t-1} के साथ सहसंबंधित है। सामान्य रूप से वे प्रतिमान जिनमें समीकरण (v) की संरचना होती है स्वप्रतीपगामी वितरित पश्चता कहलाते हैं।

प्रश्न 12. अर्थमिति प्रतिमानों में कल्पित पश्चताओं के क्या कारण हैं?

उत्तर— पश्चताओं के साथ प्रतिमान वास्तविक और यथार्थ अर्थमिति प्रतिमानों में सहायक हैं—

(1) आर्थिक वातावरण में परिवर्तन करने के लिए अभिकर्त्ताओं की प्रतिक्रियाओं में विलम्ब, और

(2) आर्थिक अभिकर्त्ताओं के दृढ़ व्यवहार नमूने।

प्रश्न 13. गत्यात्मक अथवा स्वप्रतीपगामी प्रतिमान को परिभाषित कीजिए।

उत्तर— एक गत्यात्मक या स्वप्रतीपगामी प्रतिमान वह है जिसमें आश्रित चर के पूर्ववत् मूल्य आकलित होने वाले समीकरण में प्रतिगामी की तरह उपस्थित रहते हैं।

उदाहरण के लिए, $Y_t = \varphi Y_{t-1} + \beta X_t + u_t - \varphi u_{t-1}$ के समान समीकरण प्रत्यक्ष रूप से **गत्यात्मक** (dynamic) अथवा स्वप्रतीपगामी प्रतिमानों (autoregressive models) के स्वीकृत सिद्धांतों के द्वारा प्राप्त हो सकते हैं, जैसे—समीकरण के दाईं ओर **पश्चता (विलंबित) आश्रित चरों** (lagged dependent variables) के साथ प्रतिमान प्रायः व्याख्यात्मक चरों के साथ होते हैं।

$$Y_t = \varphi Y_{t-1} + \beta X_t + u_t \qquad ...(i)$$

अथवा

$$\left(1-\varphi L\right)Y_t = \beta X_t + u_t \qquad \text{...(ii)}$$

अथवा

$$Y_t = \frac{\beta}{1-\phi L}X_t + \frac{1}{1-\phi L}u_t \qquad \text{...(iii)}$$

अथवा

$$Y_t = \beta\left(X_t + \varphi X_{t-1} + \varphi^2 X_{t-2} + ...\right) + \left(u_t + \varphi u_{t-1} + \varphi^2 u_{t-2} + ...\right) \qquad \text{...(iv)}$$

इस प्रकार, एक पूर्ववत् आश्रित चर के साथ **गत्यात्मक प्रतिमान (dynamic model) गुणोत्तर वितरित पश्चता (geometric distributed-lag)** के समान यथार्थ योजना को जन्म देता है जैसा कि कोयक प्रतिमान करता है। यद्यपि दोनों प्रतिमानों के विक्षोभ पद (disturbance term) की प्रकृति में अंतर है। **कोयक प्रतिमान** में एक विशुद्ध उच्चावचनयुक्त (standard while noise) विक्षोभ पद होता है जबकि **गत्यात्मक प्रतिमान** में **स्वप्रतीपगामी** विक्षोभ पद होता है।

प्रश्न 14. जॉर्गेन्सन के 'विवेकी' पश्चता प्रतिमान पर चर्चा कीजिए।

उत्तर– जॉर्गेन्सन का 'विवेकी' पश्चता प्रतिमान, जॉर्गेन्सन द्वारा विकसित कोयक प्रतिमान का सामान्यीकरण है। इस प्रतिमान का उद्देश्य पूर्ववत् आश्रित और स्वतंत्र चरों को जोड़ना तथा पद्धति और विक्षोभ गत्यात्मकता के प्राचलों को अलग–अलग (विभिन्न) होने की आज्ञा देगा। इस प्रतिमान को निम्न प्रकार से प्राप्त किया जा सकता है–

$$Y_t = \frac{A(L)}{B(L)}\beta X_t + u_t \qquad \text{...(i)}$$

यहाँ A(L) और B(L) पश्चता प्रवर्तक में बहुपदीय (polynomials) हैं। मान लीजिए कि $A(L)=(1+\rho L)$ और $B(L)=\left(1-\phi_1 L-\phi_2 L^2\right)$ हैं। अत:

$$\left(1-\phi_1 L-\phi_2 L^2\right)Y_t = \beta\left(1+\rho L\right)X_t + \left(1-\phi_1 L-\phi_2 L^2\right)u_t$$

अथवा

$$Y_t = \beta X_t + \beta\rho X_{t-1} + \phi_1 Y_{t-1} + \phi_2 Y_{t-2} + u_t \qquad \text{...(ii)}$$

प्रश्न 15. आंशिक अनुकूलन प्रतिमान से आप क्या समझते हैं?

उत्तर– सैद्धांतिक प्रतिमान का स्वीकृत पक्ष है कि आश्रित चर का वांछित या इष्टतम मूल्य स्वतंत्र चर के द्वारा निर्धारित होता है। आश्रित चर का इष्टतम मूल्य अज्ञात होने पर प्रतिमान आकलित नहीं किया जा सकता है। आंशिक अनुकूलन (समायोजन) प्रतिमान यह बताकर दुविधा का समाधान करते हैं कि आश्रित चर का वास्तविक मूल्य, वास्तविक तथा वांछित मूल्यों के बीच अंतर के कुछ भाग द्वारा अनुकूलित होता है। मान्यताएँ तकनीकी, संस्थागत या मनोवैज्ञानिक अक्रियता (जड़ता) और/या तीव्र परिवर्तन लागत के आधार पर न्यायसंगत हैं।

आंशिक अनुकूलन प्रतिमान (partial adjustment model) यह मान लेता है कि अनभिज्ञता, आलस्य और बदलने की ऊँची लागत के कारण अभिकर्त्ता तत्काल अनुकूल बनने में और

पूरी तरह से अपने वातावरण में परिवर्तन लाने में असमर्थ होते हैं। उदाहरण के लिए, जहाँ X_t व्यक्ति की व्यय योग्य आय (disposable income) को बताता है और $Y_t^* X_t$ के इष्टतम व्यय (optimal expenditure) को बताता है।

$$Y_t^* = \alpha + \beta X_t \qquad ...(i)$$

मान लीजिए कि किसी व्यक्ति की आय के स्तर में अचानक बहुत बड़ा परिवर्तन आ जाता है। इस समय वह तुरंत सर्वाधिक संगत उपभोग के स्तर को प्राप्त नहीं कर सकता है, क्योंकि उसे उस तुरंत होने वाले परिवर्तन के समायोजन के लिए अपनी उपयोगिता के कार्यों के बारे में पर्याप्त जानकारी नहीं हो सकती है। पूर्व स्वीकृत व्यवस्थाओं के कारण उसकी प्रतिक्रिया बाधित भी हो सकती है जो उसके तत्काल व्यवहार पर दबाव डाल सकता है। इसलिए, स्वरूप के एक **आंशिक अनुकूलन प्रतिमान** का उपयोग उसके व्यवहार का सही प्रतिरूप हो सकता है–

$$Y_t - Y_{t-1} = \gamma\left(Y_t^* - Y_{t-1}\right) + u_t \qquad ...(ii)$$

अथवा

$$Y_t - Y_{t-1} = \gamma\left(\alpha + \beta X_t - Y_{t-1}\right) + u_t \qquad ...(iii)$$

अथवा

$$Y_t = \gamma\left(\alpha + \beta X_t\right) + \left(1 - \gamma\right) Y_{t-1} + u_t \qquad ...(iv)$$

अथवा

$$Y_t = \delta + \lambda X_t + \varphi Y_{t-1} + u_t \qquad ...(v)$$

समीकरण (iv) मान लेता है कि उपभोग की आदतें दृढ़ रहती हैं और आज का उपभोग अंतिम अवधि के (Y_{t-1}) उपभोग का एक भारित संयोजन और वर्तमान इष्टतम उपभोग (present optimal consumption) $\left(\alpha + \beta X_t\right)$ है। अनुकूलता की गति और उपभोग स्तर में दो भिन्न उपभोग स्तर का तुलनात्मक महत्त्व **आंशिक अनुकूलता प्रतिमान** γ पर निर्भर करता है। मान लीजिए कि $0 < \gamma \leq 1$ है। यहाँ γ का मान एक के जितना निकट होगा, उपभोक्ता उतनी जल्दी अभीष्ट उपभोग प्रतिमान पा लेगा। शून्य के निकट γ का मूल्य अत्यधिक दृढ़ उपभोग का उदाहरण प्रस्तुत करता है।

प्रश्न 16. अनुकूलनशील प्रत्याशा प्रतिमान की परिभाषा दीजिए।

उत्तर– आंशिक अनुकूलन प्रतिमान की एक कमी है कि यह इष्टतम उपभोग को केवल वर्तमान आय पर निर्भर होना मान लेता है। एक विकल्प यह मान लेना है कि चूँकि आय एक अवधि से दूसरी अवधि में बढ़ती रहती है, व्यक्ति अपने उपभोग निर्णय को स्थायी या अनुमानित आय जो आय के सभी पूर्व मूल्यों के भारित योग के रूप में आकलित होता है, पर आधारित करता है। दूसरे शब्दों में, उपभोक्ता व्ययों की योजना प्रचलित आय (customary income) $\left(X_t^*\right)$ को ध्यान में रखकर बनाता है। इसे प्रतिमान के रूप में इस प्रकार व्यक्त किया जा सकता है–

$$Y_t = \alpha + \beta X_t^* + u_t \qquad \ldots(i)$$

X_t^* एक **अनुकूलनशील प्रत्याशा तंत्र** (adaptive expectations mechanism) का उपयोग करके आकलित होता है।

$$X_t^* - X_{t-1}^* = \mu(X_t - X_{t-1}^*), \qquad 0 < \mu \leq 1 \qquad \ldots(ii)$$

अनुकूलनशील प्रत्याशा प्रतिमान यह मान लेता है कि प्रत्याशा प्रत्येक अवधि में वर्तमान आय और पूर्व अनुमानित आय के बीच अंतर के प्रतिशत के द्वारा अद्यतन होते हैं। आकलन की सुविधा के लिए हम समीकरण (ii) को पुनः इस प्रकार लिखते हैं—

$$X_t^* - \phi X_{t-1}^* = \mu X_t, \qquad \phi = 1 - \mu. \qquad \ldots(iii)$$

अथवा

$$(1 - \phi L) X_t^* = \mu X_t \qquad \ldots(iv)$$

अथवा

$$X_t^* = \frac{\mu}{(1 - \phi L)} X_t \qquad \ldots(v)$$

समीकरण (v) को समीकरण (i) में प्रतिस्थापित करने पर हमें प्राप्त होता है—

$$Y_t = \alpha + \frac{\beta \mu}{(1 - \phi L)} X_t + u_t \qquad \ldots(vi)$$

अथवा

$$Y_t = \alpha(1 - \phi) + \beta(1 - \phi) X_t + \phi Y_{t-1} + u_t - \phi u_{t-1} \qquad \ldots(vii)$$

यह बिल्कुल उसी प्रकार है जिस प्रकार एक अवरोध पद (intercept term) के साथ कोयक प्रतिमान $Y_t = \phi Y_{t-1} + \beta X_t + u_t - \phi u_{t-1}$ है।

प्रश्न 17. X_t में इकाई परिवर्तन के अल्पकालीन, मध्यकालीन और दीर्घकालीन प्रभाव को स्पष्ट कीजिए।

उत्तर— सरल प्रतीपगमन पर विचार करते हैं—

$$Y_t = \beta(X_t + \varphi X_{t-1} + \varphi^2 X_{t-2} + \ldots) + (u_t + \varphi u_{t-1} + \varphi^2 u_{t-2} + \ldots) \qquad \ldots(i)$$

आंशिक व्युत्पन्न लेने पर हमें प्राप्त होता है—

$$\frac{\partial Y_t}{\partial X_t} = \beta$$

$$\frac{\partial Y_t}{\partial X_{t-1}} = \beta \phi \quad \text{or} \quad \frac{\partial Y_{t+1}}{\partial X_t} = \beta \phi$$

$$\frac{\partial Y_t}{\partial X_{t-2}} = \beta \phi^2 \quad \text{or} \quad \frac{\partial Y_{t+2}}{\partial X_t} = \beta \phi^2 \quad \text{इत्यादि।}$$

इस प्रकार, समीकरण (i) में पश्चता संरचना दर्शाती है कि X में परिवर्तन का परिणाम Y में गत्यात्मक प्रतिक्रियाओं का एक समूह है। तत्काल प्रतिक्रिया β के द्वारा दिखाई गई है। यह

प्रभाव के रूप में या अल्पकालीन गुणक के रूप में भी दिखाया गया है। अब हम मध्यकालीन प्रतिक्रिया उद्दीपन (प्रोत्साहन) के संचित प्रभाव की तरह प्राप्त कर सकते हैं, जैसे–

$$\beta_\tau = \sum_{i=0}^{\tau} \beta\phi^i$$

X_t में इकाई परिवर्तन के दीर्घकालीन प्रभाव (या संतुलन गुणांक) का परिकलन सभी प्रतीपगमन गुणांकों/आंशिक अवकलनों (regression coefficients/partial derivatives) का योग करके प्राप्त किया जा सकता है। दिए गए $|\phi| < 1$ यह योग $[\beta/(1-\varphi)]$ के बराबर होगा।

प्रश्न 18. स्वप्रतीपगमन एवं गत्यात्मक प्रतिमान के आकलन और निष्कर्ष की व्याख्या कीजिए।

उत्तर– स्वप्रतीपगमन (स्वप्रतीपगामी) प्रतिमान (Autoregressive models) जहाँ पूर्ववत् (पश्चता) मूल्य समीकरण के दाईं ओर उपस्थित होता है परंतु त्रुटि पद सामान्य और स्वतंत्र रूप से वितरित होता है, सामान्य न्यूनतम वर्गों द्वारा योग्यतानुसार कुछ गणितीय फेर–बदल के बाद आकलित किया जा सकता है जैसा कि **आंशिक अनुकूलन प्रतिमान** की कुशलता द्वारा प्राप्त किया गया है। यद्यपि, आकलकें अभिनत होंगी क्योंकि पूर्ववत् आश्रित चर विक्षोभ पद के साथ सहसंबंधित हैं।

गत्यात्मक प्रतिमान, जिसमें आश्रित चर के पूर्ववत् (विलंबित) मूल्य समीकरण के दाईं ओर उपस्थित होता है और विक्षोभ पद स्वप्रतीपगामी प्रक्रिया का अनुकरण करता है, सामान्य न्यूनतम वर्ग द्वारा योग्यतानुसार आकलित नहीं किया जा सकता है। हम मूल (आधारभूत) प्रतिमान के कुछ सामान्यीकृत स्वरूप (निष्कर्ष स्वरूप) पर विचार करेंगे जो समीकरण

$Y_t = \beta\left(X_t + \varphi X_{t-1} + \varphi^2 X_{t-2} + \varphi^3 X_{t-3} + ...\right) + u_t, |\varphi| < 1$ और

$\varphi Y_{t-1} = \beta\left(\varphi X_{t-1} + \varphi^2 X_{t-2} + \varphi^3 X_{t-3} + ...\right) + \varphi u_{t-1}$ में दर्शाए गए हैं।

$$Y_t = \alpha + \beta X_t + \gamma Y_{t-1} + u_t, |\gamma| < 1 \quad ...(i)$$

और

$$u_t = \rho u_{t-1} + \eta_t, \quad ...(ii)$$

जहाँ η_t स्वतंत्र रूप से वितरित, माध्य शून्य और प्रसरण σ^2 और $|\rho| < 1$ के साथ प्रसामान्य है।

हम जानते हैं–

$$\left(1 - \varphi_1 L - \varphi_2 L^2\right) Y_t = \beta\left(1 - \rho L\right) X_t + \eta_t \quad ...(iii)$$

समीकरण $(1 - \varphi L)(1 - \rho L) Y_t = \{1 - (\rho + \varphi)L + \rho\varphi L^2\} Y_t = \beta(1 - \rho L) X_t + \eta_t$

और $\left(1 - \varphi_1 L - \varphi_2 L^2\right) Y_t = \beta\left(1 - \rho L\right) X_t + \eta_t$ हमें प्रदान करते हैं–

$$Y_t = (\varphi + \rho) Y_{t-1} + \beta X_t - \rho\varphi Y_{t-2} - \rho\beta X_{t-1} + \eta_t \quad ...(iv)$$

यह समीकरण सामान्य न्यूनतम वर्ग द्वारा और $X_{t-1} = 0$ के गुणांक और $X_t \neq 0$ के गुणांक के परीक्षण द्वारा आकलित किया जा सकता है। यह $\rho = 0$ के एक परीक्षण के समान है।

विभिन्न विकल्पों, तकनीकों का सुझाव दिया गया है जिसमें एक सरल और उपयोग में आसान तकनीक उपकरण चर (साधन चर) है। वालिस (Wallis) ने निम्न प्रक्रिया का प्रस्ताव (सुझाव) दिया है। Y_{t-1} के लिए X_{t-1} का एक उपकरण (साधन) की तरह उपयोग करके समीकरण (i) का आकलन करते हैं। इससे हमें प्राप्त होता है—

$$\hat{\beta} = (Z'X)^{-1} Z'Y, \text{ where } Z = \begin{bmatrix} 1 & X_0 & X_1 \\ 1 & X_1 & X_2 \\ \vdots & \vdots & \vdots \\ 1 & X_{n-1} & X_n \end{bmatrix} \text{ and } X = \begin{bmatrix} 1 & Y_0 & X_1 \\ 1 & Y_1 & X_2 \\ \vdots & \vdots & \vdots \\ 1 & Y_{n-1} & X_n \end{bmatrix}$$

अब प्रतीपगमन अवशेषों का परिकलन करने पर

$\hat{u} = Y - X\hat{\beta}$,

और प्रथम क्रम वर्ग (first order serial) सहसंबंध गुणांक $= r = \hat{\rho}$ का परिकलन करते हैं। ρ के इस आकलन का उपयोग कर निम्न व्यूह प्राप्त करते हैं—

$$\hat{\Omega} = \begin{bmatrix} 1 & r & r^2 & \cdots & r^{n-1} \\ r & 1 & r & \cdots & r^{n-2} \\ \vdots & & & & \vdots \\ r^{n-1} & r^{n-2} & r^{n-3} & \cdots & 1 \end{bmatrix}$$

और सामान्य न्यूनतम वर्ग आकलक (Generalised Least Squares Estimator) का परिकलन करते हैं।

$$b = \left(X'\hat{\Omega}^{-1}X\right)^{-1} X'\hat{\Omega}^{-1}Y$$

यह आकलक परिकलन के दृष्टिकोण से सरल और संगत है। बेशक, जब ρ अज्ञात होता है यह एक योग्य आकलक नहीं होता है।

वैकल्पिक रूप में, कोई समीकरण (i) के प्राचलों का आकलन करने के लिए पुनरावृत्तीय (iterative), अरेखीय (non-linear), न्यूनतम वर्ग तकनीक का उपयोग कर सकता है। इस पश्चता समीकरण (i) को एक अवधि तक करने के लिए, ρ से गुणा कीजिए और मूल समीकरण से घटाने पर प्राप्त किया जाता है—

$$Y_t - \rho Y_{t-1} = \alpha(1-\rho) + \beta(X_t - \rho X_{t-1}) + \gamma(Y_{t-1} - \rho Y_{t-2}) + \eta_t \quad \ldots(v)$$

पुनरावृत्तीय, अरेखीय, न्यूनतम वर्ग के द्वारा उपरोक्त का आकलन संगत और अनंतस्पर्शी (asymptotically) योग्य आकलक प्रदान करेगा।

किसी अन्य बहुप्रतीपगमन प्रतिमान की तरह चरों की सार्थकता के लिए परिकल्पना परीक्षण इन प्रतिमानों में प्रमाण t और F परीक्षणों का उपयोग करता है।

प्रश्न 19. एक गुणात्मक चयन प्रतिमान को लागू होने के लिए कौन से मापदंड अवश्य पूरे होने चाहिए?

उत्तर— गुणात्मक चयन प्रतिमान का उपयोग उन स्थितियों की व्याख्या करने के लिए किया जा सकता है जिसमें एक निर्णयकर्त्ता निम्न शर्तों को पूरा करने के लिए विकल्पों के समूह में से किसी एक विकल्प के चयन का सामना करते हैं—

(1) विकल्पों की संख्या निश्चित है;

(2) विकल्प परस्पर एकांतिक (mutually exclusive) है अर्थात् यदि एक व्यक्ति समूह में एक विकल्प का चयन करता है तो वह व्यक्ति अन्य विकल्प का चयन नहीं कर सकता है; तथा

(3) विकल्पों का समूह सर्वांगपूर्ण (exhaustive) है अर्थात् इसमें सभी संभव विकल्प शामिल हैं और व्यक्ति निश्चित रूप से समूह से केवल एक विकल्प चुनता है।

प्रश्न 20. रेखीय प्रायिकता प्रतिमान को परिभाषित करते हुए इसकी कमियों को लिखिए।

अथवा

व्याख्या कीजिए कि परिकलन में सरल होने के बावजूद रेखीय प्रायिकता प्रतिमान खंडित आश्रित चर (discrete dependent variable) की समस्याओं के विश्लेषण के लिए एक अच्छा चयन नहीं है।

अथवा

मान लीजिए कि पराश्रित चर Y_i के दो मान हैं—0 और 1. मान लीजिए कि x_i स्वतंत्र चरों के सेट को दर्शाता है जिनमें से कुछ सतत् हो सकते हैं। मान लीजिए कि आप Y_i पर x_i के प्रभाव अर्थात् $Y_i = x_i\beta + \varepsilon_i$, का अध्ययन करने के लिए रैखिक प्रायिकता मॉडल (LPM) बनाते हैं, जहाँ ε_i को शून्य माध्य की प्राप्ति के लिए प्रसामान्यीकृत किया जाता है।

(क) दर्शाइए कि प्रत्येक x_i के लिए त्रुटि चर ε_i मात्र दो मान ले सकता है।

(ख) दर्शाइए कि प्रसरण $(\varepsilon_i | x_i)$, ε_i आधारित x_i का प्रसरण, $x_i\beta(1 - x_i\beta)$, के समतुल्य है।

(ग) मॉडल में, ऐसी प्रायिकता क्यों है कि $Y_i = 1$ आधारित x_i, अंतराल [0,1] में निहित रहने के लिए अवरुद्ध क्यों नहीं है? [जून-2014, प्र.सं. 4]

उत्तर— रेखीय प्रायिकता प्रतिमान (linear probability model) परिभाषित करता है—

$$G(x_i, \beta) = x_i\beta \qquad ...(i)$$

चूँकि $E[Y_i | x_i] = G(x_i, \beta)$, हम प्रतीपगमन प्रतिमान का निर्माण कर सकते हैं,

$$Y_i = E[Y_i | x_i] + (Y_i - E[Y_i | x_i]) = x_i\beta + \varepsilon_i, \quad i = 1,..,n \text{ and } \beta = (\beta_0, \beta_1,...,\beta_K)$$
$$...(ii)$$

रेखीय प्रायिकता प्रतिमान परिकलन में सरल है और अर्थमिति के सभी विद्यार्थियों में प्रचलित है। यह चयन समस्या के उस प्रतिरूप के समान है जो प्रमाप रेखीय प्रतीपगमन विधियों का उपयोग करता है। फिर भी, इसकी बहुत-सी कमियाँ हैं जो निम्नलिखित हैं—

(1) दाईं ओर असतत् और सतत् चरों का मेल है, परंतु बाईं ओर के चर असतत् हैं। हम "कुछ असतत्" (something discrete) से "कुछ सतत्" (something continuous) को बराबर करना चाहते हैं। (x_i, Y_i) प्रेक्षणों के समंकों का निशान कुछ शून्यों और कुछ एक (ones) के आधार पर सतत् मूल्यों की श्रेणी का निर्माण करेगा। पारंपरिक प्रतीपगमन

विश्लेषण की तरह वर्ग दूरी को न्यूनतम कर एक प्रतीपगमन रेखा (अथवा तल) अनुकूलित करने से यहाँ कोई अर्थपूर्ण निर्वचन नहीं होता है।

(2) Y_i के लिए मूल्यों का चयन अर्थात् 0 और 1 मनमाना (arbitrary) ही है। हम (1, 2), (5, 10), (2.7, 3.1) इत्यादि किन्हीं भी संख्याओं का उपयोग कर सकते हैं किंतु यह β's को बदल देगा, जिसका मतलब है कि β's का स्पष्ट निर्वचन नहीं होगा।

(3) जिस तरह Y_i केवल दो मूल्यों 0 और 1 को ले सकता है, विक्षोभ ε_i भी प्रत्येक x_i के लिए दो मूल्यों में से केवल एक ही लेता है।

$\varepsilon_i = 1 - x_i\beta$ यदि i^{th} व्यक्ति विकल्प **एक** का चयन करता है।

$\varepsilon_i = -x_i\beta$ यदि i^{th} व्यक्ति विकल्प **दो** का चयन करता है।

इसलिए,

$\varepsilon_i = 1 - x_i\beta, P_i = P(Y_i = 1)$ प्रायिकता के साथ; तथा

$\varepsilon_i = -x_i\beta, 1 - P_i = P(Y_i = 0)$ प्रायिकता के साथ।

परिणामस्वरूप, ε_i का व्यवहार कभी भी किसी सतत् प्रायिकता वितरण के तुल्य नहीं हो सकता।

(4) जैसा कि पारंपरिक प्रतीपगमन विश्लेषण में लागू होता है, ε_i को इस तरह प्रमापित किया जाता है कि ε_i का अनुमान बाह्य या बहिर्गमन चरों (exogenous variables) के, शून्य होने की शर्त पर निर्भर करता है।

$$E(\varepsilon_i | x_i) = (1 - x_i\beta)P_i + (-x_i\beta)(1 - P_i) = P_i - x_i\beta = 0 \quad \text{...(iii)}$$

यह इस अर्थ की ओर संकेत करता है कि $P_i = x_i\beta,\ i = 1, ..., n$ अर्थात् मूल स्वप्रतीपगामी (समीकरण (ii) से) $Y_i = P_i + \varepsilon_i,\ i = 1, ..., n$ के बराबर है। यह द्विविकल्पी प्रतिक्रिया चर (binary response variable) और प्रतिक्रिया प्रायिकता (response probability) के बीच के अंतर के बराबर, विक्षोभ पैदा करता है। परंतु, प्रतिक्रिया प्रायिकता सामान्यतः सतत् रूप से बदलने वाली प्रविष्टि होती है जबकि विक्षोभ पद और प्रतिक्रिया चर द्विविकल्पी या द्विअर्थी असतत् चर होते हैं। सतत् और असतत् चर के बीच के अंतर को असतत् चर के समान (equate) बनाने का कोई औचित्य नहीं है।

उपरोक्त विश्लेषण यह भी बताता है कि विक्षोभ पद का प्रसरण है–

$$V(\varepsilon_i | x_i) = (1 - x_i\beta)^2 P_i + (-x_i\beta)^2 (1 - P_i) = (1 - x_i\beta)x_i\beta$$

यहाँ प्रसरण (variance), x_i और β दोनों का फलन है। दूसरे शब्दों में, प्रसरण या विचलन केवल विषम विसारित (heteroscedastic) ही नहीं है बल्कि इसका प्रसरण प्रतीपगमन के ढाल गुणांक (समीकरण (ii)) पर निर्भर करता है।

(5) एक अधिक महत्त्वपूर्ण एवं आधारभूत समस्या यह है कि हम $x_i\beta$ और इसलिए प्रतिक्रिया प्रायिकता (response probability) को अंतराल [0, 1] तक सीमित नहीं रख सकते। परिणामस्वरूप, प्रतिमान निरर्थक प्रायिकताएँ और ऋणात्मक विचलन पैदा करते हैं। ऐसे पूर्वानुमान स्पष्टतया कठिन और अवांछनीय होते हैं। व्यवहार में शोधकर्त्ता [0, 1] अंतराल

के बीच पड़ने वाली पूर्वानुमानित प्रायिकताओं को अनुकूल बनाते हैं, परंतु ऐसी व्यवस्थाएँ तदर्थ (ad hoc) होती हैं और संभव है कि परिणाम प्रदान करने वाले आकलक में ज्ञात प्रतिचयन विशेषताएँ नहीं भी हों। यह रेखीय प्रतिमान का एक गंभीर परिसीमन है।

प्रश्न 21. गुणात्मक चयन स्थितियों का विश्लेषण करने के लिए अव्यक्त प्रतीपगमन प्रतिमान को समझाइए। इस प्रतिमान के सैद्धांतिक आधार एवं निहितार्थों को बताइए।

अथवा

अव्यक्त प्रतीपगमन प्रतिमान के निहितार्थों को स्पष्ट कीजिए।

उत्तर– अव्यक्त प्रतीपगमन प्रतिमानों (latent regression models) का उपयोग गुणात्मक चयन स्थितियों का विश्लेषण करने के लिए किया जा सकता है। किसी असतत् चयन के परिणाम को एक अंतर्निहित प्रतीपगमन के परिणाम के रूप में देखा जा सकता है। इस प्रतिमान को समझने के लिए हम श्रमशक्ति के सहभागिता उदाहरण पर विचार करेंगे। माना कि श्रमशक्ति में प्रवेश की प्रवृत्ति एक अप्रेषित चर (unobserved variable) $Y_i^* = x_i\beta + \varepsilon_i$ है। यहाँ, $x_i\beta$ सूचकांक फलन (index function) कहलाता है। Y_i^* प्रेषित नहीं है, परंतु हम व्यक्ति के श्रमशक्ति के एक भाग होने या नहीं होने के निर्णय का प्रेषण करते हैं। अर्थात् हम (Y_i, x_i) का प्रेषण करते हैं, जहाँ–

$$Y_i = 1 \text{ if } Y_i^* > c,$$
$$Y_i = 0 \text{ if } Y_i^* \le c \qquad \text{...(i)}$$

एवं जहाँ, c कोई धनात्मक स्थिरांक है और प्रवृत्ति चर (propensity variable) के लिए एक कार्यस्थल प्रदान करता है। ε_i के लिए उपयुक्त मान्यताएँ बनाकर हम श्रमशक्ति में सहभागिता की प्रायिकता का परिकलन कर सकते हैं, जहाँ x_i एवं Y_i का अनुमान ज्ञात है।

$$\text{Prob}\left(Y_i = 1 \middle| x_i\right) = \text{Prob}\left(Y_i^* > c \middle| x_i\right) = \text{Prob}\left[\varepsilon_i > c - x_i\beta \middle| x_i\right] \qquad \text{...(ii)}$$

$$E\left(Y_i \middle| x_i\right) = \text{Prob}\left(Y_i = 1 \middle| x_i\right) \qquad \text{...(iii)}$$

यहाँ यह पूर्वानुमान किया जा सकता है कि x_i में परिवर्तन होने पर $Y_i = 1$ के होने की प्रायिकता में भी परिवर्तन हो जाएगा।

अव्यक्त प्रतीपगमन दृष्टिकोण का सैद्धांतिक आधार–अव्यक्त प्रतीपगमन (latent regression) की व्याख्या उपयोगिताओं की दृष्टि से भी हो सकती है। माना कि U^1 व्यक्ति की उपयोगिता है, यदि वह काम करने/काम ढूँढ़ने का निर्णय लेता है और U^0 व्यक्ति की उपयोगिता है, यदि वह काम से अलग रहना चाहता है। तब हम इसे सूत्र रूप में इस प्रकार लिख सकते हैं–

$$U^1 = x\beta_1 + \varepsilon_1 \text{ और } U^0 = x\beta_0 + \varepsilon_0 \qquad \text{...(iv)}$$

यहाँ x कारकों के एक सामान्य समूह को बताता है, जैसे–आयु, वैवाहिक स्थिति, लिंग, शिक्षा एवं कार्यानुभव; β_0 और β_1 अज्ञात प्राचलों के सदिश (vectors); और ε_0 और ε_1 अदृश्य, विशिष्ट, वैकल्पिक एवं अभिरुचि घटक हैं।

व्यक्ति कार्य करेगा/नहीं करेगा यह श्रमशक्ति सहभागिता के सीमांत लाभ, सीमांत लागत के परिकलन पर निर्भर करता है, जो यथाक्रम दो विकल्पों से व्युत्पन्न उपयोगिताओं पर

आधारित है। हम चयन करने का तो प्रेषण करते हैं, पर अदृश्य उपयोगिताओं का नहीं। प्रेषित सूचक (observed indicator) $Y = 1$ जब $U^1 \geq U^0$ और $Y = 0$ जब $U^1 - U^0 \leq 0$ है। हमारे प्रतिदर्श (sample) में i^{th} व्यक्ति के लिए हैं–

$$\text{Prob}\left(Y_i = 1 \middle| x_i\right) = \text{Prob}\left[\left(U^1 - U^0\right)_i \geq 0\right]$$
$$= \text{Prob}\left(x_i\beta_1 + \varepsilon_{1i} - x_i\beta_0 - \varepsilon_{0i} > 0 \middle| x_i\right)$$
$$= \text{Prob}\left\{x_i\left(\beta_1 - \beta_0\right) + \left(\varepsilon_{1i} - \varepsilon_{0i}\right) > 0 \middle| x_i\right\}$$
$$= \text{Prob}\left[x_i\beta + \varepsilon_i > 0 \middle| x_i\right]$$
$$= \text{Prob}\left[\varepsilon_i > -x_i\beta \middle| x_i\right] \quad \text{...(v)}$$

चूँकि सभी प्रायिकताओं का योग एक के बराबर होता है, अतः

$$\text{Prob}\left(Y_i = 0 \middle| x_i\right) = 1 - \text{Prob}\left(Y_i = 1 \middle| x_i\right)$$
$$= 1 - \text{Prob}\left[\left(U^1 - U^0\right)_i \geq 0\right]$$
$$= 1 - \text{Prob}\left[\varepsilon_i > -x_i\beta \middle| x_i\right] \quad \text{...(vi)}$$

और

$$E\left[Y_i \middle| x_i\right] = 1\left\{\text{Prob}\left(Y_i = 1 \middle| x_i\right)\right\} + 0\left\{1 - \text{Prob}\left(Y_i = 1 \middle| x_i\right)\right\} = \text{Prob}\left(Y_i = 1 \middle| x_i\right) \quad \text{...(vii)}$$

प्रयोगसिद्ध आकलन के लिए कुछ निहितार्थ—माना कि ε_i के प्रसरण को किसी सकारात्मक स्थिरांक (positive constant) k^2 से गुणा किया जाता है। अब **अव्यक्त प्रतीपगमन** $Y_i^* = x_i\beta + k\varepsilon_i$ होगा, परंतु समान समंकों के साथ समान प्रतिमान $Y_i^* / k = x_i\left(\beta / k\right) + \varepsilon_i$ होगा। प्रेषित समंक जैसा है वैसा ही रहेगा। Y_i अब भी 0 अथवा 1 होता है, यह केवल Y_i^* के चिह्न पर निर्भर करता है, न कि इसके पैमाने पर। दूसरे शब्दों में, समंक में k की सूचना नहीं होने के कारण यह आकलित नहीं किया जा सकता। दूसरे, यदि प्रतिमान में एक स्थिर पद अर्थात् α है, तो

$$\text{Prob}\left(Y_i = 1 \middle| x_i\right) = \text{Prob}\left(Y_i^* > c \middle| x_i\right)$$
$$= \text{Prob}\left(Y_i^* - c > 0 \middle| x_i\right)$$
$$= \text{Prob}\left(y_i^* > 0 \middle| x_i\right)$$
$$= \text{Prob}\left[\varepsilon_i > c - x_i\beta - \alpha \middle| x_i\right]$$
$$= \text{Prob}\left[\varepsilon_i > -\left(\alpha - c\right) - x_i\beta \middle| x_i\right] \quad \text{...(viii)}$$

चूँकि α अज्ञात है और अंतर $\left(\alpha - c\right)$ एक अज्ञात प्राचल रहता है। इसलिए हम लिख सकते हैं–

$$\text{Prob}\left(Y_i = 1 \middle| x_i\right) = \text{Prob}\left(y_i^* > 0 \middle| x_i\right) = \text{Prob}\left[\varepsilon_i > -x_i\beta - \delta \middle| x_i\right] \quad \text{...(ix)}$$

पदों का उपयुक्त पुनःएकत्रीकरण उत्पन्न करेगा–

$$\text{Prob}(Y_i = 1 | x_i) = \text{Prob}(y_i^* > 0 | x_i) = \text{Prob}[\varepsilon_i > -z_i\beta | z_i] \qquad ...(x)$$

यह ε_i के लिए उपयुक्त एक प्रायिकता वितरण के चयन की समस्या है।

उपरोक्त वर्णित प्रतिमान का सफलतापूर्वक आकलन, $G(x_i, \beta)$ के कार्यात्मक स्वरूप के सही चयन करने या ε_i के लिए उपयुक्त प्रायिकता वितरण पर निर्भर करता है। चयन ऐसा अवश्य हो कि वह पूर्वानुमानित प्रायिकताओं में अंतर्निहित सिद्धांत के साथ संगत हो। चयनित $G(x_i, \beta)$ का कोई यथोचित सतत् प्रायिकता वितरण $F(x_i, \beta)$ होना, वास्तविक रेखा पर परिभाषित तार्किक संगतता को सुनिश्चित करेगा।

प्रश्न 22. निम्नलिखित पर संक्षिप्त टिप्पणी लिखिए—

(i) प्रोबिट प्रतिमान

उत्तर— वह प्रतिमान जिसकी प्रतिक्रिया प्रायिकता सामान्य संचयी वितरण फलन के द्वारा दी जाती है, प्रोबिट प्रतिमान कहलाता है। प्रतीपगमन दृष्टिकोण में $F(x_i, \beta)$ का सामान्य वितरण होना, **प्रोबिट प्रतिमान** को जन्म देता है। इसी प्रकार यह मान लेना कि अव्यक्त प्रतीपगमन दृष्टिकोण में ε_i का एक प्रसामान्य वितरण (standard normal distribution) का अनुकरण करना x_i पर निर्भर करता है, यह भी प्रोबिट प्रतिमान को जन्म देता है। सामान्य घनत्व (density) इसके माध्य के समरूप होता है और इसलिए हमें प्राप्त होगा—

$$\text{Prob}(Y_i = 1 | x_i) = \text{Prob}[\varepsilon_i > -x_i\beta | x_i]$$
$$= \text{Prob}[\varepsilon_i < x_i\beta | x_i]$$
$$= \Phi(x_i\beta) \qquad ...(i)$$

इसे इस प्रकार भी अभिव्यक्त किया जा सकता है—

$$\text{Prob}(Y_i = 1 | x_i) = \int_{-x_i\beta}^{\infty} \phi(t) dt = \int_{-\infty}^{x_i\beta} \phi(t) dt = \Phi(x_i\beta) \qquad ...(ii)$$

फलन $\phi(.)$ प्रसामान्य प्रायिकता घनत्व फलन के लिए सामान्य रूप से उपयोग में आने वाला चिह्न है।

(ii) लॉजिट प्रतिमान

उत्तर— प्रतीपगमन दृष्टिकोण में $F(x_i, \beta)$ का वृद्धिघाती वितरण (logistic distribution) में होना लॉजिट प्रतिमान को जन्म देता है। इसी प्रकार अव्यक्त प्रतीपगमन दृष्टिकोण में यह मान लेना कि ε_i, ज्ञात प्रसरण $(\pi^2 / 3)$ के साथ वृद्धिघाती वितरण का अनुकरण करता है, लॉजिट प्रतिमान को उत्पन्न करेगा। वृद्धिघाती वितरण फलन इस प्रकार है—

$$\text{Prob}(\varepsilon_i \leq x_i\beta | x_i) = \Lambda(x_i\beta) = \frac{e^{x_i\beta}}{1 + e^{x_i\beta}}$$

वृद्धिघाती वितरण का एक महत्त्वपूर्ण गुण इसका प्रायिकता घनत्व फलन है।

$$\lambda(\mathbf{x}_i\beta) = \frac{d\Lambda(\mathbf{x}_i\beta)}{d(\mathbf{x}_i\beta)} = \frac{e^{\mathbf{x}_i\beta}}{(1+e^{\mathbf{x}_i\beta})^2} = \Lambda(\mathbf{x}_i\beta)[1-\Lambda(\mathbf{x}_i\beta)]$$

हमारे पास निम्न व्यंजक हैं—

(a) $P_i = \text{Prob}(Y_i = 1|x_i) = \text{Prob}[(U^1 - U^0)_i \geq 0] = G(x_i, \beta)$

(b) $\text{Prob}(Y_i = 0|x_i) = 1 - \text{Prob}(Y_i = 1|x_i)$
$= 1 - \text{Prob}[(U^1 - U^0)_i \geq 0] = 1 - \text{Prob}[\varepsilon_i > -x_i\beta|x_i]$

और

(c) $\text{Prob}(Y_i = 1|x_i) = \text{Prob}(Y_i^* > c|x_i)$
$= \text{Prob}(Y_i^* - c > 0|x_i) = \text{Prob}(y_i^* > 0|x_i)$
$= \text{Prob}[\varepsilon_i > c - x_i\beta - \alpha|x_i]$
$= \text{Prob}[\varepsilon_i > -(\alpha - c) - x_i\beta|x_i]$

जिन्हें हम निम्न प्रकार से लिख सकते हैं—

$\text{Prob}(Y_i = 1|x) = \text{Prob}[\varepsilon_i > -x_i\beta|x_i]$
$= 1 - \text{Prob}[\varepsilon_i < -x_i\beta|x_i] \quad = 1 - \Lambda(-x_i\beta)$

$= 1 - \dfrac{e^{-x_i\beta}}{1+e^{-x_i\beta}} = \dfrac{1}{1+e^{-x_i\beta}}$

अंश और हर को $e^{-x_i\beta}$ से भाग करने पर हमें प्राप्त होता है—

$= \dfrac{e^{x_i\beta}}{1+e^{x_i\beta}} = \Lambda(x_i\beta)$

प्रश्न 23. अव्यक्त प्रतीपगमन प्रतिमान का एक उदाहरण दीजिए।

उत्तर— नकोस्टीन (Nakosteen) और जिम्मर (Zimmer) (1980) ने अव्यक्त प्रतीपगमन प्रतिमान का उपयोग करके संयुक्त राज्य अमेरिका के लिए प्रवासन (migration) का एक प्रतिमान तैयार किया। माना कि व्यक्ति i द्वारा अर्जित की गई बाजार मजदूरी, जो वह अपने वर्तमान स्थान पर प्राप्त करता/करती है, वह है—

$Y_p^* = x_p\beta + \varepsilon_p$

समीकरण में शामिल स्वतंत्र चर हैं—उम्र, लिंग, स्पर्धा, रोजगार में वृद्धि और प्रति व्यक्ति आय में वृद्धि। यदि व्यक्ति एक नई जगह पर प्रवास करता है, तब उसकी बाजार मजदूरी होती है—

$Y_m^* = x_m\gamma + \varepsilon_m$

जबकि व्यक्ति के लिए प्रवासन की कुछ लागतें भी होती हैं, अर्थात्

$C^* = z\alpha + u$

व्यक्ति प्रवास करता है, यदि लाभ $Y_m^* - Y_p^*$ लागत C^* से अधिक होता है। प्रवासन का शुद्ध लाभ है—

$$M = Y_m^* - Y_p^* - C^* = x_m\gamma - x_p\beta - z\alpha + (\varepsilon_m - \varepsilon_p - u) = w\delta + \varepsilon$$

M का प्रेषण नहीं किया जाता है। केवल यह प्रेषण किया जाता है कि स्थान बदलने के लिए $M = 1$ और नहीं बदलने के लिए $M = 0$। यदि विक्षोभ (disturbances) सामान्य रूप से वितरित होते हैं तो प्रोबिट प्रतिमान उत्पन्न होता है। जबकि लॉजिट विक्षोभ लॉजिट प्रतिमान उत्पन्न करते हैं।

प्रश्न 24. अधिकतम संभावना विधि के आधार पर प्रोबिट और लॉजिट प्रतिमानों का आकलन किस प्रकार किया जाता है? समझाइए।

उत्तर— प्रोबिट और लॉजिट दोनों प्रतिमान अरेखीय (non-linear) प्रतिमान हैं। इन प्रतिमानों का आकलन सामान्यतः अधिकतम संभावना विधि पर आधारित है। बर्नोली (Bernoulli) वितरण के प्रत्येक प्रेषण को पृथक् रूप से व्यवहृत किया जा सकता है। जहाँ सफलता $(Y = 1)$ की प्रायिकता, $F(x_i\beta)$ के बराबर और असफलता $(Y = 0)$ की प्रायिकता, $[1 - F(x_i\beta)]$ के बराबर हो सकती है। प्रमाप प्रतिचयन मान्यताओं (standard sampling assumptions) के अंतर्गत प्रेषण स्वतंत्र होते हैं और हमें प्राप्त होता है, संभावना फलन (likelihood function)—

$$L(\beta|\text{data}) = \text{Prob}(Y_1 = y_1, Y_2 = y_2, ..., Y_n = y_n | X)$$

$$= \prod_{y_i=0}[1 - F(x_i\beta)]\prod_{y_i=1}[F(x_i\beta)]$$

$$= \prod_{i=0}^{n}[F(x_i\beta)]^{y_i}[1 - F(x_i\beta)]^{1-y_i} \qquad ...(i)$$

जहाँ $X = [x_1\ x_2\ x_3\ ....\ x_n]$ स्वतंत्र चरों पर समंकों का आव्यूह है।

logs का प्रयोग करने पर हम प्राप्त करते हैं—

$$\ln L = \sum_{i=1}^{n}\{y_i \ln F(x_i\beta) + (1-y_i)\ln[1 - F(x_i\beta)]\} \qquad ...(ii)$$

β_k के सापेक्ष, β के अवयवों के अवकलन से प्रथम कोटि शर्त इस प्रकार प्राप्त होती है—

$$\frac{\partial \ln L}{\partial \beta} = \sum_{i=1}^{n}\left[\frac{y_i f_i}{F_i} + (1-y_i)\frac{-f_i}{1-F_i}\right]x_i = 0 \qquad ...(iii)$$

यहाँ $F_i = F(x_i\beta)$ है और $f_i = (dF_i/d(x_i\beta))$ एक प्रायिकता घनत्व फलन है। ये समीकरण अत्यधिक अरेखीय (non-linear) हैं और इनको हल करने में संख्यात्मक अभीष्टीकरण की आवश्यकता है जिसमें न्यूटन–रैफेसन प्रक्रिया (Newton-Raphson procedure) की तरह पुनरावृत्तीय तकनीक का उपयोग होता है। प्रोबिट प्रतिमान की स्थिति में आगे यह जटिल इसलिए हो जाता है कि संभावना फलन के कोई संवृत्त स्वरूप के हल (closed form solution) नहीं है (एक निश्चित समाकल के स्वरूप में), और इसका संख्यात्मक मूल्यांकन करना आवश्यक होता है। इसके विपरीत लॉजिट प्रतिमान का परिकलन अधिक सरल है। समीकरण (iii) में प्रतिस्थापित करने पर हमें प्राप्त होता है—

$$\frac{\partial \ln L}{\partial \beta} = \sum_{i=1}^{n}\left[\frac{y_i}{1+e^{\mathbf{x}_i\beta}} + (1-y_i)\frac{-e^{\mathbf{x}_i\beta}}{1+e^{\mathbf{x}_i\beta}}\right]\mathrm{x}_i$$

$$= \sum_{i=1}^{n}\left[\frac{y_i - e^{\mathbf{x}_i\beta} + y_i e^{\mathbf{x}_i\beta}}{1+e^{\mathbf{x}_i\beta}}\right]\mathrm{x}_i$$

$$= \sum_{i=1}^{n}\left[y_i - \frac{e^{\mathbf{x}_i\beta}}{1+e^{\mathbf{x}_i\beta}}\right]\mathrm{x}_i \qquad ...(iv)$$

$$= \sum_{i=1}^{n}\left[y_i - \Lambda(\mathrm{x}_i\beta)\right]\mathrm{x}_i$$

$$= \sum_{i=1}^{n}\left[y_i - \Lambda_i\right]\mathrm{x}_i = 0$$

इस समीकरण की संरचना, पारंपरिक रेखीय प्रतिमान के लिए प्राप्त सामान्य समीकरण के बहुत समान है। वहाँ हमें प्राप्त था $\sum_{i=1}^{n}[y_i - \mathrm{x}_i\beta]\mathrm{x}_i = 0$ और यहाँ हमें $\sum_{i=1}^{n}[y_i - \Lambda(\mathrm{x}_i\beta)]\mathrm{x}_i = 0$ प्राप्त होता है। इस संदर्भ में वर्ग कोष्ठक के पदों की व्याख्या एक प्रकार के अवशिष्टों की तरह की जा सकती है।

अधिकतम के लिए द्वितीय कोटि शर्तें, **प्रोबिट** और **लॉजिट** प्रतिमानों की स्थिति में हमेशा लागू होती हैं, क्योंकि सामान्य और लॉजिस्टक दोनों वितरणों के प्रायिकता घनत्व फलन सदैव अवतल होते हैं।

प्रश्न 25. आप लॉजिट और प्रोबिट प्रतिमानों के गुणांकों की व्याख्या किस प्रकार करेंगे?

उत्तर– किसी अरेखीय प्रतीपगमन प्रतिमान की तरह लॉजिट और प्रोबिट प्रतिमानों के प्राचल आवश्यक रूप से सीमांत प्रभाव नहीं होते हैं। इसके विपरीत रेखीय प्रतिमान में प्राचलों के निर्वचन के विश्लेषण से हम परिचित होते हैं। इन प्रतिमानों के जो आँकड़े उपलब्ध हैं, वे सीमित हैं, अर्थात् प्रमाप प्रतीपगमन प्रतिमान की अपेक्षा हमें कम जानकारी उपलब्ध होती है। इसलिए, प्रश्नों के सामान्य समूह न ही हम अधिक समय तक पूछ सकते हैं और न ही उनका जवाब दे सकते हैं। प्रत्येक प्रश्न एवं उत्तर अब आश्रित चर Y (या Y^*) से नहीं बल्कि Y की प्रायिकता से संबंध रखते हैं जिनके मूल्य शून्य या एक होते हैं। सामान्य रूप में–

$$\frac{\partial E[Y_i|\mathrm{x}_i]}{\partial \mathrm{x}_i} = \left\{\frac{dF(\mathrm{x}_i\beta)}{d(\mathrm{x}_i\beta)}\right\}\beta = f(\mathrm{x}_i\beta)\beta \qquad ...(i)$$

जहाँ $f(.)$ प्रायिकता घनत्व फलन है जो संचयी वितरण फलन, $F(.)$ के अनुरूप है।

$$\frac{\partial \mathrm{P_i}}{\partial \mathrm{x}_i} = \frac{\partial \mathrm{Prob}[Y_i = 1]}{\partial \mathrm{x}_i} = \frac{\partial E[Y_i|\mathrm{x}_i]}{\partial \mathrm{x}_i} = \left\{\frac{dF(\mathrm{x}_i\beta)}{d(\mathrm{x}_i\beta)}\right\}\beta = f(\mathrm{x}_i\beta)\beta \qquad ...(ii)$$

ये मूल्य x के मूल्यों के अनुसार बदलते जाएँगे। ऐसा इसलिए है कि एक अरेखीय प्रतिमान (non-linear model) में प्रत्येक व्यक्ति के लिए प्रायिकता भिन्न होती है और परिणामस्वरूप x में परिवर्तन का प्रभाव प्रत्येक व्यक्ति के लिए भिन्न होता है (जैसा कि निम्न चित्र में दर्शाया गया है)।

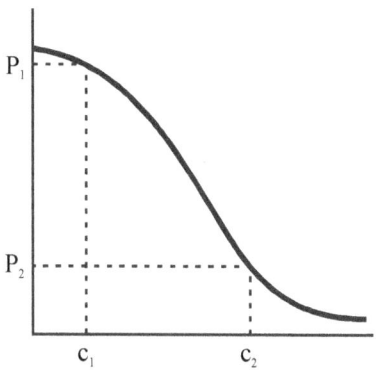

चित्र 3.4: लॉजिट प्रतिमान में प्रायिकता प्रतिक्रिया

लॉजिट प्रतिमान में, प्रायिकताओं और व्याख्यात्मक चरों के बीच संबंध S-आकार के होते हैं। P_1, c_1 पर स्वतंत्र चर स्तर के साथ एक व्यक्ति की प्रतिक्रिया प्रायिकता है और P_2, c_2 पर स्वतंत्र चर स्तर के साथ दो व्यक्तियों की प्रतिक्रिया प्रायिकता है। स्वतंत्र चर में एक छोटे से परिवर्तन का प्रभाव द्वितीय व्यक्ति की अपेक्षा प्रथम व्यक्ति पर कम होता है। ऐसा इसलिए है क्योंकि, प्रथम व्यक्ति वक्र के अपेक्षाकृत सपाट खंड पर होता है।

जब हम सीमांत प्रभावों का परिकलन करते हैं, तो निष्कर्ष निकालने के लिए व्यंजकों (expressions) का मूल्यांकन आँकड़ों के प्रतिदर्श माध्य से किया जा सकता है या प्रत्येक प्रेषण पर मूल्यांकन करके तब औसत निकाला जा सकता है। बाद वाली रीति अधिकतर शोधार्थियों द्वारा पसंद की जाती है (बशर्ते कि आवश्यक शर्तें पूरी हों)। हमें यह भी ध्यान रखना चाहिए कि प्रतिमान में सभी ढालों पर समान पैमाना लागू होता है।

इसके अतिरिक्त, किसी को चयन की प्रायिकता पर आभासी स्वतंत्र चरों के प्रभाव का परिकलन करते हुए सावधान अवश्य रहना चाहिए। अवकल अपेक्षाकृत एक छोटे परिवर्तन के सापेक्ष है, अतः आभासी चर में परिवर्तन के प्रभाव के लिए समीकरण (i) अथवा (ii) को लागू करना उपयुक्त नहीं है। आभासी स्वतंत्र चर का उपयुक्त सीमांत प्रभाव अर्थात् d, इस प्रकार बताया गया है–

Prob[$Y = 1 \mid d = 1$, अन्य सभी स्वतंत्र चरों के माध्य] – Prob[$Y = 1 \mid d = 0$, अन्य सभी स्वतंत्र चरों के माध्य]

उपरोक्त प्राप्त व्यंजकों को **लॉजिट प्रतिमान** की स्थिति में बहुत ज्यादा सरलीकृत किया गया है। जी.पी.एच. की पुस्तकों का मुख्य उद्देश्य ज्ञान के साथ–साथ अच्छे नम्बर दिलाना है।

प्रश्न 26. लॉजिट प्रतिमानों के सीमांत प्रभावों को स्पष्ट कीजिए।

उत्तर— परिकलन के दृष्टिकोण से लॉजिट प्रतिमान, प्रोबिट प्रतिमान की अपेक्षा ज्यादा सरल है। संचयी वितरण फलन एक समाकल मुक्त संवृत्त स्वरूप धारण कर लेता है। परिणामस्वरूप सीमांत प्रभावों के लिए व्यंजक सरल होते हैं और उनको समझना आसान हो जाता है। लॉजिट प्रतिमान के लिए संभाव्यता अनुपात है—

$$\frac{P_i}{1-P_i} = \frac{P(Y_i=1)}{P(Y_i=0)} = e^{x_i\beta} \qquad \ldots(i)$$

लघुगणक से हमें लघुगणक संभाव्यता अनुपात प्राप्त होता है—

$$ln\left(\frac{P_i}{1-P_i}\right) = x_i\beta \qquad \ldots(ii)$$

यह प्राचल सदिश β का एक रेखीय फलन है। यह प्रमाप रेखीय प्रतीपगमन के साथ समरूपता बनाता है जिसे समझना आसान है। निम्न व्यंजक—

$$\prod_{i=0}^{n} \left[F(x_i\beta)\right]^{y_i} \left[1-F(x_i\beta)\right]^{1-y_i}$$

को अवकलित करने पर हमें प्राप्त होता है—

$$\frac{\partial ln(P_i)}{\partial(x_i\beta)} = 1-P_i, \qquad \frac{\partial ln(1-P_i)}{\partial(x_i\beta)} = -P_i, \text{ तथा} \qquad \ldots(iii)$$

$$\frac{\partial(P_i)}{\partial x_{ki}} = P_i(1-P_i)\beta_k, \qquad \frac{\partial(1-P_i)}{\partial x_{ki}} = -P_i(1-P_i)\beta_k \qquad \ldots(iv)$$

हमें प्रत्यक्ष रूप से यह समीकरण $f(.)$ को समीकरण (i) में प्रतिस्थापित करने पर भी प्राप्त हो सकता है। यहाँ Y_i एक बर्नोली चर है और $V(Y_i) = P_i(1-P_i)$ है। इसलिए k^{th} स्वतंत्र चर में एक छोटे परिवर्तन का व्यक्ति के श्रमशक्ति में सहभागिता होने की प्रायिकता पर प्रभाव, गुणांक β और Y_i के प्रसरण के गुणनफल द्वारा बताया गया है। समीकरण के दाईं ओर का प्रसरण पद Y_i पर सूचना के अभाव में उत्पन्न अनिश्चितता को व्यक्त करता है।

4 युगपत समीकरण प्रतिमान (Simultaneous Equation Models)

भूमिका

युगपत समीकरण प्रतिमानों में एक से ज्यादा आश्रित, अंतर्जात चर पाए जाते हैं। ये चर, अंतर्जात चर पद्धति के एक समीकरण में अंतर्जात के रूप में और दूसरे समीकरण में बहिर्जात के रूप में हो सकते हैं। कुछ समीकरणों में अंतर्जात चरों के व्याख्यात्मक चरों के रूप में होने के कारण इनका त्रुटि पद के साथ सहसंबंध होता है जो व्याख्यात्मक चर के रूप में होते हैं। ऐसी स्थिति में इन प्रतिमानों के आकलन के लिए पारंपरिक OLS प्रतीपगमन विधि लागू नहीं होती है एवं इसका परिणाम असंगत आकलक के रूप में हो सकता है। ऐसे प्रतिमानों के आकलन के लिए बहुत–सी दूसरी तकनीकें प्रयोग में लाई जाती हैं, जिनमें अप्रत्यक्ष न्यूनतम वर्ग विधि, निमित्त चर विधि और द्विस्तरीय न्यूनतम वर्ग विधि शामिल हैं।

किसी अति–अभिनिर्धारित समीकरण के लिए सभी विधियाँ समान हैं और समान परिणाम देती हैं। किसी अभिनिर्धारित समीकरण के लिए अप्रत्यक्ष न्यूनतम वर्ग लागू नहीं होता है और निमित्त चर विधि भिन्न–भिन्न परिणाम देती है। यह इस पर निर्भर करता है कि कौन–सा छूटा हुआ बहिर्जात चर निमित्त के रूप में चुना गया है। द्विस्तरीय न्यूनतम वर्ग विधि एक भारित निमित्त चर विधि है।

अभिनिर्धारित समीकरणों में, द्विस्तरीय न्यूनतम वर्ग आकलन, लागू किए गए सामान्यीकरण नियम पर निर्भर करते हैं।

प्रश्न 1. युगपत समीकरण प्रतिमान से आप क्या समझते हैं? इसे समझने के लिए कुछ व्यावहारिक उदाहरण प्रस्तुत कीजिए।

उत्तर— प्रतीपगमन प्रतिमान में एक जटिल मान्यता ली जाती है कि बहिर्जात चर x, त्रुटि पद u से स्वतंत्र हैं। युगपत संबंधों में इस मान्यता का उल्लंघन होता है। युगपत समीकरण प्रतिमान (Simultaneous Equation Model; SEM) को माँग और पूर्ति प्रतिमान के द्वारा समझा जा सकता है।

इसके लिए माँग फलन को इस प्रकार लिखा जा सकता है—

$$q = \alpha + \beta p + u \qquad \qquad \ldots(i)$$

जहाँ q माँगी गई मात्रा को बताता है, p मूल्य को और त्रुटि u माँग फलन में यादृच्छिक विस्थापन को बताती है। व्यष्टि आर्थिक सिद्धांत के अनुसार संतुलन मूल्य और मात्रा का निर्धारण बाजार में माँग और पूर्ति के बराबर होने पर होता है। इसलिए स्वतंत्र रूप से माँग समीकरण को हल करके संतुलन मूल्य का निर्धारण नहीं किया जा सकता है। अगर माँग रेखा में यादृच्छिक विस्थापन होता है तो यह देखा जाता है कि यह मूल्य और मात्रा दोनों को प्रभावित करेगा (पूर्ति रेखा के सामान्य ढाल को देखा जाता है, जो कि चित्र 4.1 के समूह a में है)। अगर पूर्ति रेखा ऊर्ध्वाधर (vertical) है तो माँग रेखा में परिवर्तन केवल संतुलन मूल्य को प्रभावित करता है (जैसा चित्र 4.1 के समूह b में दर्शाया गया है)। पुनः अगर पूर्ति रेखा क्षैतिज है, तो माँग रेखा में परिवर्तन संतुलन मूल्य स्तर को अपरिवर्तित रखते हुए केवल संतुलन मात्रा को प्रभावित करता है (समूह c)। इस प्रकार देखा जा सकता है कि केवल माँग रेखा संतुलन मूल्य और मात्रा का निर्धारण नहीं कर सकती है। इसके अतिरिक्त, पूर्ति रेखा का ढाल भी मूल्य और मात्रा के बीच के संबंधों को प्रभावित करता है। अगर केवल माँग समीकरण को ध्यान में रखा जाता है तो पूर्ति रेखा का ढाल 'u' पद में समावेशित पाया जाता है। पूर्ति रेखा के ढाल का त्रुटि पद में समावेश मूल्य और त्रुटि पद के बीच सहसंबंध को दर्शाता है, जो OLS (साधारण न्यूनतम वर्ग) की आधारभूत मान्यताओं में से एक का उल्लंघन करता है, वह है $\text{cov}(Xu) = 0$। इसलिए यदि पूर्ति रेखा को नजरअंदाज किया जाए और माँग समीकरण (i) का आकलन OLS के द्वारा किया जाए, तो यह प्राचलों को असंगत आकलन प्रदान करेगा।

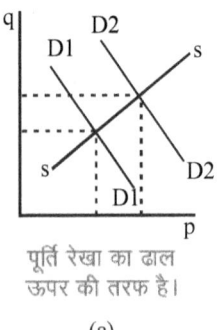

पूर्ति रेखा का ढाल ऊपर की तरफ है।

(a)

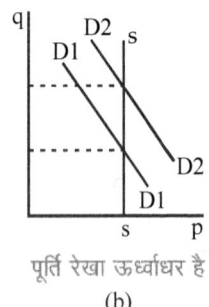

पूर्ति रेखा ऊर्ध्वाधर है

(b)

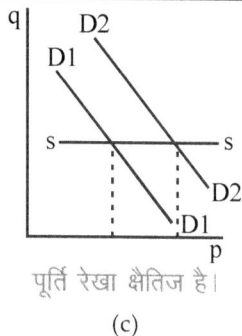

पूर्ति रेखा क्षैतिज है।

(c)

चित्र 4.1: माँग तथा पूर्ति रेखाओं के मध्य अंतःक्रिया

माँग और पूर्ति प्रतिमान में समस्या यह है कि मात्रा और मूल्य के बीच संबंध का अध्ययन करते हुए, जैसा कि समीकरण (i) में दर्शाया गया है, माँग फलन पर पृथक् रूप में विचार नहीं किया जा सकता है। इसका उपाय पूर्ति फलन को सामने लाना और माँग एवं पूर्ति फलन का एक साथ आकलन करना है। ऐसे प्रतिमान युगपत समीकरण प्रतिमान कहलाते हैं।

युगपत समीकरण प्रतिमान को कुछ व्यावहारिक उदाहरणों की सहायता से अच्छी तरह से समझा जा सकता है, जो कि निम्न हैं–

(1) मजदूरी मूल्य प्रतिमान (Wage-price Model)—मौद्रिक मजदूरी और मूल्य निर्धारण का प्रतिमान युगपत समीकरण प्रतिमान का एक अच्छा उदाहरण है। इस प्रतिमान के अनुसार मजदूरी की दर अर्थव्यवस्था में बेरोजगारी दर द्वारा और अनियंत्रित श्रम बाजार में मूल्य परिवर्तन की दर (यानी मुद्रा प्रसार) द्वारा निर्धारित होती है। दूसरी ओर, मुद्रा प्रसार की दर, मजदूरी दर में परिवर्तन और मुद्रा पूर्ति का फलन है। इस प्रतिमान में दो समीकरण शामिल हैं, जो निम्न प्रकार हैं–

$$W_t = \alpha_0 + \alpha_1 U_t + \alpha_2 P_t + u_{1t} \quad \text{...(i)}$$

$$P_t = \beta_0 + \beta_1 W_t + \beta_2 R_1 + \beta_3 M_t + u_{2t} \quad \text{...(ii)}$$

जहाँ, W = मौद्रिक मजदूरी में परिवर्तन की दर

U = बेरोजगारी दर (प्रतिशत में)

P = मूल्यों में परिवर्तन की दर

R = पूँजी की लागत में परिवर्तन की दर

M = मुद्रा की पूर्ति

t = समय

u_1, u_2 = प्रसंभाव्य त्रुटि

जब मूल्य चर P मजदूरी समीकरण (i) में शामिल होता है और मजदूरी चर W मूल्य समीकरण (ii) में शामिल होता है, दोनों चर संयुक्त रूप से एक–दूसरे पर आश्रित होते हैं। इसके अतिरिक्त, व्याख्यात्मक चर P (i) में और W (ii) में स्वभाव से प्रसंभाव्य हैं। जबकि साधारण न्यूनतम वर्ग (OLS) में यह मान लिया गया है कि व्याख्यात्मक चर प्रसंभाव्य नहीं हैं। इसलिए ये प्रसंभाव्य व्याख्यात्मक चर संभवतः प्रसंभाव्य त्रुटि पद के साथ सहसंबंधित हैं। यह

सहसंबंध साधारण न्यूनतम वर्ग की इस मान्यता का उल्लंघन करता है कि त्रुटि पद स्वतंत्र चर से स्वतंत्र है। इस प्रकार शास्त्रीय साधारण न्यूनतम वर्ग विधि (OLS) अलग-अलग दो समीकरणों के प्राचलों के आकलन के लिए लागू नहीं होती है।

(2) केंस का आय निर्धारण प्रतिमान (Keynesian Model of Income Determination)— आय निर्धारण का केंस का सामान्य प्रतिमान निम्नलिखित है—

उपभोग फलन $\quad C_t = \beta_0 + \beta_1 Y_t + u_t \quad 0 < \beta_1 < 1 \quad$ ...(i)

आय अभिनिर्धारण $\quad Y_t = C_t + I_t (= S_t) \quad$ ...(ii)

जहाँ, $\quad C =$ उपभोग व्यय

$Y =$ आय

$I =$ निवेश (बहिर्जात मान लिया है)

$S =$ बचतें

$t =$ समय

$u =$ प्रसंभाव्य त्रुटि पद

β_0 और β_1 प्राचलें हैं।

प्राचल β_1 सीमांत उपभोग प्रवृत्ति (Marginal Propensity to Consume; MPC) को बताता है। समष्टि आर्थिक सिद्धांत से यह ज्ञात है कि β_1 के 0 और 1 के बीच बने रहने की उम्मीद है। समीकरण (i) उपभोग फलन है, जो दिखाता है कि उपभोग, स्वतंत्र उपभोग व्यय β_0 और आय प्रेरित उपभोग $\beta_1 Y_t$ पर निर्भर करता है। समीकरण (ii) राष्ट्रीय आय अभिनिर्धारण है, जो बताता है कि कुल आय कुल उपभोग व्यय और कुल निवेश व्यय के योग के बराबर है।

उपभोग फलन (i) से यह स्पष्ट है कि C और Y एक-दूसरे पर निर्भर करते हैं और Y_t को त्रुटि पद u_t से स्वतंत्र होने की उम्मीद नहीं की जाती है। जब u_t परिवर्तित होता है (त्रुटि पद में बहुत से कारक शामिल होने के कारण), तो उपभोग फलन भी परिवर्तित होता है, जो Y_t को प्रभावित करता है। इसलिए, शास्त्रीय न्यूनतम वर्ग विधि एक बार फिर से समीकरण (i) में लागू नहीं होती है। अगर लागू होती भी है तो आकलक की प्राप्ति असंगत होगी।

(3) समष्टि आर्थिक प्रतिमान (Macroeconomic Model)—प्रसिद्ध IS प्रतिमान (बचत निवेश प्रतिमान) या समष्टि अर्थशास्त्र का वस्तु बाजार संतुलन प्रतिमान (goods market equilibrium model) अपने असंभाव्य (non-stochastic) स्वरूप में इस प्रकार व्यक्त किया जा सकता है—

उपभोग फलन— $\quad C_t = \beta_0 + \beta_1 Y_{dt} \quad 0 < \beta_1 < 1 \quad$ ...(i)

कर फलन— $\quad T_t = \gamma_0 + \gamma_1 Y_t \quad 0 < \gamma_1 < 1 \quad$ ...(ii)

निवेश फलन— $\quad I_t = \theta_0 + \theta_1 r_t \quad$ ...(iii)

व्यय योग्य आय— $\quad Y_{dt} = Y_t - T_t \quad$ ...(iv)

सरकारी व्यय— $\quad G_t = \overline{G} \quad$ ...(v)

राष्ट्रीय आय अभिनिर्धारण— $\quad Y_t = C_t + I_t + G_t \quad$ ...(vi)

जहाँ, $Y =$ राष्ट्रीय आय

C = उपभोग व्यय
I = नियोजित या वांछित शुद्ध निवेश
G = सरकारी व्यय का दिया गया स्तर
T = कर
Y_d = व्यय योग्य आय
r = ब्याज दर

उपरोक्त समीकरण पद्धति के समाधान हेतु पहले समीकरण (iv) को समीकरण (i) में प्रतिस्थापित किया जाता है। बाद में प्राप्त समीकरण को C के लिए, I के लिए समीकरण (iii) और G के लिए समीकरण (v) को समीकरण (vi) में रखा जाता है। परिणामस्वरूप हमें प्राप्त होता है—

$$Y_t = \left[\beta_0 + \beta_1(Y_t - T_t)\right] + \left[\theta_0 + \theta_1 r_t\right] + \overline{G} \qquad \text{...(vii)}$$

उपरोक्त को पुनः व्यवस्थित करने पर IS समीकरण इस प्रकार प्राप्त होगा—

$$Y_t = \pi_0 + \pi_1 r_t \qquad \text{...(viii)}$$

जहाँ, $\pi_0 = \dfrac{\beta_0 - \alpha_0 \beta_1 + y_0 + \overline{G}}{1 - \beta_1(1 - \alpha_1)}$

$\pi_1 = \dfrac{1}{1 - \beta_1(1 - \alpha_1)}$

प्रश्न 2. निम्नलिखित पदों का अर्थ बताइए—

(i) अंतर्जात चर

उत्तर— ये वे चर हैं जो प्रतिमान के अंदर संयुक्त एवं स्वतंत्र रूप से निर्धारित होते हैं। अंतर्जात चर बहिर्जात चरों द्वारा निर्धारित होते हैं।

(ii) बहिर्जात चर

उत्तर— ये वे चर हैं जो प्रतिमान के बाहर अंतर्जात चरों से स्वतंत्र होकर निर्धारित होते हैं। ये बहिर्जात चर अंतर्जात चरों को निर्धारित करते हैं, परंतु अंतर्जात चर बहिर्जात चरों को प्रभावित नहीं कर सकते हैं।

(iii) पूर्ववत् आश्रित चर

उत्तर— एक प्रतिमान में एक अंतर्जात चर के पूर्ववत् मूल्य को भी शामिल किया जा सकता है। उदाहरण के लिए, C_t वर्तमान (चालू) वर्ष का उपभोग है और इसे अंतर्जात चर मान लिया जाता है। अगर हम C_{t-1} को दूसरे समीकरण में रखते हैं (जो पूर्व वर्ष का उपभोग है), तब यह पूर्ववत् अंतर्जात चर होगा।

(iv) पूर्व निश्चित चर

उत्तर— ये वे चर हैं जो बहिर्जात चरों और पूर्ववत् अंतर्जात चरों दोनों को सम्मिलित करते हैं (यह दोनों का सम्मिलित रूप है)।

प्रश्न 3. एकल समीकरण और युगपत समीकरण प्रतिमानों के बीच अंतर स्पष्ट कीजिए।

उत्तर— एकल समीकरण और युगपत समीकरण प्रतिमानों के बीच निम्नलिखित अंतर हैं—

एकल समीकरण प्रतिमान	युगपत समीकरण प्रतिमान
(1) प्रतिमान का समीकरण स्वतंत्र रूप से हल होता है।	(1) प्रतिमान के समीकरण को हल करने के लिए पद्धति के दूसरे समीकरण को भी ध्यान में रखना होता है।
(2) समंक समूह एक विशिष्ट समीकरण प्रस्तुत करता है।	(2) समंक समूह से समीकरण का यथार्थ रूप स्पष्ट नहीं होता।
(3) OLS (साधारण न्यूनतम वर्ग) आकलन नियमित होता है।	(3) OLS (साधारण न्यूनतम वर्ग) आकलन अनियमित होता है।
(4) सभी स्वतंत्र चर बहिर्जात होते हैं।	(4) स्वतंत्र चर बहिर्जात और पूर्ववत् अंतर्जात दोनों ही हो सकते हैं।
(5) आकलन विधि : OLS (साधारण न्यूनतम वर्ग), GLS (सामान्यीकृत न्यूनतम वर्ग)	(5) आकलन विधि : ILS (अप्रत्यक्ष न्यूनतम वर्ग), 2SLS (द्विस्तरीय न्यूनतम वर्ग), Instrumental variable method (उपकरण/यांत्रिक चर विधि), 3SLS (त्रिस्तरीय न्यूनतम वर्ग), Limited information maximum likelihood estimation (सीमित सूचना अधिकतम संभावना आकलन)

प्रश्न 4. साधारण न्यूनतम वर्ग आकलक की असंगतता पर चर्चा कीजिए।

उत्तर— यह दिखाने के लिए कि प्राचलें नियमित नहीं हैं, यहाँ एक सामान्य आय निर्धारण प्रतिमान का उदाहरण लिया जाता है। मान लीजिए, उपभोग फलन ($C_t = \beta_0 + \beta_1 Y_t + u_t$, $0 < \beta_1 < 1$) के प्राचलों का आकलन किया जाना है, बिना आय अभिनिर्धारण पर विचार किए हुए। चूँकि, OLS में आदर्श मान्यताएँ हैं—

$E(u_t) = 0,$

$E(u_t)^2 = \sigma^2$

$E(u_t u_{t+1}) = 0 \qquad$ (for $t \neq 0$),

और Cov $(X_t u_t) = 0$

उपभोग फलन की स्थिति में पहले देखते हैं कि Y_t और u_t सहसंबंधित हैं और तब सिद्ध करते हैं कि OLS आकलन β_1 का एक अनियमित आकलक है।

यह सिद्ध करने के लिए कि Y_t और u_t सहसंबंधित हैं, $C_t = \beta_0 + \beta_1 Y_t + u_t$, $0 < \beta_1 < 1$ को $Y_t = C_t + I_t (= S_t)$ में प्रतिस्थापित किया जाता है, जिससे निम्न समीकरण प्राप्त होता है—

$Y_t = \beta_0 + \beta_1 Y_t + u_t + I_t$

अथवा, $Y_t - \beta_1 Y_t = \beta_0 + u_t + I_t$

अथवा, $(1 - \beta_1) Y_t = \beta_0 + u_t + I_t$ ...(i)

इसलिए

$$Y_t = \frac{\beta_0}{1-\beta_1} + \frac{1}{1-\beta_1} I_t + \frac{1}{1-\beta_1} u_t \quad ...(ii)$$

और

$$E(Y_t) = \frac{\beta_0}{1-\beta_1} + \frac{1}{1-\beta_1} I_t \quad ...(iii)$$

समीकरण (iii) को समीकरण (ii) से घटाने पर परिणाम आता है—

$$Y_t - E(Y_t) = \frac{1}{1-\beta_1} u_t \quad ...(iv)$$

चूँकि $E(u_t) = 0$, इसलिए Y_t और u_t के बीच सहप्रसरण इस प्रकार दिया जाएगा—

$$\text{cov}(Y_t u_t) = E[Y_t - E(Y_t)][u_t - E(u_t)]$$

$$= E\left[\frac{1}{1-\beta_1} u_t \, u_t\right]$$

$$= \frac{E(u_t)^2}{1-\beta_1} = \frac{\sigma_u^2}{1-\beta_1} \quad ...(v)$$

चूँकि परिभाषा के अनुसार σ^2 धनात्मक है, अतः Y और u के बीच सहप्रसरण जो समीकरण (v) में दिया गया है, का 0 से भिन्न होना निश्चित है। इस प्रकार $C_t = \beta_0 + \beta_1 Y_t + u_t$ में व्याख्या चर Y_t और त्रुटि पद u_t सहसंबंधित है, जो शास्त्रीय रेखीय प्रतीपगमन प्रतिमान की इस मान्यता का उल्लंघन करते हैं कि त्रुटियाँ स्वतंत्र हैं या कम-से-कम व्याख्यात्मक चरों के साथ असहसंबंधित तो हैं।

यह दिखाने के लिए कि Y_t और u_t के सहसंबंधित होने के कारण OLS आकलक असंगत हैं, और आगे बढ़ते हुए—

$$\hat{\beta}_1 = \frac{\sum c_t y_t}{\sum y_t^2}$$

$$= \frac{\sum (C_t - \bar{C}) y_t}{\sum y_t^2}$$

$$= \frac{\sum C_t y_t}{\sum y_t^2} \quad \text{Since } \bar{C} \sum (y_t) = 0 \quad ...(vi)$$

हम जानते हैं कि माध्य से विचलनों का योग शून्य आता है। इसलिए $\sum y_t = 0$ है।

अब C_t के लिए समीकरण (vi) में $C_t = \beta_0 + \beta_1 Y_t + u_t$ को प्रतिस्थापित करने पर,

$$\hat{\beta}_1 = \frac{\sum(\beta_0 + \beta_1 Y_t + u_t) y_t}{\sum y_t^2}$$

$$= \frac{1}{\sum y_t^2}\left[\beta_0 \sum y_t + \beta_1 \sum Y_t y_t + \sum y_t u_t\right]$$

$$= \beta_1 + \frac{\sum y_t u_t}{\sum y_t^2} \qquad \text{...(vii)}$$

इस तथ्य का उपयोग करने पर कि $\sum y_t = 0$ और $\sum Y_t y_t \Big/ \sum y_t^2 = 1$, से हमें समीकरण (vii) प्राप्त होता है।

यदि हम समीकरण (vii) की संभावना को लेते हैं तो हम प्राप्त करते हैं–

$$E(\hat{\beta}_1) = \beta_1 + E\left[\frac{\sum y_t u_t}{\sum y_t^2}\right] \qquad \text{...(viii)}$$

जब संभावना संकारक एक रेखीय संकारक होता है, तो हम $E\left[\frac{\sum y_t u_t}{\sum y_t^2}\right]$ का मूल्यांकन नहीं कर सकते हैं, चूँकि $E\left(\frac{A}{B}\right) \neq \frac{E(A)}{E(B)}$ । परंतु अनुमानतः यह स्पष्ट है कि $\hat{\beta}_1$ अनभिनत आकलक होगा β_1 का, केवल यदि $\left[\frac{\sum y_t u_t}{\sum y_t^2}\right] = 0$

हम जानते हैं–

$$E\left(\sum y_t \varepsilon_t\right) = E\left[Y_t - E(Y_t)\right]\left[\varepsilon_t - E(\varepsilon_t)\right] = \frac{\sigma_u^2}{1 - \beta_1}$$

समीकरण (vii) में $\hat{\beta}_1$ के दोनों तरफ संभावना सीमा लेने पर

$$\underset{n\to\infty}{\text{p lim}}\, \hat{\beta}_1 = \beta_1 + \underset{n\to\infty}{\text{p lim}} \frac{\sum y_t u_t / n}{\sum y_t^2 / n} = \beta_1 + \frac{\underset{n\to\infty}{\text{p lim}} \sum y_t u_t / n}{\underset{n\to\infty}{\text{p lim}} \sum y_t^2 / n}$$

$$= \beta_1 + \frac{E(y_t u_t)}{E y_t^2} = \beta_1 + \frac{\sigma_u^2 / (1 - \beta_1)}{\sigma_y^2} \neq \beta_1$$

जो हमें यह दर्शाता है कि $\hat{\beta}_1$, β_1 का सुसंगत आकलक नहीं है।

प्रश्न 5. युगपत समीकरण प्रतिमान के संरचनात्मक स्वरूप और लघु स्वरूप पर चर्चा कीजिए।

उत्तर– युगपत समीकरण प्रतिमान को निम्न प्रकार से दर्शाया जा सकता है–

$$Y_{1t} = \beta_{12} Y_{2t} + \beta_{13} Y_{3t} + \ldots + \beta_{1M} Y_{Mt} + \gamma_{11} X_{1t} + \gamma_{12} X_{2t} + \ldots \gamma_{1K} X_{Kt} + u_{1t}$$

$$Y_{2t} = \beta_{21}Y_{1t} + \beta_{23}Y_{3t} + \ldots + \beta_{2M}Y_{Mt} + \gamma_{21}X_{1t} + \gamma_{22}X_{2t} + \ldots\gamma_{2K}X_{Kt} + u_{2t}$$

$$Y_{3t} = \beta_{31}Y_{1t} + \beta_{32}Y_{2t} + \ldots + \beta_{3M}Y_{Mt} + \gamma_{31}X_{1t} + \gamma_{32}X_{2t} + \ldots\gamma_{3K}X_{Kt} + u_{3t}$$

....

$$Y_{Mt} = \beta_{M1}Y_{1t} + \beta_{M2}Y_{2t} + \ldots + \beta_{M,M-1}Y_{M-1,t} + \gamma_{M1}X_{1t} + \gamma_{M2}X_{2t} + \ldots\gamma_{MK}X_{Kt} + u_{Mt}$$

जहाँ $Y_1, Y_2, \ldots, Y_M$ M अंतर्जात या संयुक्त आश्रित चर हैं।

$X_1, X_2, \ldots, X_K$ पूर्वनिश्चित चर K है। (one of these X variables may take a value of unity to allow for the intercept term in each equation)

$u_1, u_2, \ldots, u_M$ प्रसंभाव्य बाधाएँ (त्रुटि) M है।

$t = 1, \ldots, T$ अवलोकनों की कुल संख्या है।

β's अंतर्जात चरों के गुणांक हैं।

γ's पूर्वनिश्चित चरों के गुणांक हैं।

ये समीकरण "संरचनात्मक समीकरणों" (structural equations) अथवा "व्यावहारिक समीकरणों" (behavioural equations) के नाम से जाने जाते हैं, क्योंकि वे एक आर्थिक प्रतिमान की संरचना अथवा एक आर्थिक अभिकर्त्ता (यानी उपभोक्ता या उत्पादक) के व्यवहार को दर्शाते हैं। इस समीकरण में $\beta's$ और $\gamma's$ गुणांकों या संरचनात्मक प्राचलों के रूप में जाने जाते हैं। यहाँ, यह ध्यान देने योग्य है कि संरचनात्मक समीकरणों में अंतर्जात और बहिर्जात दोनों चर प्रत्येक समीकरण के दाईं ओर होते हैं।

संरचनात्मक समीकरणों को M अंतर्जात चरों के लिए हल करने पर लघु स्वरूप समीकरण एवं संबद्ध लघु स्वरूप गुणांकों को प्राप्त कर सकते हैं। एक लघु स्वरूप समीकरण वह है जहाँ प्रत्येक समीकरण में एक अंतर्जात चर होता है और वह अंतर्जात चर केवल पूर्व निश्चित चरों और प्रसंभाव्य बाधाओं के रूप में व्यक्त किया जाता है। उदाहरण के लिए, केंस के आय निर्धारण प्रतिमान (Keynesian model of income determination) को देखने पर पता चलता है कि–

उपभोग फलन– $C_t = \beta_0 + \beta_1 Y_t + u_t, \quad 0 < \beta_1 < 1$ ...(i)

आय अभिनिर्धारण– $Y_t = C_t + I_t \; (=S_t)$ ...(ii)

इस प्रतिमान में C (उपभोग) और Y (आय) अंतर्जात चर हैं एवं I (निवेश व्यय) एक बहिर्जात चर है, जबकि प्रथम समीकरण स्वभाव में प्रसंभाव्य (stochastic) है, दूसरा अभिनिर्धारित है। हमेशा की तरह, MPC (β_1) को 0 और 1 के बीच होना मान लिया गया है।

यदि समीकरण (i) को समीकरण (ii) में प्रतिस्थापित किया जाता है, तो साधारण बीजगणितीय हेर–फेर के बाद हमें प्राप्त होता है–

$$Y_t = C_t + I_t = \beta_0 + \beta_1 Y_t + u_t + I_t$$

उपरोक्त को फिर से व्यवस्थित करने पर हमें प्राप्त होता है–

$$Y_t - \beta_1 Y_t = \beta_0 + I_t + u_t$$

अथवा

$$(1 - \beta_1) Y_t = \beta_0 + I_t + u_t$$

अथवा

$$Y_t = \frac{\beta_0}{(1-\beta_1)} + \frac{1}{(1-\beta_1)} I_t + \frac{1}{(1-\beta_t)} u_t$$

उपरोक्त को इस प्रकार दर्शाया जा सकता है—

$$Y_t = \Pi_0 + \Pi_1 I_t + w_t \qquad \ldots(iii)$$

जहाँ $\Pi_0 = \frac{\beta_0}{1-\beta_1}$

$\Pi_1 = \frac{1}{1-\beta_1}$

$w_t = \frac{u_t}{1-\beta_1}$

समीकरण (iii) एक लघु स्वरूप समीकरण है। यह अंतर्जात चर Y को केवल बहिर्जात चर (या पूर्व निश्चित चर) के फलन एवं प्रसंभाव्य त्रुटि के रूप में दर्शाता है। Π_0 और Π_1 संबद्ध लघु स्वरूप गुणांक हैं। ध्यान रखें कि ये लघु स्वरूप गुणांक, संरचनात्मक गुणांकों (s) के अरेखीय संयोग (non-linear combinations) हैं।

Y_t का मान समीकरण (iii) से, (i) के C_t में प्रतिस्थापित करने पर हम दूसरा लघु स्वरूप समीकरण प्राप्त करते हैं—

$$C_t = \Pi_2 + \Pi_3 I_t + w_t \qquad \ldots(iv)$$

जहाँ $\Pi_2 = \frac{\beta_0}{1-\beta_1}$, $\Pi_3 = \frac{\beta_1}{1-\beta_1}$, $w_t = \frac{u_t}{1-\beta_1}$

लघु स्वरूप गुणांक, जैसे— Π_1, Π_2 और Π_3, प्रभाव या अल्पावधि गुणांकों (short-run multipliers) के नाम से भी जाने जाते हैं क्योंकि वे बहिर्जात चर के मूल्य में एक इकाई परिवर्तन के बहिर्जात चर पर पड़ने वाले तत्काल प्रभाव को मापते हैं। यदि पूर्व कीन्सीयन प्रतिमान में निवेश व्यय ₹1 बढ़ता है और यदि MPC (यानी β_1) को 0.8 मान लेते हैं, तो समीकरण (iii) से हमें $\Pi_1 = 5$ प्राप्त होता है। इस परिणाम का मतलब है कि यदि निवेश ₹1 बढ़ता है तो वह आय में तत्काल (वर्तमान अवधि में) ₹5 की वृद्धि करेगा, यह पाँच गुणा वृद्धि है। इसी प्रकार समीकरण (iv) में जो स्थिति मानी गई है वह यह दिखाता है कि $\Pi_3 = 4$ का मतलब है कि यदि निवेश व्यय में ₹1 की वृद्धि होती है तो उपभोग व्यय में ₹4 की तुरंत वृद्धि हो जाएगी।

अर्थमिति प्रतिमानों के संदर्भ में, समीकरण जैसे (ii) या $Q_{dt} = Q_{st}$ (माँग मात्रा, पूर्ति मात्रा के बराबर है) संतुलन की स्थिति है। अभिनिर्धारण यह बताता है कि समग्र आय (aggregate income) Y, समग्र व्यय (जैसे—उपभोग व्यय एवं निवेश व्यय) के बराबर होना चाहिए। जब संतुलन की स्थिति प्राप्त हो जाती है, उनके संतुलन मूल्यों को अंतर्जात चर मान लिया जाता है।

प्रश्न 6. पुनरावर्ती पद्धतियों पर संक्षेप में टिप्पणी कीजिए।

उत्तर— पुनरावर्ती पद्धतियाँ वे प्रतिमान हैं जिनमें त्रुटियाँ/विभ्रम विभिन्न समीकरणों से स्वतंत्र होते हैं एवं बहिर्जात चरों के गुणांक एवं त्रिभुजाकार पद्धति को दिखाते हैं। उदाहरण के

लिए, हम एक तीन अंतर्जात चरों Y_1, Y_2 और Y_3 एवं तीन बहिर्जात चरों Z_1, Z_2 और Z_3 वाले प्रतिमान को लेते हैं, जिसकी संरचना निम्न प्रकार है—

$$Y_1 + \beta_{12}Y_2 + \beta_{13}Y_3 + \alpha_1 Z_1 = u_1$$
$$Y_2 + \beta_{23}Y_3 + \alpha_2 Z_2 = u_2$$
$$Y_3 + \alpha_3 Z_3 = u_3$$

जहाँ u_1, u_2 और u_3 स्वतंत्र हैं। बहिर्जात चरों के गुणांक हैं—

$$\begin{matrix} 1 & \beta_{12} & \beta_{13} \\ & 1 & \beta_{23} \\ & & 1 \end{matrix}$$

जिसका स्वरूप एक त्रिभुजाकार संरचना है। ऐसी पद्धति में, प्रत्येक समीकरण साधारण न्यूनतम वर्ग (OLS) के द्वारा आकलित किया जा सकता है। माना इस उदाहरण में u_2 और u_3 सहसंबंधित हैं परंतु वे u_1 से स्वतंत्र हैं, तब प्रतिमान का खंड-पुनरावर्ती (block-recursive) होना निश्चित है। दूसरे और तीसरे समीकरणों का आकलन संयुक्त रूप से होता है, परंतु पहला समीकरण साधारण न्यूनतम वर्ग द्वारा आकलित किया जा सकता है। परंतु इसे आकलित करते समय हमें यह ध्यान रखना चाहिए कि Y_2 और Y_3 केवल u_2 और u_3 पर निर्भर हैं और ये त्रुटि पद u_1 से स्वतंत्र हैं।

प्रश्न 7. अभिनिर्धारण की धारणा की व्याख्या कीजिए।

अथवा

रेखीय युगपत समीकरण प्रतिमान के संदर्भ में अभिनिर्धारण समस्या का क्या अर्थ है?

अथवा

अभिनिर्धारण की संकल्पना का वर्णन कीजिए। आकलन से पहले अभिनिर्धारण क्यों अनिवार्य है? [दिसम्बर–2013, प्र.सं. 4 (a)]

उत्तर— अभिनिर्धारण पद का उपयोग प्रारंभ में प्राचलों के मूल्यों के निष्कर्ष की संभावना को बताने के लिए किया जाता था। अभिनिर्धारण की समस्या तार्किक रूप से आकलन के पहले आती है। यदि एक से अधिक सिद्धांत समान आँकड़े के साथ संबंधित हैं तब वे स्पष्टतः समान होते हैं और हम उनमें भेद नहीं कर सकते हैं। इन स्थितियों में संरचना को अनिर्धारित (unidentified) कहा जाता है और उसे अभिनिर्धारित (identified) करने की आवश्यकता होती है।

अभिनिर्धारण प्रतिमान निर्माण की एक समस्या है न कि प्रतिमान आकलन या मूल्यांकन की। हम एक प्रतिमान को अभिनिर्धारित कहते हैं यदि यह एक विशिष्ट सांख्यिकीय स्वरूप में है और जो परिणामस्वरूप प्रतिदर्श समंकों से इनके प्राचलों का विशिष्ट रूप से आकलित होने योग्य बनाता है। अगर एक प्रतिदर्श निर्धारित नहीं है तब हम निश्चित रूप से नहीं कह सकते कि हम किस संबंध का आकलन कर रहे हैं।

हम निम्नलिखित चित्रों का उपयोग करते हुए अभिनिर्धारण की धारणा का प्रारंभ करते हैं—

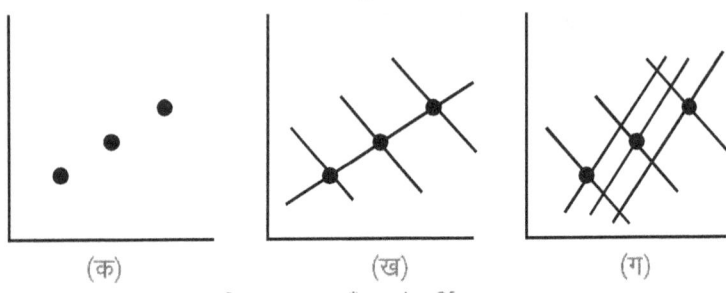

चित्र 4.2 : माँग एवं पूर्ति फलन

आँकड़े (समंक) जो चित्र 4.2 में दिखाए गए हैं, बाजार परिणामों को बताते हैं। हमारी धारणा से परे हमें माँग और पूर्ति की शर्तों का ज्ञान नहीं होता है कि आँकड़े (समंक) जो संतुलन बिंदु को बताते हैं वह माँग और पूर्ति का मिलन बिंदु है। चित्र 4.2 (क) तीन समंक बिंदुओं को दर्शाता है। चित्र 4.2 (ख) के अनुसार हम दो विभिन्न स्थितियों के लिए समान समंक प्राप्त कर सकते हैं। चित्र 4.2 (ख) में पूर्ति वक्र स्थिर हैं और माँग वक्र में परिवर्तन होता है। समंक पूर्ति समीकरण पर बिंदु इस मान्यता के साथ प्रदर्शित करते हैं कि पूर्ति वक्र सामान्यत: स्थिर है और माँग वक्र परिवर्तित होते हैं। परंतु यदि माँग एवं पूर्ति वक्र दोनों यादृच्छिक (randomly) रूप से परिवर्तित होते हैं, जैसा कि चित्र 4.2 (ग) में दिखाया गया है, तब अगर हम उन्हीं आँकड़ों (समंकों) से $Q = f(p)$ का आकलन करना चाहते हैं तो हम न तो माँग और न ही पूर्ति वक्र का आकलन करते हैं; बल्कि दो या अधिक समीकरण (mongrel equations) का आकलन करते हैं।

इस प्रकार समीकरण के आकलन के लिए सर्वप्रथम हमें समीकरण को अभिनिर्धारित करने की आवश्यकता है, अन्यथा हम निश्चित रूप से नहीं कह सकते हैं कि हम किस फलन का आकलन कर रहे हैं। अभिनिर्धारण एक समीकरण को विशिष्ट संरचनात्मक स्वरूप प्रदान करता है जिससे हम आसानी से समीकरण का आकलन कर सकते हैं।

यह ध्यान रखना चाहिए कि अभिनिर्धारण समस्या केवल उन समीकरणों के लिए पैदा होती है जिनमें गुणांकों को सांख्यिकीय रूप से (प्रतिदर्श समंक के द्वारा) आकलित किया जा सकता है। परिभाषीय समीकरणों (definitional equations), अभिनिर्धारण या संतुलन स्थिति की अभिव्यक्ति के लिए अभिनिर्धारण समस्या उत्पन्न नहीं होती है क्योंकि ऐसे संबंधों को माप की आवश्यकता नहीं होती है।

प्रश्न 8. अभिनिर्धारण के विरोधाभास से आप क्या समझते हैं?

उत्तर— यदि हम दिए हुए फलन को मापना चाहते हैं जो एक युगपत समीकरण प्रतिमान से संबंधित है, तो फलन को निश्चित रूप से प्रतिदर्श अवधि के ऊपर स्थिर होना चाहिए, अर्थात् समान प्रतिमान के दूसरे संबंधों की तुलना में इसे कम विस्तार के अंदर परिवर्तित होना चाहिए। हम पूर्ति फलन को माप सकते हैं जब यह सामान्यत: स्थिर हो और माँग फलन में

समान रूप से परिवर्तन हो रहा हो। इसी तरह हम माँग फलन को माप सकते हैं यदि यह सामान्यतः स्थिर हो और पूर्ति फलन पर्याप्त परिवर्तनशीलता दिखाता हो। ऐसा तब हो सकता है जब एक कारक जो एक विशेष फलन में परिवर्तन का कारण है, दूसरे फलन में अनुपस्थित है। दूसरे शब्दों में, माँग फलन का अभिनिर्धारण करने के लिए कुछ कारक जो इससे अनुपस्थित होते हैं तथा पूर्ति फलन में शामिल रहते हैं (या पद्धति के दूसरे संबंध में) उन्हें प्रतिदर्श की अवधि में अवश्य परिवर्तित करते रहना चाहिए।

इसी प्रकार उस पूर्ति फलन का पता हम तब लगा सकते हैं जब यह स्थिर हो और माँग में पर्याप्त परिवर्तन हो। इसका मतलब है कि यदि पूर्ति फलन का अभिनिर्धारण करना है तो कुछ अनुपस्थित, लेकिन माँग फलन को प्रभावित करते चर आवश्यक रूप से परिवर्तित होने चाहिए।

इसलिए एक समीकरण का अभिनिर्धारण करने के लिए हमें इससे अनुपस्थित चरों को देखना होगा (जबकि उसी समय प्रतिमान के दूसरे फलनों में वे कार्यशील रहते हैं)। यह अभिनिर्धारण का विरोधाभास कहलाता है। अभिनिर्धारण में महत्त्वपूर्ण चर वे हैं जो समीकरण से अनुपस्थित होते हैं।

प्रश्न 9. द्विसमीकरण प्रणाली में अभिनिर्धारण की प्रक्रिया की विवेचना कीजिए।

उत्तर— द्विसमीकरण प्रणाली में अभिनिर्धारण करने के लिए हमें एक सामान्य माँग एवं पूर्ति का उदाहरण लेते हुए पूर्वानुमान करना होगा।

माना कि $q_s = q_d = q$ है, तब

$$q = \alpha_1 p + \beta_1 z_1 + u_1 \qquad \qquad ...(i)$$

अथवा

$$q = \alpha_2 p + u_2 \qquad \qquad ...(ii)$$

मान लीजिए कि q पूरे देश में प्रति व्यक्ति चावल का उपभोग (per capita rice consumption) है, p देश में प्रति किलोग्राम चावल का औसत मूल्य है और z_1 खाद का मूल्य है, जिसे हमने चावल के माँग एवं पूर्ति समीकरण के लिए बहिर्जात मान लिया है। इसका मतलब है कि समीकरण (i) पूर्ति फलन होना चाहिए क्योंकि खाद का मूल्य केवल पूर्ति में परिवर्तन $(\beta_1 < 0)$ करता है, माँग में नहीं। माँग फलन में माँग को परिवर्तित करने वाले अवलोकित कारक विद्यमान नहीं होते हैं।

सामान्यतः माँग समीकरण अभिनिर्धारण का अनुसरण करता है क्योंकि यहाँ एक अवलोकित चर z_1 है जो पूर्ति समीकरण को परिवर्तित करता है जबकि माँग समीकरण को वह प्रभावित नहीं करता है। यहाँ माँग को परिवर्तित करने वाला कारक केवल u_2 है, जो एक अनवलोकित त्रुटि पद (unobserved error term) है, परंतु आकलक संगत होगा यदि z_1 पद u_2 के साथ सहसंबंधित नहीं हो।

पूर्ति समीकरण का पता नहीं लगाया जा सकता है क्योंकि माँग वक्र में परिवर्तन करने वाले बहिर्जात कारक दृश्य नहीं हैं। हो सकता है कि कुछ वैसे कारकों की उपस्थिति में जो लोगों की गेहूँ के प्रति पसंद को प्रभावित करते हैं या प्रति व्यक्ति आय को बढ़ाते हैं, हम पूर्ति समीकरण का निर्धारण कर सकते हैं।

संक्षेप में, समीकरण (i) और (ii) के तंत्र में पूर्ति समीकरण में एक ऐसे बहिर्जात चर की उपस्थिति है जिससे हम माँग फलन का आकलन कर सकते हैं।

अब हम आसानी से एक सामान्य द्विसमीकरण प्रतिमान का अभिनिर्धारण कर सकते हैं। हम उस द्विसमीकरण को इस प्रकार लिखते हैं—

$$y_1 = \alpha_1 + \beta_1 y_2 + z_1\beta_2 + u_1 \qquad \text{...(iii)}$$

और

$$y_2 = \alpha_2 + \beta_3 y_1 + z_2\beta_4 + u_2 \qquad \text{...(iv)}$$

जिसमें y_1 और y_2 अंतर्जात चर (endogenous variables) हैं एवं u_1 और u_2 त्रुटि पद हैं। प्रथम समीकरण में अंतःखंड α_1 है और दूसरे समीकरण में अंतःखंड α_2 है। चर z_1 प्रथम समीकरण में उपस्थित बाह्य चरों (exogenous variables) के समूह k_1 को बताता है : $z_1 = (z_{11}, z_{12}, ..., z_{1k1})$। इसी प्रकार, z_2 दूसरे समीकरण में उपस्थित बाह्य चरों के समूह k_2 को बताता है : $z_2 = (z_{21}, z_{22}, ..., z_{2k2})$।

यह तथ्य कि z_1 और z_2 सामान्यतया विभिन्न बहिर्जात चरों को सम्मिलित करते हैं, का मतलब है कि हमने प्रतिमान पर बहिष्कृत प्रतिबंधों को लादा है। दूसरे शब्दों में, हम मान लेते हैं कि कुछ बहिर्जात चर पहले समीकरण में उपस्थित नहीं हैं और कुछ इसके दूसरे समीकरण से अनुपस्थित हैं। यह हमें दो संरचनात्मक समीकरणों के बीच अंतर करने की अनुमति देता है।

हम समीकरण (iii) और (iv) को y_1 और y_2 के लिए (सभी बाह्य चरों और संरचनात्मक त्रुटि u_1 और u_2 के रेखीय फलन के रूप में) तब हल कर सकते हैं, जब $\alpha_2\alpha_1 \neq 1$। इस मान्यता के अंतर्गत, y_1 और y_2 के लघु स्वरूप (reduced forms) भी होते हैं।

प्रश्न 10. अर्थमिति सिद्धांत में अभिनिर्धारण की स्थितियों पर चर्चा करते हुए प्रतिदर्श में इनका उपयोग बताइए।

उत्तर— अर्थमिति सिद्धांत में समीकरणों के अभिनिर्धारण की दो संभव परिस्थितियाँ हो सकती हैं—

(1) **समीकरण जो अव–निर्धारित है**—अगर समीकरण की संरचना विशिष्ट नहीं है या समीकरण का विशिष्ट रूप से भेद करने के लिए पर्याप्त सूचना उपलब्ध नहीं है, तब समीकरण अव–निर्धारित होगा।

(2) **समीकरण जो अभिनिर्धारित है**—
 (क) **सही अभिनिर्धारित**—यदि समीकरण की भिन्नता के लिए पर्याप्त जानकारी उपलब्ध है, तब समीकरण सही अभिनिर्धारित कहलाता है।
 (ख) **अति–निर्धारित**—यदि समीकरण से संबंधित जानकारी पर्याप्त से अधिक है तब समीकरण अति–निर्धारित कहलाता है।

जहाँ तक किसी पद्धति (प्रणाली) के अभिनिर्धारण का प्रश्न है, हम कह सकते हैं कि समीकरण अव–निर्धारित है, यदि इसका सांख्यिकीय स्वरूप विशिष्ट नहीं है। एक पद्धति अव–निर्धारित होगी, जब इस पद्धति के एक या अधिक समीकरण अव–निर्धारित हों। अगर

किसी समीकरण का सांख्यिकीय स्वरूप विशिष्ट है तो हम कह सकते हैं कि यह अभिनिर्धारित है। यह सही अभिनिर्धारित हो सकता है या अति-निर्धारित। परंतु दोनों परिस्थितियों में यह अभिनिर्धारित होगा। एक पद्धति अभिनिर्धारित होगी अगर इसके सभी समीकरण अभिनिर्धारित हैं।

प्रतिमान की अभिनिर्धारण अवस्था का उपयोग—अभिनिर्धारण, प्रतिमान के आकलन से घनिष्ठ रूप से संबंधित है--

अगर एक समीकरण अभिनिर्धारित है, इसका गुणांक सामान्यत: सांख्यिकीय रूप से आकलित हो सकता है। लेकिन--

(1) यदि समीकरण बिल्कुल सही अभिनिर्धारित है तो उपयुक्त विधि जो इसके आकलन के लिए उपयोग होगी वह है--अप्रत्यक्ष न्यूनतम वर्ग विधि (ILS)।

(2) यदि समीकरण अति निर्धारित है तो अप्रत्यक्ष न्यूनतम वर्ग विधि उपयुक्त नहीं होगी, क्योंकि यह संरचनात्मक प्राचलों के विशिष्ट आकलन प्रदान नहीं करेगी। अन्य कई विधियाँ हैं जो इस स्थिति में उपयोग में लाई जा सकती हैं, जैसे कि द्विस्तरीय न्यूनतम वर्ग विधि (2SLS) अथवा अधिकतम संभावना विधि (Maximum Likelihood Method)।

प्रश्न 11. अभिनिर्धारण का औपचारिक नियम क्या है?

उत्तर— अभिनिर्धारण या तो विशिष्ट संरचनात्मक प्रतिमान के परीक्षण द्वारा स्थापित किया जा सकता है या फिर प्रतिमान के लघु स्वरूप के परीक्षण द्वारा।

परंपरागत रूप से अभिनिर्धारण, लघु स्वरूप द्वारा स्थापित किया जाता है। यद्यपि लघु स्वरूप उपागम संरचनात्मक प्रतिमान उपागम की अपेक्षा धारणात्मक रूप से उलझा हुआ और संगणना के दृष्टिकोण से अधिक कठिन है। ऐसा इसलिए है कि लघु स्वरूप को पहले अवकलित करने की आवश्यकता होती है और तब कुछ लघु स्वरूप गुणांकों से बनने वाले निर्धारक के मूल्यों के परीक्षण की। संरचनात्मक स्वरूप उपागम सरल और अधिक उपयोगी है।

अभिनिर्धारण नियमों का उपयोग करते समय यदि एक स्थिर पद प्रत्येक समीकरण में उपस्थित है तो उसकी अवहेलना करनी चाहिए। अगर यह कुछ समीकरणों में ही उपस्थित है तो इसे ध्यान में रखना चाहिए और इसके साथ अलग चर की तरह व्यवहार करना चाहिए। ऐसी स्थिति में चर के समूह में हमें एक आभासी चर (dummy variable) को अवश्य शामिल करना चाहिए (जैसे—X_0), जिसका मान (value) हमेशा 1 होगा।

प्रश्न 12. अभिनिर्धारण की क्रम शर्त की व्याख्या कीजिए।

उत्तर— यह शर्त किसी विशेष समीकरण में सम्मिलित या बहिष्कृत चरों के गणना नियम पर आधारित है। एक समीकरण के अभिनिर्धारण के लिए यह एक आवश्यक शर्त है परंतु पर्याप्त शर्त नहीं है। क्रम शर्त की निम्न प्रकार से व्याख्या की जा सकती है--

एक समीकरण को अभिनिर्धारित होने के लिए इससे बहिष्कृत हुए चरों (अंतर्जात एवं बहिर्जात) की कुल संख्या प्रतिमान में शामिल अंतर्जात चरों की संख्या से एक कम के बराबर या अधिक होनी चाहिए। यहाँ यह दिया गया है कि एक पूर्ण प्रतिमान में अंतर्जात चरों की

संख्या प्रतिमान के समीकरणों की संख्या के बराबर होती है। अभिनिर्धारण के लिए क्रम शर्त कभी-कभी निम्नलिखित समान स्वरूप में होती है—

किसी समीकरण के अभिनिर्धारण के लिए वे चर जो समीकरण से बहिष्कृत हैं लेकिन दूसरे समीकरणों में सम्मिलित होते हैं, को कम-से-कम पद्धति (system) के समीकरणों की संख्या से एक कम के बराबर अवश्य होना चाहिए।

अभिनिर्धारण के लिए चिह्न के रूप में (symbolically) क्रम शर्त को इस प्रकार दर्शाया जा सकता है—

$$(K-M) \geq (G-1)$$
$$[\text{बहिष्कृत चर}] \geq [\text{समीकरणों की कुल संख्या} - 1]$$

यहाँ, G = समीकरणों की कुल संख्या (= अंतर्जात चरों की कुल संख्या)

K = प्रतिमान में चरों की कुल संख्या (अंतर्जात और पूर्व निर्धारित)

M = चरों अंतर्जात एवं बाह्य की संख्या, जो किसी विशिष्ट समीकरण में शामिल हैं।

उदाहरण के लिए, अगर एक पद्धति में 10 समीकरणों में 15 चर हैं, जिनमें 10 अंतर्जात और 5 बहिर्जात चर हैं। इस पद्धति में एक समीकरण ऐसा है जिसमें 11 चर हैं, वह अभिनिर्धारित नहीं होगा जबकि एक समीकरण जिसमें 5 चर हैं, वह अभिनिर्धारित होगा। इसे निम्न प्रकार से ज्ञात किया जा सकता है—

(1) प्रथम समीकरण के लिए हम मान लेते हैं कि हमारे पास है—

$G = 10 \qquad K = 15 \qquad M = 11$

क्रम शर्त इस प्रकार होती है—

$(K-M) \geq (G-1)$

जबकि, इस स्थिति में, हमारे पास है—

$(15 - 11) < (10 - 1)$

इस प्रकार क्रम शर्त की पूर्ति नहीं होती है और समीकरण अव-निर्धारित है।

(2) अब दूसरे समीकरण के लिए हम मान लेते हैं कि हमारे पास है—

$G = 10 \qquad K = 15 \qquad M = 5$

क्रम शर्त—

$(K-M) \geq (G-1) \qquad (15-5) > (10-1)$

इसमें क्रम शर्त पूरा होता है।

अतः यह समीकरण अति-निर्धारित है अर्थात् अभिनिर्धारित है।

एक संबंध के अभिनिर्धारित होने के लिए अभिनिर्धारण की क्रम शर्त का पूरा होना आवश्यक है, परंतु यह पर्याप्त नहीं है, यानी किसी समीकरण विशेष में इसकी पूर्ति अगर हो भी जाए, फिर भी संबंध अभिनिर्धारित नहीं भी हो सकता है।

प्रश्न 13. अभिनिर्धारण की श्रेणी शर्त की विवेचना कीजिए।

उत्तर— श्रेणी शर्त बताती है कि G समीकरणों की पद्धति में समीकरण विशेष का अभिनिर्धारण केवल और केवल वैसी परिस्थिति में होता है, जब उस समीकरण विशेष से बहिष्कृत लेकिन

युगपत समीकरण प्रतिमान

प्रतिमान के दूसरे समीकरण में सम्मिलित चरों के गुणांकों से क्रम $(G-1)$ के कम-से-कम एक अशून्य निर्धारक का निर्धारण संभव हो।

एक संरचनात्मक प्रतिमान में समीकरण के अभिनिर्धारण को जानने के लिए निम्नलिखित व्यावहारिक कदम शामिल हो सकते हैं–

कदम 1— प्रतिमान के सभी समीकरण के प्राचलों को एक अलग तालिका में नोट कीजिए, यह ध्यान रखते हुए कि एक समीकरण से बहिष्कृत चर का प्राचल शून्य के बराबर है।

उदाहरण के लिए, माना कि एक संरचनात्मक प्रतिमान इस प्रकार का है–

$Y_1 = 3Y_2 - 2X_1 + X_2 + u_1$
$Y_2 = Y_3 + X_3 + u_2$
$Y_3 = Y_1 - Y_2 - 2X_3 + u_3$

जिसमें Y अंतर्जात चर हैं और X पूर्वनिश्चित अर्थात् बहिर्जात चर हैं।

यह प्रतिमान पुनः इस प्रकार लिखा जा सकता है–

$-Y_1 + 3Y_2 + 0Y_3 - 2X_1 + X_2 + 0X_3 + u_1 = 0$
$0Y_1 - Y_2 + Y_3 + 0X_1 + 0X_2 + X_3 + u_2 = 0$
$Y_1 - Y_2 - Y_3 + 0X_1 + 0X_2 - 2X_3 + u_3 = 0$

प्रसंभाव्य त्रुटि (random disturbances) की अवहेलना करने पर प्रतिमान के प्राचलों की तालिका इस प्रकार है–

तालिका 4.1 : समीकरण पद्धति के प्राचल

समीकरण	चर					
	Y_1	Y_2	Y_3	X_1	X_2	X_3
प्रथम समीकरण	–1	3	0	–2	1	0
द्वितीय समीकरण	0	–1	1	0	0	1
तृतीय समीकरण	1	–1	–1	0	0	–2

कदम 2— उस समीकरण के गुणांकों की पंक्ति को हटा दीजिए जिसका अभिनिर्धारण के लिए परीक्षण होना है।

उदाहरण के लिए, अगर हम प्रतिमान के दूसरे समीकरण के अभिनिर्धारण का परीक्षण करना चाहते हैं तो हम गुणांकों की तालिका की दूसरी पंक्ति को हटा देते हैं।

कदम 3— उन स्तंभों को बहिष्कृत कर देते हैं जिनमें समीकरण के अशून्य गुणांक परीक्षण के लिए उपस्थित होते हैं। उपयुक्त पंक्ति और स्तंभों को हटा देने के बाद हमें चरों के वे गुणांक प्राप्त होंगे जो इस समीकरण विशेष में सम्मिलित नहीं हैं लेकिन प्रतिमान के दूसरे समीकरणों में सम्मिलित हैं।

उदाहरण के लिए, अगर हम पद्धति के दूसरे समीकरण के अभिनिर्धारण के लिए परीक्षण कर रहे हैं, हम तालिका 4.1 के दूसरे, तीसरे और छठे स्तंभों को हटा देंगे, इस प्रकार तालिका 4.2 प्राप्त होती है–

तालिका 4.2: (a) संरचनात्मक प्राचलों की तालिका
(b) महत्त्वपूर्ण पंक्तियों एवं स्तंभों को बहिष्कृत करने के बाद शेष प्राचलों की तालिका

	Y_1	Y_2	Y_3	X_1	X_2	X_3
प्रथम	–1	3	0	–2	1	0
द्वितीय	0	–1	1	0	0	1
तृतीय	1	–1	–1	0	0	–2

(a)

Y_1	X_1	X_2
–1	–2	1
1	0	0

(b)

कदम 4— क्रम $(G-1)$ के निर्धारकों को स्थापित करें और उनके मूल्यों का परीक्षण करें। यदि इन निर्धारकों में से कम-से-कम एक अशून्य होता है इसका मतलब है कि समीकरण अभिनिर्धारित है। यदि क्रम $(G-1)$ के सभी निर्धारक शून्य हैं इसका मतलब है कि समीकरण अव–निर्धारित है।

दूसरे संरचनात्मक समीकरण के अभिनिर्धारण के अन्वेषण के उपरोक्त उदाहरण में हमें क्रम $(G-1) = 3 - 1 = 2$ के तीन निर्धारक प्राप्त होते हैं।

वे हैं—

$$\Delta_1 = \begin{vmatrix} -1 & -2 \\ 1 & 0 \end{vmatrix} \neq 0$$

$$\Delta_2 = \begin{vmatrix} -2 & 1 \\ 0 & 0 \end{vmatrix} = 0$$

$$\Delta_3 = \begin{vmatrix} -1 & 1 \\ 1 & 0 \end{vmatrix} \neq 0$$

संकेत 'Δ', determinant के लिए है। इस प्रकार हम क्रम $G - 1 = 3 - 1 = 2$ के दो अशून्य निर्धारक स्थापित कर सकते हैं, अतः हमारी पद्धति का दूसरा समीकरण अभिनिर्धारित है।

कदम 5— यह देखने के लिए कि समीकरण सही अभिनिर्धारित है या अति–निर्धारित (over-identified), हम क्रम शर्त $(K - M) \geq (G - 1)$ का उपयोग करते हैं। इस मापदंड के साथ, अगर समानता का चिह्न (equality sign) संतुष्ट, यानी यदि $(K - M) = (G - 1)$, तो समीकरण सही अभिनिर्धारित है। अगर असमानता (inequality) का चिह्न प्राप्त होता है, यानी अगर $(K - M) > (G - 1)$, तब समीकरण अति–निर्धारित होगा।

दूसरे समीकरण की स्थिति में हमारे पास—

$G = 3$ $K = 6$ $M = 3$

और गणना नियम $(K-M) \geq (G-1)$ का परिणाम

$(6-3) > (3-1)$

इसलिए प्रतिमान का दूसरा समीकरण अति-निर्धारित है।

किसी फलन का अभिनिर्धारण यह मानकर किया जाता है कि प्रतिमान के इस समीकरण में कुछ चरों के गुणांक शून्य होंगे। ऐसा हम इसलिए मान लेते हैं कि इस समीकरण में कुछ चर आश्रित चरों को प्रत्यक्ष रूप से प्रभावित नहीं करते हैं। लेकिन, यह एक ऐसी मान्यता है जिसकी प्रतिदर्श आँकड़ों के साथ जाँच की जाती है।

प्रश्न 14. प्रतिबंध अभिनिर्धारण की विभिन्न विधियों पर प्रकाश डालिए।

अथवा

शून्य प्रतिबंध विधि पर टिप्पणी कीजिए।

अथवा

पूर्व सूचना क्या है? सामान्य अव-निर्धारित प्रतिमान के अभिनिर्धारण में पूर्व प्रतिबंधों का क्या महत्त्व है? स्पष्ट कीजिए।

उत्तर— कई स्थितियों में हम प्रतिमान के केवल एक या कुछ समीकरणों में दिलचस्पी रखते हैं और बिना पूरे प्रतिमान के ज्ञान के उसके प्राचलों को सांख्यिकीय मापने का प्रयास करते हैं। चूँकि प्रतिमान की संरचना का ज्ञान नहीं होता है, अतः इन परिस्थितियों में क्रम एवं श्रेणी शर्तें लागू करने के बजाय कुछ समीकरणों के कुछ प्राचलों के मूल्यों पर कुछ प्रतिबंध लगाकर अभिनिर्धारण स्थापित किया जा सकता है।

प्राचलों के मूल्यों पर प्रतिबंध निम्न में से किसी रूप में हो सकता है—

(1) शून्य प्रतिबंध—किसी व्यक्तिगत समीकरण में प्राचल के मान या मूल्य पर शून्य प्रतिबंध लगाने का मतलब है कि चर जो प्राचल से संबंधित है इस समीकरण में उपस्थित नहीं है। पिछली जानकारी अक्सर हमें यह निश्चय करने योग्य बनाती है कि किसी व्यक्तिगत समीकरण में कुछ गुणांक शून्य अवश्य होने चाहिए, जबकि पद्धति के अन्य समीकरणों में उनके मूल्य गैर-शून्य मान लिए जाते हैं। किसी समीकरण का अभिनिर्धारण उन चरों पर आधारित होता है जो इसमें सम्मिलित नहीं होते हैं। किसी समीकरण को अभिनिर्धारित होने के लिए एक या अधिक ऐसे चरों से स्वतंत्र अवश्य होना चाहिए, जो पद्धति के अन्य समीकरणों में सम्मिलित हैं। अगर ऐसे बहिष्कृत चर प्रतिदर्श अवधि में प्रभावपूर्ण होते हैं, प्रतिमान के अन्य समीकरणों में स्थान-परिवर्तन उत्पन्न करेंगे। परिणामस्वरूप वे उस समीकरण विशेष का अभिनिर्धारण करेंगे जिसमें से वे अनुपस्थित हैं (यानी जिसमें वे शून्य गुणांक के साथ उपस्थित होंगे)।

पिछली जानकारी के आधार पर एक सूची तैयार की जा सकती है जो यथासंभव उन कारकों से इतनी पूर्ण होनी चाहिए जो अध्ययन होने वाली प्रक्रिया के लिए उपयुक्त है। सूची हमारे लिए यह निर्णय लेने में सहायक हो सकती है कि कौन से तत्त्व सामान्यतया सभी संबंधों में उपयुक्त होंगे। उदाहरण के लिए, माना कि हम एक कृषि उत्पाद के लिए माँग का अध्ययन करना चाहते हैं। माँग समीकरण समीकरणों की उन पद्धति से संबंधित होता है जो बाजार तंत्र

का वर्णन करती है। इस प्रतिमान से संबंधित उपयुक्त कारकों और माँग एवं पूर्ति समीकरणों में उनकी उपस्थिति या बहिष्कार को तालिका 4.3 में दिखाया गया है।

इस तालिका में दी गई पूर्व जानकारी से स्पष्ट है कि पूर्ति समीकरण में बहुत से कारक स्थान बदलने वाले हैं जो माँग समीकरण को प्रभावित नहीं करते हैं (इसमें उपस्थित नहीं होते हैं)। यह सुझाव देता है (बताता है) कि वह माँग समीकरण, जिसमें हम दिलचस्पी रखते हैं, अभिनिर्धारित है। यह प्रतिबंध कि माँग समीकरण में कुछ गुणांक शून्य के बराबर होने चाहिए, इस समीकरण के अभिनिर्धारण की जाँच में सहायता करता है।

यह तर्क दिया जा सकता है कि शून्य प्रतिबंध लगाकर किसी समीकरण को हमेशा अभिनिर्धारित किया जा सकता है, कोई किसी कारक के लिए सोच सकता है जो प्रायः किसी विशेष समीकरण में उपस्थित नहीं होता, जबकि उसी समय प्रतिमान के किसी दूसरे समीकरण में वह सम्मिलित होता है। लेकिन फिर भी, प्रतिबंधों के अभिनिर्धारण के लिए कुछ परीक्षण अवश्य होते हैं जो शोधकर्त्ता की स्वतंत्रता को प्रतिबंधित करते हैं और प्राचलों के मूल्यों पर लगाए जाने वाले अनुचित प्रतिबंधों से बचाव करते हैं।

तालिका 4.3: वस्तु X के लिए माँग की पूर्व जानकारी

चर	चिह्नांकन	माँग के निर्धारक	पूर्ति के निर्धारक
X की कीमत	P	P	P
विलम्बित मूल्य	P_{t-1}	–	P_{t-1}
अन्य मूल्य	P_0	P_0	–
आय	Y	Y	–
मौसम	W	–	W
स्टॉक (थोक)	S	–	S
रुचियाँ	t	t	–
आय वितरण	V	V	–
जनसंख्या	N	N	–
तकनीकी	T	–	T
कारकों के मूल्य	C	–	C

परंतु इस बात का हमेशा ध्यान रखना चाहिए कि अभिनिर्धारण आसानी से यह मानकर प्राप्त नहीं हो कि कुछ अनावश्यक चर अन्य समीकरणों में सम्मिलित हैं। दूसरे समीकरणों में उन महत्त्वपूर्ण कारकों को सम्मिलित करके जिन पर पहले गलती से ध्यान नहीं दिया गया, एक व्यक्ति को किसी समीकरण के अभिनिर्धारण का बचाव करने योग्य अवश्य होना चाहिए।

(2) कुछ प्राचलों का बाह्य आकलन–कभी–कभी कुछ प्राचल अभिनिर्धारित होते हैं, जबकि दूसरे नहीं और उनके बारे में अन्य स्रोतों से जानकारी प्राप्त होती है। ऐसी स्थिति में शोधकर्त्ता अभिनिर्धारित गुणांकों के आकलन के साथ आगे बढ़ सकते हैं और अनिर्धारित गुणांकों के लिए बाह्य रूप से प्राप्त मूल्यों का उपयोग कर सकते हैं।

उपरोक्त अभिनिर्धारित प्रतिबंधों के लिए सबसे ज्यादा महत्त्वपूर्ण और सबसे अधिक उपयोगी होता है संरचनात्मक प्राचलों के मूल्यों पर प्रतिबंध।

कुछ स्थितियों में शोधकर्त्ता को किसी विशेष समीकरण (particular equation) के उतार–चढ़ाव के सापेक्ष संयोग से संबंधित जानकारी हो सकती है और पिछली जानकारी पर प्राप्त यह जानकारी शोधकर्त्ता को यह निर्दिष्ट करने योग्य बनाती है कि प्रतिमान का कौन–सा समीकरण अन्य समीकरणों की तुलना में विस्तृत यादृच्छिक विस्थापन (wider random variation) दिखाता है। उदाहरण के लिए, कई कृषि उत्पादों के संबंध में मौसमी परिस्थितियों के कारण पूर्ति में विस्तृत यादृच्छिक विस्थापन होता है, जबकि उनकी माँग आगे भी पूरी तरह स्थिर होती है। मात्रा और मूल्य पर बाजार समंक, ऐसी स्थितियों में माँग फलन को निर्धारित करते हैं। इस स्थिति में निम्न प्रतिमान प्राप्त होगा–

$$D = a_0 + a_1P + u$$
$$S = b_0 + b_1P + v$$
$$D = S$$
$$var(u) < var(v)$$

माँग वक्र के साथ पूर्ति वक्र में परिवर्तन के द्वारा उत्पन्न यह स्थिति, आँकड़ों का विस्तृत वर्णन करेगी, जो अनुमानतः स्थिर रहेंगे।

सामान्य रूप में, किसी विशेष प्रक्रिया की स्थिति का ज्ञान पूर्व जानकारी प्रदान कर सकता है जो शोधकर्त्ता को पद्धति के समीकरणों के यादृच्छिक चरों के प्रसरणों के सापेक्ष आकार पर प्रतिबंध लगाने योग्य बनाएगा।

(3) दो या अधिक प्राचलों के संबंधित मूल्यों (या संबंधों) पर प्रतिबंध–पूर्व की जानकारी हमें चरों के बीच कुछ संबंधों के बारे में बता सकती है, जो एक अव–निर्धारित समीकरण को अभिनिर्धारित करने में हमारी मदद कर सकती है। उदाहरण के लिए, निम्नलिखित प्रतिबंधों की जानकारी हमें पूर्व ज्ञान के रूप में होनी चाहिए–

(क) **कुछ प्राचलों का योग**–उदाहरण के लिए, $a_1 + a_2 = c$, जिसमें c स्थिर (constant) है। उत्पादन फलन के मूल सूत्र में कॉब और डगलस (Cobb and Douglas) पैमाने के प्रतिफल को स्थिर मानते हैं जो उन्हें अपने प्रतिमान : $X = a_0 L^{a1} K^{a2}$, में $a_1 + a_2 = 1$ निश्चित करने में सहायक होता है। इस प्रतिबंध के साथ फलन को इस प्रकार लिखा जा सकता है–$X/L = a_0(K/L)^{a2}$।

(ख) **कुछ प्राचलों की समानता**–उदाहरण के लिए, एक प्रतिमान में दो उपभोग फलन हैं (एक कृषि क्षेत्र के लिए और दूसरा शहरी क्षेत्रों के लिए)। हम प्रतिबंध लगा सकते हैं कि दोनों फलनों में आय के गुणांक भिन्न हैं, जबकि तरल संपत्ति के गुणांक समान हैं।

(ग) **कुछ प्राचलों का अनुपात**–एक प्रतिमान से हमें इस प्रकार की पूर्व जानकारी हो सकती है कि $a_1/a_2 = k$, जहाँ k स्थिर है, इत्यादि।

प्रश्न 15. एकल समीकरण विधि का उपयोग करना हमेशा आसान क्यों होता है? इसकी विभिन्न विधियाँ लिखिए।

उत्तर– चूँकि युगपतता केवल समीकरण पद्धति में उपयुक्त है, युगपत समीकरण प्रतिमान के मूल तत्त्व को सुरक्षित रखने के लिए हमें पद्धति विधियों का उपयोग करना

चाहिए। हालाँकि ये प्रतिमान अपनी जटिलता तथा परिकलन में कठिनाई के कारण सामान्य रूप से व्यवहार में नहीं लाए जाते हैं। पद्धति विधि (System method) उपयोग नहीं करने का दूसरा कारण है कि यदि किसी समीकरण में विशिष्ट त्रुटि है, तो यह पद्धति के बाकी भागों में भी फैल जाती है। परिणामस्वरूप, पद्धति विधियाँ विशिष्ट त्रुटियों के प्रति संवेदनशील होती हैं। इसलिए, व्यवहार में एकल समीकरण विधि का उपयोग करना हमेशा आसान होता है। युगपत समीकरण पद्धति के संदर्भ में एकल समीकरण विधियाँ, विशिष्ट त्रुटि के प्रति कम संवेदनशील हो सकती हैं। अर्थात् पद्धति का वह भाग जो सही रूप में निर्दिष्ट है, दूसरे भाग की विशिष्ट त्रुटि द्वारा पर्याप्त रूप में प्रभावित नहीं हो सकता है। एकल समीकरण विधि में अधिक लोकप्रिय विधियाँ हैं—अप्रत्यक्ष न्यूनतम वर्ग (Indirect Least Square; ILS) विधि, निमित्त चर (Instrumental Variable; IV) विधि और द्विस्तरीय न्यूनतम वर्ग (2-Stage Least Squares; 2SLS) विधि।

प्रश्न 16. अप्रत्यक्ष न्यूनतम वर्ग विधि से आप क्या समझते हैं? इस विधि से आकलित करने के विभिन्न चरण क्या हैं?

उत्तर— इस विधि में हम साधारण न्यूनतम वर्ग (OLS) का उपयोग करके लघु स्वरूप गुणांकों का आकलन प्राप्त करते हैं और अप्रत्यक्ष रूप से संरचनात्मक गुणांकों के मूल्य को लघु स्वरूप गुणांकों (reduced form coefficients) के संदर्भ में पाते हैं। इस कारण से यह विधि अप्रत्यक्ष न्यूनतम वर्ग विधि कहलाती है। सामान्यतया हम इस विधि का उपयोग सही अभिनिर्धारित समीकरणों (exactly identified equations) में करते हैं। इस तकनीक से जो आकलन प्राप्त होता है वह अप्रत्यक्ष न्यूनतम वर्ग आकलन (Indirect Least Square Estimates) कहलाता है।

अप्रत्यक्ष न्यूनतम वर्ग विधि से आकलित करने के चरण निम्नलिखित हैं—

चरण 1—हम सर्वप्रथम लघु स्वरूप समीकरण प्राप्त करते हैं। ये लघु स्वरूप समीकरण सुनिश्चित करते हैं कि प्रत्येक समीकरण में आश्रित चर केवल अंतर्जात चर (endogenous variable) होगा और यह केवल पूर्व निश्चित चरों (बहिर्जात चरों) और प्रसंभाव्य त्रुटि पद (stochastic error terms) का फलन होगा।

चरण 2—हम मान लेते हैं कि साधारण न्यूनतम वर्ग (OLS) में त्रुटि पद के संबंध में अन्य आम मान्यताएँ पूरी होती हैं। हम लघु स्वरूप समीकरणों में अलग-अलग तौर पर साधारण न्यूनतम वर्ग का उपयोग करते हैं। यह काम अनुमेय (permissible) है चूँकि इन समीकरणों में व्याख्यात्मक चर पूर्व निर्धारित होते हैं और अतः ये प्रसंभाव्य त्रुटियों के साथ असहसंबंधित (uncorrelated) होते हैं। इस प्रकार जो आकलन प्राप्त होते हैं, वे संगत (consistent) हैं।

चरण 3—हम चरण 2 में प्राप्त आकलित लघु स्वरूप गुणांकों से मूल संरचनात्मक गुणांकों (original structural coefficients) के आकलन प्राप्त करते हैं। यदि कोई समीकरण सही अभिनिर्धारित है तो संरचनात्मक और लघु स्वरूप गुणांकों के बीच एक-से-एक की

संगतता पाई जाती है। दूसरे शब्दों में, लघु स्वरूप प्राचलों से हम संरचनात्मक प्राचलों का विशिष्ट आकलन प्राप्त कर सकते हैं। लघु स्वरूप प्राचलों और संरचनात्मक प्राचलों के परस्पर संबंध एक ऐसी समीकरण पद्धति का सृजन करते हैं जिसमें लघु स्वरूप गुणांक, संरचनात्मक प्राचलों के फलन के रूप में व्यक्त होते हैं।

जैसा कि त्रिपदीय प्रक्रिया दर्शाती है—अप्रत्यक्ष न्यूनतम वर्ग नाम इस तथ्य से निकलता है कि संरचनात्मक गुणांक (अधिकतर स्थितियों में प्राथमिक जानकारी की वस्तु) अप्रत्यक्ष रूप से लघु स्वरूप गुणांकों के OLS आकलनों से प्राप्त किए गए हैं।

प्रश्न 17. अप्रत्यक्ष न्यूनतम वर्ग विधि की मान्यताएँ एवं गुणों को सूचीबद्ध कीजिए।

उत्तर—अप्रत्यक्ष न्यूनतम वर्ग विधि की मान्यताएँ—अप्रत्यक्ष न्यूनतम वर्ग विधि निम्न मान्यताओं पर आधारित है—

(1) लघु स्वरूप प्राचल के यादृच्छिक चर (random variable) को OLS की सभी सामान्य मान्यताओं को अवश्य पूरा करना चाहिए।

(2) प्रतिमान में बहिर्जात चर (exogenous variables) पूर्ण रूप से संरेखीय (perfectly collinear) नहीं होने चाहिए।

(3) संरचनात्मक समीकरण अवश्य सही अभिनिर्धारित होना चाहिए। यदि संरचनात्मक पद्धति अति-अभिनिर्धारित है तब हम संरचनात्मक प्राचलों से लघु स्वरूप प्राचलों के विशिष्ट आकलन प्राप्त नहीं कर सकते हैं।

अप्रत्यक्ष न्यूनतम वर्ग विधि के आकलकों के गुण—अगर अप्रत्यक्ष न्यूनतम वर्ग की मान्यताएँ परिपूर्ण हो जाती हैं तो लघु स्वरूप प्राचलों के आकलन सबसे अच्छे, रेखीय और अनभिनत होंगे। लेकिन संरचनात्मक प्राचलों से प्राप्त आकलन यानी वे आकलन जो गुणांक संबंधों की पद्धति से प्राप्त होते हैं, वे छोटे प्रतिदर्श के लिए अभिनत होते हैं। फिर भी वे संगत होते हैं यानी कि ज्यों-ज्यों प्रतिदर्श का आकार बढ़ता जाता है और उनका वितरण संरचनात्मक प्राचलों के सही मूल्यों पर केंद्रित होता जाता है, उनकी अभिनतता, शून्य की ओर अग्रसर होती जाती है और अन्य विधियों की तुलना में अपने संगतता के गुण एवं सरलता के कारण सामान्यतः ज्यादा पसंद की जाती है।

प्रश्न 18. निमित्त चर विधि क्या है? इस विधि की मान्यताएँ एवं गुण लिखिए।

अथवा

निमित्त चर विधि को उदाहरण की सहायता से समझाइए।

उत्तर— सामान्य भाषा में, एक निमित्त चर वह चर है जो समीकरण में त्रुटि पद के साथ असहसंबंधित है परंतु व्याख्यात्मक चर के साथ सहसंबंधित है।

निमित्त चर विधि एक एकल समीकरण विधि है जो एक समय में पद्धति के एक ही समीकरण पर लागू होती है। यह विधि कुछ उचित त्रुटि पद और व्याख्यात्मक चरों के बीच निर्भरता को कम करने के लिए बहिर्जात चरों का उपयोग उपकरण के रूप में करती है। यद्यपि

अप्रत्यक्ष न्यूनतम वर्ग विधि बहुत बोझिल (भारी/cumbersome) है क्योंकि इसमें अनेक समीकरण होते हैं, अतएव इसका प्रयोग हमेशा नहीं होता है। वहीं निमित्त चर विधि सामान्यतया ज्यादा उपयोगी है।

इस विधि को निम्न उदाहरण की सहायता से समझा जा सकता है—
मान लीजिए कि

$$y = \beta x + u \qquad \ldots(i)$$

जहाँ x, u के साथ सहसंबंधित है। हम इस समीकरण का आकलन साधारण न्यूनतम वर्ग विधि से नहीं कर सकते हैं। x और u के बीच सहसंबंध के कारण β का आकलन असंगत है। अगर हम एक चर z को पाते हैं जो u के साथ असहसंबंधित है, हम β के लिए एक संगत आकलक प्राप्त कर सकते हैं। हम शर्त $cov(z, u) = 0$ को इसके प्रतिदर्श प्रतिरूप (sample counterpart) के द्वारा प्रतिस्थापित करते हैं—

$$\frac{1}{n} \sum zu = 0$$

अथवा

$$\frac{1}{n} \sum z(y - \beta x) = 0 \qquad \ldots(ii)$$

इससे प्राप्त होता है—

$$\hat{\beta} = \frac{\sum zy}{\sum zx} = \frac{\sum z(\beta x + u)}{\sum zx} = \beta + \frac{\sum zu}{\sum zx} \qquad \ldots(iii)$$

परंतु $\sum zu / \sum zx$ को इस प्रकार लिखा जा सकता है $(1/n) \sum zu / (1/n) \sum zx$। इस अभिव्यंजक (expression) की संभावना सीमा या प्रायिकता सीमा (probability limit) है—

$$\frac{cov(z, u)}{cov(z, x)} = 0$$

और, अतः plim $\hat{\beta} = \beta$, इस प्रकार सिद्ध होता है कि $\hat{\beta}$ एक संगत आकलक है β के लिए। ध्यान देने योग्य है कि हमें z की आवश्यकता x के साथ सहसंबंधित होने के लिए होती है ताकि $cov(z, x) \neq 0$ हो।

निमित्त चर विधि की मान्यताएँ—निमित्त चर विधि में साधारण न्यूनतम वर्ग के रूपांतरित सामान्य समीकरणों के हल निहित होते हैं। इस विधि की एक महत्त्वपूर्ण मान्यता है कि पूर्ण पद्धति (complete system) के अन्य समीकरण में कुछ बहिर्जात चरों के संबंध में जानकारी होनी चाहिए जिसका उपयोग उपकरण के रूप में किया जा सके। निमित्त चर विधि निम्नलिखित मान्यताओं पर आधारित है—

(1) इसे वस्तुतः बहिर्जात होना चाहिए और संरचनात्मक समीकरण के यादृच्छिक पद के साथ असहसंबंधित (uncorrelated) होना चाहिए।

(2) इसे उन बहिर्जात चरों के साथ न्यूनतम सहसंबंधित होना चाहिए जो विशिष्ट संरचनात्मक समीकरण के व्याख्यात्मक चरों (explanatory variables) के समूह में पहले से

उपस्थित हैं। अन्यथा यह चरों में बहुसंरेखता (multicollinearity) की समस्या पैदा कर सकता है।

(3) निमित्त चर को बहिर्जात चर के साथ दृढ़ता से सहसंबंधित अवश्य होना चाहिए जिसे यह संरचनात्मक समीकरण में प्रतिस्थापित करेगा।

(4) पुनः जो नए प्रसंभाव्य पद (random term) रूपांतरित समीकरण में उत्पन्न होते हैं, उन्हें साधारण न्यूनतम वर्ग त्रुटि पद की सभी मान्यताएँ पूरी करनी चाहिए।

(5) यदि एक से अधिक निमित्त चर एक ही संरचनात्मक समीकरण में उपयोग करने हैं तब उन्हें बहुसंरेखता के समान कारण से एक-दूसरे के साथ न्यूनतम सहसंबंधित होना होगा।

निमित्त चर विधि के गुण—उपरोक्त मान्यताएँ पूरी होने पर हम अक्सर पाते हैं कि छोटे प्रतिदर्श के लिए आकलन अभिनत (biased) है। वास्तव में रूपांतरण के बावजूद त्रुटि पद और व्याख्यात्मक चर के बीच कुछ निर्भरता होती है, जो लघु प्रतिदर्शों (small samples) में आकलन को सांख्यिकीय रूप से अभिनत बनाता है। बड़े प्रतिदर्श में आकलन संगत होते हैं। निमित्त चर आकलन यद्यपि संगत हैं किंतु अनंतस्पर्शी (asymptotically) रूप से योग्य नहीं होते हैं; यानी कि वे वैकल्पिक अर्थमिति तकनीकों (alternative econometric techniques) से प्राप्त अन्य संगत आकलनों की तरह न्यूनतम प्रसरण (variance) नहीं रखते हैं।

प्रश्न 19. द्विस्तरीय न्यूनतम वर्ग विधि क्या है? इसकी मान्यताओं एवं गुणों की व्याख्या कीजिए।

अथवा

द्विस्तरीय न्यूनतम वर्ग विधि पर टिप्पणी कीजिए।

उत्तर— द्विस्तरीय न्यूनतम वर्ग विधि (Two-Stage Least Squares Method; 2SLS Method) एक एकल समीकरण विधि है जो संरचनात्मक प्राचलों के आकलन के लिए संतोषजनक परिणाम देती है। यह विधि सामान्य रूप से अति-निर्धारित प्रतिमानों में लागू होती है और अति-निर्धारित प्रतिमानों के आकलन के लिए एकल समीकरण तकनीकों में से सबसे महत्त्वपूर्ण मानी जाती है। सैद्धांतिक रूप में यह अप्रत्यक्ष न्यूनतम वर्ग (ILS) और निमित्त चर (IV) विधि का एक विस्तार माना जा सकता है। यह निमित्त चर विधि से भिन्न है क्योंकि इस विधि में $\hat{y}$ का प्रतीपगमक (regressors) की तरह उपयोग होता है न कि निमित्त (उपकरण) की तरह। परंतु दोनों विधियाँ समान आकलन देती हैं। अन्य युगपत समीकरण तकनीकों की तरह द्विस्तरीय न्यूनतम वर्ग विधि का उद्देश्य भी जहाँ तक संभव हो, युगपत समीकरण अभिनत को समाप्त करना है।

माना कि आकलित होने वाले समीकरण इस प्रकार हैं—

$$y_1 = b_1 y_2 + c_1 z_1 + u_1 \qquad \ldots(i)$$

पद्धति में अन्य बहिर्जात चर z_2, z_3 और z_4 हैं।

z_1, z_2, z_3, z_4 (लघु स्वरूप समीकरण) के y_2 पर प्रतीपगमन से प्राप्त होने वाले y_2 के पूर्वानुमानित मूल्य को $\hat{y}_2$ मानें। तब

$$y_2 = \hat{y}_2 + v_2 \qquad ...(ii)$$

जहाँ शेष v_2, प्रत्येक प्रतीपगमक z_1, z_2, z_3, z_4 से असहसंबंधित है और इसलिए वह $\hat{y}_2$ के साथ भी असहसंबंधित है।

योग्य IV विधि के लिए सामान्य समीकरण हैं—

$$\sum \hat{y}_2 (y_1 - b_1 y_2 - c_1 z_1) = 0 \qquad ...(iii\ a)$$

$$\sum z_1 (y_1 - b_1 y_2 - c_1 z_1) = 0 \qquad ...(iii\ b)$$

$y_2 = \hat{y}_2 + v_2$ को प्रतिस्थापित करने पर हमें प्राप्त होता है—

$$\sum \hat{y}_2 (y_1 - b_1 \hat{y}_2 - c_1 z_1) - b_1 \sum \hat{y}_2 v_2 = 0 \qquad ...(iv\ a)$$

$$\sum z_1 (y_1 - b_1 \hat{y}_2 - c_1 z_1) - b_1 \sum z_1 v_2 = 0 \qquad ...(iv\ b)$$

परंतु $\sum z_1 v_2 = 0$ और $\sum \hat{y}_2 v_2 = 0$ (चूँकि z_1 और $\hat{y}_2, v_2$ के साथ असहसंबंधित है)। इस प्रकार समीकरण (iv a, b) से प्राप्त होता है—

$$\sum \hat{y}_2 (y_1 - b_1 \hat{y}_2 - c_1 z_1) = 0 \qquad ...(v\ a)$$

$$\sum z_1 (y_1 - b_1 \hat{y}_2 - c_1 z_1) = 0 \qquad ...(v\ b)$$

इस प्रकार ये सामान्य समीकरण हैं। अगर हम समीकरण (iii a, b) में y_2 को $\hat{y}_2$ के द्वारा प्रतिस्थापित करते हैं और साधारण न्यूनतम वर्ग (OLS) विधि के द्वारा समीकरणों का आकलन करते हैं तो ये सामान्य समीकरण प्राप्त होते हैं। लघु स्वरूप से प्राप्त उसके अनुमानित मूल्यों द्वारा दाईं ओर के अंतर्जात चरों को प्रतिस्थापित करने और साधारण न्यूनतम वर्ग के द्वारा समीकरण का आकलन करने की यह विधि, द्विस्तरीय न्यूनतम वर्ग (Two-stage Least Squares; 2SLS) विधि कहलाती है। यह नाम इस तथ्य से निकलकर प्राप्त होता है कि इसमें साधारण न्यूनतम वर्ग विधि निम्न दो स्तरों में उपयोग होती है—

स्तर 1.   साधारण न्यूनतम वर्ग के द्वारा लघु स्वरूप समीकरण का आकलन करना और अनुमानित $\hat{y}'s$ को प्राप्त करना।

स्तर 2.   दाईं ओर के अंतर्जात चरों को $\hat{y}'s$ के द्वारा प्रतिस्थापित करना और साधारण न्यूनतम वर्ग विधि के द्वारा समीकरण का आकलन करना।

हमें ध्यान रखना चाहिए कि y_1 को $\hat{y}_1$ के द्वारा समीकरण (iii a, b) में प्रतिस्थापित करने पर भी आकलन बदलते नहीं हैं। सामान्य समीकरण (v a, b) को लेने और—

$$y_1 = \hat{y}_1 + v_1$$

लिखने पर, जहाँ v_1, z_1, z_2, z_3, z_4 में से प्रत्येक के साथ पारस्परिक रूप से संबंधित नहीं है। इसी प्रकार यह $\hat{y}_1$ और $\hat{y}_2$ के साथ भी पारस्परिक रूप से संबंधित नहीं है, जो दोनों z के रेखीय फलन हैं। अब, $y_1 = \hat{y}_1 + v_1$ को समीकरण (v a, b) में प्रतिस्थापित करने पर हमें प्राप्त होता है—

$$\sum \hat{y}_2 (\hat{y}_1 - b_1 \hat{y}_2 - c_1 z_1) + \sum \hat{y}_2 v_1 = 0$$

$$\sum z_1\left(\hat{y}_1 - b_1\hat{y}_2 - c_1 z_1\right) + \sum z_1 v_1 = 0$$

इन दोनों समीकरणों का अंतिम पद शून्य है और जो समीकरण रह जाते हैं, वे समीकरण $\hat{y}_1 = b_1\hat{y}_2 + c_1 z_1 + w$ के साधारण न्यूनतम वर्ग आकलन से प्राप्त सामान्य समीकरण हैं।

इस प्रकार द्विस्तरीय न्यूनतम वर्ग (2SLS) विधि के स्तर 2 में हम समीकरण के सभी अंतर्जात चरों को लघु स्वरूपों से प्राप्त उनके अनुमानित मूल्यों द्वारा प्रतिस्थापित कर सकते हैं और तब साधारण न्यूनतम वर्ग (OLS) विधि के द्वारा समीकरण का आकलन करते हैं।

द्विस्तरीय न्यूनतम वर्ग विधि की मान्यताएँ—सभी आदर्श मान्यताएँ जो अप्रत्यक्ष न्यूनतम वर्ग और निमित्त चर विधि में लागू होती हैं, इस विधि में भी लागू होती हैं। यहाँ यह भी माना जाता है कि यदि प्रतिदर्श आकार छोटा है तब प्रथम स्थिति में महत्त्वपूर्ण आकलन प्राप्त करना संभव नहीं हो सकता है।

द्विस्तरीय न्यूनतम वर्ग विधि के गुण—द्विस्तरीय न्यूनतम वर्ग विधि के निम्न गुण हैं—

(1) इसे लागू करना आसान है क्योंकि बिना किसी अन्य चर को जाने हुए पद्धति में सिर्फ बहिर्जात या पूर्वनिश्चित चरों की कुल संख्या को जानने की आवश्यकता होती है।

(2) यद्यपि यह ढाँचा अति–निर्धारित समीकरणों को व्यवहार करने के लिए विशेष रूप से तैयार किया गया है, किंतु यह विधि सही–अभिनिर्धारित समीकरणों पर भी लागू की जा सकती है।

(3) अगर R^2 के मूल्य लघु स्वरूप प्रतीपगमन में (स्तर 1 का प्रतीपगमन है) बहुत ऊँचे हैं, यानी 0.8–0.9, तब शास्त्रीय (classical) साधारण न्यूनतम वर्ग आकलन एवं 2SLS आकलन बहुत करीब होंगे। यह परिणाम आश्चर्यजनक नहीं होना चाहिए, क्योंकि अगर R^2 का मूल्य स्तर 1 में बहुत ऊँचा है, इसका मतलब है कि अंतर्जात चरों के आकलित मूल्य इसके वास्तविक मूल्यों के काफी करीब हैं और इसलिए वास्तविक मूल्य मूल संरचनात्मक समीकरणों में प्रसंभाव्य त्रुटियों के साथ बहुत कम सहसंबंधित हैं। अगर तब भी R^2 के मूल्य प्रथम स्तर के प्रतीपगमन में बहुत कम हैं, द्विस्तरीय न्यूनतम वर्ग आकलन (2SLS estimates) व्यावहारिक रूप में अर्थहीन होंगे, क्योंकि हम मूल प्रथम स्तर के प्रतीपगमन के आकलित $\hat{Y}$'s के द्वारा दूसरे स्तर के प्रतीपगमन में मूल Y's को प्रतिस्थापित कर रहे होंगे। यहाँ $\hat{Y}$'s निश्चित रूप से प्रथम स्तर के प्रतीपगमन में त्रुटियों को दर्शाएँगे। दूसरे शब्दों में, इस स्थिति में, $\hat{Y}$'s मूल Y's के लिए बहुत कमजोर अनुमान होंगे।

(4) अप्रत्यक्ष न्यूनतम वर्ग विधि जो अति–अभिनिर्धारित समीकरणों में प्राचलों का बहुआकलन प्रदान करती है, उससे भिन्न द्विस्तरीय न्यूनतम वर्ग विधि प्रत्येक प्राचल को केवल एक आकलन प्रदान करती है।

प्रश्न 20. न्यूनतम सूचना अधिकतम संभावना विधि पर संक्षिप्त टिप्पणी लिखिए।

उत्तर— न्यूनतम सूचना अधिकतम संभावना विधि को एण्डरसन (Anderson) और रूबिन (Rubin) के द्वारा 1949 में प्रतिपादित किया गया था और 1950 के अंत में थेइल (Theil) के द्वारा, द्विस्तरीय न्यूनतम वर्ग (2SLS) के व्यवहार में आने तक यह लोकप्रिय थी।

इस विधि को न्यूनतम प्रसरण अनुपात (Least Variance Ratio; LVR) विधि के नाम से जाना जाता है। न्यूनतम सूचना अधिकतम संभावना विधि (LIML method) परिकलन में ज्यादा कठिन है, परंतु साधारण प्रतिमान के लिए इसे उपयोग में लाना आसान है। यह विधि युगपत समीकरण प्रतिमान के लिए सुझाई गई एकल-समीकरण विधियों में से सबसे पहली विधि है।

माना कि निम्न समीकरण पद्धति दी गई है—

$y_1 = b_1 y_2 + c_1 z_1 + c_2 z_2 + u_1$

$y_2 = b_2 y_1 + c_3 z_3 + u_2$

इस समीकरण पद्धति का प्रथम समीकरण लेने पर—

$y_1^* = y_1 - b_1 y_2 = c_1 z_1 + c_2 z_2 + u_1$ ...(i)

प्रत्येक b_1 के लिए हम एक y_1^* का सृजन कर सकते हैं। केवल z_1 और z_2 पर y_1^* के प्रतीपगमन पर विचार कीजिए और वर्गों के अवशिष्ट जोड़ का परिकलन कीजिए (जो b_1 का एक फलन होगा)। अब हम इसे ESS_1 कह सकते हैं। अब सभी बहिर्जात चरों z_1, z_2, z_3 पर y_1^* के प्रतीपगमन पर विचार कीजिए और वर्गों के अवशिष्ट जोड़ का परिकलन कीजिए। अब हम इसे ESS_2 कह सकते हैं। जो समीकरण (i) बताता है, वह यह है कि z_3, y_1^* को निश्चित करने के लिए आवश्यक नहीं है। इस प्रकार z_3 को जोड़ने पर ESS में अतिरिक्त कमी न्यूनतम होनी चाहिए। न्यूनतम सूचना अधिकतम संभावना अथवा न्यूनतम प्रसरण अनुपात (LIML or LVR) विधि बताती है कि हमें b_1 का चयन इस प्रकार करना चाहिए ताकि $(ESS_1 - ESS_2)/ESS_1$ या ESS_1/ESS_2 न्यूनतम हो। b_1 को निश्चित करने के बाद c_1 और c_2 का आकलन z_1 और z_2 पर y_1^* के प्रतीपगमन द्वारा प्राप्त होता है। जी.पी.एच. की पुस्तकों का मुख्य उद्देश्य ज्ञान के साथ-साथ अच्छे नम्बर दिलाना है।

प्रश्न 21. न्यूनतम सूचना अधिकतम संभावना विधि और द्विस्तरीय न्यूनतम वर्ग विधि में अंतर स्पष्ट कीजिए।

उत्तर— न्यूनतम सूचना अधिकतम संभावना (LIML) और द्विस्तरीय न्यूनतम वर्ग (2SLS) विधियों के बीच कुछ महत्त्वपूर्ण अंतर हैं, जो निम्नलिखित हैं—

(1) जहाँ द्विस्तरीय न्यूनतम वर्ग विधि विभिन्नता (अंतर) ($ESS_1 - ESS_2$) को न्यूनतम करने के लिए दिखाई जा सकती है, वहीं न्यूनतम सूचना अधिकतम संभावना (LIML) विधि अनुपात (ESS_1/ESS_2) को न्यूनतम करती है।

(2) अगर विचाराधीन समीकरण सही अभिनिर्धारित है, तब 2SLS और LIML समान आकलन प्रदान करते हैं।

(3) LIML आकलन सामान्यीकरण (normalisation) के लिए निश्चर (invariant) हैं।

(4) LIML आकलनों के अनंतस्पर्शी प्रसरण (asymptotic variances) और सहप्रसरण, 2SLS आकलनों के समान हैं, जबकि प्रमाप त्रुटियाँ भिन्न होंगी क्योंकि त्रुटि प्रसरण σ_u^2 (error variance) संरचनात्मक प्राचलों के विभिन्न आकलनों से आकलित होते हैं।

(5) LIML आकलनों के परिकलन में हम अंतर्जात चरों के बीच भी प्रसरण और सहप्रसरण का प्रयोग करते हैं। परंतु 2SLS आकलन इस सूचना पर निर्भर नहीं करते हैं।

प्रश्न 22. k-(के) वर्ग आकलक पर एक नोट लिखिए।

उत्तर— k-वर्ग आकलक 2-SLS विधि के सामान्यीकरण की क्रिया के द्वारा प्राप्त किया जा सकता है।

मान लीजिए कि हमारे पास निम्नलिखित प्रतिमान है—

$$y_1 = \beta_2 y_2 + \beta_3 y_3 + \ldots + \beta_G y_G + \gamma_1 x_1 + \ldots + \gamma_K x_K + u_1$$

अगर हम OLS का उपयोग करते हैं तो हम $y_2, y_3, \ldots, y_G$ चरों पर मूल अवलोकनों का उपयोग करते हैं और हमें अभिनत और असंगत (biased and inconsistent) आकलन प्राप्त होते हैं।

इस स्थिति से बचने के लिए हम 2SLS का उपयोग कर सकते हैं, जिसमें अप्रतिबंधित लघु स्वरूप समीकरणों पर OLS का प्रयोग करने के लिए हम अंतर्जात चरों के आकलित मूल्यों का उपयोग करते हैं।

k-वर्ग आकलक इन दोनों प्रक्रियाओं के बीच आते हैं जहाँ अंतर्जात चरों के सही अवलोकनों में से आकलित अव्यवस्थित घटक को k बार घटाया जाता है। इसलिए सीमित अर्थ में k-वर्ग आकलक 2SLS के साथ मिल जाता है, जब $k = 1$ और यह OLS के साथ मिलता है, जब $k = 0$

अदिश k पूर्व में किसी स्थिर संख्या के बराबर निश्चित किया जा सकता है या इसका मूल्य किसी नियम के अनुसार, प्रतिदर्श के अवलोकन से निश्चित किया जा सकता है।

○○○

GULLYBABA PUBLISHING HOUSE (P) LTD.
ISO 9001 & ISO 14001 CERTIFIED CO.

Master of Arts (Economics)

1st Year

- एम.ई.सी.-001 : सूक्ष्म अर्थशास्त्र विश्लेषण
- एम.ई.सी.-002 : समष्टिगत आर्थिक विश्लेषण
- एम.ई.सी.-003 : परिमाणात्मक विश्लेषण विधियाँ
- एम.ई.सी.-004 : संवृद्धि एवं विकास का अर्थशास्त्र
- एम.ई.सी.-105 : भारतीय अर्थव्यवस्था नीति

2nd Year

- एम.ई.सी.-006 : लोक अर्थशास्त्र
- एम.ई.सी.-007 : अंतर्राष्ट्रीय व्यापार एवं वित्त
- एम.ई.सी.-008 : सामाजिक क्षेत्र एवं पर्यावरण अर्थशास्त्र
- एम.ई.सी.-009 : अर्थशास्त्र में अनुसंधान विधियाँ

Optional Courses

- एम.ई.सी.ई.-001 : अर्थमिति विधियाँ
- एम.ई.सी.ई.-003 : बीमांकिक अर्थशास्त्र: सिद्धांत एवं व्यवहार
- एम.ई.सी.ई.-004 : वित्तीय संस्थाएँ और बाजार
- एम.पी.ए.-015 : लोक नीति एवं विश्लेषण
- एम.पी.ए.-017 : इलेक्ट्रॉनिक शासन

Also Available In English

Order Now Through

WhatsApp
9350849407

Send us Your:
★ BOOK CODE WITH MEDIUM
★ PROPER ADDRESS & CONTACT NUMBER

Visit: Gullybaba.com

5 बहुचर विश्लेषण (Multivariate Analysis)

भूमिका

आज कई क्षेत्रों, जैसे—अर्थशास्त्र, प्रबंध, मनोविज्ञान इत्यादि में प्रमुख संघटक विश्लेषण (Principal Component Analysis) और कारक विश्लेषण (factor analysis) का उपयोग काफी बढ़ रहा है। विषय–वस्तु काफी सूक्ष्म है और गहन गणना (परिकलन) को शामिल करती है, किंतु कम्प्यूटर और पहले से तैयार किए हुए सांख्यिकीय पैकेज के उपयोग से कार्य काफी सरल हो जाता है।

आर्थिक विश्लेषण में ऐसी कई स्थितियाँ होती हैं जहाँ व्याख्यात्मक चरों की संख्या काफी अधिक होती है और निश्चित चरों के अतिरिक्त अन्य चरों का चयन करना कठिन होता है। प्रमुख संघटक विश्लेषण और कारक विश्लेषण कुछ चरों की संख्या के द्वारा आश्रित चर में प्रसरण की व्याख्या करने में सहायता करते हैं। प्रक्रिया के समय वे समंक को रूपांतरित करते हैं और कुछ नए चरों की उत्पत्ति करते हैं जो प्रमुख संघटक या कारक कहलाते हैं। शोधकर्त्ता के लिए इन चरों का निर्वचन और उनकी विशेषता या गुण काफी महत्त्वपूर्ण होते हैं।

प्रश्न 1. एक समंक समूह से आप क्या समझते हैं?

उत्तर– एक समंक समूह की स्थिति में, विश्लेषित होने वाली समंक तालिकाएँ इकाइयों के समूह पर संग्रहीत कई मापों से बनी होती हैं। इससे पता चलता है कि शोधकर्त्ता वास्तव में आश्रित चर और भविष्यवक्ता या अनाश्रित चरों के बीच हेतुक (कारण बताने वाले) संबंध में रुचि नहीं रखता है, बल्कि संबंधित चरों के समूह बनाने या एकल चर से संबंधित प्रेषणों में रुचि रखता है।

प्रश्न 2. बहुचर विश्लेषण से आप क्या समझते हैं?

उत्तर– बहुचर विश्लेषण एक से अधिक चरों पर समंक समूहों का विश्लेषण करने के लिए तकनीकों के एक समूह को शामिल करता है। इनमें से कई तकनीकें आधुनिक हैं और प्रायः परिकलन उपकरणों के कठिन उपयोग को अंशतः शामिल करती हैं। ऐसे विश्लेषण उन सभी सांख्यिकीय विधियों को इंगित करते हैं जो अनुसंधान के अंतर्गत प्रत्येक व्यक्ति या वस्तु पर एक ही साथ कई मापों का विश्लेषण करते हैं। अतः, कोई भी विश्लेषण जो एक ही साथ दो या अधिक चरों के विश्लेषण को सम्मिलित करता है, अस्पष्ट रूप से वह बहुचर विश्लेषण (multivariate analysis) माना जा सकता है।

प्रश्न 3. अनुरूप विश्लेषण एवं बहु अनुरूप विश्लेषण को परिभाषित कीजिए।

उत्तर– अनुरूप विश्लेषण (Correspondence Analysis; CA) प्रासंगिकी सारणी (contingency table) के प्रमुख संघटक विश्लेषण का सामान्यीकरण होता है। अनुरूप या सदृश विश्लेषण के कारक सारणी से संयुक्त काई वर्ग (Chi-square) का लाम्बिक (orthogonal) पृथक्करण प्रदान करता है। अनुरूप विश्लेषण में सारणी की पंक्तियाँ एवं स्तंभ एक सममित भूमिका (symmetric role) अदा करते हैं और समान क्षेत्र में प्रस्तुत किए जा सकते हैं। जब कई सांकेतिक चर विश्लेषित होते हैं तो अनुरूप विश्लेषण, बहु अनुरूप विश्लेषण (Multiple Correspondence Analysis; MCA) की तरह सामान्यीकृत होते हैं। अनुरूप विश्लेषण द्विसंख्य (dual) अथवा optimal scaling अथवा reciprocal averaging के रूप में भी जाने जाते हैं। जी.पी.एच. की पुस्तकों का मुख्य उद्देश्य ज्ञान के साथ–साथ अच्छे नम्बर दिलाना है।

प्रश्न 4. बहुआयामी परिमाण, योगात्मक ट्री तथा गुच्छ विश्लेषण तकनीक का उपयोग कब किया जाता है?

उत्तर– इस तकनीक का उपयोग तब होता है जब समंक सारणी के स्तंभ एवं पंक्तियाँ समान इकाइयों को प्रस्तुत करते हैं और जब माप में समानता अथवा भिन्नता होती है। विश्लेषण का उद्देश्य इस भिन्नता और समानता को चित्र द्वारा दिखलाना है। बहुआयामी परिमाण (Multidimensional Scaling; MDS) का उपयोग इकाइयों को बिंदुओं के रूप में मानचित्र पर इस तरह प्रस्तुत करने में होता है कि मानचित्र पर उनकी Euclidean distances, मूल समानताओं के लगभग बराबर हो जाए (परंपरागत MDS, जो प्रमुख संघटक विश्लेषण

के समान होते हैं, का उपयोग भिन्नताओं के लिए तथा non-metric MDS का उपयोग समानताओं के लिए होता है)। योगात्मक ट्री विश्लेषण और गुच्छ विश्लेषण का उपयोग इकाइयों को "पेड़ पर", "पेड़ के पत्तों" की दूरी के रूप में प्रस्तुत करने के लिए होता है जो मूल दूरी या समानता के लगभग बराबर हैं।

प्रश्न 5. एक स्वतंत्र और एक आश्रित समंक समूहों के साथ व्यवहार करते समय हम किन तकनीकों का प्रयोग करते हैं?

उत्तर— एक स्वतंत्र और एक आश्रित समंक समूहों के साथ व्यवहार करते समय हम निम्नलिखित तकनीकों का प्रयोग करते हैं—

(1) **आंशिक न्यूनतम वर्ग प्रतीपगमन (Partial Least Squares Regression)**—आंशिक न्यूनतम वर्ग प्रतीपगमन का उपयोग तब होता है जब हमारा उद्देश्य एक से अधिक आश्रित चरों का पूर्वानुमान या व्याख्या करना होता है। यह तकनीक काफी उपयोगी होती है। बहुसंरेखता की समस्या की व्याख्या करने की एक रीति आंशिक न्यूनतम वर्ग प्रतीपगमन है। आंशिक न्यूनतम वर्ग प्रतीपगमन बहुसंरेखता की समस्या की व्याख्या अदृश्य सदिशों (latent vectors) (प्रमुख संघटक विश्लेषण के संघटक के समान) का परिकलन करके करता है, जो व्याख्यात्मक चरों और आश्रित चरों दोनों की व्याख्या करता है। यहाँ, उस अर्थ में, यह प्रमुख संघटक विश्लेषण और बहुरेखीय प्रतीपगमन को संयुक्त करता है। चरों की गणना और चरों की लोडिंग प्रमुख संघटक विश्लेषण की तरह व्यवस्थित की जा सकती है और आश्रित चर बहुरेखीय प्रतीपगमन में आकलित किए जा सकते हैं (एक विश्वसनीय अंतराल के साथ)।

(2) **प्रमुख संघटक प्रतीपगमन (Principal Component Regression)**—यह विधि प्रायः तब उपयोग होती है जब समंक में बहुसंरेखता समस्या होती है या जब बहुत अधिक चर विश्लेषण में प्रयुक्त होते हैं जो विश्लेषण को कठिन बनाते हैं। प्रायः व्याख्यात्मक चरों की प्रमुख संघटक विश्लेषण की एक प्रक्रिया के रूप में व्याख्या की जाती है। अंततः इकाइयों की गणना प्राप्त करने के बाद, इकाइयाँ व्याख्यात्मक चरों के रूप में व्यवहार की जाती हैं और आश्रित चर व्याख्यात्मक चरों के ऊपर प्रतीपगमन होते हैं।

(3) **लघु श्रेणी प्रतीपगमन अथवा अतिरिक्त विश्लेषण (Reduced Rank Regression – Redundancy Analysis)**—लघु श्रेणी प्रतीपगमन (RRR) में, आश्रित चर पहले एक प्रमुख संघटक विश्लेषण के अधीन होते हैं और तब इकाइयों के गणना प्रमाप, बहुरेखीय प्रतीपगमन की श्रेणियों में आश्रित चरों की तरह उपयोग होते हैं जहाँ वास्तविक स्वतंत्र चर भविष्यवक्ता की तरह उपयोग होते हैं (विपरीत प्रमुख संघटक प्रतीपगमन के सजातीय की प्रक्रिया)।

(4) **पर्वत श्रेणी प्रतीपगमन (Ridge Regression)**—पर्वत श्रेणी प्रतीपगमन सहसंबंध व्यूह (correlation matrix) के विकर्ण में एक छोटा स्थिर चर जोड़कर बहुसंरेखता की समस्या का निपटारा करता है। यह प्रतीपगमन आकलनों के परिकलन को संभव बनाता है।

(5) **प्रसरण का बहुचर विश्लेषण (Multivariate Analysis of Variance)**—प्रसरण का बहुचर विश्लेषण (Multivariate analysis of variance – MANOVA) स्वतंत्र चरों की

तरह कार्यकारी निरपेक्ष (स्पष्ट) अमापीय (non-metric) चरों के एक समूह पर आधारित, संपूर्ण बहुमापीय (multiple metric) आश्रित चरों के समूह भिन्नताओं के मूल्य एक ही समय पर आँकने की एक तकनीक है। यह स्वतंत्र मापों की प्रकृति और भविष्यवक्ता शक्ति और आश्रित मापों में पाए गए संबंधों और भिन्नताओं पर सूचना प्रदान करता है। प्रसरण का बहुचर विश्लेषण (MANOVA) आश्रित चरों के समूह भिन्नताओं की तुलना का वर्णन करने के लिए एक *निर्मित या व्यवस्थित* (structured) विधि को शामिल करता है। MANOVA में व्याख्यात्मक चरों की संरचना प्रमाप प्रसरण विश्लेषण (ANOVA) के समान होती है और पूर्वानुमान के लिए आश्रित चरों के एक समूह का उपयोग होता है। MANOVA प्रतिबंध के साथ आश्रित चरों के व्यवस्थित orthogonal linear combinations का परिकलन करता है जिससे प्रथम कारक यदि ANOVA में उपयोग होता है तो वह बृहत् F को उत्पन्न करता है।

(6) बहुरेखीय प्रतीपगमन विश्लेषण (Multiple Linear Regression Analysis)—बहुरेखीय प्रतीपगमन चरों के बीच कारणात्मक (causal) संबंधों को स्थापित करने का एक मुख्य सांख्यिकीय उपकरण है। बहुरेखीय प्रतीपगमन में, एक से अधिक स्वतंत्र या व्याख्यात्मक चर (जो बिना त्रुटि के प्रतीपगामी होना माने जाते हैं) होते हैं जो आश्रित चर का पूर्वानुमान करने के लिए उपयोग किए जाते हैं। यदि व्याख्यात्मक चर लाम्बिक (orthogonal) होते हैं, तो समस्या को एक चर विशिष्ट प्रतीपगमन (univariate regression) के एक समूह के रूप में प्रतिस्थापित किया जा सकता है। जब व्याख्यात्मक चर एक-दूसरे पर रेखाक्रम में आश्रित होते हैं तो बहुरेखीय प्रतीपगमन प्रयोग नहीं हो सकते। यह एक समस्या की ओर ले जाते हैं जो बहुसंरेखता के रूप में जाना जाता है।

बहुरेखीय प्रतीपगमन में यदि Y आश्रित चर है और $X_1, X_2, ..., X_n$ व्याख्यात्मक या स्वतंत्र चर हैं, तो इस ढाँचे को इस प्रकार व्यक्त किया जा सकता है—

$Y = B_0 + B_1 \cdot X_1 + B_2 \cdot X_2 + B_3 \cdot X_3 + B_4 \cdot X_4 .... + B_n \cdot X_n + u$

जहाँ u शून्य माध्य और स्थिर प्रसरण के साथ यादृच्छिक त्रुटि पद (random disturbance term) को प्रतिबिंबित करता है।

ऐसी स्थितियाँ हो सकती हैं जहाँ हमें कई आश्रित चरों के साथ प्रतीपगमन प्रतिमान को व्यवहार करना पड़े। ऐसी स्थितियों में बहुसंरेखता की समस्या खड़ी होने की संभावना होती है।

प्रश्न 6. विवक्टर विश्लेषण को उदाहरण सहित समझाइए।

उत्तर— विवक्टर विश्लेषण (Discriminant Analysis; DA) हमें यह निश्चय करने में सहायता प्रदान करते हैं कि कौन-से चर स्वाभाविक रूप से उत्पन्न दो या अधिक समूहों के बीच विभेद करते हैं। इसका विस्तृत रूप से तब उपयोग होता है जब व्याख्यात्मक चरों के समूह का उपयोग उस समूह के पूर्वानुमान के लिए होता है जिससे दी हुई इकाई संबंध रखती है (जो कि सांकेतिक आश्रित चर होते हैं)। जब ANOVA में समूह स्थिर कारक की तरह उपयोग होते हैं तो बृहत् F को उत्पन्न करने हेतु यह व्याख्यात्मक चरों को संयुक्त करता है।

यह प्रतिमान उन प्रेषणों के एक समूह के लिए निर्मित होता है जिसके लिए श्रेणियाँ ज्ञात होती हैं। कभी-कभी प्रेषणों के समूह को प्रशिक्षण समूह के रूप में भी जाना जाता है। प्रशिक्षण

समूह पर आधारित यह तकनीक भविष्यवक्ता (predictors) के रेखीय फलन का एक समूह निर्माण करती है, जो विवक्टर फलन (discriminant functions) के रूप में मानी जाती है, अर्थात्—

$L = b_1X_1 + b_2X_2 + ... + b_nX_n + c$

जहाँ b's विवक्टर गुणांक हैं, X आगत चर या भविष्यवक्ता हैं और c एक स्थिरांक है।

उदाहरण के लिए, एक शिक्षा संबंधी शोधकर्त्ता उन चरों की खोज करना चाह सकते हैं जो हाई स्कूल स्नातकों के बीच निम्न प्रकार अंतर कर सकें—(1) महाविद्यालय जाने वाले, (2) व्यापारिक या व्यावसायिक विद्यालय जाने वाले, या (3) आगे प्रशिक्षण या शिक्षा नहीं लेने वाले। इस उद्देश्य के लिए शोधकर्त्ता स्नातक से पूर्व के छात्रों से कई चरों पर समंक संग्रह कर सकते हैं। स्नातक के बाद तो अधिकांश छात्र स्वाभाविक रूप से तीन में से किसी एक श्रेणी में आएँगे। विवक्टर विश्लेषण का उपयोग तब यह निर्धारित करने में हो सकेगा कि कौन से चर विद्यार्थियों के आगामी शैक्षिक चयन के बेहतर पूर्वानुमानकर्त्ता हैं।

प्रश्न 7. पुष्टिकारक तथ्य विश्लेषण क्या है?

उत्तर— सांख्यिकी में पुष्टिकारक तथ्य विश्लेषण (Confirmatory Factor Analysis; CFA), विश्लेषण कारक का एक विशेष रूप है, जो कि अधिकतर सामाजिक अनुसंधान में प्रयुक्त होता है। CFA का प्रमुख उद्देश्य यह परीक्षण करना होता है कि परिकाल्पनिक माप प्रतिमान में आँकड़े फिट होते या नहीं। यह परिकाल्पनिक प्रतिमान, पूर्व विश्लेषणात्मक अनुसंधान सिद्धांत पर आधारित होता है। CFA इस बात को निर्धारित करना चाहता है कि कारक इन पर मापित चरों की लोडिंग्स, पूर्व निर्धारित सिद्धांत के आधार पर जो आशा की जाती है उससे मेल खा सकती है कि नहीं (समरूप है या नहीं)। सूचक चरों (indicator variables) का चयन पूर्व सिद्धांत के आधार पर किया जाता है और कारक विश्लेषण का उपयोग यह देखने के लिए किया जाता है कि आशा के अनुसार (पूर्वानुमान के अनुसार) वे अनुमानित कारक संख्या पर भार डालते हैं या नहीं।

सर्वप्रथम शोधकर्त्ता समाहित व्याख्यात्मक संरचना के एक (या कुछ) प्रतिमानों को उत्पन्न करता है जिसको प्रायः आरेख (graph) के द्वारा दर्शाया जाता है। शोधकर्त्ता का पूर्वानुमान यह होता है कि प्रत्येक कारक (जिसकी संख्या और स्तर का पूर्व-निर्धारण हो सकता है) सूचक चर के निर्दिष्ट उपसमुच्चय से संबंधित है। CFA की न्यूनतम आवश्यकता यह होती है कि प्रतिमान के कारकों की संख्या की पहले से ही परिकल्पना कर ली जाए, लेकिन साथ ही शोधकर्त्ता यह पूर्वानुमान लगाकर चलते हैं कि कौन-सा चर किस कारक पर भार डालेगा।

प्रश्न 8. दो आश्रित चर समूहों के साथ व्यवहार करते समय हम किन तकनीकों का प्रयोग करेंगे?

उत्तर— दो आश्रित चर समूहों के साथ व्यवहार करते समय हम निम्न तकनीकों का उपयोग करते हैं—

(1) बहु कारक विश्लेषण—बहु कारक विश्लेषण (Multiple Factor Analysis; MFA) कई समंक सारणियों को एक एकल विश्लेषण में संयुक्त करता है। प्रथम चरण, प्रत्येक सारणी का प्रमुख संघटक विश्लेषण प्राप्त करना है। तब प्रत्येक समंक तालिका इसके प्रमुख संघटक विश्लेषण के प्रथम आइजेन मान के द्वारा सारणी की प्रत्येक प्रविष्टि को विभाजित करके नियमबद्ध होती है। यह रूपांतरण – प्रसामान्य वितरण के univariate z-score के समान होता है–अंतिम हल में प्रत्येक सारणी के भार को समान करता है और इसलिए कई भिन्न समंक–सारणियों के एक ही साथ विश्लेषण को संभव बनाता है।

(2) विहित सहसंबंध विश्लेषण—विहित सहसंबंध विश्लेषण (Canonical Correlation Analysis; CCA) चरों के दो समूहों के बीच संबंध के अन्वेषण (खोज) की अनुमति देता है। विहित सहसंबंध आश्रित चरों को संयुक्त करके नए चरों के जोड़े प्राप्त किए जा सकते हैं जो विहित चर (Canonical Variables; CV) कहलाते हैं, प्रत्येक समंक सारणी के लिए एक विहित चर उच्चतम सहसंबंध रखता है। जबकि विहित चरों के अधिक सहसंबंधित होने पर भी यह आवश्यक नहीं है कि वे वास्तविक सारणियों के प्रसरण के बड़े भाग की व्याख्या करें। यह कभी–कभी CV के निर्वचन को कठिन बनाता है, परंतु CC एक महत्त्वपूर्ण सैद्धांतिक उपकरण है क्योंकि अधिकांश बहुचर तकनीकों का CC की एक विशेष स्थिति के रूप में निर्वचन हो सकता है।

(3) PARAFAC and TUCKER3—ये दोनों तकनीकें तीन–तरफा समंक विश्लेषण के लिए उपयोग की जाती हैं। PARAFAC निदर्श सरलतम तीन–तरफा निदर्श है। ये तकनीकें लोडिंग के तीन–आव्यूह उत्पन्न करने हेतु, प्रमुख संघटक विश्लेषण के scores एवं loadings में अपघटन को सामान्यीकृत करते हुए तीन–तरफा समंक–आव्यूहों (data matrices) का प्रबंधन करती हैं।

(4) Indscal—Indscal का उपयोग तब होता है जब विभिन्न विषयों में से प्रत्येक विषय सभी विषयों के लिए समान इकाइयों और समान चरों से युक्त एक समंक आव्यूह को उत्पन्न करता है। Indscal एक सामान्य Euclidean हल (आयामों के साथ) उत्पन्न करता है और विषयों के बीच के अंतर को, सामान्य आयामों को दी गई महत्ता के अंतर के रूप में अभिव्यक्त करता है।

(5) बहु अनुरूपता विश्लेषण (Multiple Correspondence Analysis)—अनुरूपता विश्लेषण एक अन्वेषणात्मक तकनीक है जो किसी दिए गए समंक की पंक्तियों और स्तंभों के बीच अनुरूपता की मापों को रखने वाली सरल दो–तरफा और बहु–तरफा सारणियों के विश्लेषण के लिए उपयोग की जाती है। परिणाम प्रायः कारक विश्लेषण तकनीकों द्वारा प्रदान की गई सूचना के समान ही सूचना प्रदान करते हैं, और वे हमें सारणी में सम्मिलित वर्गीकृत चरों की संरचना का अन्वेषण करने की आज्ञा देते हैं। बहु अनुरूपता विश्लेषण (Multiple Correspondence Analysis; MCA) दो से अधिक चरों के सामान्य अनुरूपता विश्लेषण का ही एक विस्तार है। बहु अनुरूपता विश्लेषण CA के सामान्यीकरण के द्वारा विभिन्न आकस्मिक घटना सारणियों का विश्लेषण करने के लिए उपयोग किया जा सकता है।

(6) प्रोकस्टियन विश्लेषण—प्रोकस्टियन विश्लेषण (Procrustean Analysis; PA) समान वस्तुओं के लिए प्राप्त दूरी सारणियों की तुलना करने के लिए उपयोग होता है। प्रथम चरण, बहुआयामी परिमाण मानचित्रों के द्वारा सारणियों को प्रस्तुत करना है। तब प्रोकस्टियन विश्लेषण रूपांतरण के एक ऐसे समूह की खोज करता है जो वस्तुओं (प्रयोजनों) की स्थिति को दोनों मानचित्रों में यथासंभव निकट बनाए (न्यूनतम वर्ग के अर्थ में)।

(7) Statis—Statis तब उपयोग होता है जब तीन–तरफा सारणी का कम से कम एक आयाम सभी सारणियों के लिए सामान्य (common) होता है (अर्थात् समान इकाइयाँ विभिन्न चरों के साथ कई अवसरों पर परिमित होती हैं)। इस विधि का प्रथम चरण प्रत्येक सारणी के प्रमुख संघटक विश्लेषण को प्राप्त करता है और प्रत्येक सारणी की इकाइयों के बीच सादृश्य सारणी (अर्थात् तिरछा गुणा) उत्पन्न करता है।

इसके बाद एक तिरछा गुणा आव्यूह (cross-product matrix) का परिकलन करके सादृश्य सारणियों को संयुक्त किया जाता है और इसके प्रमुख संघटक विश्लेषण (without centering) को प्राप्त किया जाता है। तब इस विश्लेषण के प्रथम संघटक पर loadings मध्यवर्गी समंक सारणी के परिकलन के लिए भारों की तरह उपयोग होते हैं, जो सभी सारणियों का भारित माध्य होता है। उनके सर्वमान्यता और भिन्नताओं को खोजने हेतु मूल (वास्तविक) सारणी (और इसकी इकाइयाँ) मध्यवर्गी क्षेत्र (compromise space) में प्रक्षेपित होती हैं।

प्रश्न 9. प्रमुख संघटक विश्लेषण से आप क्या समझते हैं?

अथवा

मुख्य घटक विश्लेषण का संक्षेप में वर्णन कीजिए।

[दिसम्बर–2013, प्र.सं. 10]

उत्तर— चरों की बड़ी संख्या होने पर, प्रमुख संघटक विश्लेषण (Principal Component Analysis; PCA) चरों की संख्या घटाने में एक सहायक माप होता है। प्रमुख संघटक विश्लेषण असहसंबंधित चरों के एक नए समूह में संबंधित चरों के संपूर्ण समंक को मिला देता है। ये चर विषय–वस्तु के आधार पर प्रमुख संघटक, कारक, आइजेन सदिश (eigen vector), एकल सदिश (singular vector) अथवा लोडिंग (loading) कहलाते हैं। प्रत्येक इकाई गणनाओं के एक समूह को भी निर्दिष्ट करती है, जो संघटकों पर इसके प्रक्षेपण (projection) के सदृश होता है। विश्लेषण के परिणाम हमेशा ऐसे आरेखों (graphs) के द्वारा प्रस्तुत किए जाते हैं, जो कि संघटकों के ऊपर इकाइयों के प्रक्षेपण एवं चरों की लोडिंग को दर्शाते हैं।

यह तकनीक उन व्युत्पन्न चरों की संख्या को कम करके एक समंक समूह (dataset) को सरल (स्पष्ट) करती है जो सहसं*बहुचर विश्लेषण*बंधित नहीं होते हैं और मूल समंक में अधिकांश प्रसरण के लिए जिम्मेदार होते हैं। अंततः व्युत्पन्न चर मूल चरों के संयोग (combinations) होते हैं। उदाहरण के लिए, ऐसा हो सकता है कि विद्यार्थी 10 परीक्षाएँ देते हैं और कुछ विद्यार्थी एक परीक्षा में अच्छा करते हैं जबकि अन्य विद्यार्थी किसी अन्य परीक्षा में बेहतर करते हैं। जब 10 परीक्षाओं के अंक विचार के लिए आते हैं तो एक विद्यार्थी की तुलना

दूसरे के साथ करना कठिन होता है। विद्यार्थियों की तुलना का एक स्पष्ट तरीका माध्य अंक का परिकलन करना है। यह विद्यमान चरों का रचनात्मक संयोग होता है किंतु 10 परीक्षाओं के अंकों के अन्य रचनात्मक संयोगों पर ध्यान देकर संपूर्ण उपलब्धियों का एक अधिक उपयोगी सादृश्य (तुलना) प्राप्त किया जा सकता है। प्रमुख संघटक विश्लेषण ऐसे संयोगों के निर्माण का एक तरीका है, इस तरीके से ऐसा करता हुआ यह मूल समंक में अधिकतम संभव प्रसरण को निश्चित करता है। तब चरों की इस छोटी संख्या पर विचार करके विद्यार्थियों की उपलब्धि की तुलना की जा सकती है।

प्रमुख संघटक विश्लेषण पहले वर्णन करता है और फिर सुपरिभाषित सांख्यिकीय समस्याओं को हल करता है। विशेष स्थितियों के सिवाय यह हमेशा कुछ अच्छी गणितीय विशेषताओं के साथ एक अनोखा हल प्रदान करता है। कुछ व्यावहारिक समस्याओं की व्याख्या के लिए भी प्रमुख संघटक विश्लेषण यथार्थ हल प्रदान करता है। प्रमुख संघटक विश्लेषण को वास्तविक जीवन की वैज्ञानिक समस्याओं से संबंधित करने के प्रयास में काफी कठिनाइयाँ आती हैं क्योंकि यह मिलान साधारणतया बहुत अच्छा नहीं होता है। वास्तव में, प्रमुख संघटक विश्लेषण प्राय: सामान्य कारक विश्लेषण का एक अच्छा सन्निकट (approximation) प्रदान करता है, परंतु यह विशेषता अब महत्त्वहीन है, क्योंकि दोनों विधियाँ अब काफी सरल हैं।

प्रश्न 10. उदाहरण की सहायता से स्पष्ट कीजिए कि प्रमुख संघटक विश्लेषण में समंकों का रूपांतरण किस प्रकार होता है?

उत्तर— प्रमुख संघटक विश्लेषण एक रेखीय रूपांतरण है जो समंक को एक नई निर्देशांक (coordinate) में इस प्रकार रूपांतरित करता है कि समंक के किसी प्रक्षेपण (projection) के द्वारा अधिकतम प्रसरण प्रथम निर्देशांक पर पड़ता है (यह प्रथम प्रमुख संघटक कहलाता है), दूसरा अधिकतम प्रसरण दूसरे निर्देशांक पर पड़ता है तथा आगे भी इसी प्रकार चलता रहता है। निम्न क्रम के प्रमुख संघटक को रखकर और ऊँचे क्रम को अस्वीकार करके, जब तक समंक समूह की उन विशेषताओं को बनाए रखा जाता है जो इसके अधिकांश प्रसरण को सहायता देती है; प्रमुख संघटक विश्लेषण समंक समूह में परिमाणात्मक कमी के लिए उपयोग किया जा सकता है। ऐसे निम्न क्रम संघटक प्राय: समंक के "सबसे महत्त्वपूर्ण" बिंदुओं को रखते हैं। परंतु यह आवश्यक स्थिति नहीं होती है, यह उपयोग पर निर्भर करता है।

माना p और m क्रमशः चरों की मूल और लघु संख्या को बताते हैं। मूल चर X से सूचित हैं। सामान्य स्थिति में पुनर्निर्माण की यथार्थता की हमारी माप, X चरों और कारकों से निर्मित X के पूर्वानुमानों के बीच p बहुसहसंबंधों के वर्गों का योग है। अधिक सामान्य स्थिति में संबंधित X-चर के प्रसरण के द्वारा हम प्रत्येक बहुसहसंबंध के वर्ग का भार ज्ञात कर सकते हैं। चूँकि हमारे द्वारा चयनित किसी अचर के द्वारा प्रत्येक चर के अंकों का गुणन करके हम उन प्रसरणों को स्वयं ही निर्धारित कर सकते हैं। इसके फलस्वरूप, हम अलग-अलग चरों को हमारे द्वारा चयनित कोई से भी भार निर्दिष्ट कर सकते हैं।

अब p चरों को उन चरों के m रेखीय फलनों के समूह से उपस्थापित करने की समस्या है जो मूल p का यथार्थ में सर्वोत्तम रूप से संक्षेपण करते हैं। इसका मतलब है कि रेखीय

फलन समान रूप से अच्छे संक्षेपण प्रदान करते हैं। समस्या को एक विशिष्ट हल के रूप में संक्षेपण करके, हम तीन स्थितियाँ रखते हैं–(1) m व्युत्पन्न रेखीय फलन परस्पर असहसंबंधित अवश्य होने चाहिए। (2) m रेखीय फलनों के किसी समूह में छोटे समूह के लिए फलन अवश्य शामिल होने चाहिए। उदाहरण के लिए, सर्वोत्तम 4 रेखीय फलनों में सर्वोत्तम 3 अवश्य शामिल होने चाहिए। (3) वर्गीय भार (squared weights) जो प्रत्येक रेखीय फलन को परिभाषित करते हैं, का योग निश्चित रूप से एक (= 1) होना चाहिए। ये तीन शर्तें, अधिकांश समंक समूहों के लिए, एक विशिष्ट हल प्रदान करती हैं।

प्रश्न 11. प्रमुख संघटकों की संख्या पर टिप्पणी कीजिए।

उत्तर– जब तक p मूल चर होते हैं तो प्रमुख संघटकों की संख्या m इस प्रकार होती है कि $m < p$। ऐसा हो सकता है कि प्रमुख संघटक m, X-चरों के समूह में सभी प्रसरणों को व्यक्त करे, अर्थात् यह X के पूर्ण पुनर्निर्माण की अनुमति देता है – यद्यपि $m < p$। हालाँकि, इस घटना की अनुपस्थिति में, बहुत से प्रमुख संघटकों पर सार्थकता परीक्षण नहीं होता है। यह देखने के लिए कि ऐसा क्यों होता है, हम एक सामान्य समस्या पर विचार करते हैं–इसके लिए हम एक शून्य परिकल्पना का परीक्षण करेंगे कि दो चरों के बीच सहसंबंध 1.0 है। यह परिकल्पना बताती है कि समग्र जनसंख्या में सभी बिंदु एक सरल रेखा में होते हैं। इससे यह स्पष्ट होता है कि यदि समग्र जनसंख्या में सहसंबंध 1.0 है, तो उस समग्र के प्रत्येक अलग–अलग प्रतिदर्श का सहसंबंध भी 1.0 अवश्य होगा। 1.0 से कोई विचलन कितना छोटा है, इसका कोई अर्थ नहीं है, यह शून्य परिकल्पना से विरोध प्रकट करता है। इसी तरह का तर्क इस परिकल्पना में लागू होता है कि एक बहुसहसंबंध 1.0 है। परंतु यह परिकल्पना कि m संघटक p चरों में सभी प्रसरणों का हिसाब रखते हैं (गणना करते हैं) आवश्यक रूप से यह परिकल्पना है कि जब चर बहुप्रतीपगमन के द्वारा संघटकों से पूर्वानुमानित होते हैं, तो सभी बहुसंबंध 1.0 होते हैं। अतः प्रतिमान को ध्यान रखने में थोड़ी चूक भी समष्टि (population) से संबंधित परिकल्पना का विरोध करती है।

प्रश्न 12. हेनरी केसर द्वारा प्रतिपादित संघटकों की संख्या चयन का नियम क्या है?

उत्तर– हेनरी केसर (Henry Kaiser) ने संघटकों की संख्या के चयन के लिए एक नियम बताया कि यह उस संख्या से, जिसकी पूर्ण पुनर्निर्माण के लिए आवश्यकता होती है, m कम होता है m को 1 से अधिक eigenvalues की संख्या के बराबर निर्धारित करना होता है। यह नियम प्रायः सामान्य कारक विश्लेषण और प्रमुख संघटक विश्लेषण में उपयोग होता है। कई विचारधाराएँ केसर के नियम का प्रतिनिधित्व करती हैं (मानती हैं) परंतु सबसे साधारण बात यह है कि चूँकि एक आइजेन मान एक अतिरिक्त संघटक के द्वारा वर्णित प्रसरण की मात्रा के बराबर होता है, अतः एक चर में प्राप्त संघटक की तुलना में कम प्रसरण की व्याख्या करने वाले संघटक को शामिल करने का कोई औचित्य नहीं है। चूँकि उस संघटक का उपयोग करने के लिए जो एक से कम प्रसरण की व्याख्या करता है, ऐसा माना जाता है कि

घटक विश्लेषण समंक के एक समूह को संक्षिप्त करता है, यह एक किताब के संक्षेपण (abstract) लिखने के समान है जिसमें अगर संक्षेपण का एक खंड किताब खंड के संक्षेपण से बड़ा होता है तो इसका कोई मतलब नहीं होता है। परंतु, केसर के नियम के लिए बड़ा न्याय पूर्ण समर्थन था कि संघटकों की विभिन्न संख्या के साथ विभिन्न संघटक विश्लेषण करने के लिए एवं कौन सा विश्लेषण सार्थक है, यह देखने के लिए आवश्यक नियम से यह नियम बहुत अच्छी तरह से मेल खाता था। बहुत पहले की अपेक्षा यह आवश्यक नियम आज अधिक आसान है इसलिए केसर का नियम अप्रचलित मालूम पड़ता है।

प्रश्न 13. स्क्री परीक्षण क्या है? इसके अंतर्गत कौन–सी कठिनाई उत्पन्न होती है? इस दृष्टिकोण के समान दृष्टिकोण का वर्णन कीजिए।

उत्तर— यह विधि रेमण्ड बी. कैटल (Raymond B. Cattell) द्वारा प्रतिपादित की गई थी। इस विधि में क्रमबद्ध (परंपरागत) आइजेन मान चिह्नित होते हैं और प्लॉट में उस स्थान की तलाश करते हैं जहाँ प्लॉट अचानक उभरता है। कैटल ने इस परीक्षण का नाम स्क्री (Scree) रखा। स्क्री परीक्षण के साथ एक कठिनाई यह है कि लघुगणक (logarithm) या वर्गमूल को चिह्नित करते समय यह काफी भिन्न निष्कर्ष देता है और यह स्पष्ट नहीं होता है कि आइजेन मान इन अन्य मूल्यों की अपेक्षा बेहतर माप क्यों होते हैं।

अन्य दृष्टिकोण स्क्री परीक्षण (scree test) के काफी समान है, परंतु परिकलन (calculation) पर अधिक और चित्रों पर कम निर्भर करता है। प्रत्येक आइजेन मान L के लिए, S बाद के सभी आइजेन मानों के योग तथा स्वयं L के जोड़ को स्पष्ट करता है। इसके बाद L/S, L के द्वारा स्पष्ट पूर्व के अस्पष्ट प्रसरण के अनुपात को बताता है। उदाहरण के लिए, माना कि 7 चरों की एक समस्या में अंतिम 4 आइजेन मान 0.8, 0.2, 0.15 और 0.1 थे। इनका योग 1.25 है, इसलिए 1.25, 3–संघटक निदर्श के द्वारा अस्पष्ट प्रसरण है। परंतु 0.8/1.25 = 0.64, इसलिए 3–संघटक निदर्श में एक और संघटक जोड़ने पर यह पूर्व के अस्पष्ट प्रसरण की 64% व्याख्या करता है। पाँचवें आइजेन मान के लिए एक समान परिकलन 0.2/(0.2+0.15+0.1) = 0.44 होता है, इसलिए पाँचवाँ प्रमुख संघटक पूर्व के अस्पष्ट प्रसरण की केवल 44% व्याख्या करता है।

प्रश्न 14. सहप्रसरण विधि का उपयोग करके प्रमुख संघटक विश्लेषण की व्युत्पत्ति का वर्णन कीजिए।

उत्तर— माना X एक d-आयामी यादृच्छिक सदिश है, जिसे हम एक स्तंभ सदिश के रूप में लिख सकते हैं। मान लीजिए कि X का माध्य 0 है। हमें एक $d \times d$ प्रसामान्य लाम्बिक प्रक्षेपण आव्यूह P ढूँढ़ना है, ताकि

$Y = P^T X$

जहाँ P^T, आव्यूह P का स्थानांतर (transpose) है,

और इस प्रतिबंध के साथ कि

cov (Y) एक कर्ण आव्यूह (diagonal matrix) एवं $P^{-1} = P^T$

प्रतिस्थापन करने पर और आव्यूह बीजगणित (matrix algebra) से हम प्राप्त करते हैं—

$$\begin{aligned}\operatorname{cov}(Y) &= E\left[YY^T\right]\\ &= E\left[\left(P^T X\right)\left(P^T X\right)^T\right]\\ &= E\left[\left(P^T X\right)\left(X^T P\right)\right]\\ &= P^T E\left[XX^T\right]P\\ &= P^T \operatorname{cov}(X) P\end{aligned}$$

$\operatorname{cov}(Y) = P^T \operatorname{cov}(X)\, P$

इस प्रकार, हमें प्राप्त होगा—

$$P\operatorname{cov}(Y) = PP^T \operatorname{cov}(X) P = \operatorname{cov}(X) P$$

P को $d \times 1$ स्तंभ सदिश (column vectors) के रूप में पुनः लिखने पर,

$P = [P_1, P_2, ..., P_d]$

और इस प्रकार cov(Y)

$$\begin{bmatrix}\lambda_1 & \cdots & 0\\ \vdots & \ddots & \vdots\\ 0 & \cdots & \lambda_d\end{bmatrix}$$

इन मानों को उपरोक्त समीकरण में प्रतिस्थापित करने पर, हमें प्राप्त होता है—

$$\left[\lambda_1 P_1, \lambda_2 P_2, ..., \lambda_d P_d\right] = \left[\operatorname{cov}(X) P_1, \operatorname{cov}(X) P_2, ..., \operatorname{cov}(X) P_d\right]$$

हमें ध्यान रखना चाहिए कि $\lambda_i P_i = \operatorname{cov}(X) P_i$ में P_i, X के प्रसरण आव्यूह का आइजेन सदिश है। इसलिए, X's के सहप्रसरण आव्यूह (covariance matrix) के आइजेन सदिशों की खोज करने में, हम एक प्रक्षेपण आव्यूह (projection matrix) P प्राप्त करते हैं जो मूल प्रतिबंध को संतुष्ट करता है।

प्रश्न 15. प्रमुख संघटकों के परिकलन के विभिन्न चरण क्या हैं?

अथवा

मुख्य घटक विश्लेषण में आप किन चरणों का अनुसरण करेंगे? संक्षेप में लिखिए।

[जून–2015, प्र.सं. 8]

अथवा

मुख्य (principal) घटक विश्लेषण में अनुसरणीय चरणों का संक्षेप में वर्णन कीजिए। [दिसम्बर–2015, प्र.सं. 8]

अथवा

मुख्य घटक विश्लेषण (पी.सी.ए.) में आप किन चरणों का अनुसरण करेंगे? संक्षेप में वर्णन कीजिए। [जून–2016, प्र.सं. 8]

उत्तर— प्रमुख संघटकों के परिकलन में निम्नलिखित चरण सम्मिलित हैं—

(1) समंक समुच्चय की व्यवस्था करना (Organising the Data Set)—मान लीजिए कि हम M चरों के प्रेषणों के एक समूह के समंक को लेते हैं और समंक को कम करना चाहते हैं ताकि प्रत्येक प्रेषण की केवल L चरों के साथ व्याख्या की जा सके, जहाँ, $L < M$। आगे मान लीजिए कि समंक N समंक सदिशों (data vectors) $X_i...X_N$ के एक समूह के रूप में व्यवस्थित हैं, जहाँ, प्रत्येक X_n, M चरों के एक सकल समूह प्रेषण को दर्शाता है।

(क) $X_i...X_N$ को स्तंभ सदिशों (column vectors) के रूप में लिखना, जिसमें से प्रत्येक की M पंक्तियाँ हैं।

(ख) स्तंभ सदिशों को $M \times N$ आयाम के एक एकल आव्यूह X के रूप में लिखें।

(2) आनुभाविक माध्य का परिकलन करना (Calculating the Empirical Mean)—

(क) प्रत्येक आयाम $m = 1...M$ के साथ आनुभाविक माध्य की खोज करना।

(ख) परिकलित माध्य मूल्यों को $M \times 1$ आयाम के एक आनुभाविक माध्य सदिश u में परिणत करना।

अर्थात्, $X_i...X_N$ के लिए

$$u[m] = \frac{1}{N} \sum_{n=1}^{N} X[m,n]$$

(3) माध्य से विचलनों का परिकलन करना (Calculating the deviations from the mean)—अब X समंक आव्यूह के प्रत्येक स्तंभ से आनुभाविक माध्य सदिश u को घटाना और प्राप्त समंक को $M \times N$ आव्यूह B के रूप में देखना।

$B = X - u \cdot h$

जहाँ h एक $1 \times N$ पंक्ति सदिश है जिसके सभी आँकड़े 1 हैं।

$h[n] = 1$ for $n = 1...N$

(4) सहप्रसरण आव्यूह की खोज करना (Finding the Covariance Matrix)—

आव्यूह B के स्वयं इसके साथ बाहरी गुणनफल (outer product) से $M \times M$ आनुभाविक सहप्रसरण आव्यूह C को ज्ञात करना।

$$C = E[B \otimes B] = E[B \cdot B^*] = \frac{1}{N-1} B \cdot B^*$$

जहाँ,

E प्रत्याशित मूल्य (expected value) को सूचित करता है,

$\otimes$ outer product operator है, और

$*$ conjugate transpose operator है।

(5) सहप्रसरण आव्यूह के आइजेन सदिशों और आइजेन मानों को ज्ञात करना (Finding the Eigenvectors and Eigenvalues of the Covariance Matrix)—

(क) सहप्रसरण आव्यूह C के आइजेन मान आव्यूह D और आइजेन सदिश आव्यूह V का परिकलन करना।

$C \cdot V = V \cdot D$

(ख) आव्यूह D, M × M विकर्ण आव्यूह का स्वरूप लेगा, जहाँ
$D[p,q] = \lambda_m$ for $p = q = m$
यह सहप्रसरण आव्यूह C का m^{th} आइजेन मान है, और
$D[p,q] = 0$ for $p \neq q = m$

(ग) आव्यूह V भी आयाम $M \times M$ का होगा, जिसमें M स्तंभ सदिश (column vectors) होंगे, जिसमें से प्रत्येक का विस्तार M है, जो सहप्रसरण आव्यूह C के M eigenvectors को प्रस्तुत करता है।

(घ) आइजेन मान और आइजेन सदिश क्रम में और जोड़े में हैं। m^{th} eigenvalue, m^{th} आइजेन सदिश के सदृश है।

(6) आइजेन सदिशों तथा आइजेन मानों को पुनः व्यवस्थित करना (Rearranging the eigenvectors and eigenvalues)—

(क) आइजेन मान को घटते हुए क्रम में लगाते हुए आइजेन सदिश आव्यूह V और आइजेन मान आव्यूह D के स्तंभों को क्रमबद्ध करना।

(ख) यह सुनिश्चित करना कि प्रत्येक आव्यूह में स्तंभों के बीच सही जोड़े बने हुए हैं।

(7) प्रत्येक आइजेन सदिश के बीच शक्ति का वितरण करना (Computing the Cumulative energy content for each eigenvector)—आइजेन मान प्रत्येक आइजेन सदिश के बीच स्रोत समंकों की शक्ति के वितरण को बताता है, जहाँ आइजेन सदिश समंकों के लिए एक आधार तैयार करता है। संचयी शक्ति g, m^{th} आइजेन सदिश के लिए 1 से m तक के सभी आइजेन सदिशों की शक्ति का जोड़ होता है।

$$g[m] = \sum_{q=1}^{m} D[p,q] \quad \text{for} \quad p = q \quad \text{and } m = 1...M$$

(8) आधार सदिशों के रूप में आइजेन सदिशों के उपसमुच्चय का चयन करना (Selecting a subset of the eigenvectors as basis vectors)—

(क) V के प्रथम L स्तंभों को, M × L आव्यूह W के नाम से सुरक्षित रखना।
$W[p,q] = V[p,q]$ for $p = 1...M$ $q = 1...L$
जहाँ,
$1 \leq L \leq M$

(ख) L के लिए उपयुक्त मूल्य के चयन में सदिश g का उपयोग मार्गदर्शक के रूप में करना। उद्देश्य है कि जब प्रतिशत आधार पर यथोचित रीति से g के ऊँचे मूल्य को प्राप्त करते हैं तो यथासंभव L के लिए छोटे (कम) मूल्य का चयन करना। उदाहरण के लिए, हम L का चयन इस तरह कर सकते हैं जिससे संचयी शक्ति g, 90 प्रतिशत से अधिक हो जाए। इस स्थिति में, L के छोटे-से-छोटे मूल्य का चयन इस प्रकार करें, ताकि—

$$g[m=L] \geq 90\%$$

(9) स्रोत समंक को z-प्राप्तांकों में परिवर्तित करना (Converting the source data to z-scores)—

सहप्रसरण आव्यूह C के मुख्य विकर्ण से, प्रत्येक अवयव के वर्गमूल से $M \times 1$ आयाम के एक आनुभाविक मानक विचलन सदिश (empirical standard deviation vector) s का निर्माण करना—

$$s = \{s[m]\} = \sqrt{C[p,q]} \qquad \text{for} \qquad p = q \quad \text{and} \quad m = 1...M$$

प्राप्तांक आव्यूह—

$$Z = \frac{B}{s \cdot h} \quad \text{(अवयव-से-अवयव को विभाजित करना)}$$

प्रश्न 16. सहप्रसरण आव्यूह के उपयोग के द्वारा प्रमुख संघटक विश्लेषण की व्युत्पत्ति का ज्यामितीय निर्वचन कीजिए।

उत्तर— एक सहप्रसरण आव्यूह (एक द्विचर समंक समूह x_1 और x_2 से परिकलित) पर निम्न प्रकार से विचार करने पर—

$$C_X = \begin{pmatrix} 20.28 & 15.58 \\ 15.58 & 24.06 \end{pmatrix} \qquad ...(i)$$

हम देखते हैं कि विकर्ण (क्रमशः x_1 और x_2 के प्रसरण) के चारों ओर सहप्रसरण सममितीय (symmetric) है। यदि हम इस सहप्रसरण आव्यूह से आइजेन सदिशों और आइजेन मानों को निकालते हैं तो हमें आधार फलनों का एक नया समूह प्राप्त होता है जो उन समंकों को प्रस्तुत करने में अधिक दक्ष होते हैं, जहाँ से सहप्रसरण आव्यूह व्युत्पन्न किया गया था।

$$U = \begin{pmatrix} 0.66 & -0.75 \\ 0.75 & 0.66 \end{pmatrix} \qquad ...(ii)$$

जहाँ U आइजेन सदिश है और

$$\lambda' = \begin{pmatrix} 37.87 \\ 6.47 \end{pmatrix} \qquad ...(iii)$$

आइजेन मान है।

समीकरण (i) में आव्यूह के स्तंभों और पंक्तियों को सदिशों के रूप में विचार मान कर उन्हें मूल बिंदु (0, 0) से बाहर की तरफ उनके अंतिम बिंदुओं तक रेखांकित कर सकते हैं, जैसा कि चित्र 5.1 में दर्शाया गया है।

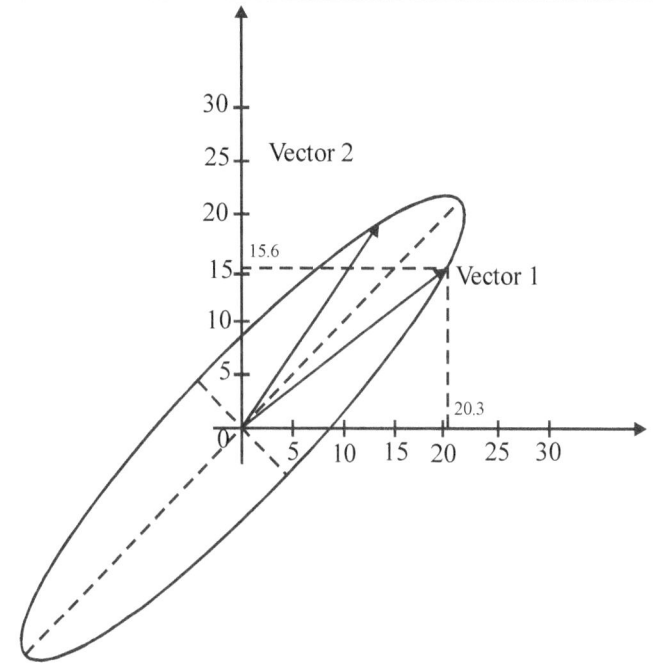

चित्र 5.1: सदिश 1 और 2 पर चिह्नित सहप्रसरण सदिश

(1) यदि हम प्रथम आइजेन सदिश को लम्बाई 37.87 के साथ आलेख करते हैं और दूसरे आइजेन सदिश को 6.47 लम्बाई के साथ तो चूँकि आइजेन सदिश orthonormal होते हैं, अतः हमने एक दीर्घवृत्त (ellipse) के अर्द्ध–बड़ा (semi-major) और अर्द्ध–छोटा (semi-minor) अक्षों को आलेखित किया है जो eigenvalue-scaled–आइजेन सदिश और सहप्रसरण सदिश दोनों को घेरता है। यह दीर्घवृत्त, eigenvectors के साथ–साथ अभिविन्यासित होता है तथा आइजेन मानों के बराबर इसका परिमाण होता है। अब हम चित्र 5.1 में बड़े और छोटे अक्षों अथवा धुरियों का उपयोग करके एक वैकल्पिक निर्देशांक को आरेखित कर सकते हैं।

(2) यदि चित्र 5.1 में सदिश 1 (सहप्रसरण आव्यूह से प्राप्त प्रथम सदिश, जिसके मूल निर्देशांक 20.3, 15.6 थे) का प्रक्षेपण दीर्घवृत्त की बड़ी एवं छोटी अक्षों (प्रथम एवं द्वितीय आइजेन सदिशों) पर करें, तो हमें 25.01, 4.88 निर्देशांकों के 'अधिक दक्ष' निरूपण प्राप्त होंगे। अधिकांश सूचना प्रथम प्रमुख संघटक में निहित होती है और यह प्रत्येक निदर्श के लिए भी मान्य है। इन 'अधिक दक्ष' निर्देशांकों को 'प्रमुख संघटक कारक' कहते हैं।

(3) हम इसे "अधिक दक्ष" इसलिए कहते हैं क्योंकि यह कारक कुल प्रसरण को उत्तम अथवा श्रेष्ठ तरीके से पुनर्वितरित करता है। कुल प्रसरण, सहप्रसरण आव्यूह के विकर्ण के जोड़ के द्वारा ज्ञात किया जाता है, इस स्थिति में यह 44.34 के बराबर है; व्यूह के विकर्ण का योग अनुरेखण (*trace*) कहलाता है। आइजेन विश्लेषण का एक उपयोगी गुण यह है कि

आइजेन मानों का जोड़ हमेशा कुल प्रसरण के बराबर होता है। अब हम मूल्यांकित कर सकते हैं कि मूल समंक X में कुल कितना प्रसरण शामिल है। सहप्रसरण आव्यूह से हम x_1 के लिए : 20.28/44.34 अथवा लगभग 46% का प्रसरण प्राप्त करते हैं। इसी प्रकार दूसरे संघटक x_2 के लिए : 24.06/44.34 अथवा लगभग 54% का प्रसरण प्राप्त करते हैं।

(4) आइजेन सदिश के द्वारा दी गई नई निर्देशांक व्यवस्था में प्रमुख संघटकों (आइजेन सदिशों) के लिए प्रसरण की मात्रा आइजेन मानों के द्वारा, अथवा 37.87/44.34, अथवा प्रतिशत में लगभग 85% और 6.47/44.34 अथवा लगभग 15% दी गई हैं। प्रथम कारक के प्राप्तांक कुल प्रसरण के 85% की गणना करते हैं। यही अधिक दक्ष माना है। यदि किसी को उनके समंक को एक वेक्टर में संकुचित करना हो तो प्रमुख संघटक प्राप्तांक एक स्पष्ट विकल्प प्रदान करता है।

इसलिए, प्रमुख संघटक विश्लेषण में हमारे समंक की व्याख्या के लिए हमारे पास एक अधिक दक्ष (योग्य) निर्देशांक प्रणाली है। इसे दूसरी तरह से रखने के लिए, यदि हमें हमारे समंकों को प्रमुख संघटक प्राप्तांकों में बदलते हुए, उनकी व्याख्या करने वाली संख्याओं की गिनती को केवल एक से कम करना हो तो पहले हम लुप्त सूचना को कम करते हैं।

(5) प्रमुख संघटक विश्लेषण की अन्य विशेषताएँ भी होती हैं। समंक समूह का कुल प्रसरण, सहप्रसरण आव्यूह के अनुरेखण (ट्रेस) के बराबर होता है, जो आइजेन मानों के योग (विकर्ण आव्यूह के ट्रेस, जो कि eigenvalues को रखते हैं) के बराबर भी होता है। इसका उपयोग करके हम दिखा सकते हैं कि कितने मूल, कुल प्रसरण की गणना प्रमुख संघटक (आइजेन सदिश) के द्वारा होती है।

(6) यदि उपरोक्त आव्यूह U इस प्रकार है–

$$U = \begin{pmatrix} 0.66 & -0.75 \\ 0.75 & 0.66 \end{pmatrix}$$

प्रत्येक स्तंभ आइजेन सदिश (इकाई लंबाई (unit length)) का प्रतिनिधित्व करता है और प्रसरण की जो मात्रा प्रथम प्रमुख संघटक द्वारा गणना की जाती है, वह इस प्रकार है–

$$\frac{\lambda}{\text{var}(X)}$$

जहाँ var(X) समंक समूह X के कुल प्रसरण को बताता है और कुल प्रसरण निम्न फलन के द्वारा ज्ञात किया जाता है–

sum (diag (cov (X)))

अथवा

sum (diag (λ))

जहाँ,

λ आइजेन मानों का विकर्ण आव्यूह है। इसे लिखने का अन्य तरीका है–

$$\sum_{i=1} \lambda_i$$

चित्र 5.1 में दीर्घवृत्त (ellipse) का बड़ा अक्ष प्रथम आइजेन सदिश (इकाई लंबाई का) तथा संगत आइजेन मान के गुणनफल को दर्शाता है। छोटा अक्ष (minor axis) दूसरे आइजेन सदिश/आइजेन मान को बताता है। इस प्रकार हम कह सकते हैं कि सदिश 1 और 2 समंक समूह के लिए एक आधार को प्रस्तुत करते हैं, परंतु वे पूर्णतः स्वतंत्र नहीं हैं और आवश्यक रूप से दक्ष नहीं हैं क्योंकि आइजेन सदिश प्रायः orthonormal होते हैं, अतः मूल समंक के प्रस्तुतीकरण में वे हमेशा अधिक दक्ष और स्वतंत्र होते हैं।

प्रश्न 17. कारक विश्लेषण से आप क्या समझते हैं? इसकी विशेषताएँ बताइए।

उत्तर– कारक विश्लेषण को 'विश्लेषक विधियों की रानी' (Queen of Analytical Methods) कहा जाता है। अपनी शक्ति (power) एवं परिष्कृत (elegance) प्रकृति के कारण कारक विश्लेषण एक बहुप्रसरणीय (multivariate) सांख्यिकीय विधि है जिसका प्रयोग तालिकाओं, मैट्रिक्स एवं सहसंबंध गुणांकों के विश्लेषण में किया जाता है। यह गुणांक गुणन आघूर्ण सहसंबंध गुणांक होते हैं। कारक विश्लेषण के अनेक अनुप्रयोगों में शैक्षिक एवं मनोवैज्ञानिक परीक्षणों पर प्राप्त प्राप्तांक ही परिवर्त्य होते हैं। यद्यपि इस विधि का उद्भव शिक्षा और मनोविज्ञान में ही हुआ, परंतु अर्थशास्त्र, मानवशास्त्र, शरीरशास्त्र, मौसम विज्ञान या भौतिकशास्त्र में से किसी भी परिवर्त्य से संबंधित प्राप्तांकों पर कारक विश्लेषण विधि का प्रयोग किया जा सकता है। सहसंबंध गुणांक के बृहत् मैट्रिक्स का अवलोकन करके परिवर्त्यों के मध्य सहसंबंध प्रतिरूप के बारे में तात्कालिक रूप से कोई अंतप्रज्ञात्मक विश्लेषण संभव नहीं है, परंतु कारक विश्लेषण की विधि के द्वारा अनुसंधानकर्त्ता परिवर्त्यों के मध्य संबंधों का सार्थक विश्लेषण प्रस्तुत कर सकता है।

कारक विश्लेषण की विशेषताएँ (Characteristics of Factor Analysis)–कारक विश्लेषण की विशेषताएँ निम्नलिखित हैं–

(1) कारक विश्लेषण के द्वारा अंतर्संबंधों के प्रतिरूप का निरीक्षण एवं विश्लेषण किया जाता है।

(2) कारक विश्लेषण के लिए विषम (skewed), खंडित तथा बहुप्रतिरूप वितरणों का प्रयोग नहीं किया जाता है।

(3) कारक विश्लेषण विधि में निर्मित वैधता (construct validity) पर प्रकाश डाला जाता है।

(4) इसमें सामान्य प्रसरण का विश्लेषण होता है।

(5) कारक विश्लेषण की सभी विधियाँ सांख्यिकीय हैं और सहसंबंध गुणकों पर निर्भर करती हैं।

(6) कारक विश्लेषण मनोवैज्ञानिक प्रकार्यों की एक खोज है।

(7) कारक विश्लेषण प्रकृति (nature) के निश्चित क्षेत्रों के वर्णन के लिए एक गणितीय प्रारूप प्रदान करता है।

(8) कारक विश्लेषण विधि में उच्च सांख्यिकी का प्रयोग होता है।

(9) कारक विश्लेषण परिवर्त्यों के मध्य सामान्य प्रसरणों की संख्या और प्रकार को निर्धारित करता है।

प्रश्न 18. कारक विश्लेषण के क्या उपयोग हैं?

उत्तर— कारक विश्लेषण का उपयोग निम्नलिखित उद्देश्यों की पूर्ति के लिए किया जाता है—

(1) यह स्थापित करना कि बहुपरीक्षण समान कारक को मापते हैं, परिणामत: कम-से-कम परीक्षणों के प्रयोग को न्यायोचित ठहराते हैं।

(2) असहसंबंधित चरों (uncorrelated variables) के रूप में व्यवहार होने वाले कारकों के समूह का निर्माण करना जो बहुसंरेखता (multicollinearity) से बहुप्रतीपगमन (multiple regression) की तरह व्यवहार करता है।

(3) एक बृहत् समुच्चय से चरों के उपसमुच्चय का चुनाव (चयन) करना जिस पर आधारित मूल चरों के प्रमुख संघटक कारकों के साथ उच्चतर सहसंबंध होते हैं।

(4) घटनाओं के समूहों और/अथवा बहिर्वासी (outliers) को पहचानना।

(5) किस तरह के व्यक्ति समूह एक साथ होते हैं, के निर्धारण द्वारा नेटवर्क समूह का निर्धारण करना (Q-तरीके के कारक विश्लेषण का उपयोग करते हुए)।

(6) एक परिमाण या सूचकांक (मापक्रम (index)) को इस प्रकार प्रमाणित करना कि इसके मौलिक अंशों (तत्त्वों) (constituent items) का भार समान कारकों पर पड़े और प्रस्तावित परिमाण तत्त्वों को लुप्त करना जिनका cross-load एक से अधिक कारकों पर पड़े।

प्रश्न 19. कारक विश्लेषण की मान्यताओं को संक्षेप में लिखिए।

उत्तर— कारक विश्लेषण अन्य सांख्यिकीय विधियों से भिन्न है। इसका उपयोग स्वतंत्र चरों की प्रकृति के बारे में कुछ जानने (खोज करने) के उद्देश्य के साथ, कई आश्रित चरों के बीच सहसंबंधों के उन ढाँचों का अध्ययन करने के लिए किया जाता है जो उनको प्रभावित करते हैं। यद्यपि, वे स्वतंत्र चर प्रत्यक्ष रूप से मापे नहीं गए थे। इस प्रकार कारक विश्लेषण के द्वारा प्राप्त उत्तर उन वास्तविकताओं की तुलना में काफी परिकाल्पनिक और परीक्षण रूप में होते हैं जब स्वतंत्र चर प्रत्यक्ष रूप से प्रेषित होते हैं। एक प्रारूपिक कारक विश्लेषण चार कठिन प्रश्नों का उत्तर देता है—

(1) इन चरों के बीच संबंधों के ढाँचे की व्याख्या के लिए कितने विभिन्न कारकों की आवश्यकता होती है?

(2) उन कारकों की प्रकृति क्या है?

(3) कल्पित कारक प्रेषित समंकों की व्याख्या कितनी अच्छी तरह करते हैं?

(4) प्रत्येक प्रेषित चर यथार्थ रूप से कितने यादृच्छिक या विलक्षण प्रसरण को शामिल करते हैं?

कारक विश्लेषण की आधारभूत मान्यताएँ निम्नलिखित हैं—

(1) प्राय: p पहले से ज्ञात होता है। कारकों की संख्या जो समंक समूह में छुपी होती है, वह पूर्व ज्ञान का एक भाग होती हैं, जो कि कारक विश्लेषण समस्या के समाधान के लिए तालिका में रखी गई है।

(2) आव्यूह का क्रम और आइजेन सदिशों की संख्या दोनों परस्पर संबंधित होते हैं, आइजेन मान अशून्य एकल (singular) मूल्यों के वर्ग होते हैं। आइजेन मानों का क्रम ज्ञात की गई प्रसरण की मात्रा द्वारा निर्धारित होता है।

(3) सहसंबंध और सहप्रसरण (covariances) जो m चरों के बीच स्थित होते हैं, उसमें अंतर्निहित, परस्पर असहसंबंधित कारक, p के परिमाण होते हैं। प्रायः p, m से कम होता है।

प्रश्न 20. सर्वसाधारणता से आप क्या समझते हैं?

उत्तर— सर्वसाधारणता h_j^2 चर j के लिए ज्ञात की गई कुल प्रसरण के भिन्न (Fraction) को दर्शाता है। सर्वसाधारणता की परिगणना द्वारा हम इस चीज का ट्रेक रख सकते हैं कि चर j में समाहित कितने मूल प्रसरण, कुछ कारकों – जिन्हें हमने retain करके रखा है, के द्वारा अभी भी परिकलित किए जा सकते हैं। परिणामतः हमेशा $h_j^2 = 1$ होगा यदि $p = m$ है, खासकर तब तक जब तक कि समंक का पहले ही प्रमापीकरण हो चुका हो। सर्वसाधारणता का निर्धारण निम्न प्रकार से हो सकता है—

$$h_j^2 = \sum_{r=1}^{p} \left(A_{jr}^R \right)^2$$

प्रश्न 21. कारकों की संख्याओं के परिणाम को रखने के लिए हमें किस संगठन (बनावट) की आवश्यकता होती है?

उत्तर— जैसा कि हम जानते हैं कि $p = m$ (अर्थात् कारकों की संख्या चरों की संख्या के बराबर है), तो कारक विश्लेषण, प्रामाणिक चरों के साथ प्रमुख संघटक विश्लेषण से भिन्न नहीं होता है। परंतु हम चाहते हैं कि कारक विश्लेषण में $p < m$ हो और इसलिए प्रश्न उठता है कि हम कैसे निश्चित करेंगे कि किन कारकों को रखना है? जब हम कारक विश्लेषण करते हैं तो यह परिणामों को निम्नलिखित संगठन (बनावट) में रखने में सहायता करता है—

	I	II	III	...	p	h_j^2
X_1	A_{11}^R	A_{12}^R	A_{13}^R		A_{1p}^R	h_1^2
X_2	A_{21}^R	A_{22}^R	A_{23}^R			h_2^2
X_3	A_{31}^R	⋱				h_3^2
⋮						
X_m	A_{m1}^R	A_{m2}^R			A_{mp}^R	h_m^2

सर्वप्रथम A_{jr}^R, U (the raw eigenvectors) से ली गई प्रविष्टियाँ हो सकती हैं, परंतु जब विश्लेषण जारी रहता है और कारकों की संख्या घटती है तो हम A^R (the factor loading) से प्रविष्टियाँ ले सकते हैं। इस तरह से हम उन कई सारे कारकों का ट्रेक रख सकते हैं, जिनके साथ हम कार्य कर रहे हैं, जैसे कि कितने मूल प्रसरणों की गणना करनी है,

चर व्यक्तिगत कारकों पर कहाँ दबाव डालते हैं और प्रत्येक व्यक्तिगत चर पर सर्वसाधारणतः आदि। यह हमें यह देखने में सहायता करेगा कि रखे गए कारकों में से हमारा चयन (पसंद) किस प्रकार कार्य की मापों को प्रभावित करता है।

परंतु ऐसा कोई स्थायी नियम नहीं है जिसके अनुसार कारकों की संख्या रखनी हो। एक 'अँगूठे के नियम' (rule of thumb) के अंतर्गत उन सभी कारकों को रखना होगा जिनकी eigenvalue एक से अधिक होती है और जो हमें प्रामाणिक समंक के साथ शुरुआत प्रदान करते हैं। यदि हम एक से बड़ी eigenvalues के साथ कई कारकों को प्राप्त करते हैं तो हमें इस संभावना का सामना करना पड़ सकता है कि हमने जिस तरह इसे प्रस्तुत किया है, कारक विश्लेषण दृष्टिकोण हमारी समस्या पर लागू नहीं होगा। शायद ही कोई ऐसा अधिक सफल कारक विश्लेषण रहा होगा जहाँ पर अधिकतर प्रसरणों के लिए "बहुत कम" कारकों की गणना की गई हो।

प्रश्न 22. Factor Rotation तथा सामान्य संरचना अवधारणाओं से आप क्या समझते हैं? Thurstone के द्वारा बताए गए सरल संरचना के पाँच तथ्य बताइए।

उत्तर— वे कारक जिन्हें हम अपने विश्लेषण में रखना चाहते हैं, उनके चयन के बाद हम अपने समंकों में इस कम आयामी समन्वय प्रणाली (reduced dimensional coordinate system) को एक तकनीक का प्रयोग करते हुए और अधिक उन्नत तरह से फिट कर सकते हैं। यह तकनीक factor rotation कहलाती है।

यद्यपि कारकों की संख्या हमारी समस्या की परिमाणिकता को कम कर सकती है, परंतु कारकों का अनुमान लगाना आसान नहीं भी हो सकता है। Factor rotation हमें संबंधित (rotated) कारकों की लोडिंग को पुनर्संगठित करने की अनुमति देता है। यह कारकों पर लोडिंग्स के प्रसरण को अधिकतम करके पूर्ण किया जाता है। प्रत्येक (each) (k^{th}) कारक के लिए हम परिकलन कर सकते हैं—

$$s_k^2 = \frac{p\sum_j^m \left(\frac{a_{jp}^2}{h_j^2}\right)^2 - \left(\sum_j^m \frac{a_{jp}^2}{h_j^2}\right)^2}{p^2}$$

जहाँ p रखे गए कारकों की संख्या है, m मूल चरों की संख्या है, a_{jp} चर j कारक p पर लोडिंग है, और h_j^2, j^{th} चर का सर्वसाधारणता है। k^{th} कारक पर लोडिंग्स के प्रसरण की अभिव्यक्ति का उपयोग करके, हम निम्नलिखित को अधिकतम कर सकते हैं—

$$V = \sum_k^p s_k^2$$

यह एक पुनरावृत्तीय प्रक्रिया (iterative process) है, जहाँ जब तक संपूर्ण प्रसरण V में वृद्धि पूर्व निर्धारित मूल्य के नीचे नहीं गिर जाए, तब तक अन्यों को अचर मानते हुए हम एक समय में दो कारकों को घुमाते रहते हैं। यह Kaiser Varimax orthogonal rotation की आत्मा

है।

मार्गदर्शक सिद्धांत (guiding principle) के रूप में विभिन्न factor rotation methods के कुछ simple structure concepts हैं। अर्थात् rotation के बाद प्राप्त परिमाण बिल्कुल सरल होने चाहिए। इन सरल अथवा सामान्य संरचना अवधारणाओं (simple structure concepts) का उपयोग हमें उस परिस्थिति में करना चाहिए जब हम इस बात को निर्धारित करने का प्रयास कर रहे होते हैं कि उपलब्ध factor rotation समंकों की अंतर्निहित संरचना को स्पष्ट करता है या नहीं। Thurstone के द्वारा दी गई पाँच सरल संरचना अवधारणाएँ निम्नलिखित हैं–

(1) कारक लोडिंग्स आव्यूह (factor loadings matrix) की प्रत्येक पंक्ति में कम–से–कम एक शून्य अवश्य होना चाहिए।

(2) कारक आव्यूह के प्रत्येक स्तंभ में कम–से–कम k शून्य अवश्य होने चाहिए, जहाँ k प्राप्त हुए कारक की संख्या है।

(3) कारकों के प्रत्येक जोड़े के लिए, कुछ चर (R-मोड में) एक पर उच्च लोडिंग्स और दूसरे पर लगभग शून्य लोडिंग्स रखने चाहिए।

(4) कारकों के प्रत्येक जोड़े के लिए, दोनों कारकों पर कई चरों के कम लोडिंग्स होने चाहिए।

(5) कारकों के प्रत्येक जोड़े के लिए, केवल कुछ चरों के ही non-vanishable loadings दोनों चरों पर होने चाहिए।

Feedback is the breakfast of Champions.

Ken Blanchard

You can Help other students.
"Inform any error or mistake in this book."

We and Universe
will reward you for Your Kind act.

Email at : feedback@gullybaba.com
or
WhatsApp on 9350849407

महत्त्वपूर्ण सारणियाँ

सारणी : प्रसामान्य क्षेत्र सारणी

	0.00	0.01	0.02	0.03	0.04	0.05	0.06	0.07	0.08	0.09
0.0	0.0000	0.0040	0.0080	0.0120	0.0160	0.0199	0.0239	0.0279	0.0319	0.0359
0.1	0.0398	0.0438	0.0478	0.0517	0.0557	0.0596	0.0636	0.0675	0.0714	0.0753
0.2	0.0793	0.0832	0.0871	0.0910	0.0948	0.0987	0.1026	0.1064	0.1103	0.1141
0.3	0.1179	0.1217	0.1255	0.1293	0.1331	0.1368	0.1406	0.1443	0.1480	0.1517
0.4	0.1554	0.1591	0.1628	0.1664	0.1700	0.1736	0.1772	0.1808	0.1844	0.1879
0.5	0.1915	0.1950	0.1985	0.2019	0.2054	0.2088	0.2123	0.2157	0.2190	0.2224
0.6	0.2257	0.2291	0.2324	0.2357	0.2389	0.2422	0.2454	0.2486	0.2517	0.2549
0.7	0.2580	0.2611	0.2642	0.2673	0.2704	0.2734	0.2764	0.2794	0.2823	0.2852
0.8	0.2881	0.2910	0.2939	0.2967	0.2995	0.3023	0.3051	0.3078	0.3106	0.3133
0.9	0.3159	0.3186	0.3212	0.3238	0.3264	0.3289	0.3315	0.3340	0.3365	0.3389
1.0	0.3413	0.3438	0.3461	0.3485	0.3508	0.3531	0.3554	0.3577	0.3599	0.3621
1.1	0.3643	0.3665	0.3686	0.3708	0.3729	0.3749	0.3770	0.3790	0.3810	0.3830
1.2	0.3849	0.3869	0.3888	0.3907	0.3925	0.3944	0.3962	0.3980	0.3997	0.4015
1.3	0.4032	0.4049	0.4066	0.4082	0.4099	0.4115	0.4131	0.4147	0.4162	0.4177
1.4	0.4192	0.4207	0.4222	0.4236	0.4251	0.4265	0.4279	0.4292	0.4306	0.4319
1.5	0.4332	0.4345	0.4357	0.4370	0.4382	0.4394	0.4406	0.4418	0.4429	0.4441
1.6	0.4452	0.4463	0.4474	0.4484	0.4495	0.4505	0.4515	0.4525	0.4535	0.4545
1.7	0.4554	0.4564	0.4573	0.4582	0.4591	0.4599	0.4608	0.4616	0.4625	0.4633
1.8	0.4641	0.4649	0.4656	0.4664	0.4671	0.4678	0.4686	0.4693	0.4699	0.4706
1.9	0.4713	0.4719	0.4726	0.4732	0.4738	0.4744	0.4750	0.4756	0.4761	0.4767
2.0	0.4772	0.4778	0.4783	0.4788	0.4793	0.4798	0.4803	0.4808	0.4812	0.4817
2.1	0.4821	0.4826	0.4830	0.4834	0.4838	0.4842	0.4846	0.4850	0.4854	0.4857
2.2	0.4861	0.4864	0.4868	0.4871	0.4875	0.4878	0.4881	0.4884	0.4887	0.4890
2.3	0.4893	0.4896	0.4898	0.4901	0.4904	0.4906	0.4909	0.4911	0.4913	0.4916
2.4	0.4918	0.4920	0.4922	0.4925	0.4927	0.4929	0.4931	0.4932	0.4934	0.4936
2.5	0.4938	0.4940	0.4941	0.4943	0.4945	0.4946	0.4948	0.4949	0.4951	0.4952
2.6	0.4953	0.4955	0.4956	0.4957	0.4959	0.4960	0.4961	0.4962	0.4963	0.4964
2.7	0.4965	0.4966	0.4967	0.4968	0.4969	0.4970	0.4971	0.4972	0.4973	0.4974
2.8	0.4974	0.4975	0.4976	0.4977	0.4977	0.4978	0.4979	0.4979	0.4980	0.4981
2.9	0.4981	0.4982	0.4982	0.4983	0.4984	0.4984	0.4985	0.4985	0.4986	0.4986
3.0	0.4987	0.4987	0.4987	0.4988	0.4988	0.4989	0.4989	0.4989	0.4990	0.4990

सारणी : χ^2-बंटन का निर्धारण मूल्य

df\area	.995	.990	.975	.950	.900	.750
1	0.00004	0.00016	0.00098	0.00393	0.01579	0.10153
2	0.01003	0.02010	0.05064	0.10259	0.21072	0.57536
3	0.07172	0.11483	0.21580	0.35185	0.58437	1.21253
4	0.20699	0.29711	0.48442	0.71072	1.06362	1.92256
5	0.41174	0.55430	0.83121	1.14548	1.61031	2.67460
6	0.67573	0.87209	1.23734	1.63538	2.20413	3.45460
7	0.98926	1.23904	1.68987	2.16735	2.83311	4.25485
8	1.34441	1.64650	2.17973	2.73264	3.48954	5.07064
9	1.73493	2.08790	2.70039	3.32511	4.16816	5.89883
10	2.15586	2.55821	3.24697	3.94030	4.86518	6.73720
11	2.60322	3.05348	3.81575	4.57481	5.57778	7.58414
12	3.07382	3.57057	4.40379	5.22603	6.30380	8.43842
13	3.56503	4.10692	5.00875	5.89186	7.04150	9.29907
14	4.07467	4.66043	5.62873	6.57063	7.78953	10.16531
15	4.60092	5.22935	6.26214	7.26094	8.54676	11.03654
16	5.14221	5.81221	6.90766	7.96165	9.31224	11.91222
17	5.69722	6.40776	7.56419	8.67176	10.08519	12.79193
18	6.26480	7.01491	8.23075	9.39046	10.86494	13.67529
19	6.84397	7.63273	8.90652	10.11701	11.65091	14.56200
20	7.43384	8.26040	9.59078	10.85081	12.44261	15.45177
21	8.03365	8.89720	10.28290	11.59131	13.23960	16.34438
22	8.64272	9.54249	10.98232	12.33801	14.04149	17.23962
23	9.26042	10.19572	11.68855	13.09051	14.84796	18.13730
24	9.88623	10.85636	12.40115	13.84843	15.65868	19.03725
25	10.51965	11.52398	13.11972	14.61141	16.47341	19.93934
26	11.16024	12.19815	13.84390	15.37916	17.29188	20.84343
27	11.80759	12.87850	14.57338	16.15140	18.11390	21.74940
28	12.46134	13.56471	15.30786	16.92788	18.93924	22.65716
29	13.12115	14.25645	16.04707	17.70837	19.76774	23.56659
30	13.78672	14.95346	16.79077	18.49266	20.59923	24.47761

.500	.250	.100	.050	.025	.010	.005
0.45494	1.32330	2.70554	3.84146	5.02389	6.63490	7.87944
1.38629	2.77259	4.60517	5.99146	7.37776	9.21034	10.59663
2.36597	4.10834	6.25139	7.81473	9.34840	11.34487	12.83816
3.35669	5.38527	7.77944	9.48773	11.14329	13.27670	14.86026
4.35146	6.62568	9.23636	11.07050	12.83250	15.08627	16.74960
5.34812	7.84080	10.64464	12.59159	14.44938	16.81189	18.54758
6.34581	9.03715	12.01704	14.06714	16.01276	18.47531	20.27774
7.34412	10.21885	13.36157	15.50731	17.53455	20.09024	21.95495
8.34283	11.38875	14.68366	16.91898	19.02277	21.66599	23.58935
9.34182	12.54886	15.98718	18.30704	20.48318	23.20925	25.18818
10.34100	13.70069	17.27501	19.67514	21.92005	24.72497	26.75685
11.34032	14.84540	18.54935	21.02607	23.33666	26.21697	28.29952
12.33976	15.98391	19.81193	22.36203	24.73560	27.68825	29.81947
13.33927	17.11693	21.06414	23.68479	26.11895	29.14124	31.31935
14.33886	18.24509	22.30713	24.99579	27.48839	30.57791	32.80132
15.33850	19.36886	23.54183	26.29623	28.84535	31.99993	34.26719
16.33818	20.48868	24.76904	27.58711	30.19101	33.40866	35.71847
17.33790	21.60489	25.98942	28.86930	31.52638	34.80531	37.15645
18.33765	22.71781	27.20357	30.14353	32.85233	36.19087	38.58226
19.33743	23.82769	28.41198	31.41043	34.16961	37.56623	39.99685
20.33723	24.93478	29.61509	32.67057	35.47888	38.93217	41.40106
21.33704	26.03927	30.81328	33.92444	36.78071	40.28936	42.79565
22.33688	27.14134	32.00690	35.17246	38.07563	41.63840	44.18128
23.33673	28.24115	33.19624	36.41503	39.36408	42.97982	45.55851
24.33659	29.33885	34.38159	37.65248	40.64647	44.31410	46.92789
25.33646	30.43457	35.56317	38.88514	41.92317	45.64168	48.28988
26.33634	31.52841	36.74122	40.11327	43.19451	46.96294	49.64492
27.33623	32.62049	37.91592	41.33714	44.46079	48.27824	50.99338
28.33613	33.71091	39.08747	42.55697	45.72229	49.58788	52.33562
29.33603	34.79974	40.25602	43.77297	46.97924	50.89218	53.67196

सारणी : F-बंटन का निर्धारण मूल्य (5% महत्त्व का स्तर)

df2/df1	1	2	3	4	5	6	7	8	9
1	161.4476	199.5000	215.7073	224.5832	230.1619	233.9860	236.7684	238.8827	240.5433
2	18.5128	19.0000	19.1643	19.2468	19.2964	19.3295	19.3532	19.3710	19.3848
3	10.1280	9.5521	9.2766	9.1172	9.0135	8.9406	8.8867	8.8452	8.8123
4	7.7086	6.9443	6.5914	6.3882	6.2561	6.1631	6.0942	6.0410	5.9988
5	6.6079	5.7861	5.4095	5.1922	5.0503	4.9503	4.8759	4.8183	4.7725
6	5.9874	5.1433	4.7571	4.5337	4.3874	4.2839	4.2067	4.1468	4.0990
7	5.5914	4.7374	4.3468	4.1203	3.9715	3.8660	3.7870	3.7257	3.6767
8	5.3177	4.4590	4.0662	3.8379	3.6875	3.5806	3.5005	3.4381	3.3881
9	5.1174	4.2565	3.8625	3.6331	3.4817	3.3738	3.2927	3.2296	3.1789
10	4.9646	4.1028	3.7083	3.4780	3.3258	3.2172	3.1355	3.0717	3.0204
11	4.8443	3.9823	3.5874	3.3567	3.2039	3.0946	3.0123	2.9480	2.8962
12	4.7472	3.8853	3.4903	3.2592	3.1059	2.9961	2.9134	2.8486	2.7964
13	4.6672	3.8056	3.4105	3.1791	3.0254	2.9153	2.8321	2.7669	2.7144
14	4.6001	3.7389	3.3439	3.1122	2.9582	2.8477	2.7642	2.6987	2.6458
15	4.5431	3.6823	3.2874	3.0556	2.9013	2.7905	2.7066	2.6408	2.5876
16	4.4940	3.6337	3.2389	3.0069	2.8524	2.7413	2.6572	2.5911	2.5377
17	4.4513	3.5915	3.1968	2.9647	2.8100	2.6987	2.6143	2.5480	2.4943
18	4.4139	3.5546	3.1599	2.9277	2.7729	2.6613	2.5767	2.5102	2.4563
19	4.3807	3.5219	3.1274	2.8951	2.7401	2.6283	2.5435	2.4768	2.4227
20	4.3512	3.4928	3.0984	2.8661	2.7109	2.5990	2.5140	2.4471	2.3928
21	4.3248	3.4668	3.0725	2.8401	2.6848	2.5727	2.4876	2.4205	2.3660
22	4.3009	3.4434	3.0491	2.8167	2.6613	2.5491	2.4638	2.3965	2.3419
23	4.2793	3.4221	3.0280	2.7955	2.6400	2.5277	2.4422	2.3748	2.3201
24	4.2597	3.4028	3.0088	2.7763	2.6207	2.5082	2.4226	2.3551	2.3002
25	4.2417	3.3852	2.9912	2.7587	2.6030	2.4904	2.4047	2.3371	2.2821
26	4.2252	3.3690	2.9752	2.7426	2.5868	2.4741	2.3883	2.3205	2.2655
27	4.2100	3.3541	2.9604	2.7278	2.5719	2.4591	2.3732	2.3053	2.2501
28	4.1960	3.3404	2.9467	2.7141	2.5581	2.4453	2.3593	2.2913	2.2360
29	4.1830	3.3277	2.9340	2.7014	2.5454	2.4324	2.3463	2.2783	2.2229
30	4.1709	3.3158	2.9223	2.6896	2.5336	2.4205	2.3343	2.2662	2.2107
40	4.0847	3.2317	2.8387	2.6060	2.4495	2.3359	2.2490	2.1802	2.1240
60	4.0012	3.1504	2.7581	2.5252	2.3683	2.2541	2.1665	2.0970	2.0401
120	3.9201	3.0718	2.6802	2.4472	2.2899	2.1750	2.0868	2.0164	1.9588
inf	3.8415	2.9957	2.6049	2.3719	2.2141	2.0986	2.0096	1.9384	1.8799

10	12	15	20	24	30	40	60	120	INF
241.8817	243.9060	245.9499	248.0131	249.0518	250.0951	251.1432	252.1957	253.2529	254.3144
19.3959	19.4125	19.4291	19.4458	19.4541	19.4624	19.4707	19.4791	19.4874	19.4957
8.7855	8.7446	8.7029	8.6602	8.6385	8.6166	8.5944	8.5720	8.5494	8.5264
5.9644	5.9117	5.8578	5.8025	5.7744	5.7459	5.7170	5.6877	5.6581	5.6281
4.7351	4.6777	4.6188	4.5581	4.5272	4.4957	4.4638	4.4314	4.3985	4.3650
4.0600	3.9999	3.9381	3.8742	3.8415	3.8082	3.7743	3.7398	3.7047	3.6689
3.6365	3.5747	3.5107	3.4445	3.4105	3.3758	3.3404	3.3043	3.2674	3.2298
3.3472	3.2839	3.2184	3.1503	3.1152	3.0794	3.0428	3.0053	2.9669	2.9276
3.1373	3.0729	3.0061	2.9365	2.9005	2.8637	2.8259	2.7872	2.7475	2.7067
2.9782	2.9130	2.8450	2.7740	2.7372	2.6996	2.6609	2.6211	2.5801	2.5379
2.8536	2.7876	2.7186	2.6464	2.6090	2.5705	2.5309	2.4901	2.4480	2.4045
2.7534	2.6866	2.6169	2.5436	2.5055	2.4663	2.4259	2.3842	2.3410	2.2962
2.6710	2.6037	2.5331	2.4589	2.4202	2.3803	2.3392	2.2966	2.2524	2.2064
2.6022	2.5342	2.4630	2.3879	2.3487	2.3082	2.2664	2.2229	2.1778	2.1307
2.5437	2.4753	2.4034	2.3275	2.2878	2.2468	2.2043	2.1601	2.1141	2.0658
2.4935	2.4247	2.3522	2.2756	2.2354	2.1938	2.1507	2.1058	2.0589	2.0096
2.4499	2.3807	2.3077	2.2304	2.1898	2.1477	2.1040	2.0584	2.0107	1.9604
2.4117	2.3421	2.2686	2.1906	2.1497	2.1071	2.0629	2.0166	1.9681	1.9168
2.3779	2.3080	2.2341	2.1555	2.1141	2.0712	2.0264	1.9795	1.9302	1.8780
2.3479	2.2776	2.2033	2.1242	2.0825	2.0391	1.9938	1.9464	1.8963	1.8432
2.3210	2.2504	2.1757	2.0960	2.0540	2.0102	1.9645	1.9165	1.8657	1.8117
2.2967	2.2258	2.1508	2.0707	2.0283	1.9842	1.9380	1.8894	1.8380	1.7831
2.2747	2.2036	2.1282	2.0476	2.0050	1.9605	1.9139	1.8648	1.8128	1.7570
2.2547	2.1834	2.1077	2.0267	1.9838	1.9390	1.8920	1.8424	1.7896	1.7330
2.2365	2.1649	2.0889	2.0075	1.9643	1.9192	1.8718	1.8217	1.7684	1.7110
2.2197	2.1479	2.0716	1.9898	1.9464	1.9010	1.8533	1.8027	1.7488	1.6906
2.2043	2.1323	2.0558	1.9736	1.9299	1.8842	1.8361	1.7851	1.7306	1.6717
2.1900	2.1179	2.0411	1.9586	1.9147	1.8687	1.8203	1.7689	1.7138	1.6541
2.1768	2.1045	2.0275	1.9446	1.9005	1.8543	1.8055	1.7537	1.6981	1.6376
2.1646	2.0921	2.0148	1.9317	1.8874	1.8409	1.7918	1.7396	1.6835	1.6223
2.0772	2.0035	1.9245	1.8389	1.7929	1.7444	1.6928	1.6373	1.5766	1.5089
1.9926	1.9174	1.8364	1.7480	1.7001	1.6491	1.5943	1.5343	1.4673	1.3893
1.9105	1.8337	1.7505	1.6587	1.6084	1.5543	1.4952	1.4290	1.3519	1.2539
1.8307	1.7522	1.6664	1.5705	1.5173	1.4591	1.3940	1.3180	1.2214	1.0000

सारणी : F-बंटन का निर्धारण मूल्य (1% महत्त्व का स्तर)

d2	\multicolumn{9}{c}{d_1}								
	1	2	3	4	5	6	7	8	9
1	4052	4999.5	5403	5625	5764	5859	5928	5982	6022
2	98.50	99.00	99.17	99.25	99.30	99.33	99.36	99.37	99.39
3	34.12	30.82	29.46	28.71	28.24	27.91	27.67	27.49	27.35
4	21.20	18.00	16.69	15.98	15.52	15.21	14.98	14.80	14.66
5	16.26	13.27	12.06	11.39	10.97	10.67	10.46	10.29	10.16
6	13.75	10.92	9.78	9.15	8.75	8.47	8.26	8.10	7.98
7	12.25	9.55	8.45	7.85	7.46	7.19	6.99	6.84	6.72
8	11.26	8.65	7.59	7.01	6.63	6.37	6.18	6.03	5.91
9	10.56	8.02	6.99	6.42	6.06	5.80	5.61	5.47	5.35
10	10.04	7.56	6.55	5.99	5.64	5.39	5.2	5.06	4.94
11	9.65	7.21	6.22	5.67	5.32	5.07	4.89	4.74	4.63
12	9.33	6.93	5.95	5.41	5.06	4.82	4.64	4.50	4.39
13	9.07	6.70	5.74	5.21	4.86	4.62	4.44	4.30	4.14
14	8.86	6.51	5.56	5.04	4.69	4.46	4.28	4.14	4.03
15	8.68	6.36	5.42	4.89	4.56	4.32	4.14	4.00	3.89
16	8.53	6.23	5.29	4.77	4.44	4.20	4.03	3.89	3.78
17	8.40	6.11	5.18	4.67	4.34	4.10	3.93	3.79	3.68
18	8.29	6.01	5.09	4.58	4.25	4.01	3.84	3.71	3.60
19	8.18	5.93	5.01	4.50	4.17	3.94	3.77	3.63	3.52
20	8.10	5.85	4.94	4.43	4.10	3.87	3.70	3.56	3.46
21	8.02	5.78	4.87	4.37	4.04	3.81	3.64	3.51	3.40
22	7.95	5.72	4.82	4.31	3.99	3.76	3.59	3.45	3.35
23	7.88	5.66	4.76	4.26	3.94	3.71	3.54	3.41	3.30
24	7.82	5.61	4.72	4.22	3.90	3.67	3.50	3.36	3.26
25	7.77	5.57	4.68	4.18	3.85	3.63	3.46	3.32	3.22
26	7.72	5.53	4.64	4.14	3.82	3.59	3.42	3.29	3.18
27	7.68	5.49	4.60	4.11	3.78	3.56	3.39	3.26	3.15
28	7.64	5.45	4.57	4.07	3.75	3.53	3.36	3.23	3.12
29	7.60	5.42	4.54	4.04	3.73	3.50	3.33	3.20	3.09
30	7.56	5.39	4.51	4.02	3.70	3.47	3.30	3.17	3.07
40	7.31	5.18	4.31	3.83	3.51	3.29	3.12	2.99	2.89
60	7.08	4.98	4.13	3.65	3.34	3.12	2.95	2.82	2.72
120	6.85	4.79	3.95	3.48	3.17	2.96	2.79	2.66	2.56
inf	6.63	4.61	3.78	3.32	3.02	2.80	2.64	2.51	2.41

d_1									
10	12	15	20	24	30	40	60	120	inf
6056	6106	6157	6209	6235	6261	6287	6313	6339	6366
99.40	99.42	99.43	99.45	99.46	99.47	99.47	99.48	99.49	99.50
27.23	27.05	26.87	26.69	26.60	26.50	26.41	26.32	26.22	26.13
14.55	14.37	14.20	14.02	13.93	13.84	13.75	13.65	13.56	13.46
10.05	9.89	9.72	9.55	9.47	9.38	9.29	9.20	9.11	9.02
7.87	7.72	7.56	7.40	7.31	7.23	7.14	7.06	6.97	6.88
6.62	6.47	6.31	6.16	6.07	5.99	5.91	5.82	5.74	5.65
5.81	5.67	5.52	5.36	5.28	5.20	5.12	5.03	4.95	4.86
5.26	5.11	4.96	4.81	4.73	4.65	4.57	4.48	4.40	4.31
4.85	4.71	4.56	4.41	4.33	4.25	4.17	4.08	4.00	3.91
4.54	4.40	4.25	4.10	4.02	3.94	3.86	3.78	3.69	3.60
4.30	4.16	4.01	3.86	3.78	3.70	3.62	3.54	3.45	3.36
4.10	3.96	3.82	3.66	3.59	3.51	3.43	3.34	3.25	3.17
3.94	3.80	3.66	3.51	3.43	3.35	3.27	3.18	3.09	3.00
3.80	3.67	3.52	3.37	3.29	3.21	3.13	3.05	2.96	2.87
3.69	3.55	3.41	3.26	3.18	3.10	3.02	2.93	2.84	2.75
3.59	3.46	3.31	3.16	3.08	3.00	2.92	2.83	2.75	2.65
3.51	3.37	3.23	3.08	3.00	2.92	2.84	2.75	2.66	2.57
3.43	3.30	3.15	3.00	2.92	2.84	2.76	2.67	2.58	2.49
3.37	3.23	3.09	2.94	2.86	2.78	2.69	2.61	2.52	2.42
3.31	3.17	3.03	2.88	2.80	2.72	2.64	2.55	2.46	2.36
3.26	3.12	2.98	2.83	2.75	2.67	2.58	2.50	2.40	2.31
3.21	3.07	2.93	2.78	2.70	2.62	2.54	2.45	2.35	2.26
3.17	3.03	2.89	2.74	2.66	2.58	2.49	2.40	2.31	2.21
3.13	2.99	2.85	2.70	2.62	2.54	2.45	2.36	2.27	2.17
3.09	2.96	2.81	2.66	2.58	2.50	2.42	2.33	2.23	2.13
3.06	2.93	2.78	2.63	2.55	2.47	2.38	2.29	2.20	2.10
3.03	2.90	2.75	2.60	2.52	2.44	2.35	2.26	2.17	2.06
3.00	2.87	2.73	2.57	2.49	2.41	2.33	2.23	2.14	2.03
2.98	2.84	2.70	2.55	2.47	2.39	2.30	2.21	2.11	2.01
2.80	2.66	2.52	2.37	2.29	2.20	2.11	2.02	1.92	1.80
2.63	2.50	2.35	2.20	2.12	2.03	1.94	1.84	1.73	1.60
2.47	2.34	2.19	2.03	1.95	1.86	1.76	1.66	1.53	1.38
2.32	2.18	2.04	1.88	1.79	1.70	1.59	1.47	1.32	1.00

सारणी : t-बंटन

df\p	0.40	0.25	0.10	0.05	0.025	0.01	0.005	0.0005
1	0.324920	1.000000	3.077684	6.313752	12.70620	31.82052	63.65674	636.6192
2	0.288675	0.816497	1.885618	2.919986	4.30265	6.96456	9.92484	31.5991
3	0.276671	0.764892	1.637744	2.353363	3.18245	4.54070	5.84091	12.9240
4	0.270722	0.740697	1.533206	2.131847	2.77645	3.74695	4.60409	8.6103
5	0.267181	0.726687	1.475884	2.015048	2.57058	3.36493	4.03214	6.8688
6	0.264835	0.717558	1.439756	1.943180	2.44691	3.14267	3.70743	5.9588
7	0.263167	0.711142	1.414924	1.894579	2.36462	2.99795	3.49948	5.4079
8	0.261921	0.706387	1.396815	1.859548	2.30600	2.89646	3.35539	5.0413
9	0.260955	0.702722	1.383029	1.833113	2.26216	2.82144	3.24984	4.7809
10	0.260185	0.699812	1.372184	1.812461	2.22814	2.76377	3.16927	4.5869
11	0.259556	0.697445	1.363430	1.795885	2.20099	2.71808	3.10581	4.4370
12	0.259033	0.695483	1.356217	1.782288	2.17881	2.68100	3.05454	4.3178
13	0.258591	0.693829	1.350171	1.770933	2.16037	2.65031	3.01228	4.2208
14	0.258213	0.692417	1.345030	1.761310	2.14479	2.62449	2.97684	4.1405
15	0.257885	0.691197	1.340606	1.753050	2.13145	2.60248	2.94671	4.0728
16	0.257599	0.690132	1.336757	1.745884	2.11991	2.58349	2.92078	4.0150
17	0.257347	0.689195	1.333379	1.739607	2.10982	2.56693	2.89823	3.9651
18	0.257123	0.688364	1.330391	1.734064	2.10092	2.55238	2.87844	3.9216
19	0.256923	0.687621	1.327728	1.729133	2.09302	2.53948	2.86093	3.8834
20	0.256743	0.686954	1.325341	1.724718	2.08596	2.52798	2.84534	3.8495

प्रश्न पत्र

अर्थमिति विधियाँ : एम.ई.सी.ई.–001
दिसम्बर, 2013

नोट : भाग क से किन्हीं दो प्रश्नों और भाग ख से किन्हीं पाँच प्रश्नों के उत्तर दीजिए।

भाग 'क'

इस भाग से किन्हीं दो प्रश्नों के उत्तर दीजिए।

Answer any two questions from this section.

प्रश्न 1. (a) मान लीजिए कि $y = \alpha + \beta x + \epsilon$ आकलन की न्यूनतम वर्ग विधि के प्रयोग से प्राचल α और β के आकलों की व्युत्पत्ति कीजिए।

Let $y = \alpha + \beta x + \epsilon$. Using the least square method of estimation derive the estimates of the parameter α and β.

उत्तर— देखें अध्याय–1, प्र.सं.–16

(b) निम्नलिखित आँकड़ों के प्रयोग से α, β और R^2 के मान ज्ञात कीजिए।

x	2	3	1	5	9
y	4	7	3	9	17

Find the values of α, β and R^2 using the following data:

x	2	3	1	5	9
y	4	7	3	9	17

उत्तर—

X	Y	X^2	Y^2	XY
2	4	4	16	8
3	7	9	49	21
1	3	1	9	3
5	9	25	81	45
9	17	81	289	153
$\sum X = 20$	$\sum Y = 40$	$\sum X^2 = 120$	$\sum Y^2 = 444$	$\sum XY = 230$

अब,

$$\sum xy = \sum XY - \frac{1}{N}\sum X \sum Y = 230 - \frac{1}{5} \times 20 \times 40 = 230 - 160 = 70$$

$$\sum x^2 = \sum X^2 - \frac{1}{N}(\sum X)^2 = 120 - \frac{1}{5}(20)^2 = 120 - \frac{1}{5} \times 20 \times 20 = 120 - 80 = 40$$

$$\beta = \frac{\sum xy}{\sum x^2} = \frac{70}{40} = 1.75$$

$$\alpha = \bar{Y} - \beta \bar{X} = \frac{\sum Y}{N} - \beta \frac{\sum X}{N} = \frac{40}{5} - 1.75 \times \frac{20}{5} = 8 - 1.75 \times 4 = 8 - 7 = 1$$

तथा

$$R^2 = \frac{\beta \sum xy}{\sum y^2} = \frac{\beta \sum xy}{\sum Y^2 - \frac{1}{N}(\sum Y)^2} = \frac{1.75 \times 70}{444 - \frac{1}{5} \times 40 \times 40} = 0.9879$$

प्रश्न 2. (a) अधिकतम संभाविता आकलन क्या है? क्या अधिकतम संभाविता आकलक, न्यूनतम वर्ग आकलकों से भिन्न हैं?

What is maximum likelihood estimation? Are maximum likelihood estimators different from least square estimators?

उत्तर— देखें अध्याय–1, प्र.सं.–24

(b) क्या $\hat{\sigma}^2, \sigma^2$ का अनभिनत आकलक है?

Is $\hat{\sigma}^2$ on unbiased estimator of σ^2?

उत्तर— नहीं $\hat{\sigma}^2$ अभिनत है परंतु σ^2 का सुसंगत आकलक है।

प्रश्न 3. बहुसंरेखता की संकल्पना का वर्णन कीजिए। आकलों पर इसके क्या प्रभाव हैं? बहुसंरेखता के लिए विविध उपचारात्मक (निवारक) उपायों का वर्णन कीजिए।

Explain the concept of multicollinearity. What are its effects on estimates? Explain the various remedial measures for multicollinearity.

उत्तर— देखें अध्याय–2, प्र.सं.–1, 5

प्रश्न 4. (a) अभिनिर्धारण की संकल्पना का वर्णन कीजिए। आकलन से पहले अभिनिर्धारण क्यों अनिवार्य है?

Explain the concept of identification. Why is identification necessary prior to estimation?

उत्तर— देखें अध्याय–4, प्र.सं.–7

(b) आय निर्धारण के निम्नलिखित मॉडल की अभिनिर्धारण स्थिति की जाँच कीजिए।

$$C_t = a_0 + a_1 y_t + a_2 y_{t-1} + u_1$$
$$I_t = b_0 + b_1 r_t + b_2 y_{t-1}$$

Examine the identification state of the following model of income determination.

$$\mathbf{C_t = a_0 + a_1 y_t + a_2 y_{t-1} + u_1}$$
$$\mathbf{I_t = b_0 + b_1 r_t + b_2 y_{t-1}}$$

उत्तर– माना, G = समीकरणों की कुल संख्या (= अंतर्जात चरों की कुल संख्या)

K = प्रतिमान में चरों की कुल संख्या (अंतर्जात और पूर्व निर्धारित)

M = चरों अंतर्जात एवं बाह्य की संख्या, जो किसी विशिष्ट समीकरण में शामिल हैं।

तब अभिनिर्धारण के लिए क्रम शर्त है $K - M \geq G - 1$

अब,

दिया गया मॉडल है–

$$C_t = a_0 + a_1 y_t + a_2 y_{t-1} + u_1$$
$$I_t = b_0 + b_1 r_t + b_2 Y_{t-1}$$

यहाँ,

$G = 2$

$K = 5$

$M = 3$ (दोनों समीकरणों के लिए)

$\therefore$ क्रम शर्त के अनुसार

$K - M \geq G - 1$

अथवा, $5 - 3 \geq 2 - 1$

अथवा, $2 > 1$

चूँकि, यह मॉडल अति अभिनिर्धारित है।

भाग 'ख'

इस भाग से किन्हीं पाँच प्रश्नों के उत्तर दीजिए।

Answer any five questions from this section.

प्रश्न 5. विषम विचालिता क्या है? संक्षेप में लिखिए। विषम विचालिता की समस्या को दूर करने के लिए किसी एक उपाय का सविस्तार वर्णन कीजिए।

Write in short what is heteroscedasticity. Explain in details one of the measures for solving the problem of heteroscedasticity.

उत्तर– देखें अध्याय–2, प्र.सं.–12, 16

प्रश्न 6. मापन त्रुटियाँ क्या हैं? निम्नलिखित में, मापन त्रुटि द्वारा उत्पन्न समस्याएँ क्या हैं?

What are measurement errors? What are the problems caused by measurement error in:

(a) परतंत्र चर और

dependent variable, and

(b) कारक चर
explanatory variables
उत्तर— देखें अध्याय–2, प्र.सं.–19

प्रश्न 7. संक्षेप में नोट लिखिए—
Write short notes on:

(a) मूक (डमी) चर
Dummy variables
उत्तर— देखें अध्याय–3, प्र.सं.–1

(b) स्वसहसंबंध–परीक्षण
Tests for Autocorrelation
उत्तर— देखें अध्याय–2, प्र.सं.–8

प्रश्न 8. गत्यात्मक निदर्श क्या है? यह बंटित पश्चता मॉडल से कैसे भिन्न है?
What is a dynamic model? How is it different from a distributed lag model?
उत्तर— देखें अध्याय–3, प्र.सं.–13, 9

प्रश्न 9. अप्रत्यक्ष न्यूनतम वर्ग विधि का संक्षेप में वर्णन, इसकी अवधारणाओं एवं गुणधर्मों को स्पष्ट रूप से व्यक्त करते हुए कीजिए।
Explain in brief the indirect least squares method stating clearly its assumptions and properties.
उत्तर— देखें अध्याय–4, प्र.सं.–16, 17

प्रश्न 10. मुख्य घटक विश्लेषण का संक्षेप में वर्णन कीजिए।
Explain in brief the principal component analysis.
उत्तर— देखें अध्याय–5, प्र.सं.–9

प्रश्न 11. सामान्यीकृत न्यूनतम वर्ग आकलकों की प्राप्ति की विधि का वर्णन कीजिए।
Explain the procedure of obtaining Generalised least square estimators.
उत्तर— देखें अध्याय–1, प्र.सं.–37

प्रश्न 12. मूक परतंत्र चर मॉडल किस विचार पर आधारित है? लॉजिट मॉडल का आकलन आप कैसे करेंगे? वर्णन कीजिए।
What is underlying idea behind dummy dependent variable model? Explain how you would estimate a Logit model.
उत्तर— देखें अध्याय–3, प्र.सं.–1, 24

○○○

मौन रहना एक साधना है, पर सोच समझ कर बोलना एक कला है।

अर्थमिति विधियाँ: एम.ई.सी.ई.–001
जून, 2014

नोट : भाग क से किन्हीं दो प्रश्नों और भाग ख से किन्हीं पाँच प्रश्नों के उत्तर दीजिए।

भाग 'क'

प्रश्न 1. Y और X चरों के बीच का संबंध रैखिक अर्थात् $Y = \alpha + \beta X + \varepsilon$ है। मान लीजिए, हालाँकि क्लासिकी समविचालिता अभिधारणा का पालन नहीं किया गया है। विशेष रूप से प्रथम n_1 प्रेक्षणों के लिए, त्रुटि चर ε का प्रसरण 1 है, जबकि शेष n_2 प्रेक्षणों के लिए त्रुटि चर ε का प्रसरण 4 है।

The relationship between variables Y and X is linear, i.e. $Y = \alpha + \beta X + \varepsilon$. Assume, however, that the classical homoscedasticity assumption is violated. Specifically, for the first n_1 observations, the variance of the error term ε is 1, whereas for the remaining n_2 observations, the variance of the error term ε is 4.

(क) यदि आप α और β को ओ.एल.एस. (OLS) द्वारा आकलित करते हैं, तो क्या समस्याएँ उत्पन्न होंगी?

What problems arise if you estimate α and β by OLS?

उत्तर— देखें दिसम्बर–2015, प्र.सं.–3 (क)

(ख) आप α और β को व्यापकीकृत न्यूनतम वर्ग (GLS) से कैसे आकलित करेंगे?

How would you estimate α and β by generalised least squares?

उत्तर— देखें अध्याय–1, प्र.सं.–37

प्रश्न 2. 2 चरों, अर्थात् Y तथा X के बीच का संबंध इस प्रकार है— $Y = \alpha + \beta X + \varepsilon$. आपके आँकड़े सेट में सम्मिलित 6 प्रेक्षण इस प्रकार हैं—

Y	4	2	0	3	2	1
X	1	1	1	2	2	2

The relationship between 2 variables, Y and X, is as follows: $Y = \alpha + \beta X + \varepsilon$. Your data set consists of 6 observations and is as follows:

Y	4	2	0	3	2	1
X	1	1	1	2	2	2

(क) ओ.एल.एस. समाश्रयण का प्रयोग करते हुए, α और β के आकलन प्राप्त कीजिए।

Using OLS regression, obtain estimates of α and β.

(ख) आपके समाश्रयण का निर्धारण गुणांक (अर्थात् R^2) क्या है?

What is the coefficient of determination (i.e. R^2) of your regression?

उत्तर— दी गई जानकारी के अनुसार हम इस तालिका का निर्माण कर सकते हैं—

Y	X	XY	X^2	Y^2
4	1	4	1	16
2	1	2	1	4
0	1	0	1	0
3	2	6	4	9
2	2	4	4	4
1	2	2	4	1
$\Sigma Y = 12$	$\Sigma X = 9$	$\Sigma XY = 18$	$\Sigma X^2 = 15$	$\Sigma Y^2 = 34$

यहाँ, N प्रेक्षणों की संख्या है, जो 6 के बराबर है। कुल राशियों का उपयोग करने पर हमें प्राप्त होता है—

$$\Sigma xy = \Sigma XY - \frac{1}{N}\Sigma X \Sigma Y$$

$$= 18 - \frac{1}{6} \times 9 \times 12 = 18 - 18 = 0$$

$$\Sigma x^2 = \Sigma X^2 - \frac{1}{N}\left(\Sigma X\right)^2$$

$$= 15 - \frac{1}{6} \times (9)^2 = 15 - \frac{1}{6} \times 81 = 15 - 13.5 = 1.5$$

(क) $\hat{\beta} = \dfrac{\Sigma xy}{\Sigma x^2} = \dfrac{0}{1.5} = 0$

$\hat{\alpha} = \bar{Y} - \hat{\beta}\bar{X} = \dfrac{\Sigma Y}{N} - \hat{\beta}\dfrac{\Sigma X}{N} = \dfrac{12}{6} - 0 \times \dfrac{9}{6} = 2 - 0 = 2$

(ख) $R^2 = \dfrac{\hat{\beta}\Sigma xy}{\Sigma y^2} = \dfrac{0 \times 0}{\Sigma Y^2 - \dfrac{1}{N}(\Sigma Y)^2} = \dfrac{0 \times 0}{34 \times \dfrac{1}{6}(12)^2} = 0$

प्रश्न 3. मान लीजिए कि विचलन रूप में सही मॉडल है, $y_i = \beta x_i + \varepsilon_i$ और मान लीजिए कि ε_i का प्रसरण σ^2 है। मान लीजिए कि y की बजाय, चर y' की प्राप्ति मापन

प्रक्रिया में की जाती है, जहाँ $y_i^* = y_i + v_i$ है। मान लीजिए कि v_i का प्रसरण σ_v^2 और Cov $(v_i, x_i) = 0$ है। आप पराश्रित चर के रूप में y^* और स्वतंत्र चर के रूप में x के साथ समाश्रयण कीजिए। मान लीजिए कि β का ओ.एल.एस. आकलक $\hat{\beta}$ है।

Assume that the true model in deviation form is $y_i = \beta x_i + \varepsilon_i$ and let the variance of ε_i be σ^2. Assume that the variable y*, instead of y, is obtained in the measurement process, where $y_i^* = y_i + v_i$. Assume that the variance of v_i is σ_v^2 and $\text{Cov}(v_i, x_i) = 0$. You run a regression with y* as the dependent variable and x as the independent variable. Let $\hat{\beta}$ be the OLS estimator of β.

(क) क्या $\hat{\beta}, \beta$ का अनभिनत आकलक है? अपने उत्तर का प्रमाण दीजिए।

Is $\hat{\beta}$ an unbiased estimator of β? Provide a proof for your answer.

(ख) दर्शाइए कि $\hat{\beta}$ का प्रसरण, मापन त्रुटि के प्रसरण σ_v^2, में वर्धमान है।

Show that the variance of $\hat{\beta}$ is increasing in σ_v^2, the variance of the measurement error.

उत्तर— देखें अध्याय—2, प्र.सं.—19

प्रश्न 4. मान लीजिए कि पराश्रित चर Y_i के दो मान हैं—0 और 1. मान लीजिए कि x_i स्वतंत्र चरों के सेट को दर्शाता है जिनमें से कुछ सतत् हो सकते हैं। मान लीजिए कि आप Y_i पर x_i के प्रभाव अर्थात् $Y_i = x_i \beta + \varepsilon_i$, का अध्ययन करने के लिए रैखिक प्रायिकता मॉडल (LPM) बनाते हैं, जहाँ ε_i को शून्य माध्य की प्राप्ति के लिए प्रसामान्यीकृत किया जाता है।

Let the dependent variable Y_i assume two values: 0 and 1. Let x_i denote the set of independent variables, some of which may be continuous. Assume that you build a linear probability model to study the impact of x_i on Y_i – i. e. $Y_i = x_i \beta + \varepsilon_i$, where ε_i is normalised to have zero mean.

(क) दर्शाइए कि प्रत्येक x_i के लिए त्रुटि चर ε_i मात्र दो मान ले सकता है।

Show that for each x_i, the error term ε_i can take just two values.

(ख) दर्शाइए कि प्रसरण $(\varepsilon_i | x_i), \varepsilon_i$ आधारित x_i का प्रसरण, $x_i \beta(1 - x_i \beta)$, के समतुल्य है।

Show that $\text{Var}(\varepsilon_i | x_i)$, the variance of ε_i given x_i, is equal to $x_i \beta (1 - x_i \beta)$.

(ग) मॉडल में, ऐसी प्रायिकता क्यों है कि $Y_i = 1$ आधारित x_i, अंतराल [0, 1] में निहित रहने के लिए अवरुद्ध क्यों नहीं है?

In the model, why is the probability that $Y_i = 1$ given x_i not constrained to lie in the interval [0, 1]?

उत्तर— देखें अध्याय—3, प्र.सं.—20

भाग 'ख'

प्रश्न 5. n प्रेक्षणों के आधार पर, मान लीजिए कि प्रतिदर्शज $\hat{\theta}$ इस प्रकार है—
$\hat{\theta} = \theta$ जहाँ प्रायिकता $1 - 1/n^2$ है और $\hat{\theta} = 2$ जहाँ प्रायिकता $1/n^2$ है।

On the basis of n observations, let the statistic $\hat{\theta}$ be as follows: $\hat{\theta} = \theta$ with probability $1 - 1/n^2$ and $\hat{\theta} = 2$ with probability $1/n^2$.

(क) क्या प्रतिदर्शज संगत है?
Is the statistic consistent?

(ख) क्या प्रतिदर्शज अनभिनत है?
Is the statistic unbiased?

(ग) क्या प्रतिदर्शज उपगामितः रूप से अनभिनत है?
Is the statistic asymptotically unbiased?

उत्तर— देखें अध्याय—1, प्र.सं.—44 की तरह।

प्रश्न 6. चर Y और X के बीच का संबंध रैखिक – अर्थात् $Y = \alpha + \beta X + \varepsilon$ है।
The relationship between variables Y and X is linear – i.e. $Y = \alpha + \beta X + \varepsilon$.

(क) सामान्य न्यूनतम वर्ग (ओ.एल.एस.) की सभी क्लासिकी अभिधारणाओं को व्यक्त कीजिए।
State all the classical assumptions for ordinary least squares (OLS).
उत्तर— देखें अध्याय—1, प्र.सं.—20

(ख) मान लीजिए कि $\hat{\beta}, \beta$ के ओ.एल.एस. आकलक को दर्शाता है। दर्शाइए कि अनभिनत आकलक (अर्थात् $E(\hat{\beta}) = \beta$) प्रमाण करने के लिए सभी क्लासिकी अभिधारणाओं की आवश्यकता नहीं पड़ती।

Let $\hat{\beta}$ denote the OLS estimator of β. Show that all the classical assumptions are not required to demonstrate that $\hat{\beta}$ is an unbiased estimator (i.e. $E(\hat{\beta}) = \beta$).

उत्तर— देखें अध्याय—1, प्र.सं.—22

प्रश्न 7. चर Y, X_1 और X_2 के बीच का संबंध रैखिक – अर्थात् $Y = \alpha + \beta_1 X_1 + \beta_2 X_2 + \varepsilon$ है।
The relationship between variables Y, X_1 and X_2 is linear – i.e. $Y = \alpha + \beta_1 X_1 + \beta_2 X_2 + \varepsilon$.

(क) मान लीजिए कि $\hat{\beta}_1, \beta_1$ का ओ.एल.एस. आकलक है। यदि X_1 और X_2 के बीच सहसंबंध गुणांक को बढ़ा दिया जाए, (X_1, X_2 और ε के प्रसरणों को स्थिर (fixed) रखते हुए), क्या β_1 का प्रसरण बढ़ता है या घटता है? चर्चा कीजिए।

Let $\hat{\beta}_1$ be the OLS estimator of β_1. If the correlation coefficient between X_1 and X_2 is increased (holding fixed the variances of X_1, X_2 and ε), does the variance of β_1 increase or decrease? Discuss.

Ans. The variance of $\hat{\beta}_1$ and $\hat{\beta}_2$ are

$$\text{Var}\left(\hat{\beta}_1\right) = \frac{\sigma^2}{\sum x_2^2\left(1-r_{12}^2\right)}$$

$$\text{Var}\left(\hat{\beta}_2\right) = \frac{\sigma^2}{\sum x_3^2\left(1-r_{12}^2\right)}$$

Where: r_{12} is the coefficient of correlation, between x_1 and x_2

If r_{23} tends towards 1, that is, as collinearly increases, the variance of the two estimator increases and the limit when $r_{23} = 1$, may are infinite.

(ख) इस प्रश्न के संदर्भ में, यह निर्धारण करने के लिए कि क्या बहुसंरेखता एक समस्या है या नहीं, क्लाइन (Klein) विधि का प्रयोग आप कैसे करेंगे? संक्षेप में बताइए।

In the context of this question, outline how you would use Klein's method to determine whether multicollinearity is a problem.

उत्तर– यह निर्धारण करने के लिए कि क्या बहुसंरेखता एक समस्या है या नहीं, क्लाइन विधि का प्रयोग निम्न चरणों में किया जा सकता है–

चरण 1. सभी X_i का बचे हुए X चरों पर प्रतीपगमन तथा अनुरूप R^2 की गणना, जो कि R_i^2 द्वारा दिखाई जाती है, करते हुए सहायक प्रतीगमनों को प्राप्त करते हैं।

चरण 2. यह जाँच करें कि क्या सहायक प्रतीपगमनों से प्राप्त R_i^2 संपूर्ण R^2 से ज्यादा है। यदि यह ज्यादा है तो बहुसंरेखता एक बड़ी समस्या है।

प्रश्न 8. मान लीजिए कि दो चरों, X तथा Y के लिए आपके पास काल शृंखला आँकड़े हैं। आपका मॉडल इस प्रकार है–

$Y_t = \beta_1 + \beta_2 X_t + u_t, t = 1, 2, ..., T; u_t = \rho u_{t-1} + \varepsilon_t$, जहाँ ε_t, i.i.d. है, माध्य 0 और प्रसरण σ^2 के साथ सामान्य।

Suppose that you have time series data for two variables, X and Y. Your model is as follows:

$Y_t = \beta_1 + \beta_2 X_t + u_t, t = 1, 2, ..., T; u_t = \rho u_{t-1} + \varepsilon_t$, where ε_t is i.i.d. normal with mean 0 and variance σ^2.

(क) दर्शाइए कि ब्रुस्ख–गॉडफ्रे (Breusch-Godfrey) परीक्षण का प्रयोग, आप त्रुटि चर u_t में स्वसहसंबंध का पता लगाने के लिए कैसे करेंगे। स्वसहसंबंध न होने की शून्य परिकल्पना के अंतर्गत परीक्षण प्रतिदर्शज बंटन को विशेष रूप से दर्शाना याद रखें।

Show how you will use the Breusch-Godfrey test to detect autocorrelation in the error term, u_t. Remember to specify the distribution of the test statistic under the null hypothesis of no autocorrelation.

उत्तर— देखें अध्याय–2, प्र.सं.–8

(ख) मान लीजिए कि u_t स्वसहसंबंधित है। दर्शाइए कि आप u_t के स्वसहसंबंध को ठीक करने की बात को ध्यान में रखते हुए β_1 और β_2 के आकलन के लिए कॉकरेन–ओरकट (Cochrane-Orcutt) विधि का प्रयोग कैसे करेंगे।

Assuming that u_t is autocorrelated, show how you would use the Cochrane-Orcutt method to estimate β_1 and β_2 after correcting for autocorrelation of u_t.

उत्तर— देखें अध्याय–2, प्र.सं.–9 (i)

प्रश्न 9. निम्नलिखित बंटित पश्चता मॉडल पर विचार कीजिए—

$Y_t = \beta_0 X_t + \beta_1 X_{t-1} + \beta_2 X_{t-2}, + u_t$

जहाँ u_t का माध्य 0 और जो समाश्रयियों से स्वतंत्र है।

Consider the following distributed lag model:

$Y_t = \beta_0 X_t + \beta_1 X_{t-1} + \beta_2 X_{t-2} + u_t$, where u_t has mean 0 and is independent of the regressors.

(क) अल्पकालिक गुणक – अर्थात् X_t में यूनिट परिवर्तन के प्रति Y_t की तात्कालिक प्रतिक्रिया क्या है?

What is the short-run multiplier – i.e. the immediate response of Y_t to a unit change in X_t?

उत्तर— अल्पकालिक गुणक β_0 है।

(ख) दीर्घकालिक प्रभाव – अर्थात् X_t में यूनिट परिवर्तन का साम्य गुणक क्या है?

What is the long-run effect – i.e. equilibrium multiplier – of a unit change in X_t?

उत्तर— Y पर X का दीर्घकालिक प्रभाव: $(\beta_0 + \beta_1 + \beta_2)$

(ग) क्या ओ.एल.एस. प्रणाली समाश्रयण मॉडल के प्राचलों का अनभिनत आकलक प्रदान करेगी?

Will an OLS regression provide an unbiased estimator of the model's parameters?

उत्तर— ओ.एल.एस. प्रणाली समाश्रयण मॉडल के प्राचलों का अनभिनत आकलन प्रदान करेगी, क्योंकि इस मॉडल में बहुसंरेखीयता हो सकती है, किंतु बहुसंरेखीयता अनभिनत लक्षण का उल्लंघन नहीं करती है।

प्रश्न 10. आपके पास दो चरों : Y_t और X_t के लिए काल शृंखला आँकड़े हैं। प्रथम T_1 कालों के लिए लागू मॉडल इस प्रकार है—

प्रश्न पत्र

$Y_t = \alpha + \beta X_t + \rho X_t^2 + u_t, t = 1, 2, ..., T_1.$

शेष T_2 कालों (समयावधियों) के लिए लागू मॉडल इस प्रकार है—

$Y_t = \alpha + \beta X_t + \theta X_t^3 + u_t, t = T_1+1, ..., T_1+T_2.$

(क) मूक चर उपागम के प्रयोग से, दर्शाइए कि सभी T_1+T_2 कालों पर लागू किए जाने वाले एकल मॉडल में दो मॉडलों को आपस में जोड़कर कैसे सम्मिलित किया जा सकता है।

(ख) आप इस परिकल्पना का परीक्षण कैसे करेंगे कि $P = \theta$? परीक्षण प्रतिदर्शज बंटन को शून्य परिकल्पना के अंतर्गत विशेष रूप से दर्शाइए।

You have time series data for two variables: Y_t and X_t. The model that applies for the first T_1 periods is as follows:

$Y_t = \alpha + \beta X_t + \rho X_t^2 + u_t, t = 1, 2, ..., T_1.$

For the remaining T_2 periods, the model that applies is as follows:

$Y_t = \alpha + \beta X_t + \theta X_t^3 + u_t, t = T_1+1, ..., T_1+T_2.$

(a) Using the dummy variable approach, show how the two models can be combined into a single model that applies for all the T_1+T_2 periods.

(b) How would you test the hypothesis that $P = \theta$? Specify the distribution of the test statistic under the null.

उत्तर— T_1 काल (समयावधि) के लिए मॉडल:

समीकरण 1: $Y_t = \alpha + \beta X_t + \rho X_t^2 + u_{1t}, t = 1, 2 ... T_1$

T_2 काल (समयावधि) के लिए मॉडल:

समीकरण 2: $Y_t = \alpha + \beta X_t + \theta X_t^2 + u_{2t}, t = T_1+1, ... T_1+T_2$

(क) मूक चर का प्रयोग करते हुए दोनों मॉडलों का योग करने पर

मूक चर: T_1 काल (समयावधि) के लिए $D_1 = 1$

T_2 काल (समयावधि) के लिए 0

T_1+T_2 काल (समयावधि) के लिए मॉडल:

समीकरण 3: $Y_t = \alpha_1 + \beta_1 D_1 + \beta_2 X_t + \beta_3 (D_1.X_t) + \beta_4 X_t^2 + \beta_5 (D_1.X_t^2) + \varepsilon_t$

अब T_1 काल (समयावधि) के लिए मॉडल:

$E(Y_t|D_1=1) = (\alpha_1+\beta_1) + (\beta_2+\beta_3)X_t + (\beta_4+\beta_5)X_t^2$

T_2 काल (समयावधि) के लिए मॉडल:

$E(Y_t|D_1=0) = \alpha_1 + \beta_2 X_t + \beta_4 X_t^2$

(ख) शून्य परिकल्पना: $H_o : \rho = \theta$

वैकल्पिक परिकल्पना: $H_a : \rho \neq \theta$

चरण:

(1) समीकरण 1 व 2 का पृथक्-पृथक् प्रत्यावर्तन कीजिए तथा दोनों समीकरणों के RSS की गणना कीजिए।

RSS_1 = समीकरण 1 का RSS

RSS_2 = समीकरण 2 का RSS

अप्रतिबंधित RSS प्राप्त करने के लिए दोनों ही RSS का योग कीजिए।

$RSS_{UR} = RSS_1 + RSS_2$

(2) समीकरण 3 का प्रत्यावर्तन (सामूहिक प्रतीपगमन) कीजिए तथा RSS की गणना कीजिए एवं इसे प्रतिबंधित के रूप में मानिए।

$RSS(RSS_R)$

(3) F सांख्यिकी की गणना कीजिए।

$$F = \frac{(RSS_R - RSS_{UR})/R}{RSS_{UR}/(T_1 + T_2 - 2k)} \sim F_c(R, T_1 + T_2 - 2k)$$

k = अवरोधन (Intercept) सहित प्राचलों की संख्या

(4) निष्कर्ष

— यदि $F > F_c$, तो हम शून्य परिकल्पना (H_0), को निरस्त कर देते हैं, हम शृंखलाओं का दो बार समूहन नहीं कर सकते हैं।

— यदि $F < F_c$, तो हम शून्य परिकल्पना (H_0), को निरस्त नहीं करते हैं, हम शृंखलाओं का दो बार समूहन कर सकते हैं।

प्रश्न 11. बाजार के निम्नलिखित साधारण मॉडल पर विचार कीजिए जहाँ Q_s, आपूर्तित परिमात्रा को और Q_d, माँग की गई परिमात्रा को दर्शाता है और जहाँ P, मूल्य है।

$Q_d = \alpha_1 + \beta_1 P + \gamma_1 z_1 + \gamma_2 z_2 + u_1$

$Q_s = \alpha_2 + \beta_2 P + u_2$

$Q_d = Q_s (\equiv Q)$

Consider the following simple model of a market where Q_s denotes the quantity supplied, Q_d denotes the quantity demanded, and P is price.

$Q_d = \alpha_1 + \beta_1 P + \gamma_1 z_1 + \gamma_2 z_2 + u_1$

$Q_s = \alpha_2 + \beta_2 P + u_2$

$Q_d = Q_s (\equiv Q)$

(क) P के लिए परिसीमित स्वरूप समीकरण को लिखिए।

Write down the reduced form equation for P.

(ख) क्या ऊपर, व्युत्पन्न परिसीमित स्वरूप समीकरण के प्राचलों को सुसंगत रूप से ओ.एल.एस. द्वारा आकलित किया जा सकता है? वर्णन कीजिए।

Can the parameters of the reduced form equation derived above be consistently estimated by OLS? Explain.

उत्तर— युगपत मॉडल

$Q = Q_d = \alpha_1 + \beta_1 P + \gamma_1 z_1 + \gamma_2 z_2 + u_1$: माँग समीकरण

$Q = Q_s = \alpha_2 + \beta_2 P + u_2$: आपूर्ति समीकरण

संतुलन की स्थिति $Q_d = Q_s$

(क) संतुलन की स्थिति $\boxed{Q_d = Q_s}$

$\alpha_1 + \beta_1 P + \gamma_1 z_1 + \gamma_2 z_2 + u_1 = \alpha_2 + \beta_2 P + u_2$

$\beta_1 P - \beta_2 P = \alpha_2 - \alpha_1 - \gamma_1 z_1 - \gamma_2 z_2 + u_2 - u_1$

$P(\beta_1 - \beta_2) = (\alpha_2 - \alpha_1) - \gamma_1 z_1 - \gamma_2 z_2 + (u_2 - u_1)$

$P = \dfrac{(\alpha_2 - \alpha_1)}{(\beta_1 - \beta_2)} - \left(\dfrac{\gamma_1}{\beta_1 - \beta_2}\right) z_1 - \left(\dfrac{\gamma_2}{\beta_1 - \beta_2}\right) z_2 + \left(\dfrac{u_2 - u_1}{\beta_1 - \beta_2}\right)$

$P = \pi_0 + \pi_1 z_1 + \pi_2 z_2 + w_t$

जहाँ

$\pi_0 = \dfrac{\alpha_2 - \alpha_1}{\beta_1 - \beta_2}$

$\pi_1 = -\left(\dfrac{\gamma_1}{\beta_1 - \beta_2}\right)$

$\pi_2 = -\left(\dfrac{\gamma_2}{\beta_1 - \beta_2}\right)$

$w_t = -\left(\dfrac{u_2 - u_1}{\beta_1 - \beta_2}\right)$

(ख) K = मॉडल में बहिर्जात चर
k = समीकरण में बहिर्जात चर
M = मॉडल में अंतर्जात चर
m = समीकरण में अंतर्जात चर

	K	k	m	K–k	m–1	
Equation 1	2	2	2	0	1	(K-k < m–1) under identified
Equation 2	2	0	2	2	1	(K–k > m–1) over identified

भाग (क) में परिसीमित स्वरूप समीकरण के प्राचलों का OLS का प्रयोग करके आकलन नहीं किया जा सकता है, क्योंकि OLS का प्रयोग करके β_1 का आकलन नहीं किया जा सकता है।

○○○

जीत उसी की होती है जिसमें शौर्य, धैर्य, साहस, सत्य और धर्म होता है।

अर्थमिति विधियाँ: एम.ई.सी.ई.–001
दिसम्बर, 2014

नोट : भाग क से किन्हीं दो प्रश्नों और भाग ख से किन्हीं पाँच प्रश्नों के उत्तर दीजिए।

भाग 'क'

प्रश्न 1. Y और X_1, X_2 चरों के बीच का संबंध रैखिक – अर्थात् $Y = \alpha + \beta_1 X_1 + \beta_2 X_2 + \varepsilon$ है। जब आप तीन प्राचलों–अर्थात् β_1, β_2 और α को आकलित करने के लिए ओ.एल.एस. (OLS) समाश्रयण करते हैं तो आपके आकलित $\hat{\beta}_1$ और $\hat{\beta}_2$ दोनों 0 हैं। सिद्ध कीजिए कि आपके समाश्रयण का निर्धारण गुणांक (अर्थात् R^2) निश्चित रूप से 0 हो।

The relationship between variables Y and X_1, X_2 is linear - i.e. $Y = \alpha + \beta_1 X_1 + \beta_2 X_2 + \varepsilon$. When you run an OLS regression to estimate the three parameters - i.e. β_1, β_2 and α - your estimated $\hat{\beta}_1$ and $\hat{\beta}_2$ are both 0. Prove that the coefficient of determination of your regression (i.e.R^2) must be 0.

उत्तर– देखें अध्याय–1, प्र.सं.–45 की तरह।

प्रश्न 2. दो चरों Y और X, के बीच का संबंध इस प्रकार है– $Y = \alpha + \beta X + \varepsilon$. मान लीजिए कि ओ.एल.एस. की सभी क्लासिकी अवधारणाएँ संतुष्ट हैं। आपके आँकड़ें सेट में सम्मिलित 6 प्रेक्षण इस प्रकार हैं–

Y	4	2	0	3	3	3
X	1	1	1	2	2	2

(a) ओ.एल.एस. समाश्रयण का प्रयोग करते हुए, α और β के आकलक प्राप्त कीजिए।

(b) σ^2 का अनभिनत आकलक, त्रुटि चर ε का प्रसरण प्रदान कीजिए।

The relationship between two variables, Y and X, is as follows: $Y = \alpha + \beta X + \varepsilon$. Assume that all the classical assumptions of OLS are satisfied. Your data set consists of 6 observations and is as follows:

Y	4	2	0	3	3	3
X	1	1	1	2	2	2

(a) Using an OLS regression, obtain estimates of α and β.
(b) Provide an unbiased estimate of σ^2, the variance of the error term ε.

उत्तर— दी गई जानकारी के अनुसार हम इस तालिका का निर्माण कर सकते हैं—

Y	X	$y_i = Y - \bar{Y}$	$x_i = X - \bar{X}$	$x_i^2 = (X - \bar{X})^2$	$x_i y_i$	$\hat{Y}$	$\hat{u}$	$\hat{u}^2$
4	1	1.5	−0.5	0.25	−0.75	2	2	4
2	1	−0.5	−0.5	0.25	0.25	2	0	0
0	1	−2.5	−0.5	0.25	1.25	2	−2	4
3	2	0.5	0.5	0.25	0.25	3	0	0
3	2	0.5	0.5	0.25	0.25	3	0	0
3	2	0.5	0.5	0.25	0.25	3	0	0
∑15	∑9			∑1.5	∑1.5			8

(a) $\hat{\beta} = \dfrac{\sum x_i y_i}{\sum x_i^2}$

$\hat{\alpha} = \bar{Y} - \hat{\beta} \bar{X}$

$\bar{Y} = 2.5, \quad \bar{X} = 1.5$

$\hat{\beta} = \dfrac{1.5}{1.5} = 1$

$\hat{\alpha} = 2.5 - (1)1.5 = 1$

(b) $\sigma^2 = \dfrac{\sum \hat{\mu}^2}{N-2} = \dfrac{8}{6-2} = \dfrac{8}{4} = 2$

$\sigma^2 = 2$

प्रश्न 3. चर Y और X के बीच का संबंध रैखिक-अर्थात् $Y = \alpha + \beta X + \varepsilon$ है। मान लीजिए, हालाँकि, क्लासिकी समविचालिता अवधारणा का पालन नहीं किया गया। विशेष रूप से प्रथम n_1 प्रेक्षणों के लिए, त्रुटि चर ε का प्रसरण σ_1^2 है जबकि शेष n_2 प्रेक्षणों के लिए त्रुटि चर ε का प्रसरण σ_2^2 है। मान लीजिए कि आप α और β को ओ.एल.एस. द्वारा आकलित करते हैं। मान लीजिए $\hat{\alpha}$ और $\hat{\beta}$, α और β के ओ.एल.एस. (OLS) आकलक हैं।

(a) दर्शाइए कि $\hat{\beta}, \beta$ का अनभिनत आकलक

$\left(\text{अर्थात् } E(\hat{\beta}) = \beta \right)$

(b) दर्शाइए कि $\hat{\beta}$ का प्रसरण इस प्रकार है—

$$\left[\sum_{i=1}^{n_1} x_i^2 \sigma_1^2 + \sum_{i=n_1+1}^{n_1+n_2} x_i^2 \sigma_2^2 \right] \Big/ \left[\sum_{i=1}^{n_1+n_2} x_i^2 \right]^2$$

The relationship between variables Y and X is linear - i.e. $Y = \alpha + \beta X + \varepsilon$. Assume, however, that the classical homoscedasity assumption is violated. Specifically, for the first n_1 observations, the variance of the error term ε is σ_1^2 whereas for the remaining n_2 observations, the variance of the error term ε is σ_2^2. Suppose you estimate α and β by OLS.

Let $\hat{\alpha}$ and $\hat{\beta}$ be OLS estimators of α and β.

(a) Show that $\hat{\beta}$ is an unbiased estimator of β

$\left(\text{i.e. } E\left(\hat{\beta}\right) = \beta \right)$.

(b) Show that the variance of $\hat{\beta}$ is as follows:

$$\left[\sum_{i=1}^{n_1} x_i^2 \sigma_1^2 + \sum_{i=n_1+1}^{n_1+n_2} x_i^2 \sigma_2^2 \right] \Big/ \left[\sum_{i=1}^{n_1+n_2} x_i^2 \right]^2$$

उत्तर— देखें अध्याय–1, प्र.सं.–22 की तरह।

प्रश्न 4. मान लीजिए कि पराश्रित चर y_i के दो मान 0 और 1 हैं। मान लीजिए कि x_i, स्वतंत्र चरों के सेट को दर्शाता है। आप y_i पर x_i के प्रभाव और निम्नलिखित लॉजिट (logit) मॉडल बनाना चाहते हैं– $\text{Prob}(y_i = 1 | x_i) = \exp(x_i \beta) / [1 + \exp(x_i \beta)]$ आप समष्टि से n प्रेक्षणों का यादृच्छिक प्रतिदर्श प्राप्त करते हैं जहाँ प्रेक्षण 1, (y_1, x_1) और प्रेक्षण 2, (y_2, x_2) है और इसी तरह आगे भी।

(a) आप अधिकतम संभाविता विधि (maximum likelihood method) के प्रयोग से β को आकलित करना चाहते हैं। प्रतिदर्श लॉग–संभाविता फलन (log-likelihood function) की व्युत्पत्ति कीजिए।

(b) प्रथम कोटि शर्त से, प्रदर्शित कीजिए कि आकलक $\hat{\beta}$, निम्नलिखित शर्त को संतुष्ट करता है–

$$\sum_{i=1}^{n} \left[y_i - \frac{e^{x_i \beta}}{1 + e^{x_i \beta}} \right] x_i = 0$$.

Let the dependent variable y_i assume two values: 0 and 1. Let x_i denote the set of independent variables. You wish to study the impact of x_i on y_i and build the following (logit) model:

$\text{Prob}(y_i = 1 | x_i) = \exp(x_i \beta) / [1 + \exp(x_i \beta)]$. You obtain a random sample of n-observations from the populaton where observation 1 is (y_1, x_1), observation 2 is (y_2, x_2), and so on.

(a) You wish to estimate β using the method of maximum likelihood. Derive the sample log-likelihood function.

(b) From the first order condition, demonstrate that the estimate $\hat{\beta}$ satisfies the following condition:

$$\sum_{i=1}^{n}\left[y_i - \frac{e^{x_i\beta}}{1+e^{x_i\beta}}\right]x_i = 0.$$

उत्तर— देखें अध्याय—3, प्र.सं.—24 की तरह।

भाग 'ख'

प्रश्न 5. आपके पास एक समष्टि से n = 100 प्रेक्षणों के यादृच्छिक प्रतिदर्श हैं। प्रतिदर्श माध्य 25 है। समष्टि का माध्य μ और मानक विचलन σ = 25 है। रेखांकित कीजिए कि आप μ के लिए विश्वास्यता अंतराल कैसे बनाएँगे जहाँ 0.95 विश्वास्यता स्तर हो।

You are given a random sample of n=100 observations from a population. The sample mean is 25. The mean of the population is μ and the standard deviation σ is given to be 25. Outline how you would construct the confidence interval for μ with 0.95 confidence level.

उत्तर— n = 100
$\bar{X}$ = 25
μ = 25
σ = 25
95% के विश्वास्यता स्तर के साथ μ का विश्वास्यता अंतराल।

सूत्र: $\bar{X} \pm 1.96 \dfrac{\sigma}{\sqrt{n}}$

ऊपरी सीमा: $\Rightarrow 25 + 1.96\dfrac{25}{\sqrt{100}}$

$\Rightarrow 25 + 4.9$
$\Rightarrow 29.9$

निम्न सीमा: $\Rightarrow 25 - 1.96\dfrac{25}{\sqrt{100}}$

$\Rightarrow 25 - 4.9 \Rightarrow 20.1$

प्रश्न 6. चर Y और X के बीच का संबंध रैखिक—अर्थात् $Y = \alpha + \beta X + \varepsilon$ है। साधारण न्यूनतम वर्ग (ओ.एल.एस.) के लिए क्लासिकी अवधारणा व्यक्त कीजिए। मान लीजिए कि $\hat{\beta}, \beta$ के ओ.एल.एस. आकलक को दर्शाता है। क्लासिकी अवधारणाओं को ध्यान में रखकर, प्रदर्शित कीजिए कि $\hat{\beta}$, ब्लू (BLUE) है।

The relationship between variables Y and X is linear - i.e. $Y = \alpha + \beta X + \varepsilon$. State the classical assumptions for ordinary least squares (OLS). Let $\hat{\beta}$ denote the

OLS estimator of β. Given the classical assumptions, demonstrate that $\hat{\beta}$ is BLUE.

उत्तर— देखें अध्याय-1, प्र.सं.-20, 22

प्रश्न 7. आपके पास दो समयावधियों के काल शृंखला आँकड़े हैं। दो समयावधियों के लिए मॉडल इस प्रकार हैं—

(a) समयावधि 1 के लिए $Y_t = \alpha_1 + \alpha_2 X_t + \varepsilon_t, t = 1, 2, ..., n_1$ और

(b) समयावधि 2 के लिए $Y_t = \beta_1 + \beta_2 X_t + v_t, t = 1, 2, ..., n_2$

संक्षेप में बताइए कि चाओ (Chow) परीक्षण का प्रयोग यह जाँचने के लिए कैसे किया जा सकता है कि दोनों समयावधियों में अंतर (break) है। चाओ (Chow) परीक्षण का परीक्षण प्रतिदर्शज अवश्य लिखें और संरचनागत स्थिरता के शून्य परिकल्पना के अंतर्गत इसके बंटन को विशेष रूप से दर्शाएँ।

You have time series data from two periods. The models for the two periods are as follow:

(a) $Y_t = \alpha_1 + \alpha_2 X_t + \varepsilon_t, t = 1, 2, ..., n_1$ for period 1 and

(b) $Y_t = \beta_1 + \beta_2 X_t + v_t, t = 1, 2, ..., n_2$ for period 2.

Outline how one can do a Chow test to check whether there is a break across periods. Ensure that you write down the test statistic of the Chow test and specify its distribution under the null of structural stability.

उत्तर— देखें अध्याय-1, प्र.सं.-39

प्रश्न 8. मान लीजिए कि विचलन रूप में सही मॉडल $y_i = \beta x_i + \varepsilon_i$ है और ε_i का प्रसरण σ_ε^2 है। मान लीजिए कि x_i की बजाय चर x^*_i की प्राप्ति मापन प्रक्रिया में की जाती है जहाँ $x^*_i = x_i + v_i$। मान लीजिए कि v_i का प्रसरण σ_v^2 और $\text{cov}(x_i, v_i) = 0$ है। आप पराश्रित चर y को एक स्थिरांक और स्वतंत्र चर x^* के साथ समाश्रयण कीजिए। मान लीजिए कि $\hat{\beta}, \beta$ का ओ.एल.एस. आकलक है।

सिद्ध कीजिए कि $\hat{\beta}$ की प्रायिकता सीमा β से निम्न है जब $\beta > 0$।

Assume that the true model in deviation form is $y_i = \beta x_i + \varepsilon_i$ and let the variance of ε_i be σ_ε^2. Assume that the variable x^*, instead of x, is obtained in the measurement process where $x^*_i = x_i + v_i$. Assume that the variance of v_i is σ_v^2 and $\text{cov}(x_i, v_i) = 0$. You run a regression with y as the dependent variable and a constant and x^* as independent variables. Let $\hat{\beta}$ be the OLS estimator of β.

Prove that the probability limit of $\hat{\beta}$ is less than β when $\beta > 0$.

उत्तर— देखें अध्याय-2, प्र.सं.-19

प्रश्न 9. कोयक (Koyck) बंटित पश्चता मॉडल पर विचार कीजिए—

$Y_t = \beta\left(X_t + \varphi X_{t-1} + \varphi^2 X_{t-2} + ...\right) + u_t$, जहाँ $|\varphi| < 1$ और u_t का माध्य 0 है और समाश्रयियों से स्वतंत्र है।

(a) अल्पकालिक गुणक (अर्थात् X_t में यूनिट परिवर्तन के प्रति Y_t की तात्कालिक प्रतिक्रिया) क्या है?

(b) दर्शाइए कि कोयक (Koyck) मॉडल को निम्नलिखित स्वरूप में मानने के लिए पुनः लिखा जा सकता है।

$Y_t = \varphi Y_{t-1} + \beta X_t + \left(u_t - \varphi u_{t-1}\right)$

(c) क्या Y_{t-1} और X_t पर Y_t का ओ.एल.एस. समाश्रयण, मॉडल के प्राचल, β और φ के अनभिनत आकलन प्रदान करेगा? चर्चा कीजिए।

Consider the Koyck distributed lag model:

$Y_t = \beta\left(X_t + \varphi X_{t-1} + \varphi^2 X_{t-2} + ...\right) + u_t$, where $|\varphi| < 1$ and u_t has mean 0 and is independent of the regressors.

(a) What is the short-run multiplier (i.e. immediate response of Y_t to a unit change in X_t)?

(b) Show that the Koyck model can be rewritten to assume the following form:
$Y_t = \varphi Y_{t-1} + \beta X_t + \left(u_t - \varphi u_{t-1}\right)$

(c) Will an OLS regression of Y_t on Y_{t-1} and X_t provide an unbiased estimate of the model's parameters, β and φ? Discuss.

उत्तर— देखें अध्याय—3, प्र.सं.—11, 17

प्रश्न 10. दो चरों Y_t और X_t के लिए, आपके पास काल शृंखला आँकड़े हैं। प्रथम T_1 कालों (periods) के लिए लागू मॉडल है— $Y_t = \alpha + \beta_1 X_t + \beta_2 X_t^2 + u_t, t = 1, 2, ..., T_1$. शेष T_2 कालों के लिए लागू मॉडल है— $Y_t = \alpha + \theta_1 X_t + \theta_2 X_t^2$, $t = T_1 + 1, ..., T_1 + T_2$.

(a) डमी चर उपागम के प्रयोग से दर्शाइए कि सभी $T_1 + T_2$ कालों के लिए लागू एकल मॉडल में दो मॉडलों को कैसे एक साथ जोड़ा जा सकता है?

(b) संक्षेप में बताइए कि आप परीक्षण कैसे करेंगे कि क्या आँकड़े एकत्र किए जा सकते हैं? आँकड़ा प्रायिकता — शून्य के अंतर्गत परीक्षण प्रतिदर्शज के बंटन को विशेष रूप से दर्शाएँ।

You have time series data for two variables: Y_t and X_t. The model that applies for the first T_1 periods is as follows: $Y_t = \alpha + \beta_1 X_t + \beta_2 X_t^2 + u_t, t = 1, 2, ..., T_1$. For the remaining T_2 periods, the model that applies is as follows:

$Y_t = \alpha + \theta_1 X_t + \theta_2 X_t^2$, $t = T_1 + 1, ..., T_1 + T_2$.

(a) Using the dummy variable approach, show how the two models can be combined into a single model that applies for all the $T_1 + T_2$ periods?

(b) Outline how you would test whether the data are poolable? Ensure that you specify the distribution of the test statistic under the null of data poolability.

उत्तर— समयावधि T_1 के लिए मॉडल

समीकरण 1: $Y_t = \alpha_1 + \beta_1 X_t + \beta_2 X_t^2 + \beta_{1t}$

समयावधि T_2 के लिए मॉडल

समीकरण 2: $Y_t = \alpha_2 + \theta_1 X_t + \theta_2 X_t^2 + \mu_{2t}$

(a) मूक चर का प्रयोग करके दोनों मॉडलों को जोड़ने पर

मूक चर: $D_1 = 1$, समयावधि T_1 के लिए

$D_1 = 0$, समयावधि T_2 के लिए

समयावधि $T_1 + T_2$ के लिए मॉडल—

समीकरण 3: $Y_t = \alpha_1 + \beta_1 D_1 + \beta_2 X_t + \beta_3 (D_1 X_t) + \beta_4 X_t^2 + \beta_5 (D_1 X_t^2) + \mu_{3t}$

अब, समयावधि T_1 के लिए मॉडल

$E(Y_t | D_1 = 1) = (\alpha_1 + \beta_1) + (\beta_2 + \beta_3) X_t + (\beta_4 + \beta_5) X_t^2$

समयावधि T_2 के लिए मॉडल

$E(Y_t | D_1 = 0) = \alpha_1 + \beta_2 X_t + \beta_4 X_t^2$

(b) आँकड़े एकत्र करने योग्य हैं या नहीं, इसके परीक्षण के लिए 'चाओ टेस्ट' का प्रयोग किया जा सकता है।

शून्य परिकल्पना: $H_0 : \alpha_1 = \alpha_2$ तथा $\beta_1 = \theta_1$ तथा $\beta_2 = \theta_2$

वैकल्पिक परिकल्पना: $H_a : \alpha_1 \neq \alpha_2$ तथा $\beta_1 \neq \theta_1$ तथा $\beta_2 \neq \theta_2$

चरण:

(1) समीकरण 1 व 2 का पृथक्-पृथक् समाश्रयण कीजिए तथा दोनों समीकरणों के RSS को परिकलित कीजिए।

$RSS_1 =$ समीकरण 1 का RSS

$RSS_2 =$ समीकरण 2 का RSS

अप्रतिबंधित RSS प्राप्त करने के लिए दोनों RSS का योग कीजिए।

$RSS_{UR} = RSS_1 + RSS_2$

(2) समीकरण 3 का समाश्रयण (एकत्रित समाश्रयण) कीजिए तथा RSS को परिकलित कीजिए तथा इसे प्रतिबंधित के रूप में मानिए।

RSS (RSS_R)

(3) F प्रतिदर्शज की गणना कीजिए।

$$F = \frac{(RSS_R - RSS_{UR})/R}{RSS_{UR}/(T_1 + T_2 - 2k)} \sim F_c(R, T_1 + T_2 - 2k)$$

k = अवरोधन (intercept) सहित प्राचल की संख्या

(4) निष्कर्ष

– यदि $F > F_c$, तो हम शून्य परिकल्पना (H_o) को निरस्त कर देते हैं, हम काल श्रृंखला को दो बार एकत्र नहीं कर सकते हैं।

– यदि $F < F_c$, तो हम शून्य परिकल्पना (H_o) को निरस्त नहीं करते हैं, क्योंकि हम दो बार काल श्रृंखला को एकत्र कर सकते हैं।

प्रश्न 11. बाजार के निम्नलिखित साधारण मॉडल पर विचार कीजिए जहाँ Q_s, आपूर्तित परिमात्रा को और Q_d, माँग की गई परिमात्रा को दर्शाता है और जहाँ P, मूल्य है।

$$\mathbf{Q_d = \alpha_1 + \beta_1 P + r_1 Z_1 + r_2 Z_2 + u_1}$$

$$\mathbf{Q_s = \alpha_2 + \beta_2 P + u_2}$$

$$\mathbf{Q_d = Q_s}$$

Z_1, Z_2 बाह्य चर हैं।

(a) कोटि शर्त के प्रयोग से, जाँच कीजिए कि क्या Q_d समीकरण की पहचान कर ली गई है।

(b) आप Q_s समीकरण में प्राचल α_2 और β_2 को आकलित करना चाहते हैं। क्या इन प्राचलों को स्थिर एवं (साम्य) कीमत पर (साम्य) परिमात्रा के समाश्रयण से आकलित किया जा सकता है? चर्चा कीजिए।

(c) संक्षेप में बताइए कि आप 2SLS द्वारा α_2 और β_2 को आकलित कैसे करेंगे?

Consider the following simple model of a market where Q_s denotes quantity supplied, Q_d denotes quantity demanded, and P is price.

$$\mathbf{Q_d = \alpha_1 + \beta_1 P + r_1 Z_1 + r_2 Z_2 + u_1}$$

$$\mathbf{Q_s = \alpha_2 + \beta_2 P + u_2}$$

$$\mathbf{Q_d = Q_s}$$

Z_1, Z_2 are exogenous variables.

(a) Using the order condition, check whether the Q_d equation is identified.

(b) You wish to estimate the parameters α_2 and β_2 in the Q_s equation. Can these parameters be estimated by running a regression of (equilibrium) quantity on a constant and (equilibrium) price? Discuss.

(c) Very briefly outline how you would estimate α_2 and β_2 by 2SLS?

उत्तर– दिया है–

$$Q = Q_d = \alpha_1 + \beta_1 P + \gamma_1 Z_1 + \gamma_2 Z_2 + \mu_1 \quad ...(i)$$

$$Q = Q_s = \alpha_2 + \beta_2 P + \mu_2 \quad ...(ii)$$

साम्यता $\boxed{Q_d = Q_s}$

K = मॉडल में बहिर्जात चरों की संख्या

k = समीकरण में बहिर्जात चरों की संख्या

m = समीकरण में अंतर्जात चरों की संख्या

(a) समीकरण के लिए कोटि शर्त की जाँच करके

	K	k	m	K–k	m–1	
Equation 1	2	2	2	0	1	(K-k < m–1) under identified
Equation 2	2	0	2	2	1	(K–k > m–1) over identified

समीकरण $\left(Q^d\right)$ under identified है।

(b) यदि हम समीकरण (2) में OLS का प्रयोग करते हैं, तो प्राप्त परिकलन कर्त्ता असंगत होंगे, क्योंकि अंतर्जात चर P समीकरण (2) के अंतर्गत त्रुटि पद u_2 से संबंधित है।

(c) 2SLS विधि प्रयोग करने के चरण

(i) समाश्रयण : $P_t = \pi_0 + \pi_1 Z_{1t} + \pi_2 Z_{2t} + \varepsilon_t$

(ii) समीकरण (2) में $\hat{P}_t$ का मान रखने पर

$$Q_s = Q = \alpha_2 + \beta_2 [\pi_0 + \pi_1 Z_1 + \pi_2 Z_2 + \varepsilon] + \mu_2$$

$$Q = [\alpha_2 + \beta_2 \pi_0] + \beta_2 \pi_1 Z_1 + \beta_2 \pi_2 Z_2 + (\beta_2 \varepsilon + \mu_2)$$

अथवा $Q = \alpha_2 + \beta_2 \hat{P} + (\mu_2 + \beta_2 \varepsilon)$

$$Q = \alpha_2 + \beta_2 \hat{P} + V_t$$

OOO

'जीवन की अन्य आवश्यकताओं की भाँति ज्ञान प्राप्त करना भी एक बहुत बड़ी आवश्यकता है।'

अर्थमिति विधियाँ: एम.ई.सी.ई.–001
जून, 2015

नोट : दिए गए निर्देशानुसार प्रत्येक खंड से प्रश्नों के उत्तर दीजिए।

खंड 'क'

इस खंड से किन्हीं दो प्रश्नों के उत्तर दीजिए।

Answer any two questions from this section.

प्रश्न 1. द्वि–समीकरण मॉडल पद्धति पर विचार कीजिए, जहाँ

$Y_1 = \alpha_1 + \alpha_2 Y_2 + u_1$

$Y_2 = \beta_1 + \beta_2 Y_1 + \beta_3 Z_1 + \beta_4 Z_2 + u_2$

पहले समीकरण का आकलन, निम्नलिखित के जरिए संभावित अभिनति, असंगतता और सक्षमता प्राप्ति करने के उद्देश्य से कीजिए–

(क) ओ.एल.एस.

(ख) अप्रत्यक्ष न्यूनतम वर्ग

(ग) साधनभूत चर जहाँ Z_1 साधन के रूप में है

Consider a two-equation model system with

$Y_1 = \alpha_1 + \alpha_2 Y_2 + u_1$

$Y_2 = \beta_1 + \beta_2 Y_1 + \beta_3 Z_1 + \beta_4 Z_2 + u_2$

Estimate the 1st equation with a view to obtaining possible bias, inconsistency, and efficiency through the following:

(a) OLS

(b) Indirect least squares

(c) Instrumental variables with Z_1 as an instrument.

उत्तर– समीकरण 1: $Y_1 = \alpha_1 + \alpha_2 Y_2 + u_1$

समीकरण 2: $Y_2 = \beta_1 + \beta_2 Y_1 + \beta_3 Z_1 + \beta_4 Z_2 + u_2$

अभिनिर्धारण हेतु जाँच

	K	k	m	K–k	m–1	
Eq 1	2	0	2	2	1	Over identified
Eq 2	2	2	2	0	1	Under identified

(क) क्योंकि Y_2 अंतर्जात चर है अर्थात् $cov(Y_2, u_2) \neq 0$, अतः यदि हम समीकरण (1) में OLS का प्रयोग करते हैं, तो α_2 असंगत होगा।

(ख) अप्रत्यक्ष न्यूनतम वर्ग का प्रयोग केवल तभी किया जाता है जबकि समीकरण का अभिनिर्धारण किया जा चुका हो या प्रत्येक गुणांक का केवल एक आकलन हो।

(ग) हम साधन चर Z_1, का प्रयोग कर सकते हैं, जैसे कि $cov(Z_1, Y_2) \neq 0$ है। यह समीकरण (1) में Y_2 का एकसंगत परिकलन प्रदान करेगा।

प्रश्न 2. निम्नलिखित दो मॉडलों पर विचार कीजिए—

(क) $Y_i = b_1 + b_2 X_{2i} + b_3 X_{3i} + \varepsilon_i$

(ख) $X_{2i} = a_1 + a_2 X_{3i} + \varepsilon_i'$

अवशिष्ट $\hat{\varepsilon}_i$ की व्युत्पत्ति कीजिए।

समाश्रयण कीजिए—

$Y_i = b_1' + b_2' \hat{\varepsilon}_i + b_3 X_{3i} + \hat{\varepsilon}_i$

सिद्ध कीजिए कि $\hat{b}_2' = b_2$

सहज रूप से समझाइए कि यह क्यों सही है।

Consider the following two models:

(a) $Y_i = b_1 + b_2 X_{2i} + b_3 X_{3i} + \varepsilon_i$

(b) $X_{2i} = a_1 + a_2 X_{3i} + \varepsilon_i'$

Derive the residuals $\hat{\varepsilon}_i$. Run the regression

$Y_i = b_1' + b_2' \hat{\varepsilon}_i + b_3 X_{3i} + \hat{\varepsilon}_i$

Prove that $\hat{b}_2' = b_2$. Explain intuitively why this is true.

उत्तर— दो मॉडल

$Y_i = b_1 + b_2 X_{2i} + b_3 X_{3i} + \varepsilon_i$ ...(i)

$X_{2i} = a_1 + a_2 X_{3i} + \varepsilon_i'$ ...(ii)

समीकरण (i) से, हम पाते हैं—

$\varepsilon_i = Y_i - b_1 - b_2 X_{2i} - b_3 X_{3i}$

उपर्युक्त में समीकरण (ii) से X_{2i} का मान रखने पर

$\varepsilon_i = Y_i - b_1 - b_2 [a_1 + a_2 X_{3i} + \varepsilon_i'] - b_3 X_{3i}$

$= Y_i - b_1 - b_2 a_1 - b_2 a_2 X_{3i} - b_2 \varepsilon_i' - b_3 X_{3i}$

$= Y_i - [b_1 + a_1 b_2] - (a_2 b_2 + b_3) X_{3i} - b_2 \varepsilon_i'$

$= Y_i - \hat{\pi}_1 - \hat{\pi}_2 x_3 - \mu_1$

जहाँ

$\hat{\pi}_1 = [b_1 + a_1 b_2]$

$\hat{\pi}_2 = [a_2 \, b_2 + b_3]$

$\hat{\mu}_1 = (b_2 \, \varepsilon_i')$

समीकरण (ii) से हमें प्राप्त होता है—

$\varepsilon_i' = X_{2i} - a_1 - a_2 X_{3i}$ ...(iii)

निम्न समीकरण में ε' का मान रखने पर

$Y_1 = b_1' + b_2' \varepsilon_1' + b_3 X_{3i} + \varepsilon_i$

$Y_1 = b_1' + b_2' [X_{2i} - a_1 - a_2 X_{3i}] + b_3 X_{3i} + \varepsilon_i$

$Y_1 = b_1' + b_2' X_{2i} - b_2' a_1 - b_2' a_2 X_{3i} + b_3 X_{3i} + \varepsilon_i$

$Y_1 = [b_1' - b_2' a_1] + b_2' X_{2i} + (b_3 - b_2' a_2) X_{3i} + \varepsilon_i$ ...(iv)

समीकरण (i) के साथ समीकरण (iv) की तुलना करने पर हम देख सकते हैं कि X_{2i} के गुणांक में कोई परिवर्तन नहीं होता है।

प्रश्न 3. रैखिक प्रायिकता मॉडल के आधारिक विचारों को व्यक्त कीजिए। इस मॉडल में किन समस्याओं से जूझना पड़ता है? समझाइए कि प्रोबिट मॉडल किस प्रकार इन समस्याओं को दूर करता है।

Explain the underlying ideas behind the linear probability model. What are the problems encountered in this model? Explain how the Probit model takes care of these problems.

उत्तर— देखें अध्याय—3, प्र.सं.—20, 22 (i)

प्रश्न 4. निम्नलिखित समकालिक समीकरण मॉडलों पर विचार कीजिए—

$Y_1 = a_{13} Y_3 + b_{12} X_2 + u_1$

$Y_2 = a_{21} Y_1 + a_{23} Y_3 + b_{21} X_1 + b_{22} X_2 + u_2$

$Y_3 = a_{32} Y_2 + b_{33} X_3 + u_3$

क्रम और कोटि स्थितियों के आधार पर मॉडल में प्रत्येक समीकरण की अभिनिर्धारण स्थिति की जाँच कीजिए।

Consider the following simultaneous equation model:

$Y_1 = a_{13} Y_3 + b_{12} X_2 + u_1$

$Y_2 = a_{21} Y_1 + a_{23} Y_3 + b_{21} X_1 + b_{22} X_2 + u_2$

$Y_3 = a_{32} Y_2 + b_{33} X_3 + u_3$

Check the identification status of each of the equations in the model on the basis of order and rank conditions.

उत्तर— समीकरण (1) $\Rightarrow Y_1 = a_{13} Y_3 + b_{12} X_2 + u_1$

समीकरण (2) $\Rightarrow Y_2 = a_{21} Y_1 + a_{23} Y_3 + b_{21} X_1 + b_{22} X_2 + u_2$

समीकरण (3) $\Rightarrow Y_3 = a_{32} Y_2 + b_{23} X_3 + u_3$

क्रम स्थिति

	K	k	m	K–k	m–1	
Eq 1	3	1	2	2	1	Over identified Eq
Eq 2	3	2	3	1	2	Under identified Eq
Eq 3	3	1	2	2	1	Under identified Eq

कोटि स्थिति

चरों का गुणांक

	Y_1	Y_2	Y_3	X_1	X_2	X_3
Eq (1)	1	0	a_{13}	0	b_{12}	0
Eq (2)	a_{21}	1	a_{23}	b_{21}	b_{22}	0
Eq (3)	0	a_{32}	1	0	0	b_{23}

समीकरण (1) के लिए मैट्रिक्स : $|D| = \begin{bmatrix} 1 & b_{21} & 0 \\ a_{32} & 0 & b_{23} \end{bmatrix}_{2 \times 3}$

$\boxed{\text{Rank}|D| = 2}$

समीकरण (2) के लिए मैट्रिक्स : $|D| = \begin{bmatrix} 0 \\ b_{23} \end{bmatrix}_{2 \times 1}$

$\boxed{\text{Rank}|D| < 2}$

समीकरण (3) के लिए मैट्रिक्स : $|D| = \begin{bmatrix} 1 & 0 & b_{12} \\ a_{21} & b_{21} & b_{22} \end{bmatrix}_{2 \times 2}$

$\boxed{\text{Rank}|D| = 2}$

∴ समीकरण (1) अभिनिर्धारित है।
समीकरण (2) अभिनिर्धारित या अन–अभिनिर्धारित नहीं है।
समीकरण (3) अभिनिर्धारित है।

'खंड ख'

इस खंड से किन्हीं पाँच प्रश्नों के उत्तर दीजिए।

Answer any five questions from this section.

प्रश्न 5. बहुसंरेखता की समस्या की व्याख्या कीजिए। चर्चा कीजिए कि आप इसका पता कैसे लगाएँगे। इस संबंध में उपचारात्मक उपायों का सुझाव दीजिए।

Explain the problem of multicollinearity. Discuss how you would detect multicollinearity. Suggest remedial measures.

उत्तर– देखें अध्याय–2, प्र.सं.–1, 4, 5

प्रश्न 6. दर्शाइए कि आप विषमविचालिता और स्व-सहसंबंध से निपटने के लिए जी.एल.एस. दृष्टिकोण का प्रयोग कैसे करेंगे।

Show how you would use GLS approach to deal with heteroscedasticity and autocorrelation.

उत्तर— यदि हम प्रसरण को बिल्कुल सही स्वरूप में निर्दिष्ट करें, तब हमें OLS की तुलना में एक अधिक योग्य आकलक (GLS) प्राप्त होगा।

माना कि यथार्थ प्रतिमान है—

$Y_i = \beta_0 + \beta_1 X_i + u_i$, $Var(u_i | X) = \sigma_i^2$

माना कि हमें विषमविचालिता का वास्तविक स्वरूप ज्ञात है, तब हम समीकरण के प्रत्येक पद को σ_i से विभाजित करेंगे—

$Y_i/\sigma_i = \beta_0/\sigma_i + \beta_1 X_i/\sigma_i + u_i/\sigma_i$

$Y_i^* = \beta_0^* + \beta_1 X_i^* + u_i^*$, $Var(u_i^* | X) = 1$

Y_i^* के OLS प्रतीपगमन का X_i^* पर प्रयोग करने पर—

$$\hat{\beta}_1^{GLS} = \frac{\sum_{i=1}^{N}(X_i^* - \bar{X}^*)(Y_i^* - \bar{Y}^*)}{\sum_{i=1}^{N}(X_i^* - \bar{X}^*)^2}$$

GLS में, उच्च त्रुटि प्रसरण होने पर प्रेक्षणों को कम महत्त्व दिया जाता है। अत:, GLS अनभिनत होगा एवं वास्तव में यह BLUE होगा।

समस्या यह है कि साधारणतया हम प्रसरण σ_i के स्वरूप को नहीं जानते हैं।

अत: σ_i के स्थान पर GLS आकलन में हम $\hat{\sigma}_i$ का प्रयोग कर सकते हैं, इसे संभव सामान्यीकृत न्यूनतम वर्ग (Feasible GLS; FGLS) आकलक कहा जाता है।

अवशिष्ट $\hat{u}_i$ प्राप्त करने के लिए प्रतीपगमन का प्रयोग कीजिए।

स्वतंत्र चरों के साथ त्रुटियों के संबंध का प्रतिमान होगा—

$\sigma_i^2 = f(X_i)$

निम्न OLS प्रतीपगमन का प्रयोग करते हुए $\hat{\sigma}_i$ का आकलन कीजिए—

$\hat{u}_i^2 = f(X_i) + v_i$

तब FGLS आकलक होगा—

$$\hat{\beta}_1^{FGLS} = \frac{\sum_{i=1}^{N}(X_i^* - \bar{X}^*)(Y_i^* - \bar{Y}^*)}{\sum_{i=1}^{N}(X_i^* - \bar{X}^*)^2}$$

जहाँ, $X_i^* = X_i/\hat{\sigma}_i$ और $Y_i^* = Y_i/\hat{\sigma}_i$

निम्न प्रतिमान पर विचार कीजिए—

$Y_t = \beta_0 + \beta_1 X_t + u_t$, $u_t = \rho u_{t-1} + v_t$

यह मानते हुए कि यह संबंध ज्ञात है, हम इसे पुन: इस प्रकार लिख सकते हैं—

$Y_t - \rho Y_{t-1} = \beta_0(1-\rho) + \beta_1(X_t - \rho X_{t-1}) + v_t$

और तब OLS प्रतीपगमन का प्रयोग कीजिए।

यदि ρ ज्ञात नहीं है, तब FGLS का हम इस प्रकार प्रयोग कर सकते हैं—

(1) मूल समीकरण पर OLS का प्रयोग कीजिए, ताकि $\hat{u}_t$ प्राप्त किया जा सके।

(2) प्रतीपगमन : $\hat{u}_t = \rho \hat{u}_{t-1} + w_t$ का प्रयोग कीजिए, ताकि $\hat{\rho}$ प्राप्त किया जा सके।

(3) $\hat{\rho}$ का प्रयोग करते हुए प्रतिमान को परिवर्तित कीजिए एवं OLS का प्रयोग कीजिए।

प्रश्न 7. निम्नलिखित पर संक्षिप्त टिप्पणियाँ लिखिए—

Write short notes on the following:

(क) चाओ परीक्षण का उपयोग

Use of Chow test

उत्तर— देखें अध्याय–1, प्र.सं.–39

(ख) कोयक बंटित पश्चता मॉडल

Koyck model of distributed lag

उत्तर— देखें अध्याय–3, प्र.सं.–11

प्रश्न 8. मुख्य घटक विश्लेषण में आप किन चरणों का अनुसरण करेंगे? संक्षेप में लिखिए।

Outline the steps you would follow in principal component analysis.

उत्तर— देखें अध्याय–5, प्र.सं.–15

प्रश्न 9. निर्धारण गुणांक (R^2) से आप क्या समझते हैं? आपको निम्नलिखित R^2 के साथ दो मॉडल दिए गए हैं—

(क) $R^2 = 0.68$

(ख) $R^2 = 0.99$

आप कौन-से मॉडल का चयन करेंगे और क्यों?

What do you understand by coefficient of determination (R^2) ? You are given two models with the following R^2:

(a) $R^2 = 0.68$

(b) $R^2 = 0.99$

Which model will you choose and why?

उत्तर— देखें अध्याय–1, प्र.सं.–17

R^2 का मान 0 से 1 के बीच की एक संख्या होती है, जिसे हम प्रतिशत के रूप में भी दर्शा सकते हैं। यहाँ हम $R^2 = 0.99$ प्रतिमान का चयन करेंगे। इसका कारण यह है कि R^2 का उच्च मान (कम-से-कम 0.70, लेकिन इससे उच्च होने पर और भी अच्छा रहेगा) दर्शाता है कि प्रतिमान पूरी तरह से उपयुक्त है; 0.70 से नीचे R^2 का मान दर्शाता है कि प्रतिमान पूरी तरह से उपयुक्त नहीं है (यदि R^2 का मान 0 के अत्यधिक निकट है, प्रतिमान पूरी तरह से अनुपयुक्त होगा)। R^2 के उच्च मान का प्रयोग किसी प्रतिमान में चरों की संख्या को समायोजित करने के लिए भी किया जाता है।

प्रश्न 10. सिद्ध कीजिए कि समाश्रयण मॉडल
$Y_i = \alpha + \beta X_i + \varepsilon_i$
के लिए ओ.एल.एस. आकलक, श्रेष्ठ रैखिक अनभिनत हैं।
Prove that for the regression model
$Y_i = \alpha + \beta X_i + \varepsilon_i$
OLS estimators are best linear unbiased.

उत्तर— देखें अध्याय–1, प्र.सं.–22 की तरह।

प्रश्न 11. दिया गया है— $\log Y = \beta_1 + \beta_2 \log X_2 + \beta_3 \log X_3 + \mu$.
सिद्ध कीजिए कि
(क) आकलित समाश्रयण गुणांक, Y और प्रत्येक X से संबद्ध लोच हैं और
(ख) ये लोच स्थिर (constant) हैं।

Given $\log Y = \beta_1 + \beta_2 \log X_2 + \beta_3 \log X_3 + \mu$.
Prove that
(a) the estimated regression coefficients are elasticities associated with Y and each of X's and
(b) those elasticities are constant.

उत्तर— देखें अध्याय–2, प्र.सं.–5 की तरह।

प्रश्न 12. सिद्ध कीजिए कि किसी अप्रासंगिक चर का समावेशन, आकलित अंतःखंड प्राचल की अभिनति नहीं करता।

Prove that inclusion of an irrelevant variable does not bias the estimated intercept parameter.

उत्तर— किसी अप्रासंगिक चर का समावेशन, आकलित अंतःखंड प्राचल की अभिनति नहीं करेगा, अपितु इसका परिणाम कम कुशल आकलक होंगे।

मूल समीकरण : $Y_t = \alpha_1 + \alpha_2 X_1 + \mu_1$ ...(i)

अप्रासंगिक चर X_2 का समावेशन : $Y_t = \beta_1 + \beta_2 X_1 + \beta_3 X_2 + \mu_2$ ...(ii)

यदि X_2 अप्रासंगिक चर है, तो $\beta_3 = 0$

$\therefore \hat{\beta}_1 = \overline{Y} - \beta_2 \overline{X}_1 - \beta_3 \overline{X}_2$

$\therefore \boxed{\hat{\beta}_1 = \overline{Y} - \beta_2 \overline{X}_1}$

हम जानते हैं कि $E(\hat{\alpha}_1) = \alpha_1$, यह अनभिनत है।

यदि $\hat{\beta}_1 = \hat{\alpha}_1$, तो $\hat{\beta}_1$ भी अनभिनत है।

अतः, समीकरण (i) व समीकरण (ii) में $\overline{Y}$ समान है तथा समीकरण (i) व समीकरण (ii) में $\overline{X}$ समान है।

$\therefore \hat{\beta}_1 = \hat{\alpha}_1$

$\boxed{E(\hat{\beta}_1) = E(\hat{\alpha}_1) = \alpha_1}$

अर्थमिति विधियाँ: एम.ई.सी.ई.–001
दिसम्बर, 2015

नोट : दिए गए निर्देशानुसार प्रत्येक खंड से प्रश्नों के उत्तर दीजिए।

खंड 'क'

इस खंड से किन्हीं दो प्रश्नों के उत्तर दीजिए।

Answer any two questions from this section.

प्रश्न 1. निम्नलिखित आँकड़ा बिंदुओं से, ओ.एल.एस. के प्रयोग से रैखिक प्रायिकता मॉडल आकलित कीजिए—

x	–1	–2	0	1	1	1
y	0	0	0	1	1	1

आकलित मॉडल का प्रयोग, व्यक्ति-विशेषों को दो श्रेणियों में वर्गीकृत करने के लिए कीजिए। निम्नलिखित वर्गीकरण नियम का प्रयोग करते हुए, सही वर्गीकरणों की संख्या परिकलित कीजिए—

$$\left.\begin{array}{l}\text{पहला समूह : } (y=1) \text{ यदि } \hat{y} > \frac{1}{2} \\ \text{दूसरा समूह : } (y=0) \text{ यदि } \hat{y} \leq \frac{1}{2}\end{array}\right\} \text{ वर्गीकृत कीजिए।}$$

Given the following data points, estimate a linear probability model using OLS:

x	–1	–2	0	1	1	1
y	0	0	0	1	1	1

Use the estimated model to classify individuals into two categories. Calculate the number of correct classifications using the following classification rule:

$$\left.\begin{array}{l}1^{st} \text{Group} : (y=1) \text{ if } \hat{y} > \frac{1}{2} \\ 2^{nd} \text{Group} : (y=0) \text{ if } \hat{y} \leq \frac{1}{2}\end{array}\right\} - \text{classify}$$

उत्तर—

y	x	$\hat{y}$	$1-\hat{y}$	$w_i = \hat{y}(1-\hat{y})$	$\sqrt{w_i}$	$\hat{y}\sqrt{w_i}$	$\dfrac{1}{\sqrt{w_i}}$	$\dfrac{x}{\sqrt{w_i}}$
0	−1	0.125	0.875	0.109375	0.33071	0.37797	3.0237	−3.023797
0	−2	−0.25	1.25	−0.3125	−	−	−	−
0	0	0.5	0.5	0.25	0.5	1	2	0
1	1	0.875	0.125	0.109375	0.33071	2.6458	3.02373	3.023797
1	1	0.875	0.125	0.109375	0.33071	2.6458	3.02373	3.023797
1	1	0.875	0.125	0.109375	0.33071	2.6458	3.02373	3.023797

$$\dfrac{\hat{y}}{\sqrt{w_i}} = 0.49996 \dfrac{1}{\sqrt{w_i}} + 0.374997 \dfrac{x_i}{\sqrt{w_i}}$$

t : (582033.30) (414448.7) $R^2 = 1$

6 पर्यवेक्षणों में से सही वर्गीकरणों की संख्या केवल 5 है।

प्रश्न 2. समाश्रयण मॉडल पर विचार कीजिए—
Consider the regression model:

$Y_i = \alpha + \beta X_i + U_i$, जहाँ $U_i \sim N(0, \sigma^2)$

$Y_i = \alpha + \beta X_i + U_i$, where $U_i \sim N(0, \sigma^2)$

(क) α और β के न्यूनतम वर्ग आकलक ज्ञात कीजिए।
Find the least squares estimator of α and β.

उत्तर— देखें दिसम्बर–2013, प्र.सं.–1 (a) की तरह।

(ख) σ^2 का न्यूनतम वर्ग आकलक ज्ञात कीजिए।
Find the least squares estimator of σ^2.

उत्तर— हमारे पास है समीकरण $Y_i = \alpha + \beta X_i + U_i$ ...(i)

एवं $\bar{Y} = \alpha + \beta \bar{X} + \bar{U}$ ...(ii)

समीकरण (i) में से समीकरण (ii) को घटाने पर

$(Y_i - \bar{Y}) = \beta(X_i - \bar{X}) + (U_i - \bar{U})$

$y_i = \beta x_i + (U_i - \bar{U})$ ...(iii)

$[y_i - \beta x_i = \hat{U}_i \text{ (ज्ञात है)}]$

सामान्य समीकरण: $-2\sum(Y_i - \hat{\alpha} - \hat{\beta} X_i) = 0$

$-2\sum \hat{U}_i = 0$ $(\because \hat{U} = 0)$

$$Y_i = \hat{\alpha} + \hat{\beta} X_i + \hat{U}_i$$

$$\sum Y_i = n\hat{\alpha} + \hat{\beta} \sum X_i + \sum \hat{U}_i \qquad \boxed{\sum \hat{U}_i = 0}$$

$$\sum Y_i = n\hat{\alpha} + \hat{\beta} \sum X_i$$

n से विभाजित करने पर, हमें प्राप्त होगा—

$$\bar{Y} = \hat{\alpha} + \hat{\beta}\bar{X} \qquad \ldots(iv)$$

समीकरण (i) में से समीकरण (iv) को घटाने पर

$$(Y_i - \bar{Y}) = \beta(X_i - \bar{X}) + \hat{U}_i$$

$$y_i = \beta x_i + \hat{U}_i$$

$$\hat{U}_i = y_i - \hat{\beta} x_i \qquad \ldots(v)$$

(iii) को (v) में प्रतिस्थापित करने पर

$$\hat{U}_i = \beta x_i + (U_i - \bar{U}) - \hat{\beta} x_i$$

दोनों ओर का वर्ग एवं संकलन ($\sum$) करने पर, हमें प्राप्त होगा—

$$\sum \hat{U}_i^2 = (\hat{\beta} - \beta)^2 \sum X_i^2 + \sum (U_i - \bar{U})^2 - 2(\hat{\beta} - \beta) \sum x_i (U_i - \bar{U})$$

दोनों ओर का प्रत्याशा मान निकालने पर

$$E\left(\sum \hat{U}_i^2\right) = \sum x_i^2 E(\hat{\beta} - \beta)^2 + E\left[\sum (U_i - \bar{U})^2\right] - 2E\left[(\hat{\beta} - \beta) \sum x_i (U_i - \bar{U})\right]$$

$$= \sum x_i^2 \, var(\hat{\beta}) + (n-1) Var(U_i) - 2E\left[\sum k_i \mu_i (x_i U_i)\right]$$

जहाँ, $k_i = \dfrac{x_i}{\sum x_i^2}$

$$= \sigma^2 + (n-1)\sigma^2 - 2E\left[\sum k_i x_i U_i^2\right]$$

$$= \sigma^2 + (n-1)\sigma^2 - 2\sigma^2$$

$$= (n-2)\sigma^2$$

$$\boxed{\hat{\sigma}^2 = \dfrac{\sum \hat{\mu}_i^2}{n-2}}$$

प्रश्न 3. मान लीजिए कि समाश्रयण मॉडल $Y_t = \alpha + \beta X_t + U_t$ में, त्रुटि पद $U_t = \rho U_{t-1} + \Sigma_t$ है, जहाँ $\Sigma_t \sim N(0, \sigma_\varepsilon^2)$.

Suppose in the regression model $Y_t = \alpha + \beta X_t + U_t$ the error term $U_t = \rho U_{t-1} + \Sigma_t$ Where $\Sigma_t \sim N(0, \sigma_\varepsilon^2)$.

(क) परिणाम क्या होंगे, यदि OLS को α और β के आकलन पर लागू किया जाए?

What are the consequences if OLS is applied to estimate α and β ?

उत्तर— यदि मॉडल $Y_t = \alpha + \beta X_t + U_t$ में α एवं β के आकलन के लिए OLS का प्रयोग किया जाता है, जहाँ कि त्रुटि पद पर AR(1) प्रक्रिया अपनाई गई है, उसमें निम्नलिखित परिणाम प्राप्त होते हैं—

(1) वहाँ से प्राप्त विश्वास्यता अंतराल संभवतया GLS प्रक्रिया पर आधारित विश्वास्यता अंतराल से अधिक व्यापक हो सकता है, तथा β_s भी अनंतस्पर्शी रूप से योग्य नहीं होते हैं।

(2) अवशिष्ट प्रसरण $\hat{\sigma}^2$ यथार्थ σ^2 का संभवतया न्यून आकलन करता है।

(3) परिणामस्वरूप, R_2 का संभवतया अति आकलन होता है।

(4) भले ही σ^2 का न्यून आकलन नहीं होता है, $Var(\hat{\beta}_2)$, $Var(\hat{\beta}_2)_{AR(1)}$ का न्यून आकलन कर सकता है। इसका प्रसरण प्रथम क्रम के स्वतः सहसंबंध के अंतर्गत होता है, भले ही $Var(\hat{\beta}_2)_{GLS}$ की तुलना में बाद वाला अयोग्य हो।

(5) यद्यपि t तथा f सार्थकता परीक्षण अब वैध नहीं हैं, तथापि यदि प्रयोग किए जाते हैं, तो आकलित समाश्रयण गुणांक की सांख्यिकीय सार्थकता परीक्षण के बारे में जल्दी ही गंभीर भ्रामक परिणाम प्राप्त होंगे।

(ख) इस मॉडल को आकलित करने की उपयुक्त कार्यविधि का सुझाव दीजिए।
Suggest an appropriate procedure to estimate this model.

उत्तर— उपचारात्मक उपाय

$$Y_t = \alpha + \beta X_t + U_t \qquad \ldots(i)$$

मान्यता AR (1), $U_t = \rho U_{t-1} + \varepsilon_t$, जबकि $-1 < \rho < 1$ है।

स्थिति I : जब ρ ज्ञात है— यदि प्रथम क्रम का गुणांक ज्ञात है, तो समस्या को आसानी से हल किया जा सकता है।

1 अवधि पीछे : $Y_{t-1} = \alpha + \beta X_{t-1} + U_{t-1}$

ρ से गुणा करने पर—

$$\rho Y_{t-1} = \rho\alpha + \rho\beta X_{t-1} + \rho U_{t-1} \qquad \ldots(ii)$$

(i) में से (ii) को घटाने पर—

$$(Y_t - \rho Y_{t-1}) = \alpha(1-\rho) + \beta(X_t - \rho X_{t-1}) + \varepsilon_t$$

$$\boxed{Y_t^* = \alpha^* + \beta^* X_t^* + \varepsilon_t}$$

यहाँ हम OLS का प्रयोग कर सकते हैं।

स्थिति II : जब ρ ज्ञात नहीं है— ρ के ज्ञात न होने पर कई विधियाँ प्रयुक्त होती हैं, लेकिन यहाँ केवल एक पर चर्चा की जा रही है।

प्रथम अंतर विधि: क्योंकि $-1 < \rho < 1$

– हम $\rho = 0$ से प्रारंभ कर सकते हैं (इसका तात्पर्य यह है कि प्रथम क्रम का स्वतः सहसंबंध नहीं है)। अतः इसमें कोई समस्या नहीं है।

– दूसरी, चरम स्थिति, जहाँ $\rho = \pm 1$, पूर्णतया ऋणात्मक या धनात्मक।

यदि $\rho = \pm 1$, तो सामान्यीकृत अंतर समीकरण, प्रथम अंतर समीकरण में परिवर्तित हो जाता है।

$$(Y_t - Y_{t-1}) = \beta(X_t - X_{t-1}) + (U_t - U_{t-1})$$
$$\Delta Y_t = \beta \Delta X_t + \varepsilon_t$$

प्रश्न 4. विषम विचालिता से आप क्या समझते हैं? विषम विचालिता के परिणाम क्या हैं? आँकड़ा समुच्चय में आप इसका पता कैसे लगाते हैं? विषम विचालिता की समस्या को दूर करने के लिए आप क्या कदम उठाएँगे? व्याख्या कीजिए।

What do you understand by heteroscedasticity? What are the consequences of heteroscedasticity? How do you detect heteroscedasticity in a data set? Explain the steps you would follow to remove the problem of heteroscedasticity.

उत्तर– देखें अध्याय–2, प्र.सं.–12, 15, 16

खंड 'ख'

इस खंड से किन्हीं पाँच प्रश्नों के उत्तर दीजिए।

Answer any five questions from this section.

प्रश्न 5. जी.एल.एस. की विधि के माध्यम से प्राचलों के आकलन में किन चरणों का अनुसरण किया जाता है? व्याख्या कीजिए।

Explain the steps followed in estimation of parameters through the method of GLS.

उत्तर– देखें अध्याय–1, प्र.सं.–37

प्रश्न 6. निम्नलिखित कॉब–डगलस उत्पादन फलन पर विचार कीजिए–

$Y = \alpha L^{\beta_1} K^{\beta_2}$

जहाँ Y= उत्पादन, L= श्रम, K= पूँजी।

बताइए कि उपर्युक्त फलन कैसे आकलित किया जा सकता है।

Consider the following Cobb-Douglas production function:

$Y = \alpha L^{\beta_1} K^{\beta_2}$

where Y = output, L = labour, K = capital.
Explain how the above function can be estimated.

उत्तर– एक एकल वस्तु के उत्पादन के लिए, इसके दो कारकों के साथ अधिकतम मानक रूप में, इसका फलन होगा–

$Y = \alpha L^{\beta_1} K^{\beta_2}$

जहाँ–

Y = उत्पादन

L = श्रम

K = पूँजी

α = कारकों की कुल उत्पादकता

β_1, β_2 क्रमशः श्रम एवं पूँजी की उत्पादन प्रत्यास्थताएँ हैं। इनके मूल्य स्थिर हैं तथा ये उपलब्ध तकनीकी के द्वारा निर्धारित होती हैं।

कॉब–डगलस उत्पादन फलन के आकलन के लिए हम लघुगणक रूपांतरण विधि (Logarithmic Transformation Method) का प्रयोग कर सकते हैं। इस विधि के अंतर्गत, कॉब–डगलस उत्पादन फलन के प्राचलों का आकलन उत्पादन फलन को लॉग–लीनियर रूप में परिवर्तित करके किया जाता है।

मान लीजिए, $Y = \alpha L^{\beta_1} K^{\beta_2} e^u$ (जहाँ e = प्राकृतिक लघुगणकीय आधार तथा u = प्रसामान्य बाधा है।)

फलन का लघुगणकीय रूपांतरण निम्न है–

$\text{Log}_e Y = \log_e \alpha + \beta_1 \log_e L + \beta_2 \log_e K + u$

अथवा $Y' = \beta_0 + \beta_1 X_2 + \beta_2 X_3 + u$

यहाँ पर $Y' = \log_e Y, \beta_0 = \log_e \alpha,$

$X_2 = \log_e L, X_3 = \log_e K$

उपरोक्त समीकरण कॉब–डगलस उत्पादन फलन का लॉग–लीनियर (Log-linear) रूप है।

हम इस लॉग–लीनियर रूप पर न्यूनतम वर्ग विधि (OLS) विधि का प्रयोग कर सकते हैं तथा β_0, β_1 तथा β_2 का आकलन कर सकते हैं।

कॉब–डगलस उत्पादन फलन के प्राचलों (β_0, β_1 तथा β_2) के अनुमानों को निम्न सूत्रों का प्रयोग करके प्राप्त किया जा सकता है–

$$\hat{\beta}_1 = \frac{\sum(y'x_2)\left(\sum x_3^2\right) - \sum(y'x_3)\left(\sum x_2 x_3\right)}{\left(\sum x_3^2\right)\left(\sum x_3^2\right) - \left(\sum x_2 x_3\right)^2}$$

$$\hat{\beta}_2 = \frac{\sum(y'x_3)\left(\sum x_2^2\right) - \sum(y'x_2)\left(\sum x_3 x_2\right)}{\left(\sum x_2^2\right)\left(\sum x_3^2\right) - \left(\sum x_2 x_3\right)^2}$$

$$\hat{\beta}_0 = \bar{Y}' - \hat{\beta}_1 \bar{X}_2 - \hat{\beta}_2 \bar{X}_3$$

यहाँ $y' = Y' - \bar{Y}', x_3 = X_3 - \bar{X}_3, x_2 = X_2 - \bar{X}_2$

प्रश्न 7. युगपत समीकरण मॉडलों में अभिनिर्धारण समस्या पर संक्षेप में नोट लिखिए।

Write a short note on the identification problem in simultaneous equation models.

उत्तर— देखें अध्याय—4, प्र.सं.—7, 8

प्रश्न 8. मुख्य घटक विश्लेषण में अनुसरणीय चरणों का संक्षेप में वर्णन कीजिए।
Outline the steps to be followed in a principal component analysis.

उत्तर— देखें अध्याय—5, प्र.सं.—15

प्रश्न 9. बी.एल.यू.ई. (BLUE) की संकल्पना की व्याख्या कीजिए। सिद्ध कीजिए कि ओ.एल.एस. (OLS) आकलन, बी.एल.यू.ई. (BLUE) हैं।
Explain the concept of BLUE. Prove that OLS estimates are BLUE.

उत्तर— देखें अध्याय—1, प्र.सं.—22

प्रश्न 10. निम्नलिखित पर संक्षिप्त टिप्पणियाँ लिखिए—
Write short notes on the following:

(क) साधनभूत चर विधि
Instrumental variables method

उत्तर— देखें अध्याय—2, प्र.सं.—20

(ख) बहु—संरेखता
Multicollinearity

उत्तर— देखें अध्याय—2, प्र.सं.—1

प्रश्न 11. गत्यात्मक मॉडल, कोयक मॉडल से कैसे भिन्न है? दोनों मॉडलों की विशिष्टता को व्यक्त कीजिए और इनके अंतर को स्पष्ट कीजिए।
How is a dynamic model different from Koyck model? Specify both the models and explain the difference.

उत्तर— देखें अध्याय—3, प्र.सं.—11, 13

प्रश्न 12. समाश्रयण मॉडल पर विचार कीजिए—

$Y_i = \alpha + \beta X_i + \varepsilon_i$

α, β और σ^2 के लिए अधिकतम संभावित आकलक की प्राप्ति कीजिए।
Consider the regression model:

$Y_i = \alpha + \beta X_i + \varepsilon_i$

Obtain maximum likelihood estimator for α, β and σ^2.

उत्तर— देखें अध्याय—1, प्र.सं.—24

अर्थमिति विधियाँ: एम.ई.सी.ई.-001
जून, 2016

नोट : भाग क से किन्हीं दो प्रश्नों और भाग ख से किन्हीं पाँच प्रश्नों के उत्तर दीजिए।

भाग 'क'

प्रश्न 1. समाश्रयण मॉडल पर विचार कीजिए—

$Y_i = a + bX_i + \epsilon_i$ जहाँ $\epsilon_i \sim N(0, \sigma^2)$

(a) a और b के लिए न्यूनतम वर्ग आकलकों का पता लगाइए।
(b) σ^2 के लिए न्यूनतम वर्ग आकलक का पता लगाइए।

Consider the regression model

$Y_i = a + bX_i + \epsilon_i$ where $\epsilon_i \sim N(0, \sigma^2)$

(a) Find the least square estimators for a and b.
(b) Find the least square estimator for σ^2

उत्तर— देखें दिसम्बर–2015, प्र.सं.–2

प्रश्न 2. विषम विचालिता से आप क्या समझते हैं? विषम विचालिता की विद्यमानता में ओ.एल.एस. प्रयोग करने के परिणाम क्या हैं? ब्रेश-पगान-गॉडफ्रे परीक्षण का वर्णन, इसका पता लगाने के लिए कीजिए।

What do you understand by heteroscedasticity? What are the consequences of using OLS in the presence of heteroscedasticity? Explain the Breusch - Pagan - Godfrey test to detect it.

उत्तर— देखें अध्याय–2, प्र.सं.–12, 14, 18

प्रश्न 3. समाश्रयण मॉडल पर विचार कीजिए—

$Y = \beta_1 + \beta_2 x_2 + \beta_3 x_3 + u$ जहाँ $u \sim N(0, \sigma^2)$। मॉडल के आकलन के लिए 25 प्रतिदर्श लिया गया।

(a) प्राचलों के आकलन के लिए ओ.एल.एस. विधि का वर्णन कीजिए।

(b) मान लीजिए कि इस परिकल्पना का परीक्षण किया जाना है कि $\beta_2 = \beta_3 = 0$ इसका परीक्षण आप कैसे करेंगे?

(c) बताइए कि आप β_2 और β_3 का अलग-अलग से सार्थकता-परीक्षण कैसे करेंगे?

Consider the regression model $Y = \beta_1 + \beta_2 x_2 + \beta_3 x_3 + u$ where $u \sim N(0, \sigma^2)$. A sample of 25 was taken for estimation of the model.

(a) Explain the OLS method for estimation of the parameters.

(b) Suppose one has to test the hypothesis that $\beta_2 = \beta_3 = 0$. How will you test it?

(c) Explain how would you test the significance of β_2 and β_3 separately.

Ans. Model: $Y = \beta_1 + \beta_2 X_2 + \beta_3 X_3 + u.$ ...(i)

(a) OLS Method to estimate the parameters β_1, β_2 and β_3.

The Sample Regression Mode (SRF):

$$Y = \hat{\beta}_1 + \hat{\beta}_2 X_2 + \hat{\beta}_3 X_3 + \hat{u}. \qquad ...(ii)$$

The OLS method will minimise residual sum of square (RSS) i.e. $\Sigma \hat{u}^2$
From Eq. (ii)

$$\hat{u} = Y - \hat{\beta}_1 - \hat{\beta}_2 X_2 - \hat{\beta}_3 X_3$$

Squaring both sides

$$\hat{u}^2 = \left(Y - \hat{\beta}_1 - \hat{\beta}_2 X_2 - \hat{\beta}_3 X_3\right)^2$$

Summing both sides, we get

$$\Sigma \hat{u}^2 = \Sigma \left(Y - \hat{\beta}_1 - \hat{\beta}_2 X_2 - \hat{\beta}_3 X_3\right)^2$$

OLS Method tries to

$$\min \Sigma \hat{u}^2 = \Sigma \left(Y - \hat{\beta}_1 - \hat{\beta}_2 X_2 - \hat{\beta}_3 X_3\right)^2$$

The first order differentiation of $\Sigma \hat{u}^2$ equation with respect to the unknowns and set the resulting expression to zero, gives the following Normal Equations

$$\overline{Y} = \hat{\beta}_1 + \hat{\beta}_2 \overline{X}_2 + \hat{\beta}_3 \overline{X}_3 \qquad ...(iii)$$

$$\Sigma Y X_2 = \hat{\beta}_1 \Sigma X_2 + \hat{\beta}_2 \Sigma X_2^2 + \hat{\beta}_3 \Sigma X_2 X_3 \qquad ...(iv)$$

$$\Sigma Y X_3 = \hat{\beta}_1 \Sigma X_3 + \hat{\beta}_2 \Sigma X_2 X_3 + \hat{\beta}_3 \Sigma X_3^2 \qquad ...(v)$$

From Eq. (iii) we get

$$\hat{\beta}_1 = \overline{Y} - \hat{\beta}_2 \overline{X}_2 - \hat{\beta}_3 \overline{X}_3$$

Which is OLS estimator of population intercept β, following the convention of letting the lower case letters denotes deviations from sample mean value one can derive the following formulas from the normal equation from Eq. (iii) to Eq. (v)

$$\hat{\beta}_2 = \frac{\left(\sum yx_2\right)\left(\sum x_3^2\right) - \left(\sum yx_3\right)\left(\sum x_2 x_3\right)}{\left(\sum x_2^2\right)\left(\sum x_3^2\right) - \left(\sum x_2 x_3\right)^2}$$

$$\hat{\beta}_3 = \frac{\left(\sum yx_3\right)\left(\sum x_2^2\right) - \left(\sum yx_2\right)\left(\sum x_2 x_3\right)}{\left(\sum x_2^2\right)\left(\sum x_3^2\right) - \left(\sum x_2 x_3\right)^2}$$

Which gives the OLS estimators of the population partial coefficients β_2 and β_3 respectively.

(b) Testing the overall significance
Steps:
(i) $H_0 : \beta_2 = \beta_3 = 0$

H_a : Not all slope coefficient are simultaneously zero.

(ii) Compute

$$F = \frac{ESS|df}{RSS|df} = \frac{ESS|k-1}{RSS|n-k} = \frac{\hat{\beta}_2 \sum yx_2 + \hat{\beta}_3 \sum yx_3 |2}{\sum \hat{u}^2 |22}$$

(iii) If $F > F_\alpha(k-1, n-k)$ then reject H_0 otherwise do not reject H_0.

Here, $F_\alpha(k-1, n-k)$ is the critical F-Value at α level of significance and (k–1) numerator df and (n–k) denominator df.

(c) Individual test for significance
For β_2
Steps:
(i) $H_0 : \beta_2 = 0$

$H_a : \beta_2 \neq 0$

(ii) Calculate t-statistics.

$$t = \frac{\hat{\beta}_2 - \beta_2}{Se_{\hat{\beta}_2}}$$

(iii) If $t > t_{\alpha|2}$ then reject H_0, otherwise do not reject it.

Here, $t_{\alpha|2}$ is the critical t-value with $\alpha|2$ df.

For β_3
Steps:
(i) $H_0 : \beta_3 = 0$

$H_a : \beta_3 \neq 0$

(ii) Calculate t Statistics.

$$t = \frac{\hat{\beta}_3 - \beta_3}{Se_{\hat{\beta}_3}}$$

(iii) If $t > t_{\alpha/2}$ then reject H_0, otherwise do not reject it.

प्रश्न 4. किसी अर्थव्यवस्था के साधारण समष्टि अर्थशास्त्र मॉडल पर विचार कीजिए, जो है—

$C_t = d_1 + d_2 Y_t + d_3 r_t + u_{1t}$

$I_t = \beta_1 + \beta_2 r_2 + \beta_3 (Y_t - Y_{t-1}) + u_{2t}$

$r_t = \gamma_1 + \gamma_2 I_t + \gamma_3 M_t + u_{3t}$

$Y_t = C_t + I_t + G_t$

उपर्युक्त में से कौन-से समीकरण हैं?
(a) अभिज्ञात और
(b) अनभिज्ञात

अभिज्ञात समीकरणों को आप आकलित कैसे करेंगे? कार्यविधि लिखिए।

Consider the simple macroeconomic model of an economy given by:

$C_t = d_1 + d_2 Y_t + d_3 r_t + u_{1t}$

$I_t = \beta_1 + \beta_2 r_2 + \beta_3 (Y_t - Y_{t-1}) + u_{2t}$

$r_t = \gamma_1 + \gamma_2 I_t + \gamma_3 M_t + u_{3t}$

$Y_t = C_t + I_t + G_t$

Which of the equations are
(a) Identified and
(b) Unidentified
How would you estimate the identified equations? Give the procedure.

उत्तर— देखें अध्याय—4, प्र.सं.—13 की तरह।

भाग 'ख'

प्रश्न 5. सिद्ध कीजिए कि असंगत चर का समावेशन, आकलित अंतःखंड प्राचल की अभिनति नहीं करता।

Prove that the inclusion of an irrelevant variable does not bias the estimated intercept parameter.

उत्तर— देखें जून—2015, प्र.सं.—12

प्रश्न 6. समाश्रयण मॉडल $Y_t = a + bX_t + u_t$ के लिए, जहाँ b ज्ञात है, दिखाइए कि पूर्वानुमान का त्रुटि प्रसरण $\sigma^2\left(1+\frac{1}{T}\right)$ होगा, जहाँ σ^2 समष्टि प्रसरण है।

For the regression model $Y_t = a + bX_t + u_t$ where b is known, show that the error variance of the forecast will be $\sigma^2\left(1+\frac{1}{T}\right)$, where σ^2 is the population variance.

Ans. We want to predict an individual Y Corresponding to $X_t = X_0$ i.e. we want to obtain.

$Y_0 = a + bX_0 + u_0$

We predict this as.

$\hat{Y}_0 = \hat{a} + \hat{b}X_0$

The prediction error $(Y_0 - \hat{Y}_0)$ is

$(Y_0 - \hat{Y}_0) = (a - \hat{a}) + (b - \hat{b})X_0 + u_0$ ...(i)

Therefore

$E(Y_0 - \hat{Y}_0) = E(a - \hat{a}) + E(b - \hat{b})X_0 + E(u_0) = 0$

because a and b are unbiased, X_0 is fixed number, $E(u_0) = 0$.
Squaring Eq. (i) on both side and taking expectation we get

$\text{Var}(Y_0 - \hat{Y}_0) = \text{Var}(\hat{a}) + X_0^2 \text{Var}(\hat{b}) + 2 X_0 \text{Cov}(\hat{a}, \hat{b}) + \text{Var}(u_0)$

Substituting the formulas

$\text{Var}(b) = \frac{\sigma^2}{\sum x_i^2}$

$\text{Var}(a) = \frac{\sum x_i^2}{n \sum x_i^2} \sigma^2$

$\text{Cov}(a, b) = -\bar{X} \text{Var}(b) = -\bar{X}\left(\frac{\sigma^2}{\sum x_i^2}\right)$

Nothing that $\text{Var}(u_0) = \sigma^2$ we obtain

$\text{Var}(Y_0 - \hat{Y}_0) = \sigma^2\left[1 + \frac{1}{n} + \frac{(X_0 - \bar{X})^2}{\sum x_i^2}\right]$

प्रश्न 7. बहुसंरेखता की समस्या का वर्णन कीजिए। बहुसंरेखता का पता लगाने के तीन तरीकों की चर्चा कीजिए।

Explain the problem of multicollinearity. Discuss three ways in which you would detect multicollinearity.

उत्तर— देखें अध्याय–2, प्र.सं.–1, 4

प्रश्न 8. मुख्य घटक विश्लेषण (पी.सी.ए.) में आप किन चरणों का अनुसरण करेंगे? संक्षेप में वर्णन कीजिए।

Outline the steps you would follow in the Principal Component Analysis (PCA).

उत्तर— देखें अध्याय–5, प्र.सं.–15

प्रश्न 9. आंशिक समायोजन मॉडल को परिभाषित कीजिए। गतिक मॉडल से, यह कैसे भिन्न है?

Define the partial adjustment model. How is it different from the dynamic models?

उत्तर— देखें अध्याय–3, प्र.सं.–15, 13

प्रश्न 10. संक्षेप में नोट लिखिए।

Write short notes on.

(a) ब्लू

BLUE

उत्तर— देखें अध्याय–1, प्र.सं.–22

(b) चाओ परीक्षण

Chow test

उत्तर— देखें अध्याय–1, प्र.सं.–39

प्रश्न 11. निर्धारण गुणांक (R^2) से आप क्या समझते हैं? आपके पास निम्नलिखित R^2 मानों वाले दो मॉडल हैं—

मॉडल $1 \to R^2 = 0.68$

मॉडल $2 \to R^2 = 0.99$

आप किस मॉडल का चयन करेंगे और क्यों?

What do you understand by coefficient of determination $\left(R^2\right)$? You are given two models having the following R^2 values

Model $1 \to R^2 = 0.68$

Model $2 \to R^2 = 0.99$

which model will you choose and why?

उत्तर— देखें जून–2015, प्र.सं.–9

प्रश्न 12. X और Y चरों के बीच का संबंध, इस प्रकार है, Y = aX^b.

बताइए कि आप मॉडल का आकलन और b आकलन का सार्थकता–परीक्षण कैसे करेंगे?

The relationship between variables X and Y is given by $Y = aX^b$.

Explain how you will estimate the model and test the significance of the b estimate.

Ans. Model = $Y = aX^b$

Putting log on both the sides we get

Log Y = Log a + b Log X

Stochastic model

Log Y = A + b Log X + μ

where A = Log a

We can estimate this model by using OLS. $\hat{b}$ gives the elasticity of Y with respect to X.

Hypothesis testing

Steps:

(i) $H_0 : b = 0$

$H_a : b \neq 0$

(ii) Calculate t-Statistics.

$$t = \frac{\hat{b} - b}{Se_{\hat{b}}}$$

(iii) If $t > t_{\alpha/2}$ then reject H_0 otherwise do not reject it.

पुस्तकालय मंदिरों के समान महत्त्वपूर्ण हैं। मंदिर मनुष्य के केवल आध्यात्मिक पक्ष को समृद्ध करते हैं, परंतु पुस्तकालय मनुष्य का सर्वांगीण विकास करते हैं।

अर्थमिति विधियाँ: एम.ई.सी.ई.-001
दिसम्बर, 2016

नोट : भाग क से किन्हीं दो प्रश्नों और भाग ख से किन्हीं पाँच प्रश्नों के उत्तर दीजिए।

भाग 'क'

इस भाग से किन्हीं दो प्रश्नों के उत्तर दीजिए—

प्रश्न 1. विषमविचालिता से आप क्या समझते हैं? विषमविचालिता की विद्यमानता में ओ.एल.एस. प्रयोग के परिणाम क्या हैं? इसका पता लगाने के लिए, ब्रेश-पगान-गॉडफ्रे परीक्षण को सविस्तार लिखिए।

उत्तर— देखें अध्याय-2, प्र.सं.-12, 15, 18

प्रश्न 2. निम्नलिखित आँकड़ों को ध्यान में रखते हुए, ओ.एल.एस. प्रयोग से रैखिक प्रायिकता मॉडल को आकलित कीजिए।

x	–1	–2	0	1	1	1
y	0	0	0	1	1	1

आकलित मॉडल का प्रयोग, व्यक्ति-विशेषों को 2 श्रेणियों में वर्गीकृत करने के लिए कीजिए। निम्नलिखित वर्गीकरण नियम के प्रयोग से सही वर्गीकरणों की संख्या परिकलित कीजिए—

वर्गीकृत कीजिए $\begin{cases} \text{पहला समूह } (y=1) \text{ यदि } \hat{y} > \frac{1}{2} \\ \text{दूसरा समूह } (y=0) \text{ यदि } \hat{y} \leq \frac{1}{2} \end{cases}$

उत्तर— देखें दिसम्बर-2015, प्र.सं.-1

प्रश्न 3. प्रॉबिट मॉडल किन आधारिक विचारों पर टिका है? वर्णन कीजिए। प्रॉबिट मॉडल को कैसे आकलित किया जा सकता है? सविस्तार लिखिए।

उत्तर— देखें अध्याय-3, प्र.सं.-22, 24

प्रश्न 4. युगपत् समीकरण निकाय के अभिनिर्धारण (Identification) से आप क्या समझते हैं? निम्नलिखित मॉडल की अभिनिर्धारणनीयता का पता लगाइए।

$C_t = a_0 + a_1Y_t + u_t$

$I_t = b_0 + b_1Y_t + b_2Y_{t-1} + u_2$

$Y_t = C_t + I_t + G_t$

(C, Y और I अंतर्जात चर हैं)

उत्तर– देखें अध्याय–4, प्र.सं.–7, फिर देखें दिसम्बर–2013, प्र.सं.–4(b) की तरह।

भाग 'ख'

इस भाग से किन्हीं पाँच प्रश्नों के उत्तर दीजिए–

प्रश्न 5. ब्लू की संकल्पना का वर्णन कीजिए। सिद्ध कीजिए कि ओ.एल.एस. आकल ब्लू (BLUE) हैं।

उत्तर– देखें अध्याय–1, प्र.सं.–22

प्रश्न 6. बहुसंरेखता क्या है? आँकड़ा समुच्चय में बहुसंरेखता की समस्या से कैसे निपटा जाता है?

उत्तर– देखें अध्याय–2, प्र.सं.–1, 5

प्रश्न 7. 2 समयावधियों में व्यय और आय का संबंध इस प्रकार है–

$E_1 = a_1 + a_2Y_1 + u_1$

$E_2 = b_1 + b_2Y_2 + u_2$

2 समयावधियों के बीच संरचनागत स्थिरता के लिए आप चाओ (Chow) परीक्षण को कैसे लागू करेंगे? व्यक्त कीजिए।

उत्तर– देखें अध्याय–1, प्र.सं.–39

प्रश्न 8. गतिक मॉडल, कोयक (Koyck) मॉडल से कैसे भिन्न है? (दोनों मॉडलों का विस्तृत ब्योरा दीजिए और इनके अंतर को स्पष्ट कीजिए)।

उत्तर– देखें अध्याय–3, प्र.सं.–11, 13

प्रश्न 9. अप्रत्यक्ष न्यूनतम वर्ग विधि क्या है? इस विधि के आकलन में किन चरणों का अनुसरण किया जाता है? वर्णन कीजिए।

उत्तर– देखें अध्याय–4, प्र.सं.–16

प्रश्न 10. निम्नलिखित संकल्पनाओं का वर्णन कीजिए—
(a) समायोजित R^2
उत्तर— देखें अध्याय—1, प्र.सं.—33

(b) एक-पुच्छ और द्वि-पुच्छ परीक्षण
उत्तर— देखें अध्याय—1, प्र.सं.—13

प्रश्न 11. आँकड़ों में स्वसहसंबंध की समस्या का सामना आप कब करते हैं? बताइए कि आप स्वसहसंबंध की विद्यमानता का पता कैसे लगाएँगे।
उत्तर— देखें अध्याय—2, प्र.सं.—6

प्रश्न 12. समाश्रयण मॉडल $y_t = a + bx_t + u_t$ के लिए, जहाँ b ज्ञात है, दिखाइए कि पूर्वानुमान का त्रुटि प्रसरण $\sigma^2\left(1 + \dfrac{1}{T}\right)$ होगा, जहाँ σ^2 समष्टि प्रसरण है।
उत्तर— देखें जून—2016, प्र.सं.—6

○○○

अपने ज्ञान के प्रति जरूरत से अधिक यकीन करना मूर्खता है, यह याद दिलाना जरूरी है कि सबसे मजबूत कमजोर हो सकता है, और सबसे बुद्धिमान भी गलती कर सकता है।

अर्थमिति विधियाँ: एम.ई.सी.ई.-001

जून, 2017

नोट : भाग क से किन्हीं दो प्रश्नों और भाग ख से किन्हीं पाँच प्रश्नों के उत्तर दीजिए।

भाग 'क'

इस भाग से किन्हीं दो प्रश्नों के उत्तर दीजिए—

Answer any two questions from this section:

प्रश्न 1. विद्यार्थियों के गणित के अंकों (X) और सी.जी.पी.ए. (Y) का संबंध, इस प्रकार है, $Y_i = \alpha + \beta X_i + \epsilon_i$ 8 विद्यार्थियों के अंक इस प्रकार हैं—

विद्यार्थी	1	2	3	4	5	6	7	8
गणित के अंक	11	14	15	20	22	24	24	30
सी.जी.पी.ए.	2	2.5	3.5	4.5	5.5	6	7	9

(a) ओ.एल.एस. समाश्रयण के प्रयोग से, α और β के आकलनों की प्राप्ति कीजिए।

(b) सत्यापित कीजिए कि अवशिष्टों का योगफल है, $\sum \epsilon_i = 0$।

The relationship between CGPA (Y) and mathematics scores (X) of students is given by $Y_i = \alpha + \beta X_i + \epsilon_i$ scores of 8 students are given as:

Student	1	2	3	4	5	6	7	8
Mathematics score	11	14	15	20	22	24	24	30
CGPA	2	2.5	3.5	4.5	5.5	6	7	9

(a) Using OLS regression, obtain estimates of α and β.

(b) Verify that the sum of residuals, $\sum \epsilon_i = 0$.

प्रश्न 2. Y, X_1, X_2 के बीच का रेखीय संबंध $Y_i = \alpha + \beta_1 X_{1i} + \beta_2 X_{2i} + \epsilon_i$ के रूप में परिकल्पित है।

प्रश्न पत्र 254

इन चरों पर आधारित आँकड़े इस प्रकार हैं—

Y	1	2	3	4	5
X_1	10	15	17	21	23
X_2	20	30	34	42	46

(a) क्या मॉडल को ओ.एल.एस. समाश्रयण विधि के प्रयोग से आकलित किया जा सकता है? वर्णन कीजिए।

(b) ओ.एल.एस. के प्रयोग से मॉडल को आकलित करने के संभावित विकल्पों का वर्णन कीजिए।

A linear relation between Y, X_1, X_2 is hypothesised as $Y_i = \alpha + \beta_1 X_{1i} + \beta_2 X_{2i} + \epsilon_i$.

The data on these variables is given as:

Y	1	2	3	4	5
X_1	10	15	17	21	23
X_2	20	30	34	42	46

(a) Can the model be estimated using OLS regression method? Explain.

(b) Explain the possible options to estimate the model using OLS.

प्रश्न 3. मान लीजिए किसी उपभोक्ता की प्रयोज्य आय X_t इसके इष्टतम व्यय Y_t^* का संबंध, है: $Y_t^* = \alpha + \beta X_t$

(a) दर्शाइए कि उपभोक्ता के व्यवहार को आंशिक समायोजन मॉडल के प्रयोग से किस प्रकार मॉडलबद्ध किया जा सकता है।

(b) मॉडल को ओ.एल.एस. समाश्रयण विधि के प्रयोग से कैसे आकलित किया जा सकता है?

Let the relationship between a consumer's disposable income X_t and his optimal expenditure Y_t^* be given by $Y_t^* = \alpha + \beta X_t$

(a) Show how the behaviour of the consumer can be modelled using a partial adjustment model.

(b) How can the model be estimated using OLS regression method?

प्रश्न 4. किसी अप्रेक्षित चर Y^* का अन्य चर X से रैखिक संबंध, इस प्रकार है—
$Y_i^* = \beta X_i + \epsilon_i$

यदि प्रेक्षित चर Y_i, Y_i^* के तदनुरूपी इस प्रकार हो कि

$Y_i = 1$ यदि $Y_i^* > C$

और $Y_i = 0$ यदि $Y_i^* \leq C$

जहाँ C धनात्मक अचर है—

(a) X_i पर Y_i की सशर्त प्रत्याशा क्या होगी?

(b) इस संदर्भ में प्रॉबिट मॉडल क्या है?

An unobserved variable Y*, has a linear relationship with another variable X, such that $Y_i^* = \beta X_i + \epsilon_i$

If the observed variable Y_i corresponding to Y_i^* is such that

$Y_i = 1$ if $Y_i^* > C$

and $Y_i = 0$ if $Y_i^* \leq C$

Where C is a positive constant:

(a) What will be the expectation of Y_i conditional on X_i?

(b) What is probit model in this context?

भाग 'ख'

इस भाग से किन्हीं पाँच प्रश्न के उत्तर दीजिए—

Answer any five questions from this section:

प्रश्न 5. मान लीजिए कि तीन प्रेक्षणों के यादृच्छिक प्रतिदर्श $X \sim N(\mu, \sigma^2)$ की प्राप्ति इस समष्टि से की गई। μ_x के दो आकलकों का प्रयोग इस प्रकार किया गया—

$\hat{\mu}_{x_1} = \dfrac{X_1 + X_2 + X_3}{3}$ और $\hat{\mu}_{x_2} = \dfrac{X_1}{6} + \dfrac{X_2}{3} + \dfrac{X_3}{2}$

(a) जाँच कीजिए कि क्या $\hat{\mu}_{x_1}$ और $\hat{\mu}_{x_2}, \mu_x$ के अनभिनत आकलक हैं?

(b) यदि दोनों आकलक अनभिनत हैं तो आप किसका चयन करेंगे?

Let $X \sim N(\mu, \sigma^2)$. A random sample of three observations was obtained from this population. Two estimators of μ_x were used as follows:

$\hat{\mu}_{x_1} = \dfrac{X_1 + X_2 + X_3}{3}$ and $\hat{\mu}_{x_2} = \dfrac{X_1}{6} + \dfrac{X_2}{3} + \dfrac{X_3}{2}$

(a) Check whether $\hat{\mu}_{x_1}$ and $\hat{\mu}_{x_2}$ are unbiased estimators of μ_x.

(b) If both estimators are unbiased which one will you choose?

प्रश्न 6. (a) गॉस मार्कोव प्रमेय, ओ.एल.एस. आकलकों के गुणधर्मों के बारे में, हमें क्या बताती है?

(b) प्रमेय किन अवधारणाओं पर आधारित है?

(c) सिद्ध कीजिए कि $\hat{\beta}$, समाश्रयण मॉडल $Y_i = \alpha + \beta X_i + \epsilon_i$ में β का अनभिनत आकलक है, जब इसे ओ.एल.एस. विधि के प्रयोग से आकलित किया जाता हो।

(a) What does the Guass Markov Theorem tell us about the properties of the OLS estimators?

(b) What are the assumptions under which this theorem holds?

(c) Prove that $\hat{\beta}$ is an unbiased estimator of β in the regression model $Y_i = \alpha + \beta X_i + \epsilon_i$, when it is estimated using the OLS method.

प्रश्न 7. शोधकर्त्ता, ओ.एल.एस. विधि के प्रयोग से उपभोग फलन को आकलित करना चाहता है। वह निम्नलिखित मॉडल को आकलित करता है:

$C_t = \alpha + \beta_1 Y_t + \beta_2 W_t + \epsilon_t, t = 1,2, \_\_\_\_\_, T$

जहाँ, $C_t \rightarrow$ समयावधि t में उपभोग को दर्शाता है।

$Y_t \rightarrow$ समयावधि t में आय

$W_t \rightarrow$ समयावधि t में संपत्ति

(a) समाश्रयण गुणांकों के आकलन में वह किस किस्म की समस्या से जूझ सकता है और क्यों?

(b) इस समस्या के अन्य परिणाम क्या हैं?

(c) C_{T+1} के मान का पूर्वानुमान लगाने में भी, क्या उसे समान समस्याओं का सामना करना पड़ सकता है?

A researcher wants to estimate a consumption function using the OLS method. He estimates the following model:

$C_t = \alpha + \beta_1 Y_t + \beta_2 W_t + \epsilon_t, t = 1,2, \_\_\_\_\_, T$

Where, $C_t \rightarrow$ consumption in time period t.

$Y_t \rightarrow$ income in time period t

$W_t \rightarrow$ wealth in time period t

(a) What kind of problem is he likely to come across in the estimation of the regression coefficients and why?

(b) What are the other consequences of this problem?

(c) Is he going to come across the same problems in forecasting the value of C_{T+1}?

प्रश्न 8. ओ.एल.एस. समाश्रयण मॉडल हेतु $Y_t = \beta_1 + \beta_2 X_t + u_t$, t = 1,....,T जहाँ $u_t = P\mu_{t-1} + \epsilon_t$ और ϵ_t, माध्य O और प्रसरण σ^2 के साथ समान और स्वतंत्र रूप से प्रसामान्यतया बंटित है।

(a) स्वसहसंबंध का पता लगाने के लिए डर्बिन–वाटसन (डी–डब्ल्यू) परीक्षण का वर्णन कीजिए।

(b) कोचरन–आर्कट ट्रांसफॉर्मेशन का वर्णन, मॉडल के पुनर्लेखन हेतु कीजिए ताकि कोई स्वसहसंबंध मौजूद न हो।

(c) डी–डब्ल्यू प्रतिदर्शज का प्रयोग, स्वसहप्रसरण के गुणांक के आकलन हेतु आप कैसे करेंगे?

For the OLS regression model $Y_t = \beta_1 + \beta_2 X_t + u_t$, t = 1,....,T where, $u_t = P\mu_{t-1} + \epsilon_t$ and ϵ_t is identically and independently distributed normally with mean O and Variance σ^2.

(a) Explain the Durbin Watson (D-W) test for detecting autocorrelation.

(b) Explain the cochrane-orcult transformation for rewriting the model, so that no autocorrelation is present.

(c) How will you use the D-W statistic to estimate the coefficient of autocovariance?

प्रश्न 9. घरेलू पारिवारिक बचतों (S_t) को जी.डी.पी. (Y_t) के फलन के रूप में परिकल्पित किया जाना है। दो चरों के लिए आँकड़ों की प्राप्ति 1980–2000 से की गई है। माना जाता है कि वर्ष 1990 में संबंध में संरचनागत परिवर्तन हुआ था।

(a) चाओ परीक्षण के प्रयोग से संरचनागत परिवर्तन के परीक्षण के लिए आप समाश्रयण मॉडल को कैसे व्यवस्थित करेंगे।

(b) क्या संरचनागत परिवर्तन के परीक्षण की कोई अन्य बेहतर विधि भी है? इसका नाम एवं लाभ लिखिए।

Domestic household Savings (S_t) are hypothesised to be a function of GDP (Y_t). Data for the two variables is given from 1980-2000. It is believed that a structural change occurred in the relationship in the year 1990.

(a) How will you set up the regression model to test for structural change using chow test.

(b) Is there a better method of testing for structural change? Give its name and advantages.

प्रश्न 10. (a) बंटित पश्च मॉडल एवं स्वसमाश्रयणी मॉडल के रूप में दो चरों के संबंध को लिखिए।

(b) दोनों मॉडलों में क्या अंतर है?

(c) इनमें से किसे ओ.एल.एस. विधि के प्रयोग से आकलित किया जा सकता है?

(d) एक ऐसी विधि का नाम बताइए जिससे अन्य मॉडल को आकलित किया जा सकता है।

(a) Write down the relationship between two variables in the form of a distributed lag model and auto regressive model.

(b) What is the difference between the two models?

(c) Which one of them can be estimated using the OLS method?

(d) Name one method by which the other model can be estimated.

प्रश्न 11. द्विक्षेत्र अर्थव्यवस्था के लिए आय निर्धारण का कीन्सवादी मॉडल इस प्रकार है—

उपभोग फलन

$$\to C_t = \beta_0 + \beta_1 Y_t + u_t, 0 < \beta_1 < 1$$

आय तत्समक (identity)

$$Y_t = C_t + I_t$$

जहाँ $C_t \to$ समय t में उपभोग व्यय

$Y_t \to$ अवधि t में आय

$I_t \to$ अवधि t में निवेश व्यय

(a) उपर्युक्त युगपत् समीकरणों के परिसीमित रूप को लिखिए।

(b) क्या परिसीमित रूपी समीकरण के प्राचलों को ओ.एल.एस. द्वारा संगतता आकलित किया जा सकता है? वर्णन कीजिए।

A Keynesian model of income determination for a two sector economy is given as:

Consumption function

$$\to C_t = \beta_0 + \beta_1 Y_t + u_t, 0 < \beta_1 < 1$$

Income identity

$$Y_t = C_t + I_t$$

Where, $C_t \to$ consumption expenditure in time t

$Y_t \to$ income in period t

$I_t \to$ investment expenditure in period t

(a) Write down the reduced form of the above simultaneous equations.

(b) Can the parameters of the reduced form equation be consistently estimated by OLS? Explain.

○○○

अर्थमिति विधियाँ : एम.ई.सी.ई.–001
दिसम्बर, 2017

नोट : भाग क से किन्हीं दो प्रश्नों और भाग ख से किन्हीं पाँच प्रश्नों के उत्तर दीजिए।

भाग 'क'

इस भाग से किन्हीं दो प्रश्नों के उत्तर दीजिए—
Answer any two questions from this section.

प्रश्न 1. दो चरों X और Y का संबंध है, $Y_i = \alpha + \beta X_i + \varepsilon_i$
5 प्रेक्षणों पर आधारित आँकड़े हैं—

चर ↓ / प्रेक्षण →	1	2	3	4	5
X	1	2	3	4	5
Y	1	4	9	16	25
लॉग X	0	0.30	0.47	0.60	0.69
लॉग Y	0	0.60	0.95	1.2	1.39

(a) यदि क्लासिकी रैखिक समाश्रयण मॉडल की सभी अवधारणाओं को पूरा किया जाए तो उपर्युक्त मॉडल को ओ.एल.एस. समाश्रयण के प्रयोग से कैसे आकलित किया जा सकता है?

(b) समाश्रयण गुणांक के आकलक क्या हैं?

(c) X और Y का सहसंबंध गुणांक क्या है? और समाश्रयण मॉडल का निर्धारण गुणांक (R^2) क्या है?

The relationship between two variables X and Y is given as $Y_i = \alpha + \beta X_i + \varepsilon_i$.

Data on 5 observations is given as:

OBSERVATION→ / VARIABLE↓	1	2	3	4	5
X	1	2	3	4	5
Y	1	4	9	16	25
log X	0	0.30	0.47	0.60	0.69
log Y	0	0.60	0.95	1.2	1.39

(a) If all the assumption of the classical linear regression model are fulfilled, how can the above model be estimated using OLS regression?

(b) What are the estimates of the regression coefficients?

(c) What is the correlation coefficient between X and Y and what is the coefficient of determination (R^2) of the regression model?

प्रश्न 2. आपके पास आँकड़े हैं–

Y	10	12	14	15	20
X_1	10	15	17	21	23
X_2	20	30	34	42	46

(a) चरों के बीच का संबंध इस प्रकार है–

$Y_i = \alpha + \beta_1 X_{1i} + \beta_2 X_{2i} + \varepsilon_i$

क्या उपर्युक्त मॉडल को ओ.एल.एस. समाश्रयण विधि से आकलित किया जा सकता है? वर्णन कीजिए।

(b) इस समस्या के संभावित समाधान क्या है?

(c) इस समस्या को प्रतिदर्श परिघटना क्यों कहा जाता है?

You are given the following data:

Y	10	12	14	15	20
X_1	10	15	17	21	23
X_2	20	30	34	42	46

(a) Relationship between the variables is given as $Y_i = \alpha + \beta_1 X_{1i} + \beta_2 X_{2i} + \varepsilon_i$ can the above model be estimated using the OLS regression method? Explain

(b) What are the possible remedies for this problem?

(c) Why is this problem said to be a sample phenomenon?

प्रश्न 3. मान लीजिए कि विचलन रूप में सही मॉडल है–

$y_i = \beta_{xi} + \varepsilon_i$

प्रसरण $(\varepsilon_i) = \sigma^2$

मान लीजिए कि स्वतंत्र चर का प्रेक्षित मान x_i की बजाए x^* है जहाँ $x_i^* = x_i + v_i$। मान लीजिए कि x में माप त्रुटि, शून्य माध्य के साथ प्रसामान्य रूप से बंटित है और इसका कोई श्रेणीगत सहसंबंध नहीं है और यह ε_i से असहसंबद्ध है।

(a) संयुक्त त्रुटि पद का पता लगाइए। दर्शाइए कि यह कारण चर से सहसंबंद्ध है।

(b) क्या $\hat{\beta}$, β का अनभिनत आकलक है? सिद्ध कीजिए।

Assume that the true model in deviation form is

$y_i = \beta_{xi} + \varepsilon_i$

Var $(\varepsilon_i) = \sigma^2$

Suppose the observed value of the independent variable is x^* **instead of** x_i**, such that** $x_i^* = x_i + v_i$**. Assume that the measurement error in x is normally distributed with zero mean, has no serial correlation and is uncorrelated with** ε_i**.**

(a) Find out the composite error term. Show that it is correlated with the explanatory variable.

(b) Is $\hat{\beta}$ **an unbiased estimator of** β **? Prove.**

प्रश्न 4. (a) दर्शाइए कि किस प्रकार किसी स्कूल टीचर के वार्षिक वेतन (Y_i) को पढ़ाने के अनुभव के वर्षों (X_i) की संख्या के फलन और अध्यापक के स्त्री या पुरुष होने के रूप में मॉडलबद्ध किया जा सकता है? मान लीजिए कि यहाँ कोई गुणात्मक डमी नहीं है।

(b) समाश्रयण गुणांकों की व्याख्या क्या होगी?

(c) डमी चर पाश की संकल्पना का भी वर्णन कीजिए।

(a) Show how the annual salary (Y_i) **of a school teacher can be modelled as a function of number of years of teaching experience** (X_i) **and the gender of the teacher. Assume that there is no multiplicative dummy.**

(b) What will be the interpretation of the regression coefficients?

(c) Explain the concept of dummy variable trap.

भाग 'ख'

इस भाग से किन्हीं पाँच प्रश्नों के उत्तर दीजिए–

Answer any five questions from this section:

प्रश्न 5. यादृच्छिक चर X के 1, 2, ... n मान हैं। मान लीजिए कि प्रत्येक मान की उत्पत्ति की प्रायिकता, $\frac{1}{n}$ के बराबर है। X के प्रायिकता बंटन फलन को लिखिए और X के माध्य और प्रसरण का पता लगाइए।

Let a random variable X takes values 1, 2, ..., n. Assume that the probability of occurrence of each value is equal to $\frac{1}{n}$. Write down the probability distribution function of X. Find out the mean and variance of X.

प्रश्न 6. (a) साधारण समाश्रयण मॉडल में त्रुटि पद के गुणधर्म क्या हैं?

(b) त्रुटि पद के प्रायिकता बंटन के बारे में निर्मित अवधारणाएँ क्या हैं? इस अवधारणाओं की उपयोगिता क्या है?

(c) साधारण समाश्रयण मॉडल $Y_i = \alpha + \beta X_i + \varepsilon_i$ में, ओ.एल.एस. विधि से आकलक $\hat{\beta}$ व्युत्पन्न कीजिए।

(a) What are the properties of the error term in a simple regression model?

(b) What assumption is made about the probability distribution of the error term? What is the usefulness of this assumption?

(c) Derive the estimate $\hat{\beta}$, in the simple regression model $Y_i = \alpha + \beta X_i + \varepsilon_i$, Using the OLS method.

प्रश्न 7. शोधकर्त्ता, ओ.एल.एस. विधि से उपभोग फलन आकलित करना चाहता है। वह, निम्नलिखित मॉडल का आकलन करता है–

$C_t = \alpha + \beta_1 Y_t + \beta_2 W_t + \varepsilon_t, t = 1, ..., T$

जहाँ है, $C_t \rightarrow$ समयावधि t का उपभोग

$Y_t \rightarrow$ समयावधि t में आय

$W_t \rightarrow$ समयावधि t में संपत्ति

(a) आकलन के आधार पर W_t के लिए समाश्रयण गुणांक नकारात्मक नजर आता है। क्या आपकी नजर में यह सार्थक है? क्यों आप सोचते हैं कि ऐसा हुआ होगा?

(b) इस समस्या के अन्य परिणाम क्या हैं?

(c) इस समस्या को ठीक कैसे किया जा सकता है?

A researcher wants to estimate a consumption function using the OLS method. He estimates the following model:

$C_t = \alpha + \beta_1 Y_t + \beta_2 W_t + \varepsilon_t, t = 1, \ldots, T$

Where, $C_t \to$ Consumption in time period t

$Y_t \to$ income in time period t

$W_t \to$ wealth in time period t

(a) Upon estimation. the regression coefficient for W_t turned out to be negative. Do you think it makes sense? Why do you think it might have happened?

(b) What are the other consequences of this problem?

(c) How can this problem be corrected?

प्रश्न 8. समाश्रयण मॉडल के लिए:

$Y_i = \alpha + \beta X_i + \varepsilon_i, i = 1, \ldots, n$ ज्ञात है कि

प्रसरण $(\varepsilon_i) \neq$ प्रसरण $(\varepsilon_j), i \neq j$

(a) ओ.एल.एस. समाश्रयण गुणांक के गुणधर्म, इससे कैसे प्रभावित होते हैं?

(b) यदि प्रसरण $(\varepsilon_i) = \sigma^2 X_i$, दर्शाइए किस प्रकार भारित न्यूनतम वर्ग विधि का प्रयोग समाश्रयण गुणांक के आकलन हेतु किया जा सकता है?

For a regression model

$Y_i = \alpha + \beta X_i + \varepsilon_i, i = 1, \ldots, n$ it is known that

$\text{Var}(\varepsilon_i) \neq \text{var}(\varepsilon_j), i \neq j$

(a) How does it affect the properties of OLS regression coefficient?

(b) If $\text{var}(\varepsilon_i) = \sigma^2 X_i$, Show how the weighted least squares method can be used to estimate the regression coefficient?

प्रश्न 9. इस मॉडल पर विचार कीजिए—

$Y_i = \alpha + \beta_1 X_i + \beta_2 D_{2i} + \beta_3 D_{3i} + u_i$

जहाँ है,

$Y_i \to$ एम.बी.ए. स्नातकों की वार्षिक आय

$X_i \to$ सेवा के वर्ष

$D_{2i} \to 1$ यदि व्यक्ति-विशेष ने हार्वर्ड से एम.बी.ए. की डिग्री प्राप्त की हो अन्यथा 0

$D_{3i} = 1$ यदि व्यक्ति-विशेष ने येल से एम.बी.ए. की डिग्री प्राप्त की हो अन्यथा 0

(a) विविध गुणांकों के प्रत्याशित संकेत क्या हैं?

(b) β_2 और β_3 को आप व्यक्त कैसे करेंगे?

(c) यदि $\beta_2 > \beta_3$ तो किन परिणामों की प्राप्ति की जा सकती है?

Consider the model:

$Y_i = \alpha + \beta_1 X_i + \beta_2 D_{2i} + \beta_3 D_{3i} + u_i$

Where,

$Y_i \to$ Annual earnings of MBA graduates

$X_i \to$ Years of service

$D_{2i} \to 1$ if the individual has an MBA degree from Harvard 0 otherwise

$D_{3i} = 1$ if the individual has an MBA degree from Yale 0 otherwise

(a) What are the expected signs of various coefficients?

(b) How would you interpret β_2 and β_3?

(c) If $\beta_2 > \beta_3$, What conclusions can be drawn?

प्रश्न 10. मान लीजिए कि t से $(t+s)$ तक की विविध समयावधियों में t अवधि में नए उपकरण (X_t) में निवेश, मुनाफों (Y_t) को प्रभावित करता है

(a) उपर्युक्त संबंध को बंटित पश्च मॉडल के रूप में लिखिए।

(b) यदि कॉयक (Koyck) पश्चित (lagged) संरचना का प्रयोग किया जाता है तो किस तरीके से मॉडल को परिवर्तित किया जा सकता है?

(c) परिवर्तित मॉडल को क्या नाम दिया जाता है?

(d) इस मॉडल को ओ.एल.एस. विधि से आकलित करने से जुड़ी समस्याएँ क्या हैं?

Suppose, investment in new equipment (X_t) in period t affects profits (Y_t) over several time periods starting from period t to period t + s

(a) Write the above relationship in the form of a distributed lag model.

(b) If a Koyck lagged structure is used, what is the way in which the model gets transformed?

(c) What is the name given to the transformed model?

(d) What are the problems in estimating this model using the OLS method?

प्रश्न 11. गेहूँ के संबंध में बाजार के निम्नलिखित मॉडल पर विचार कीजिए—

$Q_d = a_0 + a_1 P_1 + a_2 P_2 + a_3 Y + a_4 t + u$

$Q_s = b_0 + b_1 P_1 + b_2 P_2 + b_3 Y + b_4 t + w$

$Q_d = Q_s$

जहाँ है,

$Q_d \to$ परिमात्रा माँगित (demanded)

$Q_s \to$ आपूर्तित परिमात्रा

$P_1 \to$ गेहूँ का मूल्य

$P_2 \to$ चावल का मूल्य

$Y \to$ आय

$t \to$ काल प्रवृत्ति

(a) अंतर्जात चर का नाम लिखिए।
(b) दो समीकरणों के अभिनिर्धारण की जाँच हेतु क्रम शर्त का प्रयोग करें।
(c) आपूर्ति समीकरण के अभिनिर्धारण की जाँच हेतु कोटि शर्त का प्रयोग करें।

Consider the following model of the market for wheat:

$Q_d = a_0 + a_1 P_1 + a_2 P_2 + a_3 Y + a_4 t + u$

$Q_s = b_0 + b_1 P_1 + b_2 P_2 + b_3 Y + b_4 t + w$

$Q_d = Q_s$

Where,

$Q_d \to$ Quantity demanded

$Q_s \to$ Quantity Supplied

$P_1 \to$ Price of wheat

$P_2 \to$ Price of rice

$Y \to$ income

$t \to$ time trend

(a) Name the endogenous variables.
(b) Use the order condition to examine the identification of the two equations.
(c) Use the rank condition to examine the identification of the supply equation.

अर्थमिति विधियाँ: एम.ई.सी.ई.–001
जून, 2018

नोट : भाग क से किन्हीं दो प्रश्नों और भाग ख से किन्हीं पाँच प्रश्नों के उत्तर दीजिए।

भाग 'क'

इस भाग से किन्हीं दो प्रश्नों के उत्तर दीजिए—
Answer any two questions from this section.

प्रश्न 1. इस द्वि-समीकरण मॉडल पर विचार कीजिए, जहाँ

$Y_1 = a_1 + a_2 Y_2 + u_1$

$Y_2 = b_1 + b_2 Y_1 + b_3 Z_1 + b_4 Z_2 + u_2$

पहले समीकरण का आकलन कीजिए ताकि निम्नलिखित के माध्यम से संभावित बायस (bias), असंगतता और दक्षता की प्राप्ति हो—

(क) ओ.एल.एस.

(ख) अप्रत्यक्ष न्यूनतम वर्ग

(ग) साधन के रूप में Z_1 का प्रयोग करते हुए साधनभूत चर

Consider a two-equation model with

$Y_1 = a_1 + a_2 Y_2 + u_1$

$Y_2 = b_1 + b_2 Y_1 + b_3 Z_1 + b_4 Z_2 + u_2$

Estimate the first equation with a view to obtaining possible bias, unconsistency and efficiency through

(a) OLS

(b) Indirect Least Squares

(c) Instrumental variables using Z_1 as an instrument

उत्तर– देखें जून–2015, प्र.सं.–1

प्रश्न 2. स्वसहसंबंध की संकल्पना की व्याख्या कीजिए। ओ.एल.एस. आकलकों पर इसके परिणाम क्या हैं? समाश्रयण मॉडल में स्वसहसंबंध पता लगाने की किसी एक विधि का वर्णन कीजिए।

Explain the concept of autocorrelation. What are its consequences on the OLS estimates? Describe one of the methods of detecting autocorrelation in a regression model.

उत्तर— देखें अध्याय–2, प्र.सं.–6, 7, 8

प्रश्न 3. लॉजिट मॉडल को आधार देने वाले विचारों की व्याख्या कीजिए। बताइए कि किस आधार पर लॉजिट मॉडल, रैखिक प्रायिकता मॉडल की तुलना में बेहतर है।

Explain the underlying ideas behind the logit model. Explain on what grounds logit model is an improvement over linear probability model.

उत्तर— देखें अध्याय–3, प्र.सं.–22 (ii), 20

प्रश्न 4. Y और X चरों के बीच का संबंध रैखिक है, अर्थात्, $Y = \alpha + \beta X + \varepsilon$. मान लीजिए, भले ही, क्लासिकी समविसारिता अवधारणा का उल्लंघन किया गया है। विशेष रूप से, पहले n प्रेक्षणों के लिए, त्रुटि पद ε का प्रसरण 1 है, जबकि शेष n_2 प्रेक्षणों के लिए त्रुटि पद का प्रसरण 4 है।

The relationship between variables Y and X is linear, that is, $Y = \alpha + \beta X + \varepsilon$. Assume, however, that, the classical homoscedasticity assumption is violated. Specifically, for the first n observations, the variance of the error term ε is 1, whereas for the remaining n_2 observations, the variance of the error term is 4.

(क) क्या समस्याएँ उत्पन्न होंगी यदि आप α और β को ओ.एल.एस. से आकलित करें?

(a) What problems arise if you estimate α and β by OLS?

उत्तर— देखें दिसम्बर–2015, प्र.सं.–3(a)

(ख) आप α और β को सामान्यीकृत न्यूनतम वर्गों से कैसे आकलित करेंगे?

(b) How would you estimate α and β by Generalised Least Squares?

उत्तर— देखें अध्याय–1, प्र.सं.–37

भाग 'ख'

इस भाग से किन्हीं पाँच प्रश्नों के उत्तर दीजिए—

Answer any five questions from this section:

प्रश्न 5. बहुसरेखन के परिणामों की व्याख्या कीजिए। इसके लिए निवारक उपायों का सुझाव दीजिए।

Explain the consequences of multicollinearity. Suggest remedial measures for the same.

उत्तर— देखें अध्याय–2, प्र.सं.–3, 5

प्रश्न 6. समझाइए कि कारण चरों में मापन त्रुटियों की उत्पत्ति से असंगत प्राचल आकलकों की प्राप्ति क्यों होती है?

Explain why measurement error in the explanatory variables will lead to inconsistent parameter estimates.

उत्तर— देखें अध्याय–2, प्र.सं.–19

प्रश्न 7. समाश्रयण मॉडल

$Y_t = \alpha + \beta X_t + \varepsilon_t, t = 1, 2, 3, \ldots T$

के लिए, जहाँ β ज्ञात हो, दर्शाइए कि पूर्वानुमान का त्रुटि प्रसरण

$\sigma^2 \left(1 + \frac{1}{T}\right)$ होगा, जहाँ σ^2, समष्टि प्रसरण है।

For the regression model

$Y_t = \alpha + \beta X_t + \varepsilon_t, t = 1, 2, 3, \ldots T$

where β is known, show that the error variance of the forecast will be $\sigma^2 \left(1 + \frac{1}{T}\right)$, where σ^2 is the population variance.

उत्तर— देखें जून–2016, प्र.सं.–6

प्रश्न 8. मान लीजिए आपको दो समयावधियों के लिए आय और व्यय का संबंध दर्शाया गया है, जो है

$E_1 = \alpha_1 + \alpha_2 Y_1 + \varepsilon_1$

और $E_2 = \beta_1 + \beta_2 Y_2 + \varepsilon_2$

बताइए कि आप दो समयावधियों के बीच के संरचनागत स्थायित्व के लिए चाओ परीक्षण कैसे लागू करेंगे।

Suppose you are given the relationship between expenditure and income for two time periods as

$E_1 = \alpha_1 + \alpha_2 Y_1 + \varepsilon_1$

and $E_2 = \beta_1 + \beta_2 Y_2 + \varepsilon_2$

State how you would apply Chow test for structural stability between the two time periods.

उत्तर— देखें अध्याय—1, प्र.सं.—39

प्रश्न 9. श्रेष्ठतम रैखिक अनभिनत आकलक की संकल्पना की व्याख्या कीजिए। सिद्ध कीजिए कि ओ.एल.एस. आकलक हैं।

Explain the concept of Best Linear Unbiased Estimators (BLUE). Prove that OLS estimators are BLUE.

उत्तर— देखें अध्याय—1, प्र.सं.—22

प्रश्न 10. आंशिक समायोजन मॉडल की परिभाषा दीजिए। गत्यात्मक मॉडलों से यह कैसे भिन्न है?

Define the partial adjustment model. How is it different from dynamic models?

उत्तर— देखें अध्याय—3, प्र.सं.—15, 13

प्रश्न 11. प्रधान घटक विश्लेषण की विधि पर एक टिप्पणी लिखिए।

Write a note on the method of Principal Component Analysis.

उत्तर— देखें अध्याय—5, प्र.सं.—15

प्रश्न 12. निम्नलिखित पर संक्षिप्त टिप्पणियाँ लिखिए—

Write short notes on the following:

(क) रिसेट परीक्षण

RESET Test

उत्तर— रैमसे रिसेट टेस्ट परीक्षण का एक तरीका है कि क्या आप में कुछ महत्त्वपूर्ण गैर रैखिक संबंध मौजूद है। जबकि आपने एक रैखिक प्रतिगमन मॉडल बनाया है।

एक साधारण रैखिक प्रतिगमन मॉडल $(Y = a + bx)$, चलाने के बाद यह परीक्षण वास्तविक (x) चर के साथ स्वतंत्र चर के रूप में पूर्वानुमानित Y की शक्तियों को जोड़ने के साथ एक और प्रतिगमन मॉडल चलाता है।

$$\left[\text{और इसी तरह } y = a + bx + c(\text{अनुमानित } y)^2 + (\text{अनुमानित } y)^3 \right]$$

(ख) डमी चर पाश

Dummy Variable Trap

उत्तर– डमी चर पाश उन मामलों से संबंधित है जहाँ डमी चर का एक सेट एक–दूसरे के साथ इतना अधिक समरेख/एक रेखस्थ है कि ओ.एल.एस. मॉडल के पैरामीटर की पहचान नहीं कर सकता है। यह मुख्य रूप से होता है यदि आप एक निश्चित चर से सभी डमी शामिल करते हैं, तो आपके पास शिक्षा के लिए 3 डमी हैं "कोई डिग्री नहीं", "हाई स्कूल" और "कॉलेज" आदि। यदि आप एक अवरोध (एक वेक्टर) के साथ प्रतिगमन में सभी डमी शामिल करते हैं, तो डमी का यह सेट रैखिक रूप से अवरोध के साथ निर्भर होगा और ओ.एल.एस. इसे हल नहीं कर सकता है। इस कारण से अधिकांश सांख्यिकीय पैकेजों द्वारा डमी को स्वचालित रूप से गिरा दिया जाता है।

अंशकालिक और अस्थायी काम करने के लिए डमी को यह समस्या नहीं होनी चाहिए क्योंकि वे पारस्परिक रूप से अनन्य और संपूर्ण नहीं हैं। उदाहरण के लिए, लोग पूर्णकालिक काम कर सकते हैं लेकिन अस्थायी आधार पर। हालाँकि अगर आपके नमूने में (किसी भी कारण से) सभी अंशकालिक कर्मचारी भी अस्थायी श्रमिक हैं तो फिर आपके डमी में से एक गिरा दिया जाएगा। एक साइड नोट के रूप में, इस तरह के एक प्रतिगमन के साथ बड़ी समस्या आत्म–चयन के कारण एक अंतहीन समस्या है। कुछ व्यक्ति अस्थायी श्रमिक क्यों हैं? परिणाम के परिणाम और इसके संबंध के आधार पर यह परिणाम पूर्वाग्रह कर सकता है।

बेसलाइन डमी बदलना व्याख्या का विषय है। आप जिस आधारभूत रेखा का चयन करते हैं उस पर निर्भर करता है कि आप क्या जवाब देना चाहते हैं। यदि आप देखना चाहते हैं कि कॉलेज के स्नातक उच्च विद्यालय के स्नातकों से अधिक कमाते हैं तो बेसलाइन के रूप में उच्च विद्यालय के स्नातकों को चुनना समझ में आता है। फिर स्नातक डमी के गुणांक को कॉलेज और हाई स्कूल के स्नातकों के बीच के परिणाम में अंतर के रूप में विवेचन किया जा सकता है।

OOO

इंसान जिंदगी में गलतियाँ करके उतना दुखी नहीं होता है, जितना कि वह बार-बार उन गलतियों के बारे में सोच कर होता है।

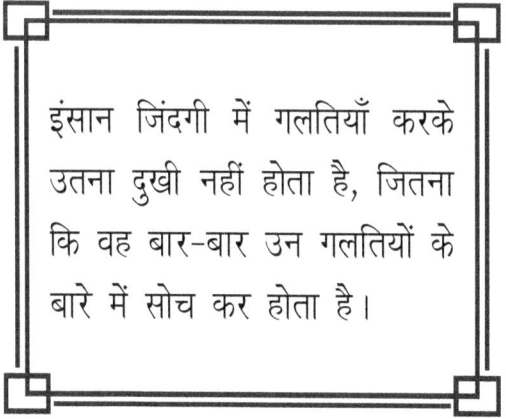

अर्थमिति विधियाँ: एम.ई.सी.ई.–001
दिसम्बर, 2018

नोट : भाग क से किन्हीं दो प्रश्नों और भाग ख से किन्हीं पाँच प्रश्नों के उत्तर दीजिए।

भाग – क

इस भाग से किन्हीं दो प्रश्नों के उत्तर दीजिए:

प्रश्न 1. इस त्रि-समीकरण मॉडल पर विचार कीजिए:

$y_1 = \beta_{13} y_3 + \gamma_{12} x_2 + u_1$

$y_2 = \beta_{21} y_1 + \beta_{23} y_3 + \gamma_{21} x_1 + \gamma_{22} x_2 + u_2$

$y_3 = \gamma_{33} x_3 + u_3$

जहाँ y_1, y_2 और y_3 अंतर्जात चर और x_1, x_2 और x_3 बहिर्जात चर हैं। प्रत्येक समीकरण मॉडल का अभिनिर्धारण, क्रम और कोटि शर्तों के आधार पर कीजिए।

प्रश्न 2. मान लीजिए कि इस समाश्रयण मॉडल में

$Y_t = \alpha + \beta X_t + u_t$

त्रुटि पद $u_t = \rho u_{t-1} + \Sigma_t$

जहाँ $\Sigma_t \sim N(0, \sigma_\Sigma^2)$

(a) परिणाम क्या होंगे, यदि आकलक α और β के लिए ओ.एल.एस. विधि लागू की जाए?

(b) इस मॉडल के आकलन की कार्यविधि का सुझाव दीजिए।

प्रश्न 3. रैखिक प्रायिकता मॉडल को आधार देने वाले विचारों का वर्णन कीजिए। इस मॉडल के तहत् सामना की जाने वाली समस्याएँ कौन सी हैं? समझाइए कि लाभ-मॉडल, इन समस्याओं को कैसे दूर करता है?

प्रश्न 4. विषय विचालिता से आप क्या समझते हैं? विषम विचालिता की मौजूदगी में ओ.एल.एस. विधि के प्रयोग के परिणाम क्या हैं? इसका पता लगाने के संबंध में ब्रश-पेगन (Breusch-Pagan) परीक्षण का वर्णन कीजिए।

भाग – ख

इस भाग से किन्हीं पाँच प्रश्नों के उत्तर दीजिए—

प्रश्न 5. बहुसंरेखता क्या है? आँकड़ा समुच्चय में बहुसंरेखता की समस्या से कैसे जूझा जाता है?

प्रश्न 6. निर्धारण गुणांक (R^2) की व्याख्या कीजिए। R^2 और समायोजित R^2 के बीच के अंतर को उजागर कीजिए।

प्रश्न 7. सामान्यीकृत न्यूनतम वर्ग आकलक प्राप्त करने की कार्यविधि का वर्णन कीजिए।

प्रश्न 8. मान लीजिए कि आपके पास एक मॉडल है, $x_1 = \beta_1 + \beta_2 x + u$ जहाँ विक्षोभ पद, मानक गॉस-मार्कोव समाश्रयण मॉडल अवधारणाओं को संतुष्ट करता है। हालाँकि चर x सभी प्रेक्षणों में मात्रा की दृष्टि से नियत α द्वारा अवआकलित होने की वजह से मापन त्रुटि पर निर्भर है।

दर्शाइए कि β_2 का ओ.एल.एस. आकलक उस मात्रा (amount) द्वारा अनभिनत अधोमुखी (biased downwards) होगा जो कि α और β_2 दोनों के समानुपाती होगी।

प्रश्न 9. (a) बंटित पश्च मॉडल और स्वतः प्रतिक्रामी मॉडल के रूप में दो चरों के बीच के संबंध को लिखिए।

(b) दोनों मॉडलों के बीच क्या अंतर है?

(c) इन दोनों में से किस मॉडल को ओ.एल.एस. विधि से आकलित किया जा सकता है?

(d) किसी एक विधि का नाम लिखिए जिससे अन्य मॉडल को आकलित किया जा सकता है?

प्रश्न 10. चाओ (Chow) परीक्षण का उपयोग क्या है? चाओ परीक्षण लागू करते समय आप किन बातों का अनुकरण करेंगे? वर्णन कीजिए।

प्रश्न 11. कारक विश्लेषण क्या है? प्रधान घटक विश्लेषण से यह कैसे भिन्न है? उपादान भारण की संकल्पना की चर्चा कीजिए।

प्रश्न 12. संक्षेप में नोट लिखिए—

(a) श्रेष्ठतम रैखिक अनभिनत आकलक (BLUE)

(b) द्वि-चरणी न्यूनतम वर्ग

○○○

अर्थमिति विधियाँ: एम.ई.सी.ई.–001
जून, 2019

नोट : भाग क से किन्हीं दो प्रश्नों और भाग ख से किन्हीं पाँच प्रश्नों के उत्तर दीजिए।

खंड 'क'

इस खंड से किन्हीं दो प्रश्नों के उत्तर दीजिए—

प्रश्न 1. विषम विचालिता से आप क्या समझते हैं? समझाइए कि किसी प्रतीपगमन प्रतिमान में आप विषम विचालिता की पहचान कैसे करेंगे। विषम विचालिता समस्या के उपचारात्मक समाधान क्या हैं?

उत्तर— देखें अध्याय–2, प्र.सं.–12, 15, 16 (पेज नं.–89, 92, 93)

प्रश्न 2. आप युगपत समीकरण तंत्र की पहचान से क्या समझते हैं? निम्न प्रतिमान में इस पहचान का आंकलन कीजिए—

$C_t = a_0 + a_1 Y_t + u_1$
$I_t = b_0 + b_1 Y_t + b_2 Y_{t-1} + u_2$
$Y_t = C_t + I_t + G_t$
(यहाँ C, Y, I अंतर्वर्ती चर हैं)

उत्तर— देखें अध्याय–4, प्र.सं.–9 (पेज नं.–155), फिर देखें दिसम्बर–2013, प्र.सं.–4(b) (पेज नं.–208) की तरह।

प्रश्न 3. इस प्रतीपगमन समीकरण पर विचार कीजिए—

$y_i = \alpha + \beta x_i + u_i$
यहाँ u_i त्रुटि पद है।

(क) प्रतिमान में त्रुटि पद u_i सम्मिलित करने की आवश्यकता समझाइए।

उत्तर— देखें अध्याय–1, प्र.सं.–15 (पेज नं.–20)

(ख) गॉस–मार्कोव प्रमेय को सिद्ध करने के लिए त्रुटि पद के विषय में क्या मान्यताएँ आवश्यक हैं?

उत्तर— देखें अध्याय–1, प्र.सं.–20 (पेज नं.–26)

(ग) β के अनुमानक के लिए गॉस–मार्कोव प्रमेय सिद्ध कीजिए।

उत्तर– OLS अनुमानक अनभिनत तथा संगत होते हैं। वे OLS अनुमानक जो रेखीय होते हैं तथा अनभिनत अनुमान होते हैं, उनका प्रसरण न्यूनतम होता है। यही गॉस–मार्कोव प्रमेय है। अतः इसके अनुसार α तथा β के OLS अनुमानक $\hat{α}$ और $\hat{β}$ बी.एल.यू.ई. होते हैं क्योंकि रेखीय अनभिनत अनुमानों वाले इन अनुमानकों का प्रसरण न्यूनतम होता है। यदि गॉस–मार्कोव प्रमेय की मान्यताएँ पूरी नहीं होती हैं, तब न्यूनतम वर्ग अनुमानक बी.एल.यू.ई. नहीं होते हैं। गॉस–मार्कोव सिद्धांत अरेखीय अनुमानकों पर लागू नहीं होता है। β के अनुमानक के लिए गॉस–मार्कोव प्रमेय को इस प्रकार सिद्ध किया जा सकता है—

फिर देखें अध्याय–1, प्र.सं.–22 (पेज नं.–27)

प्रश्न 4. मान लीजिए कि निर्भर चर Y_i केवल दो मान धारण करता है, 0 और 1। मान लीजिए कि X_i स्वतंत्र चरों का समूह है, जिनमें से कुछ सतत हैं। आप X_i के Y_i पर प्रभाव का अध्ययन करने के लिए एक रैखिक प्रायिकता प्रतिमान का निर्माण कर रहे हैं, जो है, $Y_i = X_i β + ε_i$ जहाँ $ε_i$ को इस प्रकार मानकीकृत किया गया है कि इसका माध्य शून्य है।

(क) दर्शाइए कि प्रत्येक X_i के लिए त्रुटि $ε_i$ केवल दो मान धारण कर सकती है।

(ख) दर्शाइए कि $\text{var}(ε_i|X_i)$, अर्थात् X_i हेतु $ε_i$ का विचरण $X_i β (1 - X_i β)$ है।

(ग) इस प्रतिमान में, X_i के लिए $Y_i = 1$ की प्रायिकता को [0, 1] अंतराल तक सीमित क्यों नहीं किया जाता?

उत्तर– देखें अध्याय–3, प्र.सं.–20 (पेज नं.–133)

खंड 'ख'

इस खंड से किन्हीं पाँच प्रश्नों के उत्तर दीजिए–

प्रश्न 5. निर्धृति के गुणक R^2 की व्याख्या कीजिए। R^2 और समंजित R^2 में भेद स्पष्ट कीजिए।

उत्तर– देखें अध्याय–1, प्र.सं.–17, 33 (पेज नं.–23, 41)

प्रश्न 6. आपको व्यय (E) तथा आय (Y) के लिए दो अवधियों 1 और 2 में संबंध दिया गया है–

$E_1 = α_1 + β_1 Y_1 + ε_1$ और

$E_2 = α_2 + β_2 Y_2 + ε_2$

समझाइए कि इन दो अवधियों में संरचनात्मक स्थिरता के लिए चौ परीक्षण कैसे करेंगे।

उत्तर— देखें अध्याय–1, प्र.सं.–39 (पेज नं.–55) की तरह

प्रश्न 7. सामान्यीकृत न्यूनतम वर्ग (GLS) विधि से प्राचलों के आंकलन की विधि के सोपान समझाइए।

उत्तर— देखें अध्याय–1, प्र.सं.–37 (पेज नं.–51)

प्रश्न 8. आंशिक समंजन प्रतिमान की परिभाषा दीजिए। यह गत्यात्मक प्रतिमानों से किस प्रकार भिन्न होता है?

उत्तर— देखें अध्याय–3, प्र.सं.–15, 13 (पेज नं.–128, 127)

प्रश्न 9. प्रमुख घटक विश्लेषण (PCA) की विधि पर चर्चा कीजिए।

उत्तर— देखें अध्याय–5, प्र.सं.–15 (पेज नं.–183)

प्रश्न 10. सिद्ध कीजिए कि एक असंगत चर को शामिल करने से अंत:खंड प्राचल का अनुमान अभिनतिपूर्ण नहीं हो जाता।

उत्तर— देखें जून–2015, प्र.सं.–12 (पेज नं.–235)

प्रश्न 11. बहुरैखिकता की समस्या समझाइए। बहुरैखिकता की उपस्थिति को पहचानने की विधियों पर चर्चा कीजिए।

उत्तर— देखें अध्याय–2, प्र.सं.–1, 4 (पेज नं.–68, 70)

प्रश्न 12. एक यादृच्छिक चर X, 1, 2, ... n मान धारण करता है। मान लीजिए कि प्रत्येक मान की प्रायिकता $\frac{1}{n}$ के समान है। X का प्रायिकता आबंटन फलन लिखिए। इस X के माध्य तथा विचरण का आंकलन कीजिए।

उत्तर— Let a random variable X take value 1,......n. The probability of occurance of each value is equal to $\frac{1}{n}$ respectively $\left(p_i = \frac{1}{n}\right)$, such that $p_i > 0$, and $\sum_{i=1}^{n} p_i = 1$.

Value of random variable	Probability
1	$\frac{1}{n}$
2	$\frac{1}{n}$
3	$\frac{1}{n}$
.	.
.	.
n	$\frac{1}{n}$

The probability distribution function of X is

$$p(1 \le x_i \le n) = \frac{1}{n}$$

Expected or Mean value:

$$\mu = E(X) = \sum_{i=1}^{n} x_i p(x_i)$$

$$= \frac{1}{n} \sum_{i=1}^{n} x_i$$

$$= \frac{1+2+3+....n}{n}$$

$$= \frac{n(n+1)}{2n} = \frac{n+1}{2} \qquad \text{...(i)}$$

and $E(X^2) = \sum_{i=1}^{n} x_i^2 p(x_i)$

$$= \frac{1}{n} \sum_{i=1}^{n} x_i^2$$

$$= \frac{1^2 + 2^2 + 3^2 + ... + n^2}{n}$$

$$= \frac{n(n+1)(2n+1)}{6n} = \frac{(n+1)(2n+1)}{6} \qquad \text{...(ii)}$$

Now, variance:

$$V(X) = \sigma^2 = E\left[(X-\mu)^2\right] = E(X^2) - \mu^2$$

where μ is the mean of X or $\mu = E(X)$

So, $V(X) = E(X^2) - [E(X)]^2$

from (i) and (ii), we get

$$V(X) = \frac{(n+1)(2n+1)}{6} - \left(\frac{n+1}{2}\right)^2$$

$$= \frac{(n+1)(2n+1)}{6} - \frac{(n+1)^2}{4}$$

$$= \frac{2(n+1)(2n+1)}{12} - \frac{3(n+1)^2}{12}$$

$$= \frac{(n+1)(4n+2-3n-3)}{12}$$

$$= \frac{(n+1)(n-1)}{12} = \frac{n^2-1}{12}$$

Hence, the mean and variable of X is

$$\mu = \frac{n+1}{2} \quad \text{and} \quad \sigma = \frac{n^2-1}{12}$$

अर्थमिति विधियाँ: एम.ई.सी.ई.–001
दिसम्बर, 2019

नोट : भाग क से किन्हीं दो प्रश्नों और भाग ख से किन्हीं पाँच प्रश्नों के उत्तर दीजिए।

भाग 'क'

इस भाग से कोई दो प्रश्न हल कीजिए।

प्रश्न 1. एक लॉजिट प्रतिमान समीकरण है—

$$P_i = F(Z_i) = F(\alpha + \beta X_i)$$
$$= \frac{1}{1 + e^{-Z_i}}$$

आप इस प्रतिमान का आकलन कैसे करेंगे? समझाइए कि क्या प्रतिमान के प्राचल रैखिक हैं और क्या इसके आकलन में सामान्य न्यूनतम वर्ग विधि का प्रयोग हो सकता है।

उत्तर— देखें अध्याय–3, प्र.सं.–24

प्रश्न 2. (क) समझाइए कि विषमविचरिता क्या है और यह किस प्रकार एक समस्या बन जाती है? इस विषमविचरिता की पहचान के लिए दो प्रायः प्रयुक्त परीक्षणों की रूपरेखा दीजिए।

उत्तर— देखें अध्याय–2, प्र.सं.–12, 15

(ख) दर्शाइए कि विषमविचरिता की समस्या का सामना करने के लिए आप सामान्यीकृत न्यूनतम वर्ग विधि कैसे प्रयोग करेंगे।

उत्तर— देखें अध्याय–2, प्र.सं.–16

प्रश्न 3. इस युगपत समीकरण पर विचार कीजिए—

$$y_1 = \alpha_{13} y_3 + \beta_{12} x_2 + u_1$$
$$y_2 = \alpha_{21} y_1 + \alpha_{23} y_3 + \beta_{21} x_1 + \beta_{22} x_2 + u_2$$
$$y_3 = \alpha_{32} y_2 + \beta_{33} x_3 + u_3$$

प्रतिमान के प्रत्येक समीकरण की पहचान की अवस्था का कोटि और अनुक्रम शर्तों के आधार पर परीक्षण कीजिए। यह भी बताइए कि प्रतिमान के प्रथम समीकरण का आकलन कैसे किया जा सकता है?

उत्तर— देखें जून–2015, प्र.सं.–4, फिर देखें अध्याय–4, प्र.सं.–10

प्रश्न 4. मान लीजिए कि विचलन रूप में वास्तविक प्रतिमान $y_i = \beta x_i + \varepsilon_i$ है, जहाँ $Var(\varepsilon_i) = \sigma^2$। मान लें कि स्वतंत्र चर का अवलोकित मान x_i^* है, न कि x_i। वह भी इस प्रकार कि $x_i^* = x_i + V_i$। मान लीजिए कि x_i की मापन त्रुटि का आबंटन प्रसामान्य है जिसका माध्य शून्य है और जिसमें कोई आनुक्रमिक सहसंबंध नहीं है और न ही उनका ε_i से कोई संबंध है :

(क) संयुक्त त्रुटि पद का आकलन कीजिए। दर्शाइए कि यह व्याख्याकारी चर से सहसंबंधित है।

(ख) क्या $\hat{\beta}, \beta$ के लिए एक अनअभिनत मापक होगा? सिद्ध कीजिए।

उत्तर— देखें अध्याय–2, प्र.सं.–19

भाग 'ख'

इस भाग से कोई पाँच प्रश्न हल कीजिए।

प्रश्न 5. चो का परीक्षण कब और कहाँ प्रयोग किया जाता है? इस परीक्षण की प्रक्रिया की रूपरेखा दीजिए।

उत्तर— देखें अध्याय–1, प्र.सं.–39

प्रश्न 6. प्रमुख घटक विश्लेषण विधि पर एक संक्षिप्त टिप्पणी लिखिए।

उत्तर— देखें अध्याय–5, प्र.सं.–15

प्रश्न 7. वितरित अंतराल प्रतिमानों के लिए कोयक विधि समझाइए।

उत्तर— देखें अध्याय–3, प्र.सं.–11

प्रश्न 8. इस प्रतीपगमन प्रतिमान पर विचार कीजिए—

$Y_i = \alpha + \beta X_i + \varepsilon_i$

α, β और σ^2 के अधिकतम संभाव्यता अनुमानक आकलित कीजिए, जहाँ σ^2 त्रुटिपद ε_i का विचरण है।

उत्तर— देखें अध्याय–1, प्र.सं.–24

प्रश्न 9. परोक्ष/अप्रत्यक्ष न्यूनतम वर्ग विधि क्या है? इसी विधि में आकलन के लिए प्रयुक्त सोपान समझाइए।

उत्तर— देखें अध्याय–4, प्र.सं.–16

प्रश्न 10. एक बहुल प्रतीपगमन प्रतिमान पर विचार कीजिए। इस संदर्भ में इनके सांख्यिकीय महत्त्व की जाँच की विधियों की सोपानवार व्याख्या कीजिए :

(क) एक प्रतीपगमन गुणांक

(ख) सभी आंशिक ढाल गुणांक

उत्तर— देखें अध्याय–1, प्र.सं.–31, 32, 27

प्रश्न 11. किसी स्वप्रतीपगमनीय प्रतिमान में आप स्वसहसंबंध की जाँच कैसे करेंगे? इस संदर्भ में डर्बिन की h परीक्षण की विधि समझाइए।

उत्तर— देखें अध्याय–2, प्र.सं.–8

जब प्रतीपगमकों में आश्रित चरों के विलंबित मानों की उपस्थिति होती है उस स्थिति में D-W परीक्षण अमान्य हो जाता है एवं उस स्थिति में डर्बिन की h परीक्षण विधि प्रयोग की जाती है, जिसका संक्षिप्त विवरण नीचे प्रस्तुत है—

Durbin's h-test

We apply OLS to

$$y_t = \beta_1 y_{t-1} + \beta_2 y_{t-2} + \ldots + \beta_r y_{t-r} + \beta_{r+1} x_{t,1} + \ldots + \beta_k x_{t,k-r} + u_t,$$

$$u_t = \rho u_{t-1} + \varepsilon_t$$

and then find OLS b_1 of β_1. Let its variance be $Var(b_1)$ and its estimator is $\widehat{Var}(b_1)$. Then the Durbin's h-statistic is

$$h = r\sqrt{\frac{n}{1 - n\widehat{Var}(b_1)}}$$

which is asymptotically distributed as N(0,1) and

$$r = \frac{\sum_{t=2}^{n} e_t e_{t-1}}{\sum_{t=2}^{n} e_t^2}$$

This test is applicable when n is large. When $\left[1 - n\widehat{Var}(b_1)\right] < 0$, then test breaks down. In such cases, the following test procedure can be adopted.

We introduce a new variable ε_{t-1} to $u_t = \rho u_{t-1} + \varepsilon_t$. Then

$e_t = \delta \rho_{t-1} + y_t.$

Now apply OLS to this model and test $H_{0A} : \delta = 0$ versus $H_{1A}: \delta \neq 0$ using t-test. If H_{0A} is accepted then we accept $H_0 : \rho = 0$.

If $H_{0A} : \delta = 0$ is rejected, then we reject $H_0 : \rho = 0$.

If $H_0 : \rho = 0$ is rejected by D-W test, it does not necessarily mean the presence of first order autocorrelation in the disturbances. It could happen because of other reasons also, e.g.,
- distribution may follows higher order AR process.
- some important variables are omitted.
- dynamics of model is misspecified.
- functional term of model is incorrect.

प्रश्न 12. कारक विश्लेषण क्या है? यह प्रमुख घटक विश्लेषण से किस प्रकार भिन्न है? कारक भारण की संकल्पना पर चर्चा कीजिए।

उत्तर— देखें अध्याय—5, प्र.सं.—17, 9

व्यापक रूप से उपयोग किया गया चिकित्सा, समाजशास्त्र, शिक्षाशास्त्र, आदि परीक्षणों के परिणाम जैसे बुद्धि, योग्यता और शैक्षणिक क्षमता, साथ ही साथ कुछ व्यवहार और विभिन्न सामाजिक घटनाओं के परिणाम आम तौर पर बड़ी संख्या में डेटा में व्यक्त किए जाते हैं, लेकिन इन आँकड़ों के बीच अक्सर एक सहसंबंध होता है। सी.ई. स्पीयरमैन एक सहसंबंध संरचना का अवलोकन करता है जिसमें 33 छात्र एक परीक्षण में उच्च स्कोर कर सकते हैं और छह प्रकार के परीक्षणों जैसे कि शास्त्रीय, अंग्रेजी और गणित के अंकों के आधार पर अन्य परीक्षणों में अच्छा प्रदर्शन कर सकते हैं। इस प्रकार, प्रत्येक परीक्षण के स्कोर को एक कारक (सामान्य कारक) के संयोजन से उत्पन्न किया गया था जिसे बुद्धिमत्ता कहा जाना चाहिए और प्रत्येक परीक्षण (1904) के लिए एक कारक (विशेष कारक) अद्वितीय होना चाहिए। बाद में, थर्स्टन लुई लियोन थर्स्टोन (1887–1955) एट अल एक सामान्य कारक मॉडल प्रस्तावित किया जिसमें मानसिक क्षमता को कई स्वतंत्र सामान्य और विशेष कारकों द्वारा समझाया गया है। कई सामान्य कारकों और विशेष कारकों का संयोजन एक भारित राशि का रूप लेता है, और वजन को कारक लोडिंग कहा जाता है। कारक लोडिंग प्रत्येक परीक्षण के लिए निर्धारित किया जाता है और परीक्षण और सामान्य कारक के बीच सहसंबंध गुणांक को इंगित करता है। यदि इस मॉडल को दो सामान्य कारकों के मामले के लिए एक समीकरण के रूप में लिखा जाता है, तो परीक्षण परिणाम = (वजन$_1$) × (सामान्य कारक$_1$) + (भार$_2$) × (सामान्य कारक$_2$) + (विशेष कारक)। व्यक्तिगत सामान्य कारक के मूल्य को कारक स्कोर कहा जाता है। कारक लोडिंग का अनुमान लगाने के लिए कई तरीकों को तैयार किया गया है, लेकिन अब अधिकतम संभावना आकलन विधि और α कारक विश्लेषण मुख्य है।

○○○

www.ingramcontent.com/pod-product-compliance
Lightning Source LLC
LaVergne TN
LVHW021802060526
838201LV00058B/3204
* 9 7 8 9 3 8 5 5 3 3 1 0 5 *